보육학개론

김익균 김경림 배종숙 윤정란
이순배 이장희 장문규 정혜숙

PREFACE

머 리 말

보육사업은 1991년 영유아보육법이 제정되고 급속하게 발전하고 있다. 또한 이러한 과정에서 많은 문제점을 가지고 발전하고, 보육의 공공성 확보 목소리가 높아지며, 보육정책의 패러다임 역시 아동정책 · 양성평등정책 · 가족정책 등과 연계한 종합정책으로 변환해야 한다는 주장도 제기됐다. 즉, 보육이 사회복지라는 점에서 보건복지부가 맡아왔지만 기존의 복지서비스개념에서 한 단계 발전된 방향으로 보육의 패러다임을 전환하겠다는 의지가 보육업무의 여성가족부 이관이었다.

하지만 아직까지 보육학 또는 보육사업에 대한 체계적인 학문적 접근이 안 되고 있는 실정이다. 보육학은 사회복지학도 아니고, 유아교육도 아니고, 아동학도 아닌 보육학 나름대로 새로운 학문분야이다. 그리하여 본서에서는 영유아보육법에서 규정하고 있는 5개 영역의 교과목을 중심으로 새로운 관점에서 전개하였다. 구체적으로 본서의 구성을 살펴보면 다음과 같다.

제1부 현대사회와 보육사업으로 제1장 보육사업의 이해, 제2장 보육사업의 역사, 제3장 보육법규이다.

제2부는 보육기초로서 제4장 아동복지, 제5장 아동발달, 제6장 보육과정이다.

제3부는 발달 및 지도로서 제7장 아동관찰 및 행동연구, 제8장 아동상담, 제9장 특수아동지도이다.

제4부는 영유아교육으로 제10장 놀이지도, 제11장 언어지도와 아동문학, 제12장 아동음악과 동작, 제13장 아동미술, 제14장 아동 수 · 과학지도, 제15장 영유아프로그램 개발과 평가, 제16장 영유아교수방법론이다.

제5부는 건강 · 영양 및 안전으로 제17장 아동건강교육, 제18장 아동안전관리, 제19장 아동영양학이다.

제6부는 가족 및 지역사회협력으로 제20장 부모교육론, 제21장 가족복지와 가족관계론, 제22장 지역사회복지와 자원봉사, 제23장 보육정책론, 제24장 보육교사론, 제25장 보육시설운영과 관리이다.

본서의 구성의 특징은 보육학에 입문하는 사람들에게 가장 쉽게 보육사업의 개념과 범위 및 분야를 쉽게 접근하려고 노력한 것이다. 또한 저자의 대부분이 직접 어린이집을 운영하는 원장님을 위주로 하였다. 즉, 현장을 중심으로 보육학을 전개하였다. 그러나 이런 장점에도 불구하고 본서는 많은 문제점들을 지니고 있다. 이러한 문제점들은 다음에 수정의 기회가 있다면 개정하고자 한다. 그리고 추운 날씨의 본서의 원고를 집필해주신 저자 여러분들에게 감사를 드리고 싶다.

또한 본서는 이번에 새롭게 시작하는 한국아동연구소의 작품이다. 이런 저술활동을 통하여 한국아동연구소가 한국의 보육사업의 발전을 위해서 많은 역할을 하기 바란다.

마지막으로 우리나라의 보육발전을 위해서 본서를 기꺼이 출판해주신 파워북의 유제구 사장님과 본서의 출간을 위해 노력해주신 김재원 실장님에게도 감사의 말씀을 전하고 싶다.

2008년 2월

한국아동연구소장

Contents

차 례

제 1 부 현대사회와 보육사업

제 1 장 보육사업의 이해 12

1. 보육의 의의 12
2. 보육인력 18
3. 보육재정 21

제 2 장 보육사업의 역사 24

1. 탁아 중심의 보육사업 24
2. 새마을유아원시기 25
3. 보육사업의 정비 및 발전기 25
4. 영유아보육법 제정 26
5. 영유아보육법 개정 29

제 3 장 보육법규 33

1. 목적과 취지 33
2. 입법의 배경과 연혁 34
3. 내용 41
4. 문제점과 개선방향 48

제 2 부 보육기초

제 4 장 아동복지 52

1. 아동복지의 이해 52
2. 아동복지의 이념 54
3. 아동복지의 대상 57
4. 아동복지의 접근방법 60

제 5 장 아동발달 66

1. 아동발달의 이해 66
2. 아동발달의 유형과 원리 69

Contents

3. 아동발달의 특성 ······ 72
4. 인간발달과 아동발달 ······ 74
5. 아동발달이론 ······ 75

제 6 장 보육과정 ······ 81

1. 보육과정의 이해 ······ 81
2. 보육과정과 유아교육과정 ······ 84
3. 보육과정의 영역 ······ 85
4. 보육과정의 기초 ······ 88

제 3 부 발달 및 지도

제 7 장 아동관찰 및 행동연구 ······ 94

1. 아동관찰 및 행동연구의 이해 ······ 94
2. 관찰의 유형과 방법 ······ 94
3. 관찰결과의 기록 ······ 97
4. 아동관찰의 제한점과 포트폴리오 ······ 101

제 8 장 아동상담 ······ 103

1. 상담과 아동상담 ······ 103
2. 아동상담의 이해 ······ 104
3. 아동상담의 범위와 관련분야 ······ 107
4. 아동상담의 관계의 원리와 전개과정 ······ 110

제 9 장 특수아동지도 ······ 114

1. 장애인의 이해 ······ 114
2. 장애인의 분류 ······ 115
3. 특수아동에 대한 이념적 접근 ······ 119
4. 장애아보육 ······ 124

제 4 부 영유아교육

제 10 장 놀이지도 ······ 130

1. 놀이의 이해 ······ 130

Contents

2. 놀이이론 …… 131
3. 놀이의 유형 …… 136
4. 놀이가 발달에 미치는 영향 …… 138

제 11 장 언어지도와 아동문학 …… 140
1. 언어지도 …… 140
2. 아동문학 …… 144

제 12 장 아동음악과 동작 …… 153
1. 아동음악과 동작교육의 이해 …… 153
2. 아동발달과 음악 및 동작 …… 156
3. 아동음악과 동작교육의 환경 …… 158
4. 아동음악과 동작교육의 내용 및 실제 …… 163

제 13 장 아동미술 …… 168
1. 아동미술의 이해 …… 168
2. 아동발달과 미술 …… 171
3. 평면미술활동 및 입체미술활동 …… 174
4. 아동미술의 환경 및 교사의 역할 …… 177
5. 아동미술활동의 실제 …… 180

제 14 장 아동 수·과학지도 …… 184
1. 아동 수 · 과학교육의 이해 …… 184
2. 아동 수 · 과학교육의 이론적 접근 …… 186
3. 아동 수 · 과학 교육과정의 변천 …… 191
4. 수 · 과학교육의 교수 및 학습방법 …… 193
5. 수 · 과학교육에서의 평가 …… 196

제 15 장 영유아프로그램 개발과 평가 …… 197
1. 프로그램의 동향 …… 197
2. 외국의 영유아프로그램 …… 199
3. 그 밖의 영유아프로그램 …… 202
4. 표준보육과정과 보육평가 …… 203
5. 포트폴리오평가 …… 204

제 16 장 영유아교수방법론 …… 206
1. 영유아교수방법의 이해 …… 206

Contents

2. 영유아 교수학습이론의 접근방법 ········ 209
3. 영유아 교수학습유형 ········ 211
4. 영유아기의 교육의 기본원리 ········ 212
5. 영유아교수학습의 계획 ········ 214

제 5 부 건강 · 영양 및 안전

제 17 장 아동건강교육 ········ 222

1. 아동건강교육의 이해 ········ 222
2. 아동건강교육의 방법 ········ 224
3. 아동건강교육의 내용 ········ 226
4. 아동건강교육의 접근방향 ········ 228

제 18 장 아동안전관리 ········ 231

1. 아동안전관리의 이해 ········ 231
2. 안전교육의 접근방향 ········ 232
3. 아동의 발달특성과 안전교육 ········ 233

제 19 장 아동영양학 ········ 237

1. 영유아를 위한 영양소와 식품 ········ 237
2. 영유아의 영양교육 ········ 240
3. 영유아의 급식관리 ········ 242
4. 위생관리(시행규칙 제23조 별표8) ········ 243

제 6 부 가족 및 지역사회협력

제 20 장 부모교육론 ········ 246

1. 부모교육의 이해 ········ 246
2. 부모의 양육태도 ········ 249
3. 부모교육의 이론 ········ 250
4. 부모교육의 활성화 방안 ········ 257

제 21 장 가족복지와 가족관계론 ········ 261

1. 가족복지 ········ 261

Contents

2. 가족관계론 ········ 271

제 22 장 지역사회복지와 자원봉사 ········ 279

1. 지역사회복지 ········ 279
2. 자원봉사 ········ 290

제 23 장 보육정책론 ········ 296

1. 보육정책의 이해 ········ 296
2. 보육정책과 국가개입 ········ 298
3. 보육정책의 기본 방향 ········ 300
4. 보육정책의 관점 ········ 301
5. 보육정책의 대두배경 ········ 302
6. 보육정책과 관련정책 ········ 304

제 24 장 보육교사론 ········ 307

1. 보육교사의 배치기준 ········ 307
2. 보육교사의 자격기준(법 제21조 및 시행령 제21조) ········ 308
3. 보육교사의 역할과 자질 ········ 310
4. 보육교사의 교육 ········ 313

제 25 장 보육시설운영과 관리 ········ 316

1. 보육시설운영과 보육행정 ········ 316
2. 보육시설운영과 관리의 가치 ········ 318
3. 보육시설운영과 관리의 접근방향 ········ 319
4. 보육시설운영과 관리의 과정 ········ 321
5. 보육시설운영 및 관리자의 역할 ········ 322
6. 보육시설운영 및 관리의 평가 ········ 325

제 7 부 부 록

영유아보육법 ········ 328

참고문헌 ········ 344

찾아보기 ········ 353

제1부 현대사회와 보육사업

제1장 보육사업의 이해

제2장 보육사업의 역사

제3장 보육법규

제 1 장

보육사업의 이해

1. 보육의 의의

1) 개 념

보육에 대한 개념은 각국의 보육발전의 정도, 보육재정의 규모, 보육역사 등에 따라 달라진다. 그러나 일반적으로 보육이란 영유아를 건강하고 안전하게 보호·양육하고 영유아의 발달특성에 적합한 교육을 제공하는 보육서비스를 말한다. 보육서비스는 심신의 보호와 건전한 교육을 통하여 영유아를 건강한 사회구성원으로 육성함과 아울러 보호자의 경제적·사회적 활동을 원활하게 함으로써 가족복지증진에 기여함을 목적으로 하루 중 일정시간 동안 가정의 아동양육의 기능을 보완하기 위해 제공하는 서비스를 말한다.

1991년 영유아보육법이 제정되기 전까지는 단순히 맡아준다는 의미의 '탁아'라는 용어가 보편적으로 사용되었다. 아동을 '위탁한다'는 의미의 기존의 탁아개념은 전통적으로 어머니의 역할로 여겨지는 아동의 양육을 개별적인 사유로 어머니가 아닌 다른 대상에게 위임시키는 것으로, 어머니가 자녀를 양육할 수 없는 경우 보호자의 위탁을 받아 아동을 보호하는 보충적·개별적 서비스의 의미였다(이순형 외, 2003).

그러나 현대사회의 보육은 단순히 아동을 보호하는 것이 아닌, 아동의 전 영역에 걸쳐 아동발달을 위한 아동의 환경에 적극적인 개입 및 이에 대한 프로그램을 기획·실행하는 서비스이다. 보육의 일차적 기능은 아동의 보호에 있다고 볼 수 있으나, 보육의 대상이 성장·발달과정에 있어서 결정적 시기(critical period)에 있는 아동들이므로 전인적 발달을 위한 포괄적 프로그램을 제공하는 개념으로 변화되고 있다.

현대사회에서 보육은 사회적으로 민감하고도 중요한 과제이다. 전통사회에서 아동의 양육은 부모의 책임이었고 그 부담은 대부분 사회활동이 제한된 가정 내 여성의 일이었다. 가족구조 또한 대가족이어서 주 양육자인 어머니에게 사정이 생기면 조모·고모·사촌 등 대가족 내 다른 여성들이나 이웃집 여성이 대리양육을 제공할 수 있었다.

그러나 산업화로 인한 경제성장과 자본주의 사회의 발달을 통해 여성의 경제활동 참여가 증가하면서 출산과 육아의 문제가 사회적 문제로 등장하게 되었다. 또한 피임법의 발달과 아동양육비용의 증가로 인한 저출산문제와 관련학문의 발달로 인해 아동기의 중요성이 강조됨에 따라 여성과 가족의 아동보육에 대한 욕구를 국가 및 사회가 해결해주지 않으면 안 되게 되었다. 가족의 기능 중 대부분이 사회화되면서 자녀양육기능 역시 가정이 아닌 국가 및 사회가 보완 · 대리해주어야 하는 양육의 사회화가 급격히 이루어졌다(한성심 외, 2003).

이에 따라 국가의 정책기조 역시 아동이 전적으로 개별가족의 책임이 아니라 미래사회의 구성원으로서 국가와 사회가 책임을 공유해야 한다는 방향으로 변해가고 있다. 즉, 보육서비스는 아동 및 여성과 가족의 욕구를 해결함은 물론 국가와 사회의 유지 · 발전 및 통합과 정상적인 기능수행에 기여한다는 의의가 있다. 보육서비스의 의의를 아동 · 부모 · 사회의 입장에서 살펴보면 다음과 같다.

첫째, 보육서비스는 아동발달과 아동복지에 기여한다. 아동은 가정이 아닌 새로운 사회화 기관에서 다양한 발달영역의 성장과 변화를 경험하게 되고, 또래 관계 및 교사와의 관계를 통해 사회적응능력을 기를 수 있다. 빈곤계층이나 취업모의 자녀가 아닌 일반가정의 아동에게도 학령 전 보육의 기회를 제공함으로써 다양한 교육의 경험을 갖게 할 수 있다. 저소득층의 박탈된 환경에 처한 아동, 부모의 취업이나 부재로 방치된 아동, 일반 가정의 아동을 위한 보육서비스는 아동의 발달 및 성장을 위한 자원 역할을 수행할 수 있고, 나아가 부모 및 아동의 변화된 욕구와 기대에 부응하는 서비스를 제공함으로 아동복지에 기여하게 된다.

둘째, 부모 및 가족복지에 기여한다. 보육서비스는 취업이나 기타 이유로 인한 여성의 자녀양육문제를 해결해주고 경제적 · 사회적 활동을 원활하게 함으로써 가정복지증진을 지원하여 가정의 경제적 안정과 긍정적인 변화를 도모할 수 있다.

셋째, 사회 및 국가에 기여한다. 보육서비스를 통한 건강한 아동의 성장과 가족의 생활유지는 사회 및 국가의 안정을 위해 바람직하며, 여성인력의 활용과 함께 미래인력의 보호와 육성 차원에서도 크게 기여한다고 볼 수 있다.

2) 보육시설의 유형

(1) 설립 주체에 따른 유형

가. 국 · 공립보육시설

국가 또는 지방자치단체가 설치 · 운영하는 시설로서 규모는 상시 11인 이상을 보육하여야 한다. 그리고 저소득층 밀집지역 및 농어촌지역 등 취약지역과 보육시설이 부족한 지역에 우선적으로 설치하는 등 지역별로 균형 있게 배치하여야 한다.

나. 법인보육시설 및 민간보육시설

법인보육시설은 사회복지사업법에 의한 사회복지법인이 설치 · 운영하는 시설이고 민간보육시설은 사회복지법인이 아닌 법인, 단체, 또는 개인이 설치 · 운영하는 시설로서, 직장보육시설, 가정보육시설 또는 부모협동보육시설이 아닌 시설을 말한다. 규모는 상시 영유아 21인 이상을 보육하여야 한다.

다. 직장보육시설

직장보육시설은 사업주가 사업장의 근로자를 위하여 설치 · 운영하는 시설로서 국가 또는 지방자치단체의 장이 소속 공무원을 위하여 설치 · 운영하는 시설을 포함하고 있다. 그리고 보육아동의 1/3 이상이 사업장 근로자의 자녀여야 한다.

라. 가정보육시설

가정보육시설은 개인이 가정 또는 그에 준하는 곳에 설치 · 운영하는 시설로서 영유아 5인 이상 20인 이하를 보육하는 시설이다. 명칭은 다른 보육시설하고 같이 '○○어린이집'으로 하여야 하지만, 기존의 가정보육시설은 '○○놀이방'의 명칭도 가능하다.

마. 부모협동보육시설

부모협동보육시설은 보호자들이 조합을 결성하여 설치 · 운영하는 시설로서 보호자 15인 이상이 조합을 결성하여야 한다.

(2) 보육장소에 따른 유형

영유아보육프로그램은 보육이 어디에서 이루어지는가에 따라서 서비스의 실천 방법과 내용의 특징을 살펴볼 수 있다. 보육장소는 크게 가정(home-based)과 시설건물(center-based)로 나눌 수 있다.

가. 가정보육

가정에서 이루어지는 보육프로그램에는 자기집 보육과 가정보육 등이 있다. 자기집 보육은 아동 자신의 집에서 가족이 아닌 타인으로부터 보육서비스를 받는 형태를 말한다. 아동은 형제들과 함께 지낼 수 있으며 자기 집에서 지내므로 정서적인 측면에서는 가장 좋은 형태가 된다. 보육인은 파출부 · 친척 · 친지 등이 될 수 있다. 영국의 보모(nanny)개념과 유사하며, 보호적 측면이 강조된다.

자기집 보육은 아동이나 부모가 이동해야 하는 번거로움이 없고, 아동이 친숙한 가정환경에 머물 수 있어 정서적으로 안정되며, 성인과 아동의 상호작용의 기회가 보육기관보다 훨씬 많고 아동이 개별적으로 관심을 받을 수 있는 장점이 있다. 반면 자기집 보육은 보육자의 교육수준이 낮고 전문적인 훈련을 받지 않았을 뿐 아니라, 아동에게 또래와의 경험과 체계적인 교육경험을 제공하지 못하며, 교재 · 교구가 제한되는 단점이 있다.

가정보육은 대개 아동이 보육자의 집으로 가서 서비스를 받는 형태로서 6명 이하의 서로 다른 가정의 아동을 돌보는 형태가 많고 보육자의 자녀가 포함되기도 한다. 단순한 이웃에 대한 봉사로 생각하는 경우도 있지만 대개는 이윤을 목적으로 개인이 운영한다. 운영시간은 가족의 요구에 따라 유동적이다. 운영자는 보통 주부로서 주교사를 겸임하게 된다.

나. 시설보육

시설보육은 가정이 아닌 건물에서 이루어지며 대학교 부설, 직장 부설, 복지단체 부설, 종교단체 부설 보육시설 등이 이 형태에 속한다. 이러한 시설은 공식적으로 인가를 받아야 하며, 따라서 적어도 2명 이상의 직원이 있어야 하고, 보육교사와 영양사, 간호사, 사회사업가 등 다양한 인력을 포함하여 포괄적인 프로그램으로 운영되어야 한다. 대학교 부설, 직장 부설, 복지단체 부설, 종교단체 부설 보육시설, 민간운영 보육시설 등이 이 형태에 속한다.

시설보육의 장점으로는 첫째, 정식으로 관계관청으로부터 인가를 받아야 하며 관련부처의 허가와 감독을 받는다. 둘째, 운영시간이 일정하므로 안정성이 있다. 셋째, 적어도 일부나마 전문적인 훈련을 받은 보육교사가 있다. 넷째, 아동이 안정된 장소에서 일상적인 경험을 한다. 다섯째, 아동들에게 형식적 학습경험을 다양하게 준비하여 제공한다. 여섯째, 풍부한 교구와 자료를 갖춘 안정된 환경에서 다른 아동들과 같이 놀 수 있는 기회를 많이 가지게 된다는 점을 들 수 있다.

시설보육의 단점으로는 첫째, 아동의 개인적 특성을 살릴 수 있는 융통성이 적다. 둘째, 한 사람의 교사가 아니라 여러 사람의 교사가 돌봄으로 성인과의 안정된 관계를 형성하기 어렵다. 셋째, 아동의 수가 많으므로 대체로 공간이 부족하다. 넷째, 많은 수의 아동이 보육되므로 아동들이 다른 아동의 질병과 전염병에 노출되기 쉽다는 점을 들 수 있다.

(3) 운영 주체별 보육유형

영유아를 위한 보육시설운영의 주체와 비용부담자를 기준으로 보육유형을 구분할 수 있다.

가. 정부운영보육

일반적으로 국가나 지방자치단체에 의해 운영되나, 국가 또는 지방자치단체의 보조와 함께 경제적 부담능력에 따라 내는 보육료에 의해 운영되기도 한다. 대부분 부모의 소득 수준이 낮거나 저소득층 맞벌이 가족이 이용할 수 있도록 되어 있다. 프로그램, 직원, 보호자와 아동의 비율 등을 기준에 맞추도록 정부가 지도 감독하므로 보육의 질을 통제할 수 있다.

나. 비영리단체운영보육

비영리기관의 지원을 받아 운영되는 보육형태로서 대학이나 사립학교에 의해 운영되는 경우도 있고, 복지기관이나 종교단체에 의해 운영되는 경우 등 다양하다. 대부분 시설보육의 형태로 운영된다. 대학에서 운영하는 시설의 경우는 서비스의 질적 수준이 높은 반면, 보육료가 다소 비싸질 수 있으며, 사회봉사기관에서 운영하는 시설은 비용이 저렴하고, 주로 저소득층이나 장애아 등 특수한 요구를 가진 아동을 대상으로 한다.

다. 개인운영보육

개인이 영리를 목적으로 운영하는 보육의 형태로서, 민간보육시설이라고도 부른다. 시설보육형태나 가정보육 형태가 모두 가능하다. 보육료, 프로그램, 직원의 자격, 직원 대 아동의 비율, 시설, 설비 등이 매우 다양하다. 보육의 질과 보육비용이 비례하기 쉬우나, 시설끼리 연합하여 운영하면 적은 비용으로 비교적 높은 질의 보육서비스를 제공할 수 있다. 미국의 대다수 보육시설은 개인 소유이며 영리를 목적으로 운영한다.

라. 직장운영보육

회사 · 공장 · 병원 · 노동조합 등에서 근로자 복지의 일환으로 직장에서 운영하는 경우이다. 여성근로자의 고용증대와 생산성향상을 도모하기 위한 수단이 되며, 직원을 위한 복지정책의 하나로 제공하는 것이다.

직장보육시설의 경우는 기업이 직접 어린이집을 운영할 수도 있고 기부형식으로 간접적으로 시설을 지원할 수도 있으며, 기존의 시설에 보육서비스를 위탁할 수도 있다.

회사는 보통 직원들의 복지차원에서 보육비용을 전담하거나 또는 부분적으로 지원하기도 한다. 전문적인 보육교사와 직원들을 채용하고 좋은 시설을 갖출 수 있는 자금이 있기 때문에 양질의 보육을 제공할 수 있다. 또한 부모에게 아동의 보호와 교육에 대한 심리적 안정감을 제공해주므로, 직원의 회사에 대한 충성심을 높이고 작업태도를 향상시키며 결근을 줄일 수 있다고 한다. 그러나 아이를 데리고 출퇴근하는 것이 직장과의 거리나 교통혼잡 등으로 번거로운 경우, 출퇴근시간이 고정적이지 않거나 외근이 잦은 경우 등에는 직장 보육시설을 이용하기가 불편하다.

마. 부모협동보육

부모협동교육은 비영리적으로 운영하며, 보육료와 기금모금운동 등이 유일한 자금의 근원이다. 부모들은 정해진 스케줄에 따라 교사에 대한 협력자로서 봉사해야 한다. 이것은 경비를 줄이고 부모들이 아동의 교육에 적극적으로 참여하게 하는 형태이다. 가령 아파트 단지에 있는 아동보육시설을 아파트 주민의 공동소유로 하여 주민 대표들이 이 시설을 관리하며 보육프로그램을 실시하는 것을 들 수 있다.

(4) 보육대상에 따른 보육

가. 연령에 따른 분류

① 영아보육 : 6개월에서 만 2세 영아를 대상으로 하는 보육이다.
② 유아보육 : 만 3세에서 초등학교 취학 전까지의 유아를 대상으로 하는 보육이다.
③ 방과 후 아동보육 : 초등학교에 재학중인 만 6세에서 만 12세까지의 방과 후 아동을 대상으로 하는 등교 전·후에 실시하는 보육이다.

나. 장애아 통합여부에 따른 보육

① 장애아 통합보육 : 경증의 장애를 가지고 있는 영유아, 방과 후 아동을 대상으로 하는 보육형태
② 장애아 전담보육 : 장애인복지법에 의해 장애인으로 등록된 영유아만을 보육하는 형태

(5) 보육시간에 따른 보육

가. 종일제 보육 : 종일제 보육은 하루 12시간 운영을 기본으로 하며, 이것은 보호자의 직장 근무시간에 지장이 없도록 배려하는 보육이다.

나. 반일제 보육 : 오전이나 오후 반나절 동안 운영되는 보육이다.

다. 시간제 보육 : 시간제 보육은 보호자가 특별한 사유로 인하여 잠깐 동안 아이를 맡길 수 있는 보육이다.

라. 야간 및 24시간 보육 : 야간 및 24시간보육은 시간연장형 보육으로 근로시간이 일정하지 않거나 고정적이지 못한 보호자를 위한 보육이다.

3) 보육과 유아교육

현재 우리나라는 유아교육과 보육으로 이원화되어 있는 실정이다. 이원화에 대한 문제점을 해결하기 위하여 지금까지 많은 노력을 하고 있지만, 현실적으로 일원화하는 데 어려움이 많다. 그리하여 어린이집, 유치원으로 분리되어 실시되고 있다. 즉, 유아교육은 유치원, 보육은 어린이집으로 구분되어 가고 있다. 이러한 분리는 영유아와 부모들에게 많은 혼란을 가져다주고 있다. 그러므로 일원화가 현실적으로 어려움이 많다면 이원화의 문제점을 해결하기 위한 노력이 계속 이루어져야 한다.

2. 보육인력

1) 보육인력의 이해

(1) 보육인력의 전문성과 보육의 질

정부에서는 보육사업의 양적 확충에서 질적 확충으로 방향을 전개하면서 가장 관심을 많이 가지는 분야가 보육인력 전문성의 확보이다. 보육인력의 자격관리는 보육교사가 일정한 수준의 전문성을 갖추고 이 전문성을 유지하며 발전시켜 나갈 수 있도록 하는 데서 그 필요성이 비롯된다. 보육시설장과 교사는 영유아를 보호하고 교육할 뿐만 아니라 가족에게 사회적 서비스 등 통합적 서비스를 제공하여야 하는 보육시설의 운영을 책임진 사람이다. 따라서 시설장과 보육교사에 따른 보육서비스 질의 차이를 줄이고, 보육시설의 질을 향상시키기 위해서는 보육인력의 전문성이 향상되어야 한다. 또한 보육인력 및 보육의 질과 관련된 구성변수로는 물리적 환경 및 시설의 운영변수와 더불어 보육교사의 배경이 중요한 변수로 인식되고 있다(김익균 외, 2004).

(2) 보육인력 관리의 법체계

그 동안 영유아보육법을 자격기본법 및 개별 법령의 자격관리 법체계와 비교하여 볼 때 보육인력에 대한 기준은 법으로 정하여 있으나, 검정절차와 방법, 국가의 공식적인 검정과정 등이 아직 미흡한 실정이다. 또한 영유아보육법에서는 종사자를 위한 교육훈련이라는 조항으로 보육교사 양성과정, 보수교육, 승급교육 등의 문제와 보육교사에 대한 재교육의 체계화에 한계를 보이고 있었다. 그러나 이번 개정영유아보육법에 국가자격증제도의 도입을 통하여 전문보육교사 시대를 열었다고 볼 수 있다.[1)]

2) 종사자의 법적 기준

(1) 보육교사의 자격기준

가. 자격의 분류

개정된 영유아보육법에서는 보육교사자격을 종전의 1급, 2급에서 1급, 2급, 3급으로 구분하고 있는데, 구체적인 내용은 〈표 1-1〉과 같다.

〈표 1-1〉 보육교사자격의 유형

구 분	자 격 기 준
보육교사	−보육교사 1급 1. 보육교사 2급 자격 취득 후 3년 이상 보육업무 경력과 승급교육 2. 보육교사 2급 자격 취득 후 석사학위를 받고 1년 이상 보육업무 경력과 승급교육
	−보육교사 2급 1. 대학(전문대 포함)에서 보육관련 교과목 및 학점을 11과목 이상, 32학점 이상 이수 · 졸업자 2. 대학원에서 석사학위 이상 취득자로 대학원 또는 대학(전문대 포함)에서 11과목 이상, 32학점 이상 이수 · 졸업자 3. 보육교사 3급 자격 취득 후 1년 이상 보육업무 경력과 승급교육
	−보육교사 3급 1. 고등학교 또는 동등 이상의 학교 졸업자로서 교육훈련시설에서 교육과정을 수료한 자

1) 보육교사에 대한 구체적인 내용은 제24장 보육교사론에서 다루고 있다.

나. 보육관련 교과목 및 학점

보육교사자격 취득에 필요한 교과목과 학점은 과거의 165개 선택과목 중에서 10과목만 선택하고 보육실습만 필수로 이수를 하면 보육교사 1급 자격이 인정되었는데, 이번 개정 영유아보육법에서는 〈표 1-2〉와 같이 종전보다는 전문성을 강화시켰다.

〈표 1-2〉 보육교사의 교과목

구 분	법 적 기 준
교과목	−5개 공통, 6개 선택과목 등 총 11과목 • 5개 필수과목 : 아동복지론, 보육학개론, 아동발달론, 보육과정, 보육실습 • 4개 영역별로 각 1~2과목씩 6과목 선택(발달 및 지도, 영유아교육, 건강 · 영양 · 안전, 가족 및 지역사회 협력 등)
보 육 실 습	−보육실습은 인가를 받은 보육시설, 종일제 유치원, 아동복지시설에서 1급 보육교사의 지도를 받아야 하며, 실습 평가점수가 80점 이상인 경우에만 인정 −보육실습기간은 4주, 주6일(월~금 8시간, 토 4시간, 총 176시간)을 원칙으로 하되, 공휴일 등 법정 휴일을 포함

(3) 종사자 배치기준

보육시설에서 종사자의 배치기준은 보육사업의 전문성과 밀접한 관계를 가지고 있다. 특히 보육교사의 질적 수준의 향상과 관련되어 있다. 그러나 민간시설의 경우 재정문제, 공간문제 등과 더불어 매우 민감한 문제이다.

(4) 시설장 및 보육교사 자격기준

보육사업에서 시설장 및 보육교사의 자격기준은 보육사업의 전문성과 더불어 다른 유사 자격증과의 관계설정에도 중요한 영향을 미치고 있다. 그리고 아직까지 보육사업의 역사가 짧아 시설장 및 보육교사 자격기준에 대한 논란이 많다.

3. 보육재정

1) 보육재정의 이해

(1) 보육재정의 개념

개정영유아보육법에서는 보육대상자의 보편주의와 공보육을 강조하고 있다. 그럼으로 보육재정과 보육의 공공성은 밀접한 관계를 가질 것이나. 보육의 이면에서도 살펴 본 바와 같이 보육재정은 이러한 측면에서 형평성과 분배성 등과 밀접한 관계를 가질 것이다. 또한 보육재정의 규모와 특징은 그 나라의 보육사업의 개념과 범위와 밀접한 관계를 가질 것이다.

(2) 보육재정의 유형

보육의 공공성을 서비스 접근의 형평성과 서비스 비용의 사회화로 접근한다고 했을 때 각각은 보육재정과 어떠한 관계가 있는지 살펴보고자 한다(백선희 · 김교성, 2001).

가. 서비스 접근의 형평성

서비스 접근의 형평성은 서비스 비용에 대한 지불 능력에 상관없이 서비스에 대한 욕구가 있을 때 그 서비스를 소비할 수 있어야 한다는 의미이다. 이때 실제 수요자의 부담은 서비스의 시장가격이 아닌 지불능력(소득수준)에 따라 달라지게 된다. 따라서 만약 보육서비스에 소요되는 총 비용이 고정된 것이라면 저소득 계층이 덜 부담하는 만큼 고소득계층이 더 부담해야 한다는 결론을 얻을 수 있다.

나. 서비스 비용의 사회화

서비스 비용의 사회화는 아동보육에 소요되는 비용을 누가 어느 정도로 분담할 것인가의 문제이며, 특히 보육의 공공성을 높이기 위한 국가의 재정부담에 초점이 맞추어진다. 보육을 포함한 사회복지 서비스의 공급 및 비용부담을 '국가공급 위주로 할 것인가' 혹은 '수익자 부담 위주로 할 것인가'의 문제는 사회복지의 핵심적인 쟁점중의 하나이지만, 그 선을 명확하게 제시하기는 어려우며 일반적으로 그 사회의 이념과 사회경제적 여건에 따라 달라지게 된다. 결국 서비스 비용의 사회화란 국가를 포함한 비용부담 주체의 문제와 각 주체 특히 국가의 비용부담 정도의 문제로 귀결된다.

(3) 보육재정의 접근방향

각국에 있어 보육재정의 접근방향은 일반적인 사회복지정책과 더불어 보육사업에 대한 이념과 가치에 따라 많이 달라질 것이다. 이러한 분류는 다양하게 접근해 볼 수 있지만 가장 일반적으로 개인주의와 집단주의로 접근해 볼 수 있다. 서비스 접근의 형평성, 서비스 비용의 사회화는 그 사회가 어떠한 사회적 가치를 갖느냐에 따라 달라질 수 있다. 만약 보육에 대한 개인주의적 가치를 갖고 있다면 보육서비스를 시장에 의존해 공급하고, 지불능력에 따라 서비스를 소비하도록 할 것이다. 그러나 집합주의적 가치를 갖고 있다면 국가개입을 통해 서비스를 공급하고, 보육서비스에 대한 욕구가 있다면 지불능력이 부족하더라도 서비스를 소비할 수 있는 보육사업을 지향할 것이다.

우리나라에 적합한 국가개입의 정도를 단정적으로 말하기는 어렵지만, 우리나라 아동보육서비스는 부족하고 집합주의적 가치를 바탕으로 하고 있으며, 더욱이 보육의 공공성 확보라는 우리나라 보육정책의 방향은 집합주의적 가치에서 접근할 때만이 해결할 수 있는 것이다.

2) 보육비용의 법적 규정

(1) 비용의 부담

국가 또는 지방자치단체는 국민기초생활보장법에 의한 수급자와 일정 소득 이하 가구 자녀들의 보육에 필요한 비용의 전부 또는 일부를 부담하여야 하고 보육에 필요한 비용은 가구의 소득수준 · 거주지역 등을 고려하여 차등 지원할 수 있다.

(2) 무상보육의 특례과 비용의 보조

초등학교 취학 직전 1년의 유아 및 장애아에 대한 보육은 무상으로 하되, 대통령령이 정하는 바에 의하여 순차적으로 실시한다. 무상보육실시에 드는 비용은 대통령령이 정하는 바에 의하여 국가 및 지방자치단체가 부담 또는 보조하여야 한다. 또한 국가 및 지방자치단체는 제1항의 규정에 의한 무상보육을 받고자 하는 유아 및 장애아를 보육하기 위하여 필요한 보육시설을 설치 · 운영하여야 한다.

그리고 국가 또는 지방자치단체는 대통령령이 정하는 바에 의하여 보육시설의 설치, 보육교사의 인건비, 초과보육 운영경비 등 운영에 소요되는 경비, 보육정보센터의 설치 · 운영, 보육시설 종사자의 복지증진, 취약보육의 실시 등 보육사업에 소요되는 비용의 전부 또는 일부를 보조한다. 직장보육시설의 규정에 의하여 보육시설을 설치한 사업주는 대통령령이 정하는 바에 의하여 그 보육시설의 운영 및 보육에 필요한 비용의 전부 또는 일부를 부담하여야 한다.

(3) 보육료의 수납과 세제지원

보육시설을 설치 · 운영하는 자는 당해 보육시설의 소재지를 관할하는 시 · 도지사가 정하는 범위 안에서 그 시설을 이용하는 자로부터 보육료, 그 밖의 필요경비 등을 수납할 수 있다. 다만 시 · 도지사는 필요시 보육시설유형과 지역적 여건을 고려하여 그 기준을 다르게 정할 수 있다. 사업주가 직장보육시설을 설치 · 운영하거나 보육수당지급에 소요되는 비용과 보호자가 영유아의 보육을 위하여 지출한 보육료 그 밖의 보육에 소요되는 비용에 관하여는 조세특례제한법이 정하는 바에 의하여 조세를 감면한다. 또한 직장보육시설을 제외한 보육시설의 운영비에 대하여도 조세특례제한법이 정하는 바에 의하여 조세를 감면한다.

제 2 장

보육사업의 역사

보육사업은 산업화에 따른 자본주의 발달로 여성 노동력의 사회참여가 이루어진 18세기 이후부터 본격적으로 시작되었다. 문헌상 최초의 보육시설은 프랑스의 Oberlim목사가 1767년에 농촌지역에서 일하는 어머니의 자녀들을 돌보아 주기 위하여 세운 주간유아원(Day Nursery)에서 시작되었다. 이후 영국에서는 1816년 산업을 통한 사회개혁을 부르짖던 Owen이 스코틀랜드의 뉴나라크 방적공장 안에 「유아학교」를 설립하여 여성노동자의 자녀를 돌보아 주었으며 교육을 강조했다. 또한 미국에서는 1838년 Hale이 보스턴에서 선원가족 중 부인이 취업한 경우와 미망인 가정의 자녀를 위해 보육서비스를 제공한 것을 시작으로 하여 1898년경에는 각처에서 175개소의 종일 유아원(Day Nursery)이 개설되었는데, 이것이 전국적인 조직의 전국탁아협회로 발전하였다. 한편 우리나라 보육정책의 역사는 1921년에 서울의 태화기독교사회관에서 보육프로그램을 개설한 것을 시작으로 보고 있다.

1. 탁아 중심의 보육사업(1961~1981년)

이 시기는 1961년 『아동복리법』이 제정 공포된 이후부터 1981년 유아교육진흥법에 따라 '어린이집'이 유아교육기관으로 흡수되기 이전까지의 시기를 말하는 것으로 『아동복리법시행령』 2조에서는 "보호자가 근로 또는 질병으로 인하여 양육하여야 할 아동을 보호할 능력이 없을 경우에 보호자의 위탁을 받아 그 아동을 입소시켜 보호함을 목적으로 하는 시설"을 탁아소로 규정하였고 정부의 지도 · 감독을 받도록 하였다.

제 3공화국 출범 이후 경제발전으로 인해 탁아의 수요가 늘어나 시설의 부족이 심화되자 정부는 1968년 3월에 「미인가탁아시설임시조치요령」을 공포하여 민간설립 탁아시설의 증설을 꾀하였고, 그 명칭을 '어린이집'으로 고쳐 부르도록 권장하여 단순히 보호의 차원을 넘어 교육도 가능하다는 인식을 확산시켜 시설이용자를 증가시켰다. 1977년에 어린이집의 수가 600개소를 넘어서자 보건사회부에서는 사회복지사업법 시행규칙 6조 2항을 개정하여 탁아시설의 법인화를 촉구하는 동시에 「미인가탁아시설임시조치요령」을 폐기하였다. 이후로 어린이집의 수적 성장이 둔화되기 시작하였다.

그러나 한편에서는 경제발전으로 말미암아 취업모가 늘고 입소 대상 아동이 증가하자 보건사회부는 1978년 어린이집을 일반 가정의 아동에게 개방하고 수탁료를 7,000원까지 받을 수 있도록 한 「탁아시설운영방안」을 발표하였다. 이는 시대적 요청에 호응하는 정책이기는 하였으나, 이로 인해 도시지역 빈곤계층 아동의 건전한 성장을 도모하고 경제적 어려움을 완화해준다는 탁아의 본래의 목적이 퇴색되면서 중산층 위주의 수익자 부담원칙에 입각하여 운영되는 시설로 변화하기 시작하였다(주정일, 1991).

2. 새마을유아원시기(1982~1987년)

이 시기는 1982년 1월 25일 유아교육의 문제점과 보완대책에 관한 대통령의 지시에 따라 유아교육진흥종합계획이 수립되고 같은 해 『유아교육진흥법』이 제정됨에 따라 우리나라 보육사업이 큰 변화를 겪었던 시기이다. 이 법에 따라 보건사회부가 관장하던 어린이집 691개소와 내무부가 1981년 이래 새마을사업의 일환으로 설립 운영하던 새마을합동유아원 263개소, 그리고 농촌진흥청에서 관장하던 392개소의 농번기 유아원을 모두 「새마을유아원」으로 통합 일원화하여 내무부에서 관장하기 시작하였다. 이와 함께 새마을유아원에 대한 운영관리는 내무부가, 장학지도 및 교재개발은 문교부가 보건위생 및 아동복지업무는 보건사회부가 각각 담당하였다. 이로서 우리나라에서는 공인된 탁아시설이 없어지고 유치원과 새마을유아원만이 유아교육기관으로 존재하게 되었다.

3. 보육사업의 정비 및 발전기(1988~1990년)

이 시기는 1987년 노동부에서 『남녀고용평등법』을 제정, 공포한 후 1989년까지 3개소의 시범탁아소와 12개소의 직장탁아소를 설치한 것을 비롯하여 서울시에서 1988년 「88탁아소」 140개소를 새마을유아원에 병설 또는 따로 신설하여 운영하기 시작한 이후 오늘날까지의 시기이다. 급증하는 영세가정 맞벌이 부부의 자녀양육을 위하여 영세민 지역에서 법적 근거 없이 운영되는 「지역사회탁아소」들이 생겨나기 시작하여 약 200여 개소에 이르는 탁아소가 회원으로 가입된 지역사회탁아소연합회가 민간차원에서 자생적으로 생겨났다.

한편 한국여성개발원은 이러한 시설에도 맡길 수 없는 영아 혹은 장애아동을 맡을 수 있는 가정탁아제도 정착에 착안하여 1984년에 연구보고서를 내놓고 이를 근거 삼아서 1985년 탁아모를 시범훈련하고 배출하여 가정탁아를 개설 · 운영하도록 유도하였다. 이러한 상황에서 보건사회부에서는 늘어나는 탁아수요에 적극적으로 대처하고 아동의 건전한 육성은 물론 저소득층 맞벌이부부의 자립지원을 통한 가정복지증진을 도모하기 위해 1989년 9월 『아동복지법시행령』을 개정하여 탁아시설의 설치, 운영근거를 부활시키고, 1990년 1월에 『아동복지법시행규칙』을 개정, 탁아시설의 설치기준과 운영방법 등을 규정하여 대대적인 탁아사업의 확충계획을 마련하였다. 그러나 개정된 『아동복지법시행령』에는 시설설치의 주체가 법인으로 한정되는 등의 제약요인과 탁아사업의 관장부서가 다원화되어 있어 효율적인 사업추진에 문제점이 많다는 여론에 의해 보호와 교육을 포괄하는 보육사업을 위한 별도의 독립된 법을 제정하기에 이르렀고, 1990년 12월에 정기국회에서는 『영유아보육법』이 통과됨으로써 보건사회부로 그 주관부서가 일원화되고 보육수요에 대처하기 위한 시설확충 및 지원계획 등을 추진하게 되었다.

4. 영유아보육법 제정(1991~2003년)

1) 사회복지 성격의 강화

영유아보육법은 영유아의 건전한 보호 및 교육과 보호자의 경제적 · 사회적 활동의 지원을 통하여 가정복지증진을 도모하고 영유아양육을 사회적으로 책임진다는 인식 아래 국가와 기업주가 보육비용을 부담하도록 의무화하였다. 또한 그 동안 문교부 · 내무부 · 노동부 등으로 분산되어 있던 보육관련 주무부서를 보건복지부로 일원화하고, 보육시설 설치 주체를 국가 · 지방자치단체 · 법인 · 개인까지 확대하였다. 동법에서는 영유아의 보호와 교육을 동시에 중시하여 기존의 '탁아'라는 용어를 '보육'으로 대치하고 있으며 보육시설의 종류를 국 · 공립보육시설, 민간보육시설, 직장보육시설, 가정보육시설로 규정함으로써 자생적으로 생겨난 기존의 민간보육시설과 놀이방이 법정시설에 포함될 수 있는 계기를 마련하였다. 그리고 그간 유아교육진흥법에 준하여 설치 · 운영되어 온 새마을유아원에 대해서는 1991년 1월까지 교육법에 의한 '유치원'이나 영유아보육법에 의한 '보육시설'로 전환하도록 하였고, 1992년에는 「사회복지사업법」이 개정됨으로써 1977년에 이어 다시금 보육사업이 사회복지사업으로 분류되었다.

2) 양적인 성장의 보육정책(1995~1997년)

영유아보육법 제정 이후 지속적으로 확대되고 있는 보육수요에 비해서 보육시설에 대한 공급이 원활히 이루어지지 않자 정부는 영유아에 대한 적절한 환경과 전문적인 보육서비스를 제공함으로써 가정복지증진을 도모하기 위하여 획기적인 보육시설 확충 3개년 계획을 수립하여 실시하였다. 이러한 3개년 기간 동안 정부가 기울인 노력의 결과 보육시설은 양적으로 엄청나게 팽창하여 왔으며, 당초 3개년 동안 1조 3천억 원의 정부재정을 투입하여 영유아 65만 명을 보육할 수 있도록 7,590개소의 시설을 확충할 계획이었다. 그러나 실제로는 8,928개소가 확충되어 목표치를 초과 달성하였다. 그 동안 보육시설의 수가 3개년 계획 실시 이전인 1994년 6,088개소에서 1997년에는 15,016개소로 증가하여 약 2.5배가 증가하였으며 보육아동의 수가 1994년 192,000명에서 1997년 493,000명으로 약 2.6배 증가하였다. 이처럼 보육시설확충 3개년 계획의 추진으로 우리나라의 보육사업은 양적인 측면에서는 획기적으로 발전되었다고 볼 수 있다. 또한 그 동안 열악하였던 보육시설에 대한 이미지를 제고하는 데에는 상당히 긍정적인 기여를 하였다.

〈표 2-1〉 양적 성장의 보육정책시기

구 분	주 요 내 용
법·제도	◇ 1995~1997 보육시설확충 3개년 계획 추진(예산 : 1조 3천억 원) －공공보육시설 확충, 운영비 지원확대, 직장 및 민간보육시설 확충유도 －장애아 및 영아 전담보육시설의 활성화(시·도별 시범운영) －농어촌, 저소득층 보육시설의 활성화 －보육시설종사자 관리지원 체계화(보육교사 양성제도 개선(800시간→1000시간, 1996년)), 보육교사 처우개선(1996년 15.7%, 1997년 18.9%), 공개채용, 보수교육강화 －다양한 보육프로그램의 지속적 개발보급(영아, 장애아, 방과 후, 안전, 급·간식프로그램 등) －보육시설 재정관리의 합리화 방안모색 －보육시설 장학지도 방안도입 －보육정보센타의 설치·운영 －한국보육시설연합회의 활성화 －보육사업 전담조직 및 인력의 활성화(보건복지부 아동복지과가 보육아동과로 명칭 변경, 보육의 중요성 강조)
문제점	◇ 보육시설의 양적 확대치중으로 보육의 질적 향상은 미흡 －보육료감면 저소득층의 책정기준개선(소득 중심 책정에서 지출 및 가구당 인원수 등을 반영하여 보완) ◇ 지역별 보육수요의 정확한 기초조사부재 －시설확충 결과(공공보육시설 53.1%, 민간보육시설 237.8%) －정부지원 없는 과도한 민간시설의존으로 보육의 질적 저하를 초래 ◇ 보육교사의 양성수급 관리측면 보육프로그램, 교재·교구의 연구개발, 보육시설 운영관리 측면에서 거의 발전이 없었음 ▪ 영아 및 장애아시설 등 특수보육시설이 절대적으로 부족

자료 : 여성부, 2003.

3) 질적인 성장의 보육정책(1998~2003년)

1995년부터 1997년까지 보육시설확충 3개년 계획에 의해 보육사업은 양적 확대에는 성공하였으나 민간부분의 급속한 확대, 영아보육의 미흡, 지역별 정부지원 보육아동의 불평등 분포, 보육수요에 부응할 수 있는 다양한 서비스의 부재 등이 문제점으로 대두되었다. 정부는 이런 문제점을 개선하고 보육의 질적 수준을 제고하기 위해 1998년 이후부터 보육사업의 목표를 '보육사업의 질 개선 및 보육서비스 향상'에 두고 종사자의 자질향상, 우수프로그램 개발보급, 보육시설 운영개선, 다양한 보육서비스 제공 등을 계획하고 추진했으

〈표 2-2〉 질적 성장의 보육정책

구 분	주 요 내 용
법·제도	◇1998년부터 보육사업의 목표를 '보육사업의 질 개선 및 보육서비스 향상'에 두고 보육의 질 제고에 노력 －장애아 전담 보육시설 지원강화 －민간보육시설 교재교구비 지원확대 －보육료 특별소득공제 신설(1998년), 공제액 확대(1999년) 실시로 부모 지원 －보육아동과 → 아동보건복지과(1999년) → 보육과(2002년, 신설)로 다시 변경 －보육시설 설치 절차 간소화(신고제로 전환, 1999년) －저소득층 보육료 39억 추가지원(1999년) －지역실정에 맞게 보육료 징수 차등화 등 시설운영 자율성 확대 －만 5세 유아 무상보육 2003년까지 실시 확정(1999년) －무상보육 대상지역 확대(농어촌 및 준 농어촌지역, 1999년) －보육시설 신고시 전기안전점검 확인서 첨부(2000년) －6개 보육프로그램 개발완료(1999년) －정부지원 영유아 20.2%(2001년) ◇2001년 보육발전기획단의 보육사업 개선안 마련 －보육정책의 기본 방향을 공보육의 기반 구축으로 정함 : 공급자(시설) 중심에서 수요자(아동·보호자) 중심의 정책으로 전환, 보육이 필요한 모든 아동에게 균등한 보육기회 제공(선택주의→ 보편주의), 보육서비스의 양적 확충에서 질적 수준 제고로 방향 전환, 공보육의 확대·강화를 통한 정부와 민간의 적정 역할 분담 모색함 －보육행정 및 지원체계 개선을 위해서는 보육정보센터의 기능 활성화 방안, 보육시설 평가인증제도 도입방안, 지방자치단체 보육사업 전달체계 개선 방안, 직장보육서비스의 운영 개선방안을 도입함 －보육인력제도 개선을 위해서는 보육인력 자격제도 도입방안, 보육교사 양성교육체제 재정립 방안, 보육교사 처우개선 방안, 보수교육제도의 효율적 운영방안을 모색함 －보육재정제도 개선을 위해서는 아동보육사업 재정에 대한 평가와 합리적 지원 방식을 도입함 －보육과정 및 특수교육제도 개선을 위해서는 표준보육과정의 필요성과 구성원리, 영아보육의 발전방안, 장애아보육의 발전 방안, 방과 후 보육의 발전방안, 적정 아동 대 교사 비율 산출 방안, 보육시설의 시설·설비기준 개선방안을 마련함
문제점	◇영아, 야간, 휴일 등 다양한 보육수요에 부응하지 못함 ◇보육현장과 질적 수준 등에 대한 관리감독체계 미흡 ◇공보육의 활성화에 대한 요구 높아져 국가적 이슈로 제기됨

자료 : 여성부, 2003.

나 실제 계획한 대로 이루어지지는 못했다. 1998년에는 장애아 전담보육시설의 강화, 민간 보육시설 교재·교구비 지원 등을 강화하고 보육료 특별소득공제를 신설하였다. 1998년에 신설된 연말정산시 보육료 소득공제액을 100만 원까지 확대 실시하였으며, 저소득층 보육료 39억 원을 추가로 지원하기도 했다. 1999년에는 영유아보육법을 개정하여 보육시설 설치절차를 간소화하여 신고제로 전환하였다. 2000년에는 만 5세 유아 무상보육 대상지역을 확대하여 농어촌 및 준농어촌지역까지 실시하였고 지역실정에 맞게 보육료징수를 차등화하도록 하는 등 시설운영의 자율성을 확대하였다. 2001년에는 만 5세 유아 무상보육 대상지역에 중학교 의무교육 대상지역을 포함하였고, 보육시설 신고시 전기안전점검확인서를 첨부하게 하여 보육시설의 안전을 제고하는 등 다각적인 정책을 수립·추진해오고 있다.

5. 영유아보육법 개정(2004년 이후)

1) 변화배경

(1) 보육의 공공성 확보

여성의 사회참여를 확대시키기 위해서 제기되는 문제점 중 하나가 바로 육아문제이며, 여성에게 있어 육아부담은 사회참여를 가로막는 결정적인 걸림돌이기도 하다. 특히 자녀양육부담이 출산율 저하로 이어지면서 '보육의 공공성확보'에 대한 요구가 더욱 강해지고 있다. 이에 2004년 7월 12일 보건복지부로부터 여성가족부로 이관되어 보육의 공공성을 확대하고자 하였다. 이를 계기로 2005년 1월 30일부터 영유아보육법이 전면적으로 개정시행되는 등 보육정책의 패러다임이 바뀌게 된다. 최근 맞벌이부부의 증가 등으로 인한 출산율 저하가 갈수록 심각해지면서 국가가 보육의 책임을 부모와 나누어야 한다는 보육의 공공성이 대폭 강화되는 게 그 골자이다.

(2) 포괄적 보육서비스의 실시

보육의 공공성 확보 목소리가 높아지며 보육정책의 패러다임 역시 아동정책, 양성평등정책, 가족정책 등과 연계한 종합정책으로 변환해야 한다는 주장도 제기되었다. 즉, 보육이 사회복지라는 점에서 보건복지부가 맡아왔지만 기존의 복지서비스 개념에서 한 단계 발전된 방향으로 보육의 패러다임을 전환하겠다는 의지가 보육업무의 여성부 이관이었다.

여성가족부는 보육정책의 핵심을 저출산시대 여성 인적 자원의 적극적 활용을 위한 수요자 중심의 보육으로 설명하고 있다. 이에 보육예산의 지속적인 확대, 맞춤형 보육서비스 제공, 개정된 영유아보육법에 따른 보육시설 설치인가제 시행, 보육교사 자격증제도 도입, 보육시설 평가인증제 실시, 민간보육시설 지원강화, 보육정보센터 확충 및 운영내실화 등을 추진할 계획이다. 그리하여 2004년 6월 여성가족부는 조직개편안을 확정, 보육정책과와 보육지원과로 구성된 보육정책국을 신설, 보육정책기능을 강화하는 한편 '잔여적 · 선별적 보육'에서 '보편적 보육'으로 보육의 패러다임을 전환하기 위한 각종 정책을 개발하기로 했다. 이제는 여성가족부가 앞으로 보육문제를 일하는 여성과 아이들의 인권문제로 인식하고 적극 해결해 나가고 있다.

2) 변화내용

개정된 영유아보육법 이후의 주요한 보육사업의 변화를 살펴보면 다음과 같다.

(1) 보육시설 설치관련 법령 · 제도의 개선

개정법 이후에는 중앙 및 지방정부가 보육계획을 수립하도록 명시하고 있다. 여기에는 보육의 기본 방향과 시설설치를 포함한 종합적인 계획이 포함되어야 한다. 그리고 국공립 보육시설 이외에는 법으로 시설설치인가제로의 환원을 명시하고 있으므로, 인가시 보육환경의 질적 수준제고를 위하여 인가절차 및 고려사항들을 제시해야 한다.

또한 현재 여성근로자 300인 이상에 설치하도록 되어 있는 직장보육시설의 설치의무사업장 기준을 상시 남녀근로자 300인 이상(대상 아동을 보유하고 있는 근로자가 없는 사업장의 경우 제외)으로 확대하여 직장보육의 활성화를 도모하고자 하고 있다.

(2) 보육시설운영위원회

법으로 보육시설에 운영위원회를 두도록 하였으며, 실제로 운영위원회가 형식적으로 운영되지 않고 실효를 거둘 수 있도록 객관성을 확보할 수 있는 운영방안 및 기능 등을 명시하고 있다. 이 운영위원회는 처음으로 실시되기 때문에 초중등교육법의 운영위원회 관련조항을 참조하고 있다. 운영위원회의 구성은 보육시설의 장, 보육교사 대표, 학부모 대표 및 지역사회인사로 구성하고 5인 이상 8인 이내의 범위 안에서 보육시설의 규모 등을 고려하여 구성하고, 운영위원회는 운영규정개정 및 제정, 예산안 및 결산안에 관한 사항, 교재교구 및 자료의 선정에 관한 사항, 안전 및 급식에 관한 사항, 시설운영에 대한 제안 및 건의사항, 기타 보육에 관한 사항을 심의하고, 보육시설장은 운영위원회의 심의결과를 최대한 존중하도록 하였다.

(3) 보육시설 평가인증

보육시설 평가인증제도는 우리나라와 같이 보육이 민간시설이 차지하는 비중이 높고 행정력이 미치지 못하는 국가에서 자발적 참여를 유도하여 보육서비스의 질적 수준을 관리할 수 있는 적절한 제도로 평가하고 있어 법에서 이를 명시하였다.

(4) 행정 · 지원체계 관련 법령 · 제도의 개선

가. 보육정책조정위원회

보육시설과 유치원이 만3세~5세 동일 연령을 대상으로 보육하고 교육하며, 또한 가정의 주된 아동양육자가 여성이라는 이유 등으로 보육의 주무부서는 보건복지부, 교육인적자원부, 여성부, 노동부 등 여러 가지 부서가 통합적으로 접근해야 하기 때문에 법으로 보육정책위원회를 두기로 한 바, 부처간의 역할과 업무를 조정할 기구가 원활하게 운영될 수 있도록 법령 조항을 마련하였다.

나. 보육정책위원회

과거 보육위원회가 형식적으로 운영되어 폐지대상이 되었던 사례를 되풀이되지 않게 하기 위해서 명실상부한 위원회로 운영되도록 필요한 조항을 두고 있다.

다. 보육개발원

보육시설의 수 및 보육아동이 증가되면서 이들 시설들의 서비스의 질적 향상을 위한 지원요구가 증가되고 있다. 특히 새로운 영유아보육법의 시행으로 자격제도, 평가인증제도 및 새로운 제도가 실시되면 이와 관련된 업무도 크게 늘어 날 것이다. 그러므로 별도의 전문기관을 설치하여 이러한 업무를 수행하는 것이 효율적이라 보고 있다.

(5) 보육인력 자격제도의 변화

이번 영유아보육법 개정내용 중에서 중요한 것 중 하나가 보육교사 인력부분이다. 이번 보육교사의 인력은 보육인력양성의 전문화와 보육인력의 자격제도, 보육인력의 전문성유지를 위한 보수교육의 강화가 주 내용이다. 이번에 변경된 보육교사 자격제도의 주 내용은 다음과 같다.

- 보육교사 자격제도 도입에 따른 자격증 내용 신규도입
- 보육교사의 자격을 관련 학과에서 관련 교과목으로 연동시킴
- 보육교사 등급을 1, 2급에서 1, 2, 3급으로 변경조정구법의 보육시설 종사자 교육훈련을 개정법률에서는 보수교육으로 규정하고 직무교육과 승급교육으로 구분

(6) 행정부서이관

현재 보육업무의 주무부서가 보건복지부에서 여성가족부로 이관되었다. 여성가족부는 보육업무이관이 차질 없이 수행될 수 있도록 정부조직법개정안이 시행되는 5월까지 3개월간 보건복지부와 공동으로 보육업무이관 T/F를 구성하여 운영하고 있으며, 보육정책과와 보육지원과로 구성된 보육정책국을 신설하여 보육정책기능을 강화하는 한편, 잔여적 · 선별적 보육에서 보편적 보육으로 보육의 패러다임을 전환하기 위한 각종 정책을 개발하기 위하여 보육전문가 · 보육단체 · 학부모 · 공무원으로 구성된 보육발전원탁회의를 수시로 개최하여 현장의 목소리가 담긴 정책을 수립할 계획이다.

이제는 저소득층 맞벌이 부부의 자녀를 위한 잔여적이고 선별적 보육정책으로는 급속히 진행되고 있는 저출산 및 고령화사회 진입 등의 많은 사회문제를 해결할 수 없는바, 여성부는 2004년 1월 29일 개정, 공포된 영유아보육법을 토대로 아이를 키우는 일은 더 이상 부모의 책임이 아니라 부모와 국가가 함께 책임지는 공보육체계의 기틀을 마련하고, 변화하는 사회구조와 다양한 근로여건에 적극 부응하는 맞춤형 보육서비스 제공 및 보육서비스의 질적 수준을 향상시킬 수 있도록 최선을 다할 계획이다.

따라서 여성가족부는 보육업무이관 추진기간 동안 보육업무이관이 원활히 수행되는 데 초점을 두고, 영유아보육법개정에 따른 시행령 및 시행규칙개정과 보육시설설치 인가제도, 보육교사 자격증제도, 보육시설 평가인증제 등 새로 도입되는 제도시행이 차질 없이 진행될 수 있도록 준비하였다.

제 3 장

보육법규

1. 목적과 취지

1) 목적

이 법의 목적은 영유아를 심신의 보호와 건전한 교육을 통하여 건강한 사회구성원으로 육성함과 아울러 보호자의 경제적 · 사회적 활동을 원활하게 하여 가정복지증진에 기여함을 목적으로 한다(동법 제1조). 과거에는 '근로 또는 질병, 그리고 기타 사정으로 인하여 보호하기 어려운'이란 단서를 보듯이 보육에 대한 정부의 소극적이고 잔여적인 자세를 대변하고 있어 보육을 부모의 근로나 질병 등 가정양육이 적절하지 못할 때 일시적으로 제공되는 서비스로 간주되었지만 개정영유아보육법에서는 공보육과 보육대상의 보편주의를 강조하고 있다.

2) 취지

사회의 산업화에 따르는 가족형태의 핵가족화와 기혼여성의 취업증대라는 사회변화에서 자녀의 양육문제가 심각하게 대두되고 있다. 특히 저소득층 기혼근로여성은 임금노동과 가사노동 그리고 육아라는 삼중고에 시달리고 있으며, 이들의 자녀는 건전한 사회화를 저해하는 결핍환경 속에 무방비상태로 방치되고 있다.

따라서 이러한 문제를 사회의 공동책임이라는 인식하에 여성복지와 아동복지의 측면에서 해결하기 위하여 탁아사업의 활성화와 이의 제도적 보장의 필요성이 제기되었다. 이에 영유아보육시설의 설립을 촉진하기 위한 근거를 마련하고 영유아보육의 체계를 확립하기 위한 것이 본 법의 취지이다.

2. 입법의 배경과 연혁

1) 보육관련법의 연혁

해방 이후 영유아보육법 제정에 이르기까지 보육은 복잡한 변천과정을 겪게 되는데, 그 주요한 과정은 아래의 연보와 같다. 그 대강을 보면, 탁아시설은 1952년 후생시설요강에서 탁아소란 명칭으로 처음 등장하게 되어 1962년 10월 아동복리법시행령에서 법적 형태를 취하게 된다. 1982년 12월 31일 유아교육진흥법의 제정으로 탁아시설은 아동복지법에서 빠지게 되었다가 1989년 9월 19일 아동복지법시행령의 개정으로 다시 탁아시설 설치근거가 마련되었다. 1991년 1월 14일 영유아보육법의 제정으로 탁아시설에서 보육시설로 명칭이 바뀌었고, 아동복지시설에서 독립하여 보육시설로 변경되었다. 1992년 12월 8일 사회복지사업법의 개정으로 보육사업이 사회복지사업으로 자리잡게 되었다. 그리고 2004년 1월 영유아보육법은 전면 개정되었다.

≪보육관련법의 연보≫

1952.	〈후생시설요강〉 탁아소
1962. 10	〈아동복리법시행령〉 제2조 9항 탁아시설 설치규정
1968. 3	〈미인가탁아시설 임시조치령〉 탁아소 → 어린이집
1977.	법인화추진
1982. 12. 31	〈유아교육진흥법〉 새마을유아원 흡수통합 문교부, 장학지도, 내무부, 시설운영
1987. 12. 31	〈남녀고용평등법〉 직장탁아제 도입
1989. 9. 19	〈아동복지법시행령〉 탁아시설 설치근거 부활
1991. 1. 14	〈영유아보육법〉 제정 보육사업을 보건사회부에 일원화, 탁아 → 보육
1991. 8. 1	〈영유아보육법시행령〉
1991. 8. 8	〈영유아보육법시행규칙〉
2004. 1. 8	〈영유아보육법〉 개정

2) 입법배경

1980년대 후반으로 들어오면서 기혼여성의 취업률이 꾸준히 증가됨에 따라 탁아요구가 급격하게 증가되었고, 저소득층 아동 및 농촌지역 아동의 방치문제가 심각한 사회문제로 대두되면서 탁아시설에 대한 요구는 더욱 증폭되었다. 이에 보사부는 9월 19일 아동복지법 시행령을 개정함으로써 탁아시설에 관한 법적 근거를 부활시키고 이어 1990년 4월 9일 탁아관련 시행규칙을 개정하고, 1990년 1월 15일 보사부훈령으로 탁아시설의 설치, 운영규정을 제정하여 이를 근거로 탁아시설추진계획을 마련하였다. 이러한 과정에서 1989년 11월 10일 평민당의 박영숙 의원 외 60명 의원의 발의로 탁아복지법 제정안을 별도로 국회보사위에 상정해서 독립입법을 주장하였다. 한편 지역사회탁아소연합회 등 몇몇 민간단체들이 주축이 되어 별도의 탁아입법을 추진하기 위한 운동을 전개하기 시작했고 공청회 및 전문가 자문을 거쳐 탁아법의 독립입법을 주장했는데 그들의 입장은 다음과 같다.

첫째, 개정된 아동복지법시행령은 국가와 지방자치단체의 역할을 의무화하지 않아서 보육의 책임은 국가 및 사회가 지는 지원입법이 아니라 규제입법이라는 점이다. 둘째, 생활보호대상자와 의료보호대상자를 우선 지원하도록 규정되어, 많은 저소득층 취업모가 혜택에서 제외된다는 점이다. 셋째는, 탁아시설 유형분류가 아동 30명 이상을 시설탁아로 하고, 5명 이상 20명 이하를 가정탁아로 양분함으로써 다양한 요구에 부적절할 뿐 아니라 전국에 약 2백 개소 이상 저소득층 지역에서 운영되고 있는 소규모 탁아시설(11~29명)에 대한 배려가 없다는 점이다. 넷째, 직장탁아는 노동부에서 관할하고 새마을유아원과 농촌 계절탁아는 아직 내무부에서 관장하고 있어서 탁아행정의 다기화로 행정의 소모성을 우려하고 있다. 다섯째, 시행령은 국무회의의 의결을 거쳐 결정되는 대통령이므로 법적 항구성이 없어 중요한 탁아문제의 법적 근거로는 가변적이며 불안하다는 관점이다.

그러나 보사부의 입장은 달랐다. 아동복지법시행규칙을 개정하면서 그들의 요구를 대폭 수용해서 시설탁아설치는 사회복지법인 및 재단법인의 인가제로 했지만 가정탁아설치는 신고제로 해서 개인이나 단체 누구나 설립할 수 있게 완화하였으며, 생활보호 및 의료보호대상자의 탁아요구가 약 87,000명으로 추산되므로 이들에 대한 탁아시설을 1992년까지 1,240개소 마련하는 것이 우선 과제이며, 정부 재정형편상 연차적으로 저소득층에 확대해 나갈 계획이므로 별도의 입법이 불필요하다고 주장했다.

이처럼 탁아요구의 수용을 위해 독립입법이나 아동복지법시행령으로 충분하느냐 하는 주장이 팽팽히 맞서 논의되는 과정에서 1990년 6월 당시 민정당에서 신영순 의원을 중심으로 한 여성의원 5명이 주축이 되어 여성정책토론회를 개최하고 독립적으로 탁아입법을 제정하겠다는 입장을 공식적으로 표명했다.

이 토론회에서 '탁아서비스의 일원화는 교육(유치원교육)과 보육(탁아서비스)의 일원화인가?' 라는 가장 근본적인 질문이 나왔고, 기조연설에서 표현한 일원화는 새마을유아원과 농촌탁아는 내무부에서, 직장탁아는 노동부에서, 가정탁아는 보사부에서, 지역사회탁아소연합회 소속의 소규모 비영리탁아시설은 미인가 상태로 있는 것을 통합해서 보사부에 일원화한다는 뜻임을 분명히 했고, 유치원과 탁아시설의 통합은 장기적으로 논의와 연구가 필요한 우리 모두의 주요 과제이지만 현 시점에서 논의하기에는 이르다는 주체 측 결론으로 끝났다. 상기 여성의원과 민정당이 '탁아제도발전의원회'를 공식적으로 구성하고 각계의 관련전문가를 초청해서 의견수립 과정을 거치는 형식을 취했다.

한편 정부 측은 개정된 아동복지법시행령으로 1~2년 동안 운영해본 후 문제점을 보완 개정해도 늦지 않다고 주장했으나 당시 야당인 평민당과 민주당, 그리고 재야 여성단체연합, 지역탁아소연합회 등의 탁아시설 확충을 위한 독립법안에 대한 요구의 목소리가 높았고, 민정당은 이러한 요구를 정책에 반영하기로 결정했던 것이다. 이러한 과정 속에서도 지역탁아소연합회와 재야 여성단체 등은 저소득층에 대한 정부재정지원 보강, 미인가 소규모 비영리탁아시설에 대한 배려, 직장탁아시설의 확대 등을 구체적으로 주장하며 입법에 반영되기를 계속 요구했다. 이러한 과정을 거쳐서 국회에 상정된 영유아보육법은 보사위원회의 심의를 거쳐 1990년 12월 18일 국회 본회의에서 통과되었고, 1991년 1월 14일 법률 제4328호로 제정되었다.

그리고 동법은 1991년 제정 이후 1997년, 1999년에 걸쳐서 두 차례 개정이 이루어졌다. 제1차 개정은 1997년 12월 24일 개정되었으며, 1999년 5월 9일부터 시행되었다. 개정의 이유는 영유아보육의 정의를 신설하여 보육의 범위를 명확히 하고 초·중등교육법에 초등학교 취학 직전 1년의 유아원아의 교육을 무상으로 실시하는 방안이 제기됨에 따라 저소득층 중심의 보육유아에 대해서도 무상보육을 실시할 수 있도록 근거를 마련하여 형평을 기하도록 하며, 아울러 보육시설 설치운영에 국가의 재정지원을 함으로써 가정의 육아 및 보육비용의 부담을 완화하고자 하는 데 있다.

그 주요골자는 다음과 같다.

① 초등학교 취학 직전 1년의 영유아에 대한 보육을 무상으로 하되, 대통령령이 정하는 바에 따라 순차적으로 실시하고, 무상보육 실시에 드는 비용을 대통령령이 정하는 바에 의하여 국가 및 지방자치단체가 이를 부담 또는 보조하도록 규정을 신설함(법 제21조 제1항 및 제2항).

② 국가와 지방자치단체는 취학 직전 1년의 영유아의 보육에 필요한 보육시설을 설치·운영하도록 신설함(법 제21조2 제3항).

제2차 개정은 1999년 2월 8일 이루어졌는데, 개정의 이유는 민간 또는 직장보육시설의 폐지 또는 휴지에 관한 승인제를 신고제로 완화하고, 보육비용의 승인제를 폐지하여 시·

도지사가 정하는 범위 안에서 보육비용을 받을 수 있도록 하는 등 일부 규제를 완화하여 영유아보육이 활성화되도록 하려는 것이다. 그 주요골자는 다음과 같다.

① 보육시설의 설치절차를 시설종류별로 분류하던 것을 민원편의를 위해 신고가 필요한 시설과 그러하지 아니한 시설로 분류함(법 제7조).

② 민간 및 직장보육시설의 휴지 또는 폐지의 경우 시장·군수·구청장의 승인을 받도록 하던 제도를 신고제로 완화함(법 제11조).

③ 보육시설의 보육료를 시장·군수·구청장의 승인을 얻도록 하고 그 한도액을 보건복지부장관이 정하던 것을 지역실정에 맞추어 탄력적인 수납이 가능하도록 승인제를 폐지하고 한도액을 관할 시·도지사가 정하도록 함.

3) 2004년 개정영유아보육법

(1) 개정이유

보육사업은 지난 10여 년 간 보육시설 및 보육아동의 규모가 커지고 보육서비스의 질적 향상에 대한 요구 및 보육현실은 크게 변화되었는데, 영유아보육법은 1991년에 제정된 이래 부분적으로 개정되었을 뿐 영유아보육법이 현실을 제대로 따라가지 못하는 실정이었다.

이러한 필요성에 의하여 2004년 1월 8일자로 개정된 영유아보육법은 사실상 전면 개정으로 그 동안 보육발전을 위하여 논의되었던 보육제도의 미비점을 어느 정도 보완하고 전문적 보육사업의 발전을 위한 기틀을 마련했다고 볼 수 있다. 그리고 유아교육법도 같이 통과됨으로 인하여 앞으로 어린이집과 유치원 간의 통합 등의 문제에 있어 많은 문제점이 발생할 것이라고 볼 수 있다. 그러므로 하위법률 개정 때 구체적인 방향제시가 있어야 할 것이다.

그러나 이번 영유아보육법의 개정과 유아교육법의 제정은 사업의 대상이 같지만 서로 많은 논란을 가지면서 진행되어 왔다. 또한 현장에서도 나름대로 많은 혼란을 초래하리라 예상되고 있다. 이런 부정적인 면도 존재하지만 앞으로는 현장에서는 나름대로 서로 공유할 수 있는 영역이 넓어질 것이다.

여성의 사회참여 확대, 가족구조의 변화 등으로 인해 사회적 양육이 필요하므로 보육의 공공성을 확보하는 한편 영유아보육과 관련된 여건변화를 전반적으로 반영하고, 영유아보육에 있어서 유아교육과 마찬가지로 사회·경제적 활동이 원활하게 이루어질 수 있도록 지원함으로써 유아교육법안과 조화를 꾀함과 동시에 보육시설에 대한 재정지원을 강화함으로써 보육의 내실을 기하려는 목적으로 개정되었다.

〈표 3-1〉 영유아보육법개정법률 주요 개정사항

주 요 내 용	개 정 사 유
◇국무총리 소속하에 보육정책조정위원회를 신설하고, 보건복지부에 중앙보육정책위원회를, 그리고 지방자치단체에 지방보육정책위원회를 설치함	◇보육정책에 관한 관계부처간의 의견을 조정하고, 보육에 관한 각종 정책·사업·보육지도 등을 심의하기 위함
◇보육시설의 종류에 법인보육시설 및 부모협동 보육시설을 포함	◇현행 민간보육시설에 포함되어 있던 법인시설은 정부지원시설로서 일반 개인시설과 차별화되므로 별도의 유형화가 필요하며, 공동육아제도 활성화의 법적 근거를 마련하기 위함
◇여성가족부장관, 시·도지사 및 시장·군수·구청장은 보육시설 수급계획 등 보육계획을 수립·시행함	◇보육계획에 따른 보육시설의 설치 및 운영의 합리화와 효율화를 도모함
◇보육시설 설치·운영시 시장·군수·구청장의 인가를 받도록 함	◇현재 신고로 되어 있는 보육시설의 설치에 대해 인가를 받도록 함으로써 시설의 질적 수준을 향상하기 위함
◇직장보육시설 설치 의무화 사업장에 대해 지역의 보육시설과 위탁계약을 체결할 수 있도록 함	◇직장 근로자가 이용할 수 있는 직장보육시설 설치 및 운영을 활성화하기 위함
◇보육교사에게 여성가족부장관이 검정·수여하는 자격증을 부여하고, 등급을 1·2·3등급으로 나눔	◇보육교사에게 국가공인자격증을 부여함으로써 교사의 자격에 대한 체계적인 관리와 질적 수준을 향상하고자 함
◇국공립 및 법인 보육시설과 기타 대통령령이 정하는 보육시설의 장은 영아·장애아 등에 대한 보육을 우선적으로 실시하도록 함	◇보육수요 충족율이 낮고 민간에서 보육을 기피하고 있는 영아·장애아 등 취약보육을 활성화하기 위함
◇국공립 및 법인 보육시설과 기타 대통령령이 정하는 보육시설의 장은 국민기초생활보장법에 의한 수급자와 보건복지부령이 정하는 저소득층의 자녀가 우선적으로 보육시설을 이용할 수 있도록 함	◇저소득층자녀에 대한 보육의 우선 제공을 통해 저소득층의 취업을 활성화하고 자녀양육에 대한 부담을 완화함
◇국가 및 지자체가 보육시설의 설치, 보육교사의 인건비, 초과보육 운영경비 등 운영에 소요되는 경비를 전부 또는 일부 보조하도록 함	◇보육시설에 대한 경비 지원을 통해 보육사업을 활성화하고 국가의 공적 책임을 강화함
◇여성가족부장관은 보육시설에 대한 평가인증을 실시할 수 있도록 함	◇보육시설에 대한 평가를 통해 보육시설의 자율적인 서비스 개선 등 보육서비스의 질적 수준을 향상하기 위함
◇보육비용의 보호자 부담 원칙을 삭제하고, 국가와 지방자치단체가 저소득층 등의 보육비용을 부담토록 하되, 지원은 소득수준·거주지역 등에 따라 차등화할 수 있음	◇보육에 대한 국가 및 지방자치단체의 책임을 강화하고 차등보육료 지원제도 실시의 법적 근거를 마련함
◇보육시설의 장 또는 보육교사의 위법, 부당, 과실, 교육불이행 등에 대해 자격의 취소 또는 정지할 수 있도록 함	◇보육시설의 장과 보육교사가 보육서비스를 제공함에 있어 법을 준수하도록 하고 효과적으로 자격을 관리하기 위함

(2) 주요개정내용

—보육은 영유아의 이익을 최우선으로 고려하여 제공하도록 하고, 보육에 있어서의 차

별을 금함(제3조).

- 보육정책에 관한 관계부처간의 의견을 조정하기 위하여 국무총리 소속하에 보육정책조정위원회를 두는 한편 보육에 관한 각종 정책 · 사업 · 보육지도 등을 심의하기 위하여 여성가족부에 중앙보육정책위원회를, 시 · 도 및 시 · 군 · 구에 지방보육정책위원회를 둠(제5조 및 제6조).
- 현행 민간보육시설을 사회복지법인이 설치 · 운영하는 법인보육시설과 국가 또는 지방자치단체 이외의 자가 설치 · 운영하는 민간보육시설로 구분하고 부모협동보육시설을 새로이 둠(제10조).
- 여성가족부장관, 시 · 도지사 및 시장 · 군수 · 구청장은 보육시설 수급계획을 포함한 보육계획을 수립 · 시행하도록 함(제11조).
- 국 · 공립보육시설 외의 보육시설을 설치 · 운영하고자 하는 자는 시장 · 군수 · 구청장의 인가를 받도록 함(제13조).
- 보육시설을 설치 · 운영하고자 하는 자는 여성가족부령이 정하는 설치기준을 갖추도록 함(제15조).
- 보육시설의 장의 자격은 대통령령으로 정하도록 하고 보육교사는 제21조 제2항 각호에서 정하는 자로서 여성가족부장관이 검정 · 수여하는 자격증을 받은 자로 하며 그 등급은 1, 2, 3급으로 함(제21조).
- 국가 또는 지방자치단체와 사회복지법인 그 밖의 비영리법인이 설치한 보육시설과 대통령령이 정하는 보육시설의 장은 영아 · 장애아 등에 대한 보육을 우선적으로 실시하도록 함(제26조).
- 국가 또는 지방자치단체와 사회복지법인 그 밖의 비영리법인이 설치한 보육시설과 대통령령이 정하는 보육시설의 장은 국민기초생활보장법에 의한 수급자와 보건복지부령이 정하는 저소득층의 자녀가 우선적으로 보육시설을 이용할 수 있도록 함(제28조).
- 보육시설의 장으로 하여금 영유아의 발달 등을 종합적으로 관찰 · 평가하여 영유아의 생활지도 및 초등학교 교육과의 연계지도에 활용할 수 있도록 하기 위하여 생활기록부를 작성 · 관리하도록 함(본회의 수정)(제29조의2 신설).
- 보육시설의 장은 영유아와 보육시설의 종사자에 대하여 정기적으로 건강진단을 실시하고 치료 및 예방에 필요한 조치를 하여야 하며 여성가족부령이 정하는 바에 의하여 균형 있고 위생적이며 안전한 급식을 하여야 함(제31조 내지 제33조).
- 초등학교 취학 직전 1년의 유아 및 장애아에 대한 보육은 무상으로 하되 대통령령이 정하는 바에 의하여 순차적으로 실시하도록 하고 그 비용은 국가 및 지방자치단체가

부담 또는 보조하도록 함(제35조).

- 국가 또는 지방지치단체는 대통령령이 정하는 바에 의하여 제10조의 규정에 의한 보육시설의 설치, 보육교사의 인건비, 초과보육 운영경비 등 운영에 소요되는 경비, 보육정보센터의 설치 · 운영 등 보육사업에 소요되는 비용의 전부 또는 일부를 보조하도록 함(본회의 수정)(제36조).
- 보육시설을 설치 · 운영하는 자는 보육시설의 소재지를 관할하는 시 · 도지사가 정하는 범위 내에서 그 시설을 이용하는 자로부터 보육료, 그 밖의 필요한 경비 등을 수납할 수 있도록 함(본회의 수정)(제38조).
- 직장보육시설외 보육시설의 운영비에 대하여도 조세특례제한법이 정하는 바에 의하여 조세감면을 하도록 함(본회의 수정)(제39조 제2항 신설).
- 인가된 보육시설을 폐지 또는 휴지하거나 그 운영을 재개하고자 하는 자는 여성가족부령이 정하는 바에 의하여 미리 시장 · 군수 · 구청장에게 신고하도록 함(제43조).
- 여성가족부장관, 시 · 도지사 및 시장 · 군수 · 구청장은 보육시설을 설치 · 운영하는 자가 보조금을 유용한 경우 등에는 1년 이내의 시설운영정지를 명하거나 폐쇄를 명할 수 있도록 함(제45조).
- 여성가족부장관은 보육시설의 장 또는 보육교사가 업무수행 중 고의 또는 중대한 과실로 손해를 가한 경우 등에는 자격을 정지시킬 수 있도록 함(제46조 및 제47조).
- 보육교사가 허위 또는 부정한 방법으로 자격증을 취득한 경우 등에는 자격을 취소할 수 있도록 함(제48조).

(3) 특징

가. 신규 규정 및 강화

개정에서는 종사자 자격제도, 평가인증제, 보육시설운영위원회 등이 새롭게 도입되었고 설치인가제 및 설치기준 등이 강화하였다. 신규로 도입되는 제도에 대해서는 관련된 기존 연구결과 및 유사제도의 법규정을 참조하여 반영하였다.

- 보육계획의 수립, 보육교사 자격제도와 평가인증제 도입
- 보육정책조정위원회, 보육개발원, 보육시설운영위원회 등 신규 보육행정 및 지원체계 도입

나. 보육서비스의 질적 향상

보육서비스의 질적 향상을 위한 제반 규정은 강화하되, 일부부분은 기존의 틀을 유지하

여 급격한 변화에 따른 부담과 혼란을 초래하지 않도록 하였다.
- 종사자 자격 및 교육강화, 규정강화, 현실화, 체계화
- 시설운영기준 중 아동대 교사비율 강화
- 설치기준 중 안전관련 규정강화, 규모설비 등의 일부 수정
- 종사자 등에 대한 정부의 관리 책임의 강화

3. 내용

1) 총 칙

(1) 목적(동법 제1조)

이 법은 영유아를 심신의 보호와 건전한 교육을 통하여 건강한 사회성원으로 육성함과 아울러 보호자의 경제적 · 사회적 활동을 원활하게 함으로써 가정복지증진에 기여함을 목적으로 한다.

(2) 용어정리(동법 제2조)

① '영유아'라 함은 만6세 미만의 취학 전 아동을 말한다.
② '보육'이라 함은 영유아를 건강하고 안전하게 보호 · 양육하고 영유아의 발달특성에 적합한 교육을 제공하는 사회복지서비스를 말한다.
③ '보육시설'이라 함은 보호자의 위탁을 받아 영유아를 보육하는 시설을 말한다.
④ '보호자'라 함은 친권자, 후견인 그 밖의 자로서 영유아를 사실상 보호하고 있는 자를 말한다.
⑤ '보육시설종사자'라 함은 보육시설에서 영유아의 보육, 건강관리 및 보호자와의 상담, 그 밖에 보육시설의 관리 · 운영 등의 업무를 담당하는 자로서 보육시설의 장 및 보육교사와 그 밖의 종사자를 말한다.

(3) 보육이념(동법 제3조)과 책임(동법 제4조)

보육은 영유아의 이익을 최우선적으로 고려하여 제공되어야 한다. 보육은 영유아가 안전하고 쾌적한 환경에서 건강하게 성장할 수 있도록 하여야 한다. 그리고 영유아는 자신 또는 보호자의 성 · 연령 · 종교 · 사회적 신분 · 재산 · 장애 및 출생지역 등에 따른 어떠한 종

류의 차별도 받지 아니하고 보육되어야 한다.

또한 책임으로 모든 국민은 영유아를 건전하게 보육할 책임을 진다. 국가 및 지방자치단체는 보호자와 더불어 영유아를 건전하게 보육할 책임을 지고 영유아의 보육을 위한 적절한 보육시설을 확보하여야 한다.

(4) 보육정책조정위원회(동법)

가. 기능

보육정책에 관한 관계부처간의 의견을 조정하기 위하여 국무총리 소속하에 보육정책조정위원회를 둔다.

나. 역할

보육정책조정위원회는 다음 각호의 사항을 심의 · 조정한다.

- 보육정책의 기본 방향에 관한 사항
- 보육관련 제도 개선과 예산 지원에 관한 사항
- 보육에 관한 관계부처간 협조사항

다. 구성

보육정책조정위원회는 위원장을 포함한 12인 이내의 위원으로 구성하되, 위원장은 국무조정실장이 되고 위원은 다음 각호의 자가 된다.

- 교육인적자원부차관, 보건복지부차관, 노동부차관, 여성가족부차관 및 기획예산처차관
- 관련차관이 추천하여 위원장이 위촉하는 보육계, 유아교육계, 여성계, 사회복지계, 시민단체 및 보호자를 대표하는 자 각 1인

(5) 보육정책위원회(동법 제6조)

가. 기능

보육에 관한 각종 정책 · 사업 · 보육지도 및 시설평가사항 등을 심의하기 위하여 여성가족부에 중앙보육정책위원회를, 특별시 · 광역시 · 도 및 시 · 군 · 구에 지방보육정책위원회를 둔다. 다만, 지방보육정책위원회는 그 기능을 담당하기에 적합한 다른 위원회가 있고 그 위원회의 위원이 제2항의 규정에 의한 자격을 갖춘 경우에는 시 · 도 또는 시 · 군 · 구의 조례가 정하는 바에 따라 그 위원회가 지방보육정책위원회의 기능을 대신할 수 있다.

나. 구성

중앙 및 지방보육정책위원회의 위원은 보육전문가, 보육시설의 장 및 보육교사 대표, 보호자 대표 또는 공익을 대표하는 자, 관계공무원 등으로 구성한다.

(6) 보육정보센터(동법 第7조)

보육에 관한 정보의 수집, 제공 및 상담을 위하여 여성가족부장관은 중앙보육정보센터를, 특별시장 · 광역시장 · 도지사 및 시장 · 군수 · 구청장은 지방보육정보센터를 설치 · 운영하여야 한다. 이 경우 필요하다고 인정하는 경우에는 영아, 장애아 보육 등에 관한 보육정보센터를 별도로 설치 · 운영할 수 있다. 중앙보육정보센터 및 지방보육정보센터에는 보육정보센터의 장과 보육에 관한 정보제공 및 상담업무 등을 담당하는 보육전문요원 등을 둔다.

(7) 보육개발원(동법 第8조)

보육에 관한 연구와 정보제공, 프로그램 및 교재 개발, 평가척도개발 및 종사자 연수 등의 업무를 위하여 보육개발원을 설치하거나 당해 업무를 관련연구기관 등에 위탁할 수 있다.

(8) 보육실태조사(동법 第9조)

이 법의 적절한 시행을 위하여 보육실태조사를 5년마다 실시하여야 한다.

2) 보육시설의 설치

(1) 보육시설의 종류(동법 第10조)

- 국 · 공립보육시설 : 국가 또는 지방자치단체가 설치 · 운영하는 시설
- 법인보육시설 : 사회복지사업법에 의한 사회복지법인이 설치 · 운영하는 시설
- 직장보육시설 : 사업주가 사업장의 근로자를 위하여 설치 · 운영하는 시설(국가 또는 지방자치단체의 장이 소속 공무원을 위하여 설치 · 운영하는 시설을 포함한다)
- 가정보육시설 : 개인이 가정 또는 그에 준하는 곳에 설치 · 운영하는 시설
- 부모협동보육시설 : 보호자들이 조합을 결성하여 설치 · 운영하는 시설
- 민간보육시설 : 제1호 내지 제5호에 해당하지 아니하는 보육시설

(2) 보육계획의 수립 및 시행(동법 第11조)

보육사업의 원활한 추진을 위하여 여성가족부장관의 경우에는 중앙보육정책위원회, 그 밖의 경우에는 각 지방보육정책위원회의 심의를 거쳐 보육시설 수급계획 등을 포함한 보육계획을 수립 · 시행하여야 한다. 그리고 보육계획의 수립 · 시행을 위하여 필요한 경우에는 보육시설, 보육관련 법인 및 단체 등에 대하여 자료제공 등의 협조를 요청할 수 있으며, 그 요청을 받은 보육시설 · 보육관련 법인 및 단체 등은 정당한 사유가 없는 한 이에 응하여야 한다.

(3) 보육시설의 설치

가. 국 · 공립보육시설의 설치(동법 제12조)

국가 또는 지방자치단체는 국 · 공립보육시설을 설치 · 운영하여야 한다. 이 경우 국 · 공립보육시설은 제11조의 규정에 의한 보육계획에 따라 도시 저소득 주민 밀집주거지역 및 농어촌지역 등 취약지역에 우선적으로 설치하여야 한다.

나. 국 · 공립보육시설 외의 보육시설의 설치(동법 제13조)

국 · 공립보육시설 외의 보육시설을 설치 · 운영하고자 하는 자는 시장 · 군수 · 구청장의 인가를 받아야 한다. 인가한 사항 중 중요한 사항을 변경할 때에도 또한 같다.

다. 직장보육시설의 설치(동법 제14조)

대통령령이 정하는 일정규모 이상의 사업장의 사업주는 직장보육시설을 설치하여야 한다. 다만, 사업장의 사업주가 직장보육시설을 단독으로 설치할 수 없을 때에는 사업주 공동으로 직장보육시설을 설치 · 운영하거나 지역의 보육시설과 위탁계약을 체결하여 근로자 자녀의 보육을 지원하거나 또는 근로자에게 보육수당을 지급하여야 한다.

(4) 결격사유(동법 제16조)

아래에 해당하는 자는 보육시설을 설치 · 운영할 수 없다.

－미성년자 · 금치산자 또는 한정치산자

－정신질환자

－마약 · 대마 또는 향정신성의약품중독자

－파산자로서 복권되지 아니한 자

－금고 이상의 실형을 선고받고 그 집행이 종료(집행이 종료된 것으로 보는 경우를 포함한다)되거나 집행이 면제된 날부터 3년이 경과하지 아니한 자

-금고 이상의 형의 집행유예 선고를 받고 그 유예기간 중에 있는 자
-보육시설의 폐쇄명령을 받고 1년이 경과되지 아니한 자

3) 보육시설 종사자

(1) 보육시설의 장 및 보육교사의 자격(동법 제21조)

보육시설 장 및 보육교사의 자격은 다음과 같다.

-대학(전문대학을 포함한다) 또는 이와 동등 이상의 학교에서 여성가족부령이 정하는 보육 관련 교과목 및 학점을 이수하고 졸업한 자
-고등학교 또는 이와 동등 이상의 학교를 졸업한 자로서 여성가족부령이 정하는 교육훈련시설에서 소정의 교육과정을 이수한 자

(2) 보수교육(동법 제23조)

보육시설 종사자의 자질향상을 위한 보수교육을 실시하여야 하고 그 종류는 직무교육과 승급교육으로 구분한다.

4) 보육시설의 운영

(1) 보육시설의 운영기준(동법 제24조)

보육시설을 설치·운영하는 자는 여성가족부령이 정하는 운영기준에 따라 보육시설을 운영하여야 한다. 국가 또는 지방자치단체는 제12조의 규정에 의하여 설치된 국·공립보육시설을 법인·단체 또는 개인에게 위탁하여 운영할 수 있다. 이 경우 최초 위탁은 공개경쟁의 방법에 의한다.

그리고 동법 제14조의 규정에 의하여 직장보육시설을 설치한 사업주는 이를 법인·단체 또는 개인에게 위탁하여 운영할 수 있다.

(2) 보육시설 운영위원회(동법 제25조)

보육시설의 장은 보육시설운영의 자율성을 높이고 지역사회와의 연계를 강화하여 지역 실정과 특성에 맞는 보육을 실시할 수 있도록 하기 위하여 보육시설에 보육시설 운영위원회를 설치·운영할 수 있다. 보육시설 운영위원회는 당해 보육시설 종사자·보호자 대표 및 지역사회인사 등으로 구성한다.

(3) 취약보육의 우선 실시(동법 제26조)

국가 또는 지방자치단체와 사회복지법인 그 밖의 비영리법인이 설치한 보육시설과 대통령령이 정하는 보육시설의 장은 영아 · 장애아 등에 대한 보육을 우선적으로 실시하여야 한다. 그리고 취약보육을 활성화하는 데 필요한 각종 시책을 수립 · 시행하여야 한다.

(4) 보육시설 이용대상(동법 제27조)과 보육의 우선제공(동법 제28조)

보육시설의 이용대상은 보육이 필요한 영유아를 원칙으로 한다. 다만, 필요한 경우 보육시설의 장은 만 12세까지 연장하여 보육할 수 있다. 또한 국가 또는 지방자치단체와 사회복지법인 그 밖의 비영리법인이 설치한 보육시설과 대통령령이 정하는 보육시설의 장은 국민기초생활보장법에 의한 수급자와 보건복지부령이 정하는 저소득층의 자녀가 우선적으로 보육시설을 이용할 수 있도록 하여야 한다. 다만, 고용정책기본법 제21조 제2항의 규정에 의하여 고용촉진시설의 설치 · 운영을 위임 또는 위탁받은 지방자치단체의 장, 공공단체 또는 비영리법인이 설치 · 운영하는 시설의 장은 근로자의 자녀가 우선적으로 보육시설을 이용하게 할 수 있다. 그리고 사업주는 사업장 근로자의 자녀가 우선적으로 직장보육시설을 이용할 수 있도록 하여야 한다.

(5) 보육과정과 보육시설생활기록(동법 제29조)

보육과정은 영유아의 신체 · 정서 · 언어 · 사회성 및 인지적 발달을 도모할 수 있는 내용을 포함하여야 한다. 그리고 표준보육과정을 개발 · 보급하여야 하며 필요시 그 내용을 검토하여 수정 · 보완하여야 한다. 보육시설의 장은 규정에 의한 표준보육과정에 따라 영유아를 보육하도록 노력하여야 한다. 또한 보육시설의 장은 영유아의 발달 등을 종합적으로 관찰 · 평가하여 영유아생활지도 및 초등학교 교육과의 연계지도에 활용할 수 있도록 하기 위하여 여성가족장관이 정하는 기준에 따라 생활기록부를 작성 · 관리하여야 한다.

(6) 보육시설 평가인증(동법 제30조)

보육서비스의 질적 수준 향상을 위하여 보육시설에 대한 평가인증을 실시할 수 있다. 보육시설 평가인증에 관한 업무를 공공 또는 민간기관 · 단체 등에 위탁하여 실시할 수 있다. 그리고 평가인증을 받고자 하는 보육시설 설치 · 운영자에게 여성가족부령이 정하는 바에 따라 평가인증에 필요한 비용을 납부하게 할 수 있고 평가인증의 결과에 따라 보육사업 실시에 필요한 지원을 할 수 있다.

5) 비 용

(1) 비용의 부담(동법 제34조)

국가 또는 지방자치단체는 국민기초생활보장법에 의한 수급자와 보건복지부령이 정하는 일정 소득 이하 가구의 자녀 등의 보육에 필요한 비용의 전부 또는 일부를 부담하여야 하고 보육에 필요한 비용은 가구의 소득수준 · 거주지역 등을 고려하여 차등 지원할 수 있다.

(2) 무상보육의 특례(동법 제35조)와 비용의 보조(동법 제36조)

초등학교 취학 직전 1년의 유아 및 장애아에 대한 보육은 무상으로 하되, 대통령령이 정하는 바에 의하여 순차적으로 실시한다. 무상보육 실시에 드는 비용은 대통령령이 정하는 바에 의하여 국가 및 지방자치단체가 부담 또는 보조하여야 한다. 또한 국가 및 지방자치단체는 제1항의 규정에 의한 무상보육을 받고자 하는 유아 및 장애아를 보육하기 위하여 필요한 보육시설을 설치 · 운영하여야 한다.

그리고 국가 또는 지방자치단체는 대통령령이 정하는 바에 의하여 제10조의 규정에 의한 보육시설의 설치, 보육교사의 인건비, 초과보육 운영경비 등 운영에 소요되는 경비, 보육정보센터의 설치 · 운영, 보육시설종사자의 복지증진, 취약보육의 실시 등 보육사업에 소요되는 비용의 전부 또는 일부를 보조한다. 직장보육시설의 규정에 의하여 보육시설을 설치한 사업주는 대통령령이 정하는 바에 의하여 그 보육시설의 운영 및 보육에 필요한 비용의 전부 또는 일부를 부담하여야 한다.

(3) 보육료의 수납(동법 제38조)과 세제지원(동법 제39조)

보육시설을 설치 · 운영하는 자는 당해 보육시설의 소재지를 관할하는 시 · 도지사가 정하는 범위 안에서 그 시설을 이용하는 자로부터 보육료, 그 밖의 필요경비 등을 수납할 수 있다. 다만, 시 · 도지사는 필요시 보육시설 유형과 지역적 여건을 고려하여 그 기준을 다르게 정할 수 있다. 사업주가 직장보육시설을 설치 · 운영하거나 보육수당 지급에 소요되는 비용과 보호자가 영유아의 보육을 위하여 지출한 보육료 그 밖의 보육에 소요되는 비용에 관하여는 조세특례제한법이 정하는 바에 의하여 조세를 감면한다. 또한 직장보육시설을 제외한 보육시설의 운영비에 대하여도 조세특례제한법이 정하는 바에 의하여 조세를 감면한다.

4. 문제점과 개선방향

1) 아동과 부모의 권리의 명문화

동법에 보육욕구가 있는 아동과 부모의 권리개념이 반영되어야 할 뿐만 아니라, 모든 아동과 부모의 보육받을 권리도 고려해야 한다. 이번에 개정된 영유아보육법은 나름대로 공보육의 실현을 위한 장치를 마련하고 있지만 보육이념을 보다 명확화하기 위해서 다음과 같은 조항이 포함되어야 한다.

① 보육은 모든 아동이 건강하고 안전하게 생활할 수 있고, 또한 즐겁고 자유롭게 놀고, 인간성이 풍부하게 성장할 수 있도록 특별한 보호를 보장함과 동시에, 아동을 가진 모든 부모의 노동이나 사회참가의 기회를 보장하는 것을 목적으로 한다.

② 국가 및 지방자치단체는 위의 목적을 달성하기 위해서 모든 아동에 대해서, 보육(방과후 보육도 포함)에 관한 모든 서비스를 제공할 의무를 법적으로 보장해야 한다.

또한 이 조항과 아울러 아동의 보육서비스를 요구할 권리의 명기로 아동은 스스로 성장발달하는 한 개인으로서, 그 발달에 바람직한 모든 보육서비스를 요구할 권리(보육시설입소권 및 보육서비스요구권)를 가진다고 명기한다.

2) 장애아보육의 확대실시

Normalization의 이념을 실현하기 위해서는 장애아동을 낮은 연령에 보육시설에서 자립할 수 있도록 보육을 받게 할 필요가 있다. 스웨덴에서는 사회서비스법에, 사회서비스는 민주주의 및 연대의 정신에 의거한 인간의 생활조건의 평등 및 사회생활에 적극 참가를 촉진해야 한다고 규정(제1조)되어 있듯이 장애아동과 정상아동의 통합보육을 행하고 있다. 보육시설의 아동입소 우선순위 조항을 개정하여 보육시설에서 보육 가능한 정도의 장애를 가진 아동이 법정 저소득층과 같이 무료로 우선적으로 보육받을 수 있게 하여야 한다. 또한 장애아보육이 대부분 특수교사를 중심으로 하여 활동이 이루어지고 있는 실정이다. 그러나 장애아보육의 확대를 위해서는 특수교사가 아닌 보육교사가 장애아보육을 주도할 수 있도록 보육교사에 대한 장애아보육의 연수가 실시되어야 할 것이다. 이런 장애아보육을 위한 전문보육교사를 양성해야 할 것이다.

장애아동은 부모의 취업에 관계없이 보육의 도움을 필요로 하며 장애아동의 연령에 관계없이 2세 미만의 영아보육료를 부담해야 함으로 보호자의 부담이 크므로 부모의 소득에 관계없이 보육료의 전액면제 또는 일부면제가 이루어져야 할 것이다.

3) 재원확보의 문제

이번 개정안에는 무상보육의 실시, 장애아보육 등 특수보육의 확대, 건강 및 응급조치, 급식기준, 안전관리 등 많은 부문에서 많은 예산을 필요로 하고 있다. 그리고 보육사업의 주무부서가 보건복지부에서 여성가족부로 이관되면서 앞으로 예산확보가 중요한 문제로 등장할 것이다. 그리고 개정된 영유아보육법의 현실적인 실천을 위해서는 재원확보가 전제되어야 할 것이다. 예를 들어 정부에서 제시하고 있는 보육실 면적은 지금도 어려운 실정에서 보육사업을 운영하고 있는 민간시설의 경우에는 심각한 제정문제가 발생할 것이다. 그러므로 이런 문제점을 해결해줄 있는 제도적 뒷받침이 되어야 할 것이다.

제2부 보육기초

제4장 아동복지

제5장 아동발달

제6장 보육과정

제 4 장 아동복지

1. 아동복지의 이해

1) 개념

아동복지라는 용어는 아동복지현상 그 자체를 지칭하는 것이다. 그러나 그것은 아동복지정책의 실시를 주장하며 촉진시키려고 하는 하나의 사회사상을 의미하는 경우로 구분된다. 전자는 일정의 이념 내지 목적을 전제로 바람직한 아동복지정책의 주장을 주된 내용으로 하는 '사상으로서의 아동복지'이며, 그것은 복지실천과 운동에 대해서는 그 계기로서의 의미를 갖는다. 후자는 '실체로서의 아동복지'이며 아동복지정책제도 및 활동 등의 체계 그 자체인 것이며 실제에 있어 양자는 상호밀접하게 관련되어 있다.

그리고 현대의 아동복지라는 말은 보다 넓은 의미를 갖는다. 그것은 단지 빈곤아동, 기아, 걸식아, 부적응아동 및 비행아동의 보호에만 한한 것이 아니다. 그것은 아동의 신체적, 지능적, 정서적 발달에 관하여 모든 아동의 복지를 지키며 보호하고자 하는 공·사단체의 사회적, 경제적, 보건적 활동과 일체를 이루는 것으로 이해되어 광의의 '실체로서의 아동복지'의 개념에 입각하고 있다고 할 수 있다.

미국아동복지연맹에 따르면 '아동복지는 부모가 양육의 책임을 다할 수 없거나 지역사회가 아동과 그 가족이 요구하는 자원 및 보호를 제공하지 못하는 아동 및 청소년에게 사회적 서비스를 제공하는 것이다. 아동복지서비스는 부모가 할 수 없는 기능을 보강·보충 또는 대체하며, 기존의 사회제도를 수정하거나 또는 새로운 제도로서 아동과 그 상태를 개량하도록 설계된다'라고 하여 비교적 협의의 '실체로서의 아동복지' 개념의 입장을 취하고 있다.

또한 사회복지프로그램에서 넓은 범위에 있어서 아동복지란 주로 아동과 그 가족의 복지, 광의로는 모든 아동과 청소년의 복지증진에 관한 것이라고 하여 광의의 '실체로서의 개념'을 말하고 있다.

이상에서 본 바와 같이 미국에 있어 사용되는 '아동복지'라는 용어는 ① 서비스의 한 분야, ② 아동의 서비스프로그램의 요구에 적용되는 사회사업의 한 특수한 형태, ③ 전반적인 아동의 복지, ④ 아동의 복지에 기여하는 정책과 행동 등의 네 가지를 말한다고 볼 수 있다.

아동복지에는 희망적이며, 이상적인 이념사상을 포함하는 경우가 있으며, 노력의 목표로 추상적인 사고가 좋은 경우인 것이다. 실체개념으로서의 아동복지란 그 목적을 달성하기 위하여 행해지는 구체적인 실천 그 자체를 가리킨다. 따라서 그 사회의 경제적, 사회적 및 문화적인 조건에 당연히 지배되는 것으로서 역사적 현실과의 관련에서 파악되지 않으면 별 의미가 없는 것이다.

결론적으로 아동복지란 사회의 경제 · 정치 · 문화 · 교육 · 환경 등과 관련하여 아동생활과 발달과정에서 생겨나는 여러 가지 생활상의 곤란이나 장애에 대해 아동이 보다 더 나은 생활과 발달에 보장함을 의미한다.

2) 아동복지의 개념적 범위

아동복지는 협의의 아동복지와 아동복지활동의 양자로 구분된다. 협의의 아동복지는 주로 공적 책임을 중심으로 하여 법률에 준거하여 행해지는 보호, 원조, 지도, 치료 등 공 · 사의 서비스를 가리키며, 아동복지활동은 협의의 아동복지를 제외한 아동의 복지를 직접 또는 간접으로 보호 · 증진함을 목적으로 공 · 사의 기관이나 모든 사람들에 의해서 행해지는 활동을 가리킨다.

아동복지는 그 가장 넓은 의미에 있어서 아동의 보건교육, 레크리에이션 및 안전을 가리키는 것으로서, 그것이 아동복지의 과목이 된다. 따라서 가족 및 사회의 일원으로서 아동의 건전한 성장과 발달을 위하여 개인이나 단체에 의해서 행해지는 일체의 활동이 아동복지이다. 좁은 의미에 있어서는 특수한 장애가 있는 아동에 대하여 각종의 전문가에 의하여 행해지는 조직적인 활동이라고 하는 것이다. 이때 장애라고 하는 것은 질병에 걸렸거나, 요부양이라든가, 방치되어 있다든가, 문제아라든가 학교를 무단결석하고 있다든가, 또는 지체부자유아 등을 말한다. 그런데 이 좁은 의미에 있어서의 아동복지란 이와 같은 특수한 아동을 위하여 다양한 종류의 전문가의 서비스를 이용하는 활동분야가 된다. 아동복지에 있어 명확한 경계선을 설정하는 것은 사회복지의 경우와 마찬가지로 불가능한 일이다.

이와 같이 아동복지란 용어는 각국의 경제 · 사회 · 문화적인 특성에 따라 그 탄력성을 갖고 있기는 하지만, 일반적으로 과학기술의 발달, 경제발전에 따른 경제생활의 복잡화 및 대중사회적 상황의 진전 등에 따라 점차 광의로 해석하게 되었다. 따라서 구체적으로 아동복지는 넓은 의미에 있어서 다음과 같은 내용의 실현을 의도하는 것으로 생각될 수가 있다.

① 아동이 이해와 애정을 듬뿍 지닌 부모에 의하여 양육될 수 있는 가정환경이 있을 것.
② 아동은 물론 가족 전원이 신체적으로나 정신적으로 건전할 것.
③ 아동의 건전한 성장을 보장하려는 경제적 안정이 있을 것.
④ 유해하거나 위험한 활동 등 사회환경으로부터 지켜질 것.
⑤ 개성과 능력에 따라 취학이나 취학의 기회가 보장되어 있을 것.
⑥ 좋은 문화재가 갖추어져 있어 유희나 레크리에이션에 참가할 수 있는 기회가 보장되어 있을 것.
⑦ 신체적, 정신적, 가족적 및 사회적으로 특수한 장애를 갖고 있는 아동에 대해서는 그 필요에 따른 사회적 서비스가 확보되어 있을 것.

2. 아동복지의 이념

1) 아동복지이념의 의의

아동복지의 이념은 일반적으로 자본주의사회에 '휴머니즘'의 운동의 일환으로서 생성·발전되어 온 것으로 볼 수 있다. 즉, 19세기 자본주의의 발달과정에 있어 아동의 수난으로부터 아동과 아동의 생활을 수호하려는 노동, 교육 및 아동보호운동 가운데서 싹이 트고 20세기에 이르러 그 개화를 보게 된 '아동의 권리'의 확인의 집약이라 할 수 있다.

이와 같은 아동의 권리적 이념을 고양하고 아동복지이념의 발전에 크게 영향을 미치면서, 아동복지의 규범으로서 정책적으로나 실천적으로 중시된 것은 1959년의 UN의 '아동복지선언'과 1909년 이후의 미국 '백악관아동회의' 그리고 각국에 있어서 '아동헌장' 등이라 할 수 있다. 아동복지선언은 그 전문에서 '인류는 아동에 대하여 최선의 것을 부여할 의무를 진다'고 전제하면서 동 선언 제1조로부터 제10조에 걸쳐 차별의 금지, 법률에 의한 보호, 사회보장, 교육 및 의료를 받을 권리, 장애아의 권리·방임·학대·착취로부터의 보호 등을 규정하고 있다.

그러나 이 선언은 매우 이상적이고 중요한 내용을 지니면서도 그 자체로서는 법적 규제력이 결여되어 있으므로 아동권리의 실질적인 실현, 보호에 결정적으로 기여할 수 없는 면이 있다. 선언은 선언 이상의 것이 아니다. 그래서 선언의 내용을 법적 구속력이 있는 협약으로 높이려는 움직임이 나오게 되었다.

따라서 1976년 제31차 국제연합총회에서 국제아동의 해에 관한 결의가 채택되고, 이것에 의해 아동권리의 선언 20주년을 맞이하는 1978년 2월 7일 폴란드 정부는 제34차 인권위원회에 대해서 1959년의 선언을 법적 구속력을 가진 협약으로 하는 것을 제안하였으며, 협약의 원안을 첨부하여 결의안을 제출하였다. 이어서 1979년 인권위원회가 협약초안 작성작업을 시작하게 되었다. 이 협약은 1989년 11월 20일 제44차 국제연합총회에서 채택되어 1990년 9월 2일 비준국의 규정 20개국에 도달하여 발효하고 있다. 이 협약은 전문과 54개조로 되어 있는데 그 내용을 살펴보면 다음의 네 가지의 기본권리를 담고 있다.

① 생존으로서 아동의 생존과 발달을 최대한 보장한다.
② 보호로서 아동을 모든 형태의 착취, 학대, 범죄, 사법권의 남용 및 가족으로부터의 임의분리로부터 보호하기 위한 조치를 포함한다.
③ 발달로서 정보, 교육, 놀이와 휴양의 권리, 문화활동 참여, 사상과 양심 및 신앙의 자유에의 접근을 포함한다.
④ 참여로서 이 협약은 언제나 아동의 시각을 고려해야 한다는 원칙을 강조한다.

이에 따라 참여와 관련된 권리에는 표현의 자유와 일반적으로 공공생활에 적극 참여하는 권리가 포함된다. 1909년 제1회 백악관아동회의에서는 긴급 불가피하지 않은 한 가정으로부터 떠나게 해서는 안 된다는 원칙이 확인되었다. 또 1930년의 제3회 회의에서는 아동의 보건 및 보호에 관한 사회적 책임이 강조되어 '아동헌장'이 채택되게 되었다.

일본에 있어서도 제2차 세계대전의 패전을 계기로 아동의 존엄 및 가치에 대한 신념과 기본적 인권의 이념이 확립되게 되었다. 즉, 인류가 아동에게 최선의 것을 부여할 의무가 있음을 확인하는 아동복지이념의 기본이 명확하게 된 계기를 이룬 것은 1946년(소화 21년)에 제정공포된 '일본국법'을 원초로 하여 그 정신을 계승한 '아동복지법'이며, 이 법의 제정으로 모든 아동에 대한 '공적 책임'이 명확하게 되었던 것이다. 한편으로는 1951년(소화 26년)에 제정된 '아동헌장'은 그 전문에 있어 '아동은 인간으로서 존중되며, 사회일원으로서 중시되고, 좋은 환경에서 양육되어야 한다'고 선언하고 이의 구현을 위하여 12항목의 아동의 권리보장을 위한 원칙을 규정하고 있다.

2) 한국 아동복지의 이념

우리나라는 1957년 2월 내무 · 법무 · 교육 · 보건복지 등 4부 장관의 공동명의로 '사회적 협약'으로서 전 9조의 '어린이헌장'을 공포하였다. 동 헌장 제1조에 있어서는 '어린이는 인간으로서 존중되어야 하며 사회의 한 사람으로서 올바르게 키워야 한다'라고 규정하고 있으며, 제3조에 있어 '어린이에게는 마음껏 놀고 공부할 수 있는 시설과 환경을 마련해주어야 한다'고 규정하고 있어 인격 주체로서의 아동, 사회적 존재로서의 아동, 그리고 환경 주체로서의 아동이라고 하는 아동관의 기본적 3원칙이 잘 명시되어 있으며 그 밖의 조항에 있어 아동복지이념의 구체적 내용을 명확하게 열거하고 있어 헌법의 정신에 직결되어 있음을 알 수 있다.

그리고 1979년을 '한국 아동의 해'로 정하고 관계법 정비를 위한 준비에 착수하였고, 아동복지단체에서도 사업을 활발히 전개함으로써 아동복지증진에 기여하였다. 아동복지법(1981)은 이러한 과정에서 개정된 것이다.

우리나라에서는 헌법을 기반으로 아동복지법 및 어린이헌장 등에서 아동복지이념을 명확히 하고 있다. 우리나라 헌법 제9조에는 "모든 국민은 인간으로서의 존엄성과 가치를 가지며, 행복을 추구할 권리를 가진다. 국가는 개인이 가지는 불가침의 기본적 인권을 확인하고 이를 보장할 의무를 진다"고 했다. 또 헌법 제32조 ①항은 "모든 국민은 인간다운 생활을 할 권리를 가진다"라고 되어 있는바, 모든 국민이 행복을 추구할 권리와 인간다운 생활을 할 권리를 가지고 있음을 명시하고 있다. 따라서 당연히 국민인 아동들도 이와 같은 권리를 갖게 된다.

헌법의 추상적 내용을 구체화시킨 아동복지법에서는 아동복지의 이념을 정립하고 있다. 즉, 동법 제1조에서 "이 법은 아동이 건전하게 출생하여 행복하고 건강하게 육성되도록 그 복지를 보장함을 목적으로 한다"라고 했으며, 제3조에는 "① 모든 국민은 아동을 보호 양육하고 사회생활에 적용되도록 육성할 책임을 진다. ② 국가와 지방자치단체는 보호자와 더불어 아동을 건전하게 육성할 책임을 진다"고 명시하고 있다. 즉, 국가와 국민이 아동을 건전하게 육성할 의무와 아동의 복지와 권리에 관한 이념을 나타내고 있다고 볼 수 있다.

'세계 아동의 해'(1979)가 정해진 10년 후 1989년 UN은 보다 구속력이 있고 아동의 권리보장을 위하여 '아동의 권리에 관한 국제협약'을 통과시켜 국제법으로도 효력을 갖게 되었다. 이 협약은 세분된 54개 조항으로 국가 · 사회 · 가정은 아동에게 필요한 보호와 도움을 제공하고, 아동의 인성발달과 복지증진을 위해 배려해야 한다는 내용이다. 적용대상으로는 18세 미만의 본국의 아동뿐만 아니라 관할 내에 있는 모든 외국의 아동을 포함한다. 또 이 협약에 서명한 국가에서는 권리의 실현을 위하여 입법 · 행정 · 경제 · 사회적 조치를 취해야 하며, 매 5년마다 그 보고서를 제출하도록 하고 있다.

이 협약의 의의는 아동의 권리보장을 위한 국제적 노력의 촉구가 권고차원에서 의무차원으로 전환되었으며, 자기 나라 아동뿐만 아니라 세계 아동의 복지를 위해서 실제적인 대책을 강구하게 되었다는 점이다.

우리나라도 이 협약에 서명하였으며(1990) 구현하고자 하는 복지권을 실현하기 위해서 다각적인 조치를 취하고 있으나, 국가재정의 부족과 사회인식의 결여로 아직 여러 면에서 미흡한 점이 많다. 그러나 이것은 선진복지국가의 경우를 고려하여 볼 때 점차 아동복지권이 강화될 것으로 생각된다.

3. 아동복지의 대상

아동복지의 대상도 일반 사회복지의 대상과 같이 잔여적에서 제도적 개념의 변화로 인하여 시설아동에서 재가아동으로 변하고 있다. 특히 우리나라는 아동학대를 시작으로 아동복지의 대상이 재가아동으로 확대되어 가고 있다. 즉, 아동복지는 모든 아동을 대상으로 그들의 복지를 추구하는 전문적 · 조직적 활동으로 그 대상을 구체적으로 분류하면 연령에 따른 대상과 아동문제에 따른 대상으로 나눌 수 있다.

1) 연령 및 특성에 따른 대상

연령상의 구분을 시도하게 된 기초에는 '미성숙한 단계에 있는 인간'이라는 점이 고려된 것이다.

아동의 연령에 따른 구분은 학자나 관계분야에 따라 조금씩 견해를 달리하고 있는데, 우리나라의 경우 아동복지법에서는 "아동이라 함은 18세 미만의 자를 말한다"라고 규정짓고 있으며, 소년법에서는 "20세 미만의 자를 소년"이라고 규정하고 있다. 또 민법에서는 "만 20세 미만의 자를 미성년"이라고 하고 있으며, 근로기준법에서는 "여자와 18세 미만의 자는 도덕상 또는 보건상 위험한 사업에 사용치 못한다"라고 규정하고 있다.

이와 같은 법적 개념은 발달적 개념보다도 그 나라의 사회문화적인 맥락과도 관련이 깊은 편이나 법적 개념에서도 발달적 개념이 밑바탕을 이루기 때문에 그 차이는 그리 크지 않다.

인간의 속성은 매우 복합적인 유기체로서 성장과 변화를 거듭하면서 성숙한 인격으로 형성되어 간다. 이와 같은 성장과 변화는 유기체 내에 포함되고 있는 본질적인 속성과 요소들도 조화와 균형을 유지하면서 함께 발달해가고 있는 것이다. 즉, 인간의 외형적 형상을 이루고 있는 육체가 성장하고 발달해감에 따라 내면세계의 심리적 기능과 인지능력, 그리고 정신적 · 도덕적 속성도 함께 성장하여 개인의 전인성을 형성해가고 있다. 그러므로 연령 및 특성에 의한 대상은 사회문화적 배경·특성·가치관 등에 따라 달라져야 할 것이다.

2) 아동문제에 따른 대상

아동복지의 대상체계는 크게 일반 아동과 요보호아동인 특수한 문제나 필요를 가진 아동으로 분류할 수 있다. 아동복지의 발달과정에서 보면 초기에는 대상의 범위가 좁아서 특수한 상황에 처하거나 문제를 가진 아동에 국한되고 있으며, 현대에 가까울수록 그리고 산업화의 정도가 높을수록 그 범위가 확대되어 가고 있다. 어느 국가나 고아·기아(방임된 아동)가 초기의 대상이 되었으며 다음으로 빈곤가정의 아동, 그리고 정신 신체상의 장애아동의 순으로 발달되어 왔으며, 오늘날에 와서는 이상의 요보호아동은 물론 모든 아동을 그 대상으로 확대되고 있다.

모든 일반 아동을 대상으로 한다고 할 때 그 범위가 너무 넓고 막연하여서 실제상의 의미가 없을 경우가 있다. 이론적으로는 아동이란 미성숙한 단계에 있기 때문에, 누구나 문제를 가질 수 있다는 점에서 모든 아동이 대상으로 될 수는 있겠으나, 구체적인 문제개념이 없이는 아동복지의 실제적인 대상이 되기에는 어려운 점이 많다. 이런 점을 감안하여 전문 사회복지의 영역에서는 일차적으로 특별한 욕구를 지닌 요보호아동에 초점을 맞추고 있으나, 이는 일반 아동에게 관심이 없다는 것이 아니라 요보호아동들이 우선적인 관심과 배려를 필요로 한다는 것이다.

즉, 사회복지의 원칙 중의 하나인 보편성과 선정성의 원칙에 의하여 일반 아동을 대상으로 하는 아동복지는 보편주의에 따른 것으로서 전체 아동의 교육환경, 놀이환경의 제공 및 의료서비스 등 전체 세입에서 충당하는 것으로 예방적 측면을 강조하고 선정성의 원칙은 전문사회복지의 영역으로서 요보호상태의 아동에게 가장 빠른 시일 내에 종류별로 도움을 주는 것으로서 치료적 측면을 강조한다.

(1) 요보호상태의 아동을 위한 아동복지사업

요보호아동은 가정환경상의 문제를 지닌 고아, 기아, 빈곤가정의 아동과, 정신 신체상의 장애아동, 그리고 미혼모의 아동 등이 있다.

① 거택보호 : 공적 부조, 가정지도
② 위탁보호 : 가정보호, 입양보호

③ 시설보호 : 아동상담소, 보육시설, 정신박약아 보호시설, 맹농아 양호시설, 신체허약아 보호시설, 지체부자유자 보호시설, 모자보호시설, 탁아시설, 아동휴양시설, 교호시설, 부랑아 보호시설, 소년직업보도실

(2) 경계선상의 아동을 위한 아동복지사업

① 아동상담, 모자상담, 의료상담
② 탁아소, 모자원
③ 장기결석아 지도

(3) 일반 아동을 위한 아동복지사업

가. 일반 아동을 위한 사업

일반 아동을 위한 복지사업이란 가정, 외부로부터 특별한 도움을 받지 않고도 생활할 수 있는 아동과 그 부모를 위한 사업이다. 이는 보편적인 서비스의 원칙하에 주로 예방적 관점에서 제공된다.

① 아동복지 : 어린이놀이터, 어린이회관
② 모자보건 : 임산부, 영유아의 보건지도, 모자건강센터
③ 아동복지사상의 보급 : 어린이날, 어버이날

나. 부모 중심의 사업

① 부모의 양육기능을 지지하거나 강화시키는 사업 : 아동 및 부모 상담, 미혼부모와 그 자녀를 위한 보호사업
② 부모의 양육기능을 보충하는 사업 : 공공부조와 사회보험이 중심이 되는 소득보완사업, 보육사업
③ 부모의 양육기능을 일부 또는 전적으로 대리해주는 사업 : 가정위탁보호사업, 입양사업, 수용형 시설보호사업

4. 아동복지의 접근방법

아동복지의 접근방법은 사회복지의 기본적인 방법론을 적용할 수 있을 것이다. 이러한 측면에서 사회복지의 접근방법으로 일반적으로 사용되고 있는 정책적 방법과 전문적 방법으로 구분하여 아동복지에 맞게 전개해 보고자 한다.

1) 정책적 접근방법

아동복지의 접근방법에 있어 정책적 접근방법이란 국가 또는 공공기관, 행정기관 등을 통하여 접근함으로써 아동문제의 원인이 개인에게 있다고 보지 않고 국가나 사회 전체의 책임이므로 다양한 정책을 통하여 문제를 해결해야 한다고 보고 있다.

(1) 사회보장제도

사회보장제도란 사회보험 · 공공부조 · 사회복지서비스 등을 통하여 국민들에게 최저한도의 소득보장을 해주는 제도이고, 자발적 서비스나 산업적 또는 협동적 제반활동은 포함되지 않는다.

구체적인 사회보장제도의 특성을 살펴보면 다음과 같다.

첫째, 국가를 구성하는 전 국민을 대상으로 하는 제도이다. 둘째, 국민의 최저생활을 보장하는 제도이다. 셋째, 국가의 정치 · 경제 · 사회 · 문화의 모든 영역에 있어서 국민의 최저생활이라 함은 여러 가지의 위험과 사고로부터 보호하는 것을 목적으로 하는 것을 의미한다. 넷째, 공공시설로서 서비스를 실시한다. 다섯째, 사회정책의 일부분이다.

그리고 대부분의 국가들은 아동복지정책을 사회보장정책의 일환으로 추진하고 있으며 우리나라도 어느 정도 차이는 있지만 이에 준하고 있다. 일반적인 아동과 관련된 사회보장제도는 다음과 같다.

가. 연금제도

① 장애연금 : 피보험자가 재직중 불구가 된 경우 불구 정도에 따라 취업할 수 없는 기간 동안 지급되며 배우자 및 부양하고 있는 아동을 위한 추가액이 지급된다.

② 유족연금 : 피보험자가 재직중 사망하거나 노령연금을 받고 있던 수혜자 본인이 사망한 경우 그 유족을 위해서 지급된다.

③ 미망인연금 : 피보험자의 배우자이었던 자에게 지급되며, 그 배우자가 아동을 양육할 것을 조건으로 지급되는 경우도 있는데, 이 경우 그 아동이 성장하여 일정한 연령을 초과하게 되면 지급을 중단하게 된다.

④ 고아연금 : 일정연령 이하의 피보험자의 자녀를 위하여 지급되며 대체로 양쪽 부모가 모두 없는 경우에는 한쪽 부모가 없는 경우에 비하여 많은 액을 지급한다. 그리고 많은 나라에서 학업을 계속하거나 견습공을 하고 있거나 불구 아동일 경우에는 연령제한을 완화하여 그 상한을 비교적 높게 하고 있다.

나. 가족수당제도

가족수당은 기본적으로 자녀가 있는 가족에게 정규적으로 지급되는 현금급여를 말한다. 그러나 오늘날 학비, 출산비, 모자보건서비스 비용과 성인부양자수당 등이 포함되기도 한다. 가족수당제도의 시행형태는 두 가지로 구분된다.

하나는 보편적 가족수당제도로서 일정한 수의 아동을 가진 모든 가구에 수당을 지급하는 경우이고, 다른 하나는 고용관련 가족수당제도로서 모든 피용자에게 수당이 지급되는 경우이다. 후자의 제도를 가진 대부분의 나라에서는 피용자가 퇴직하였거나 일시적으로 휴직한 경우 또는 질병 · 실업 · 산재 · 장애연금 등 급여혜택을 받는 기간 동안에라도 부양하여야 할 아동이 있을 때에는 가족수당을 계속 지급받도록 하고 있다.

가족수당의 재원은 제도의 형태에 따라 다르다. 보편적 가족수당제도의 경우에는 일반 조세에 의하여 해결함이 보통이고 고용관련 가족수당제도의 경우에는 고용주의 기여금에 의하여 해결함이 보통이나 정부의 보조 또는 피용자의 기여금 등으로 보충하는 경우도 있다.

다. 아동수당제도

가정경제에 미치는 아동양육비의 부담을 경감시켜 가정의 빈곤화를 방지하고 아동이 건전하게 육성되도록 돕기 위하여 마련된 제도이다. 즉, 국가가 그 나라의 경제사정을 고려하여 소정의 양육비를 부모에게 지급하는 것을 말한다. 우리나라에서는 아직 제도화되어 있지 못하나 영국 · 프랑스 · 일본 등에서 실시되고 있다.

(2) 아동복지 관련법규

가. 아동복지 관련법

아동복지를 실천하고 아동정책을 수립하기 위해서는 법적 장치로서 법규를 마련해야 한다. 그리고 아동보기는 단일한 법으로는 완전한 아동복지정책을 실시할 수 없음으로 관련 법규들이 통합적으로 실시되어야 한다.

나. 아동복지법의 종류

아동복지법의 종류로는 아동복지법, 영유아보육법, 모 · 부자복지법, 소년원법, 청소년기본법, 국민기초생활보장법 등이 있다.

2) 전문적 접근방법

아동복지의 전문적 접근방법으로는 여러 가지가 있으나 개별지도, 집단지도, 지역사회조직, 통합방법론, 사례관리 등으로 분류할 수 있다(김익균 외, 2005).

(1) 개별지도사업

개별지도는 전문사회사업의 가장 기본이 되는 것으로 아동복지를 위하여 개별지도사업의 방법을 활용하는 것이다.

가. 개별지도사업의 정의

개별지도사업에 대한 정의는 리치몬드 여사의 정의가 가장 보편적인데 그녀는 개별지도사업을 "개별적으로 인간과 환경 간의 의식적이고 효과적인 재조정을 통하여 개인성격을 개발시키는 과정"이라고 하였다.

이와 같이 개별지도사업은 아동을 대상으로 하고, 아동을 치료하는 데 있어서 1 : 1, 즉 전문사회사업가와 클라이언트에 의해서 아동의 행복을 위한 조정이라는 것을 알 수 있다.

이러한 정의들은 표현과 강조점에 차이가 있다 할지라도 공통적인 특징이 있는데 이를 보면 다음과 같다.

① 자기 스스로 해결하기 힘든 문제를 가진 아동 · 청소년 및 그 가족이 대상이 된다.
② 문제에 대한 전문적인 지식과 문제해결을 도울 수 있는 숙련된 전문기술을 지닌 사회사업가에 의해 실시된다.
③ 개별적인 면접을 통하여 아동의 인격을 향상시키는 목표를 둔다.
④ 사회사업가와 문제를 가진 아동 · 청소년이 함께 협동하며 문제를 해결하는 과정이므로 사회사업가와의 아동 사이에 인간관계가 매우 중요하다.

⑤ 일정한 문제해결과정(조사, 진단, 치료)을 갖는다.
⑥ 예방보다는 치료나 재활에 중점을 둔다.

나. 아동을 위한 개별지도사업의 의미

핵가족화, 가족해체, 취업모의 증가라는 현대사회의 특징 속에서 등장하고 있는 아동들은 여러 가지 측면에서 행동문제나 사회부적응 문제가 야기되고 있다. 이러한 문제를 가진 아동을 위해서 개별지도사업은 가정이나 학교, 사회 각 단체나 시설이 아동들에게 필요에 따라 제공되어져야 하며 문제요인을 조기발견하고 치료하는 가운데서 건전한 사회인으로 그들을 성장케 할 수 있다는 데에서 아동개별지도사업의 의의가 있다. 이 사업은 교육기관, 아동상담소, 아동복지기관이나 단체 등에서 실시된다.

다. 개별지도사업의 과정

아동문제를 해결하기 위한 개별지도사업의 과정은 조사 · 진단 · 치료의 3단계를 밟고 있는데 이를 보면 다음과 같다.

① 조사단계 : 조사는 정확한 진단의 전제조건이며 치료를 위한 첫 단계로서 개별적인 클라이언트와 그의 가족에 필요한 도움이나 조정을 평가하기 위하여 그 자신 및 가족, 학교와 지역사회 등의 전반적인 배경을 이해하는 데 도움이 될 수 있는 충분한 지식을 획득하는 데 있다.
② 진단단계 : 진단은 조사단계에서 얻은 적절한 치료를 토대로 문제와 원인에 대한 종합적인 해석을 내리며 이에 대한 치료의 필요성과 가능성을 판단하는 단계이다. 이 단계에서는 클라이언트인 아동의 결함과 원인을 밝힐 뿐만 아니라 결함의 정도, 종류 및 다른 사회적 조건과의 상관성을 밝히고 이에 대한 대책도 규명되어야 한다.
③ 치료단계 : 치료란 어떤 구체적인 방법이나 특정한 기술의 적용을 통하여 적절한 변화를 일으키고자 하는 것이며, 이의 목적은 개별지도사업의 목적과도 대동소이한 것이다.

(2) 집단지도사업

가. 집단지도사업의 정의

집단지도사업이란 전문사회사업방법 중의 하나로서 의도적인 집단경험을 통하여 개인의 사회적 기능을 향상하게 하며, 개인 · 집단 · 지역사회들이 당면 문제들에 대해서 보다 효과적으로 대처해 나갈 수 있도록 도움을 주는 것이다. 일반적으로 집단지도의 개념을 다음의 6가지 요소에 의하여 이루어져 있다고 지적한다.

① 집단지도는 원조의 과정이다.
② 자발적인 집단에서 행한다.
③ 여가의 흥미를 중심으로 한다.
④ 한 사람의 지도자의 도움에서 행한다.
⑤ 개인 인격의 발달을 목적으로 한다.
⑥ 집단이 가지고 있는 사회적 목적을 추진시킨다.

나. 아동을 위한 집단지도사업의 의미

아동들은 동년배집단, 학교친구집단, 부모자녀관계에서 자기의 생활권을 확대해 나가며 이러한 집단과정 속에서 상호작용을 겪으면서 개인의 기본적 욕구를 충족하여 인격의 성장·발달을 촉진하면서 사회적 기능을 원활히 수행할 수 있는 인간으로 육성해 나간다. 그러나 아동·청소년들이 발달의 저해를 받거나 사회적이지만 민주성이 부족하거나 또는 어떠한 손상된 문제환경에서 건전하게 양육받을 수 없는 경우 이들을 소집단활동의 상호작용을 거친 집단 경험을 통해 자아발전에 이바지할 수 있도록 도와주기 때문에 집단지도사업의 의의가 있다.

다. 집단지도사업의 방법(기술)

집단지도사업은 집단사회사업가가 프로그램활동을 매개로 집단구성원간의 상호작용을 발전하게 하여 다양한 상황을 체험하게 함으로써 역동적으로 문제를 해결하게 해주고 있는 바, 이러한 방법을 수행하기 위해서는 집단지도사업 3대 기본적인 요소의 기능과 역할이 중시된다. 여기서 말하는 3대 기본요소란 ① 집단, ② 프로그램, ③ 집단사회사업가로서 이를 보면 다음과 같다.

① 집단 : 집단지도사업은 집단 내의 개인과 함께 활동하는 방법이지만 사회사업가는 항상 집단과 함께 시작하여 집단을 통해 구성원 각자에게 접근하게 된다. 따라서 사회사업가는 집단 자체에 대한 이해가 있어야 한다.
② 프로그램 : 프로그램은 집단지도사업의 핵심으로 프로그램은 집단경험의 내용을 결정하는 중요요소이다. 실로 프로그램은 개인 및 집단이 요구에 호응하기 위해 집단 내에서 신중히 계획되며 실행되는 활동으로서 상호작용 및 모든 경험을 포함하는 준비

에서 평가에 이르는 전 과정인 것이다.

③ 집단사회사업가 : 집단사회사업가는 집단성원들에게 교육적인 경험을 제공하고 집단의 형태, 구조, 집단환경에 대한 특징을 알아야 한다. 그리고 적절한 프로그램을 개발해야 하고 지역사회자원을 적절히 이용해야 하며, 다양한 전문적 지식을 활용할 줄 알아야 한다.

(3) 지역사회조직사업

개별지도사업과 집단지도사업은 클라이언트를 대상으로 직접적인 서비스를 제공하는 데 비해 지역사회조직사업은 간접적인 서비스가 제공되는 것으로 대중적 봉사활동이다. 아동·청소년의 복지와 관련된 교육, 보건 및 사회봉사, 주거 등의 계획과 조정이 요구되고 이러한 요인들의 통합이 필요하게 된다.

가. 지역사회조직사업의 정의

로스에 의하면 "지역사회조직사업은 지역사회가 그의 공통된 욕구나 문제를 발견하고, 그것을 해결하기 위하여 내적·외적 지원을 모두 발견하여 총동원하는 과정이며, 중간집단인 지역사회복지기관을 통하여 해결하는 것이다"라고 정의하고 있다.

아동·청소년을 위한 지역사회조직사업은 지역사회를 단위로 하여 출발해서 아동·청소년에게 영향을 주는 각종의 문제에 대해 지역사회의 자원을 동원하여 조직화함으로써 문제해결을 시도하는 방법으로 볼 수 있다.

나. 아동을 위한 지역사회조직사업의 의의

아동들의 신체적·정신적으로 건전하게 성장·발달하기 위해서는 아동의 생활의 장이 되고 환경이 되는 지역사회가 건전하고 안정된 바탕을 이루어야 한다. 지역사회가 건전할수록 그 속에서 생활하는 아동들이 건전하게 성장하게 된다. 특히 아동이 건전하게 성장하려면 지역사회와 밀접한 관계를 가지고 접근해야 한다.

제 5 장 아동발달

1. 아동발달의 이해

1) 아동발달의 개념

아동발달은 아동이 전 생애 동안 신체적 · 심리적 · 사회적 · 문화적 측면에서 연속적이면서도 상승적으로 변화하는 것이다. 인간발달은 연속성, 순서, 개인차, 분화와 통합 등과 같은 보편적인 원리에 의해서 이루어지며, 기초성 · 적기성 · 누적성 · 불가역성 등과 같은 특성을 지니고 있다. 또한 이것은 태아기 · 영아기 · 유아기 · 아동기 등과 같이 특정한 발달과업을 성취하기 위해 필요한 기간을 적절한 시기에 따라 몇 개의 단계로 구분해 볼 수 있다. 인간은 수정하는 순간부터 죽을 때까지 전 생애를 통하여 끊임없이 변화한다.

아동발달은 전 인생을 통하여 우리가 변화를 경험할 수 있는 인간발달의 한 부분이다. 그리고 아동발달에 대한 다양한 접근이 있지만 공통적인 목적은 아동기의 변화와 지속성에 대한 요인을 발견하고 설명하는 것이다.

아동의 변화는 신체적 · 심리적 · 사회적 · 문화적 측면에서 다양하게 일어나며, 그것은 상승적 변화를 의미하기도 하고 쇠퇴적 변화를 의미하기도 한다. 아동발달은 대개 개인의 상승적 변화를 의미하며, 인간이 수정에서부터 죽음에 이르기까지 시간의 경과에 따라 발생하는 규칙적이고 연속적인 변화인 것이다(Zanden, 1997). 또한 아동발달은 생물학적, 환경

아동발달에 대한 의문

첫째, 일상적으로 어떠한 특징이 아동발달에 영향을 미치고, 이러한 특징은 무엇인가.
둘째, 아동기의 개념은 성인 또는 다른 계층의 기본적인 개념과 동일한가.
셋째, 아동기에 있어 과거와 현재의 세대 차이는 왜 나는가.

적 영향으로 인하여 인간의 구조, 사고 또는 행동이 전 생애를 통하여 지속적으로 변화하는 것이다(Craig, 1999).

2) 아동발달의 특징

아동발달에 있어 양적 변화는 키와 몸무게 등의 신체변화와 같이 우리가 인식하기에 일반적이고 상식적인 양적 변화를 의미한다. 또한 질적 변화는 지적 창조력, 사회성, 도덕성의 성장에서 나타나는 변화를 의미하는 것이다.

그리고 이러한 양적 변화와 질적 변화는 복잡하고 체계적으로 아동의 연령과 관련되어 있다.

이러한 아동발달은 생물학적 과정에 의한 성장 및 성숙과 관련되어 있으며, 환경적 영향에 의한 학습 및 사회화와 관련되어 있다. 성장은 신체의 크기나 근육의 세기 등과 같이 신체의 양적인 변화를 의미하며, 성숙은 운동기능과 감각기능의 세련됨과 같이 신체의 다양한 부분의 기능이 유능하게 변화하는 것을 말한다. 또한 학습은 경험이나 연습을 통하여 지식 · 기술 · 태도 · 정서 · 가치 · 사고방식 등이 발달할 수 있도록 개인을 변화시키는 것이다. 사회화는 개인이 사회의 한 구성원으로 되어 가는 일반적인 과정으로서 가족을 포함한 사회구성원과의 상호작용을 통해서 개인의 태도, 신념, 관습, 가치, 역할, 문화 및 사회집단의 기대 등을 전 생애를 통하여 익혀나가는 과정인 것이다. 그러나 성장 · 성숙 · 학습 · 사회화의 어느 한 개념만 가지고 인간발달이라고 할 수는 없으며, 이러한 것들과 아동발달을 동일시하거나 혼동해서는 안 된다. 아동발달은 이러한 모든 개념들을 포괄적으로 포함한 것이다. 따라서 아동발달이란 아동기 동안 성장 · 성숙 · 학습 · 사회화를 통해서 신체적 · 심리적 · 사회적 · 문화적 측면에서 양적으로나 질적으로 연속적 · 상승적으로 변화하는 것을 말한다.

발달과정에 대한 견해

◇ 일관성(continuous) 있는 발달 : 점진적으로 새로운 기술을 배우고 성장하는 것으로 새로운 기술을 배우는 형태가 같은 형태로 누진적인 특징을 지니고 있다.

◇ 비일관성(discontinuous) 있는 발달 : 특정기간 동안 새로운 기술을 해석하고 반응하는데 차이가 있게 발달한다는 견해이다.

◇ 단계(stages)적인 발달 : 특정 발달기간 동안 사고 감정, 행동 등의 특성의 질적인 변화

발달과 성숙(maturation) 및 성장(growth)

발달과 비슷한 용어로 성숙과 성장 등의 용어가 사용된다. 이들을 엄격히 구별하기 어려우나 어느 정도의 차이는 있다. 성숙이란 인간의 생리적 변화를 말하는 심리적 용어로서 별다른 훈련의 효과에 의거하지 않고 단순히 구체적인 변화에 따라 특정능력을 발휘할 때 성숙이라고 한다. 그리고 성숙의 가장 큰 특징은 언제나 정해진 순서의 발달단계를 거친다는 것이다. 그리고 유전적 계획에 따라 일어나는 신체적 변화만을 성장으로 보기도 한다. 이와 달리 발달이란 성숙은 물론, 훈련 혹은 학습의 효과까지 포함하는 개념으로 본다. 즉, 발달은 키, 몸무게, 습득한 단어의 수와 같은 양적인 변화도 포함하고 있으며 감성적인 노력, 인지특성과 같은 질적인 변화도 포함한다. 그러므로 인간의 발달 중에서 신체적 발달은 주로 성숙에 의존하며, 기타 지적 및 정서적 발달은 훈련이나 학습에 의존하다고 볼 수 있다. 그리고 성장은 발달과 비슷한 개념으로 사용되나 주로 신체적 발달을 의미한다(이정덕, 2001).

Gesell의 성숙의 개념

태아가 모체에서 하나의 개체로 자리를 잡은 후 10개월 동안 외부로부터 영향보다는 내적인 영향에 의해 성정한다는 발달의 예정론을 주장하였다. 즉, 주어진 환경과 관계없이 선천적인 메커니즘으로 발달하는데, Gesell은 유전자가 발달과정을 방향짓는 기제에 대한 일반적인 명칭을 성숙이라 명명하였다(정옥분, 2003). 앞에서도 지적한 바와 같이 성숙은 정해진 순서대로 진행되어 태아는 심장이 먼저 생성되고 그 다음 두뇌와 척수 같은 중추신경이 형성되는데, 이 순서는 유전자지도에 의해 변하지 않는데 출생 이후의 발달도 이와 비슷하다.

2. 아동발달의 유형과 원리

1) 유형

(1) 크기의 변화

크기의 변화는 신체적 변화에서 많이 나타나는 특징으로 아동들이 나이가 들수록 키와 몸무게 등의 신체적 변화를 의미한다. 그리고 지적 및 정서적 발달에도 어느 정도 나타난다.

(2) 비율의 변화

아동발달은 크기에만 그치지 않고 여러 구성요소들의 비율의 변화도 포함한다. 즉, 아동의 성장비율과 노인성장비율은 다르다는 것이다. 그리고 비율의 변화는 정신적인 면에서도 나타난다. 즉, 아동기에 상상력과 성인시의 상상력이 달라진다는 것이다.

(3) 소멸과 발생

발달과정에 있어 쓸모없는 것은 소멸하고 새로운 것들이 발생과정에서 나타나게 된다는 것이다. 이러한 소멸과 발생은 신체적인 변화와 더불어 정신적인 변화에도 같이 나타난다.

2) 원리

아동발달은 아동기를 통하여 계속적이고 점진적인 과정을 거쳐 이루어지며, 일반적이고 보편적인 순서와 방향성에 따라 진행된다. 모든 아동은 유전적 요소와 환경적 요인에 따라 발달에 있어서 개인적인 차이가 나타나며, 이러한 발달은 각각의 측면이 상호간에 밀접히 관련되어 있다. 또한 아동발달은 분화와 통합의 과정을 거쳐 이루어지며, 아동과 환경 간의 상호작용의 산물인 것이다. 이러한 아동발달의 보편적인 원리는 다음과 같다.

(1) 연속성과 다양성의 원리

아동발달은 어느 시기에 특정한 부분이 급격히 이루어지기도 하지만 그 시기 이후에 중지되는 것은 아니며 서서히 계속적으로 나타나는 점진적이고 연속적인 변화과정인 것이다(Santrock, 1997). 즉 아동은 어느 한 시기에 발달한 부분이 다음 시기에 발달하지 않고 멈추는 것이 아니라 계속적으로 발달이 진행되며, 발달의 속도는 일정하지 않지만 시간의 경과에 따라 발달이 점진적이고 계속적으로 이루어진다.

(2) 순서(방향성)

아동발달은 일정한 순서에 따라 이루어진다. 즉, 아동발달은 일반적이고 보편적인 순서와 방향성에 따라 진행되며, 순서가 뒤바뀌지 않고 일정하게 이루어진다. 아동발달의 순서는 상체에서 하체로, 중심에서 말초로, 그리고 전체 활동에서 특수 활동으로 이루어지며(유안진 · 김혜선, 1996), 한 단계의 발달은 보다 높은 차원의 다음 단계의 발달로 이어진다.

(3) 시기

아동발달은 어느 시기에나 가능한 것은 아니다. 가장 쉽게 이루어지는 최적의 시기가 있는데, 이러한 시기를 결정적 시기라고 한다. 이 시기를 놓치게 되면 어떤 발달이든지 정상적인 수준을 유지하기 힘들다. 또한 아동이 부모에게 애착을 형성해야 할 시기에 애착을 형성하지 못하면 지적 발달뿐만 아니라 정서적 · 성격적 발달에 큰 영향을 받게 되어 결함을 갖게 된다.

(4) 개인차(개별성의 원리)

아동발달에는 일반적인 원리가 존재하지만 모든 사람이 동일하게 발달하는 것은 아니다. 아동발달에서 비록 동일한 발달단계를 거치고 동일한 연령이 되었다 하더라도 개인적인 차이가 크게 나타난다(Papalia, Olds & Feldman, 1998). 즉, 연령과 성별이 같다고 해도 신체적 · 심리적 · 사회적 · 문화적 측면에서 발달의 속도는 양적인 면에서나 질적인 면에서 개인에 따라 다르게 나타난다. 아동발달의 개인차는 유전 · 성별 · 환경에 의해서 다르게 나타날 수 있으며 연령이 증가하면서 더욱 두드러지게 나타나게 된다.

(5) 상호관련성

아동발달의 각 측면은 상호간에 아무런 관련성이 없는 것처럼 보이지만, 각각의 측면들은 상호간에 밀접히 관련되어 있다(김제한, 2001). 즉, 아동발달의 한 측면은 다른 여러 측면의 발달과 각기 독립적으로 이루어지지 않고 상호간에 밀접하게 관련되어 영향을 미친다. 예를 들면 신체발달은 지적 발달, 도덕성 발달, 사회성 발달 등과 관련되어 있으며, 정서발달은 성격발달, 사회성 발달 등과 관련되어 있다.

(6) 분화와 통합

아동발달은 분화의 과정이면서 동시에 통합의 과정인 것이다. 즉, 아동발달은 전체적인 측면에서부터 부분적인 측면으로 분화되어 가는 동시에 분화된 각 측면들이 통합되어 하나의 체제를 형성해 나간다. 예를 들면, 운동발달에서 세분화된 특수한 활동이 나타나기 이전에 전체적인 활동이 먼저 나타나게 되며, 세분화된 특수한 활동들이 통합되어 하나의 운동기능이 발달된다.

(7) 유전과 환경과의 상호작용

아동발달이 유전에 기인하는 것인지, 환경에 의한 것인지에 대해서는 과거부터 끊임없는 논쟁이 되고 있으나, 오늘날에는 부모로부터 받은 유전과 외부로부터 받은 환경이 서로 상호작용에 의해 발달하는 것으로 이해되고 있다.

즉 아동발달은 유전적 요인과 환경적 요인의 상호작용을 통하여 이루어진다. 즉, 아동발달은 신체적 · 정신적 특질과 같은 유전인자의 영향만으로 또는 물리적 조건 및 심리적 조건과

아동발달에 대한 대립의견

* View of the Development Child
  organismic : mechanistic

* View of the course of Development
  continuous : discontinuous

* View of the Determinants of Development
  nature : nurture

같은 환경의 영향만으로 이루어지지 않으며, 두 가지의 상호작용의 산물인 것이다. 다시 말해서 아동발달은 아동과 환경과의 역동적인 상호작용을 통하여 이루어진다(Zanden, 1997). 이것은 유전적 소질이 잠재되어 있더라도 환경적인 자극이 없으면 발달하기 어렵고, 반대로 유전적인 준비가 되어 있지 않고 환경적인 자극만 주어도 발달하지 못하다는 것이다.

3. 아동발달의 특성

아동발달은 인간과 환경과의 상호작용을 통하여 일정한 순서에 따라 이루어지지만, 기초의 형성이 필요하며 결정적인 시기가 존재한다. 만일 아동발달에서 어떤 결손이 생기면 누적되어 심각한 결손이 되고 다시는 돌이킬 수 없게 될 수도 있다. 이러한 아동발달의 일반적인 특성은 다음과 같다(유안진 · 김혜선, 1996).

1) 기초성

아동발달에 있어 기초성이란 어릴 때일수록 그때의 경험여부가 이후 성장과정에서 초석이 된다는 것이다. 즉, 아동발달에서 인생 초기의 신체적 · 정서적 · 지적 · 사회적 · 성격적 발달은 그의 일생을 결정하는 기초가 된다. 다시 말하면 아동기는 성인기의 기초가 형성되는 시기이며, 아동기의 경험으로 이루어진 발달의 결과가 대개 일생 동안 지속된다는 것이다. 예를 들면, 출생에서부터 만 8세까지 지능의 80% 정도가 발달되며, 만 6세까지 성격의 기본적 기틀이 거의 형성된다는 것이다. 그럼으로 이 시기에 적절한 기초성이 이루어지지 않으면 아동발달에 주는 장애와 후유증이 크다는 추리가 가능하다.

기초성의 예

아동이 출생할 때 집안이 가난하여 0~1세 1년 간 영양실조에 빠졌다가 다시 정상적으로 성장된 아동을 비교하면, 같은 양의 영양실조라도 전자, 즉 더 어렸을 때 영양실조에 걸렸던 아동의 경우가 발달장애가 더 심하다는 것이다. 다시 말해 어릴 때일수록 아동의 영양상태가 중요하다는 의미이다.

2) 적기성

적기성이란 어떤 특정한 발달과업을 성취하는데 적절한 시기가 있어 이 시기를 놓친다면 다른 시기에는 그리 효과가 없다는 것이다. 즉, 아동발달에서 어떤 특정한 발달과업을 성취하는 데는 가장 적절한 시기가 있다는 것이다(Papalia, Olds & Feldman, 1998). 다시 말하면 아동간의 모든 측면의 발달은 제각기 서로 다른 최적기가 존재하며 적절한 시기를 놓치면 다음 시기에 특정한 발달과업을 보충하기 어렵다는 것이다. 그러므로 아동발달에서 최적기에 적절한 환경과 자극을 제공하여 발달을 촉진시키는 것이 중요하다.

3) 누적성

누적성이란 빈익빈 부익부의 기제라고 말할 수 있다. 아동발달에서 어떤 적절한 시기에 결손이 생기면 다음 시기의 발달에 좋지 못한 장애가 되며, 이러한 결손은 계속 누적되어 보다 심각한 결손으로 나타날 수 있다. 즉, 아동발달에서 적절한 시기에 특정한 발달과업을 성취하지 못하면 다음 시기에 계속적으로 누적되며 인생 후기에 보충하기 어렵다는 것이다. 그러므로 인간발달에서 초기의 발달이 더욱 중요하며, 결손이 누적되면 즉시 교정하거나 보충하는 것이 필요하다.

4) 불가역성

아동발달에 있어 불가역성이란 불가회복성으로 일종의 돌아오지 못하는 강의 성질이다.

불가역성의 예

아동기인 0~6세 동안 영향불충분으로 인하여 체격이 빈약해졌을 경우 그 후 7~17세 동안 잘 먹어도 체중은 보충하기 쉬우나 신장은 보충하기 어렵다. 즉, 신장은 체중보다 불가역성이 심하다. 그리고 신체발달과 지적 발달에는 이 불가역성이 상당히 큰 것으로 판명되어 있다. 다시 말하자면 빈곤한 영양환경 · 문화환경에서 기초와 적기를 놓쳤을 경우 차후 풍부한 영양과 문화자극을 준다고 해도 빈약해진 체격과 지능은 그리 크게 회복되지 못한다. 그리고 정서적 · 사회적 · 도덕적 발달의 경우는 불가역성이 그렇게는 심하지 않을 것 같으나 거기에도 많은 불가역성이 작용한다는 증거도 있다.

즉, 아동발달에서 최적기에 발달을 이루지 못하면 일생 동안 그러한 발달과업을 성취하기가 거의 불가능하게 되고 그 시기 이후에 완전히 회복하기 어렵게 된다는 것이다(Zastrow & Kirst-Ashman, 1997). 즉, 인간의 신체적 · 정서적 · 지적 · 사회적 · 성격적 발달은 최적기를 놓치면 그 이후에 이를 교정하거나 보충하기가 매우 힘들게 되며, 거의 회복할 수 없다는 것이다.

4. 인간발달과 아동발달

인간발달의 단계는 인간의 연속적인 변화과정에서 특정한 발달과업을 성취하기 위해 필요한 기간을 적절한 시기에 따라 몇 개의 단계로 구분한 것이다. 그러나 이것은 인간의 발달이 연속적인 과정이기 때문에 단계들 사이의 구분을 명확하게 하기가 어려우며 단계의 구분은 학자에 따라 다소의 차이가 있을 수 있다. 이러한 단계는 대개 태아기 · 영아기 · 유아기 · 아동기 · 청소년기 · 장년기 · 중년기 · 노년기 등으로 구분할 수 있다. 그러므로 아동발달을 태아기에서 청소년기로 분류하여 접근하고자 한다.

그러나 이 단계의 구분은 학자와 각국의 사정에 따라 조금씩 달라진다. 태아기는 수정에서부터 출산까지의 시기로서 어머니의 자궁 내에서 신체의 조직이 구성되고 가장 신속하게 발달하는 시기이며, 한 인간이 형성되는 시기이기도 하다. 영아기는 0세부터 2세까지의 시기로서 출생과 동시에 새로운 외부의 환경에 적응해야 하며, 외부의 상황에 적절히 대처하기 위해서 호흡 · 소화 · 배설 · 운동의 기능을 발달시켜야 하는 시기이다. 유아기는 3세부터 6세까지의 시기로서 신체적으로 독립된 개체로 활동할 수 있게 되며, 대소변 가리기 훈련, 기본적인 언어발달, 인지발달, 정서발달, 사회성 발달 등이 이루어지는 시기이다. 아동기는 7세부터 12세까지의 시기로서 적절한 성역할을 학습하고 학교생활에 적응하며, 가족과 또래집단의 영향을 받으면서 지적 · 정서적 · 사회적 발달을 도모해 가는 시기이다. 청소년기는 13세부터 18세까지의 시기로서 제2차 성특징과 같은 신체적 변화에 적응하며, 자아정체감 · 가치관 · 소속감 · 이성관계 등을 형성 · 발전시켜 나가는 시기이다. 장년기는 25세부터 39세까지의 시기로서 성숙된 인간이 되는 준비기간이며, 사회적 · 경제적 독립, 직업의 선택, 결혼과 가정생활의 준비, 가치체계의 형성 등이 이루어지는 시기이다. 중년기는 40세부터 64세까지의 시기로서 성숙을 완성하고 정착과 안정을 얻으며, 자녀양육, 가정의 관리, 사회적 집단의 형성, 능력과 창의성의 발휘, 직업적 성취, 갱년기의 적응 등을 행하는 시기이다. 노년기는 65세 이후부터 죽음에 이르기까지의 시기로서 은퇴와 노화에 적응해야 하며, 조부모 및 부모의식의 성숙, 고독과 배우자의 상실에의 적응, 새로운 흥미의 개발, 죽음에 대한 인식과 적응 등이 이루어지는 시기이다.

5. 아동발달이론

1) 아동발달의 초기이론

아동발달의 초기이론은 과학적이지 못하지만 인간의 본질과 발달을 이해하는 기초로서 이론을 제시하였다. 즉, 철학자들과 교육자들은 인간발달의 본질과 그 교육적 시사점에 특별한 관심을 보였던 플라톤 · 아리스토텔레스 · 루소 · 프뢰벨 · 페스탈로치 등을 들 수 있다. 이 중에서 플라톤 · 아리스토텔레스 · 로크 · 다윈 · 홀의 이론을 간단하게 고찰하면 다음과 같다(정옥분, 2003).

(1) 플라톤의 이원론

플라톤은 최초로 인간의 구체적인 행동의 원인과 심리적 원인에 관심을 가진 사상가이며 인간을 연령별로 구분하여 연령에 맞는 교육내용을 제시하였다. 즉, 발달의 개념정리가 안 되었던 고대 그리스시대에 이미 발달이론을 제시하였다. 이러한 발달이론이 현대적 관점에서 본다면 많은 차이가 존재하지만 나름대로 인간발달에 대해 새로운 개념과 이론적 설명을 포괄적으로 제시하였다. 그리고 플라톤은 인간의 본성을 영혼과 육체의 두 가지로 구분하였다. 또한 태교의 중요성을 강조하고 유전과 환경에 대한 이론적 토대를 최초로 제시하였고, 인간의 특정행동과 성격에 관심을 가지고 설명하여 발달이론과 심리학을 형성하는 데 이론적 기원을 마련하였다.

(2) 아리스토텔레스의 일원론

플라톤의 제자였던 아리스토텔레스는 '이원론'에 도전하여 육체와 영혼의 분리에 반대하여 육체와 정신세계가 일치한다는 고대 그리스의 사고로 복귀하였다. 즉, 그는 플라톤의 초감각적인 이데아에 대해 인간이 지각할 수 있는 자연물을 존중하고 이를 지배하는 원인들을 탐구하는 현실주의적 입장이었다. 이에 반해 유전과 환경, 전성설과 후성설의 논쟁에서는 유전과 전성설을 지지하는 입장이었다. 또한 과학과 심리학에 대한 보다 과학적인 접근의 토대를 마련하는 데 중요한 영향을 미친 것으로 여겨진다.

(3) 로크의 경험론

로크는 경험주의의 선구자로서 심리학적 견해와 이론들은 이후의 학자나 이론가들에게 많은 영향을 미쳤다. 우선 연합, 반복, 모델링, 보상과 벌 같은 학습원리는 이후 학습이론을 형성하는 기초가 되었다. 현대의 교육자들도 아동들로 하여금 학습을 하도록 동기화하기 위한 보상과 벌, 반복학습의 필요성, 모델링의 중요성의 인식에 대해 동의하고 있다. 또한 그는 환경의 주요성을 강조하여 다른 이론가나 학자로부터 환경의 잠재적 역할을 인식하게 하였는데, 그 영향을 받은 대표적인 사람이 루소이다.

(4) 루소의 낭만적 자연주의

루소는 아동은 선천적으로 선하게 태어나지만(자연), 사회화를 통해 타락하게 된다. 그럼으로 자연이 이끄는 그대로 두면 건전한 발달이 된다고 주장하고 있다. 즉, 루소는 인간의 본성을 자연상태에서 파악하고자 노력하였다. 인간은 본래 자연상태에서는 행복하였으나 인간에 의해 만들어진 제도나 문화 등으로 인해 불행한 상태로 빠진다고 하여, 사회제도나 문화에 대해 많은 비판을 하였다. 그리고 발달이론에 몇 가지 주요한 개념을 도입하였는데 그 내용은 다음과 같다. 첫째, 인간발달이 내부의 생물학적 시간표에 의해 진행된다고 보고 있다. 이러한 계획은 생물학적 성숙이다. 둘째, 인간발달은 일정한 단계에 의해 진행되는데 각 단계마다 아동들은 상이한 방식에 의해 다른 세계를 경험한다. 마지막으로 아동의 특성에 맞는 교육을 실시해야만 아동들은 그들 나름대로 검증과 이해력에 따라 문제를 이해할 수 있다는 것이다. 그러나 루소의 이론에 반대하는 비평가들은 개인의 특성과 인간발달의 정서적 측면을 너무 강조하여 성장과정과 성격형성에 있어 교육과 사회 · 문화의 중요성을 소홀히 했다고 지적하고 있다.

(5) 다윈의 생물학적 진화론

진화론은 아동발달에 관해서는 직접적인 언급을 피하고 있지만, 반복의 원칙을 주장한 생물학자들에게 많은 영향을 미쳤다. 헤켈과 같은 생물학자는 발달의 기본법칙으로 개체발생과 계통발생의 집약된 반복이라고 주장하였다. 오늘날 이 반복의 원칙은 과학적으로 증명되지는 않았지만 아동발달이 인간의 진화과정을 반복한다는 생각은 초기 아동학자들에게 큰 영향을 미쳐 과학적 아동연구의 중요한 기초가 되었다.

(6) 홀의 반복발생적 아동심리

홀은 다윈의 생물학적 진화론의 개념을 인간발달의 연구에 적용하여 인간의 모든 발달은 유전적 요인에 의해 결정되고 특히 영유아기에는 환경의 영향은 거의 무시하고 청년기에 오면 개인발달은 유전과 환경의 상호작용에 의해 이루어진다고 보았다. 그리고 홀은 미국에서 아동연구가 새로운 학문으로 자리잡는 데 큰 역할을 하였고, 청년기 · 노년기를 발표함으로 전 생애적 발달관점에서 최초로 청년발달과 성인발달을 연구하는 학자로 평가받았다.

2) 일반 이론

(1) 성숙이론과 동물행동학적 이론

가. 성숙이론

성숙이론에 의하면 인간발달이란 유기체 내부에서 자연스럽게 이루어지는 것이기 때문에 환경은 행동을 변화시키는 2차적 역할을 할 뿐이라고 한다. 따라서 아동 자신의 속도에 알맞는 발달을 위해서는 아동 중심의 양육환경을 제공할 것을 강조한다. 아동발달에 관한 성숙이론은 아동발달에 중요한 영향을 미쳤다. 그러나 많은 심리학자들은 성숙이론이 너무 극단적이라 보고 아동발달에 있어 성숙요인도 중요하겠지만 환경요인도 중요하다고 주장한다.

나. 동물행동학적 이론

동물행동학은 진화론적 관점에서 동물과 인간의 행동을 연구하는 학문으로 인간발달에 있어 생물학적 요인을 강조하여 모든 종은 진화의 산물이며, 생물학적으로 프로그램화된 생존기제 행동을 몇 가지 가지고 태어난다는 것이다(정옥분, 2003). 동물학의 기원은 다윈의 진화론에서 시작해서 Lorenz의 각인이론, Bowlby의 애착이론, Wilson의 사회생물학이론으로 이어지고 있다.

(2) 정신역동이론

정신역동이론은 정신분석이론이라고 부르기도 하는데, 행동을 유발하는 역동적 · 구조적 · 생득적인 내적 요인의 이해를 통해서 아동행동을 파악하는 이론이다. 여기에는 Freud의 정신분석이론, Erikson의 심리사회이론, Jung의 분석심리학이론 등이 있다. 정신분석이론은 인간의 정신세계 중에서 무의식에 초점을 두어 무의식적인 성적 · 공격적 충동에 의해 발생하는 갈등을 파악하고 분석한 이론이다. 또한 아동행동을 이해하는 데는 초기 아동기에 부모와의 경험이 중요함을 강조하고 있으며, 아동이 가지고 있는 내면적인 문제를 정확히 사정할 수 있는 기틀을 마련하였다. 정신분석이론은 자아의 방어기제를 통해 아동행동을 이해하는 데 유용하게 활용되고 있다. 심리사회이론은 자아의 발달과 기능에 큰 관심을 갖고 아동행동의 발달에서 사회적 · 문화적 요인을 중요시하면서 점성원칙에 의해 지배되는 인간의 전 생애를 통한 발달변화를 강조한 이론이다. 분석심리학이론은 무의식의 본질에 주된 관심을 두면서 성격 기능의 다양한 체계를 포괄하는 이론이다. 이것은 아동으로 하여금 자신의 무의식에 대한 관심을 통해서 성격의 안정과 발전을 기할 수 있게 하며, 반대의 성에 대해 이해와 화합을 촉진하여 가족관계의 원활함을 기할 수 있게 한다.

(3) 학습이론

학습이론은 행동주의이론으로 부르기도 하는데, 아동의 행동이 환경에 의해서 좌우된다고 보고, 조작적 조건형성이나 관찰학습을 통해서 인간행동이 습득될 수 있다는 데 초점을 둔 이론이다. Skinner의 조작적 조건형성이론과 Bandura의 사회학습이론이 여기에 속한다. 행동수정은 관찰이 가능한 아동의 문제행동을 대상으로 정적 강화, 부적 강화, 소거, 변별, 적응, 충만, 체계적 둔감화, 토큰경제 등 다양한 기법을 활용하여 문제행동을 수정한다. 사회학습이론은 사회적 상황 속에서의 행동의 학습에 관심을 갖고 있으며, 아동행동의 습득에서 관찰학습의 중요성을 크게 강조한 이론이다. 이것은 아동이 접하는 환경의 중요성을 인식하게 하여 환경의 변화를 통해서 그들의 문제를 해결할 수 있게 한다. 즉, 사회학습이론은 아동이 문제행동과 접할 수 있는 기회를 차단하고 바람직한 행동과 접할 수 있는 기회를 증진시켜 그들의 문제를 해결하는 데 기여할 수 있게 한다.

(4) 인본주의이론

인본주의이론은 아동이 건전하고 자발적이며, 자신의 행동에 대해 책임을 지고, 합리적이고 건설적인 방향으로 나가는 미래지향적 존재라고 보고 이론이다. 여기에는 Rogers의 현상학이론과 Maslow의 자아실현이론이 있다. 현상학이론은 인간마다 현실을 달리 지각하며 개인의 주관적인 경험이 행동을 지배한다고 보며, 자기 자신에 대한 개인적인 견해를 강조한 이론이다. 이러한 아동에 대한 관점은 아동이 자신의 문제를 인식하고 스스로 해결해 나가도록 하는 데 유용하게 활용될 수 있다. 자아실현이론은 아동이 자신의 잠재력을 최대한 발휘할 수 있는 환경이 조성되면 성격의 성숙을 포함한 자신의 성장과 발전을 기할 수 있는 존재이며, 아동행동이 자신의 욕구를 추구하려는 동기에서 나타난다고 보는 이론이다.

(5) 인지발달이론

인지발달이론은 아동이 환경과의 적응을 통해서 자발적으로 인지구조를 발달시켜 합리적인 사고를 갖게 된다고 보는 이론이다. Piaget의 인지발달이론과 Kohlberg의 도덕성 발달이론 등이 여기에 속한다. 인지발달이론은 아동의 사고발달에 초점을 둔 이론으로서 인간의 인지와 사고과정에 초점을 두고 있다.

도덕성 발달이론은 아동의 도덕성 발달이 인지발달 수준에 따라 단계별로 이루어진다고 보는 견해이다. 이것은 아동과 청소년의 도덕교육의 방향과 내용을 설정하는 데 크게 기여하였다. 한편 인지발달이론은 인간으로 하여금 인지발달을 통해 다양한 문제를 해결할 수 있는 능력을 갖추게 한다. 이것은 의사결정에서 의식적인 사고과정을 중요시하기 때문에, 아동이 환경에 대해 이해하고 합리적인 사고과정을 통해서 자신의 문제를 스스로 해결할 수 있는 기반을 조성하는 데 기여할 수 있다.

(6) 사회체계이론

사회체계이론은 인간이 상호작용을 하며 상호의존적인 관계를 맺고 있는 구조를 설명한 이론으로 인간이 체계에 의해 영향을 받으며 체계를 변화시킨다고 보는 견해이다. 여기에는 Bronfenbrenner의 생태학이론과 Bertalanffy의 일반체계이론이 있다. 사회체계이론은 사회복지실천의 초점을 개인의 행동에서 벗어나 사회환경으로 전환시킴으로써 인간을 보다 폭넓은 입장에서 이해하는 데 기여하였다.

생태학이론은 인간이 환경의 제 요소들과 끊임없이 상호교류를 하면서 그들의 물리적·사회적 환경을 변화시키며, 환경과의 지속적인 상호적응 과정을 통하여 환경에 의해서 변화된다는 것이다. 이것은 사회환경과의 상호교류를 통하여 그들의 성장과 발전을 촉진하고, 그들의 생활상의 욕구와 문제를 해결해 나가는 것과 깊은 관련성을 가지고 있다. 즉,

생태학이론은 사회복지실천에서 클라이언트의 다양하고 복합적인 욕구와 문제를 해결하기 위하여 사회자원을 동원하여 활용할 수 있게 한다. 일반체계이론은 체계가 여러 부분으로 이루어져 있으며, 부분들 간의 상호작용과 상호의존적 관계를 통해서 체계의 한 부분의 변화는 전체로서의 체계와 체계 내의 모든 부분에 영향을 미친다는 것이다.

제 6 장

보육과정

1. 보육과정의 이해

1) 보육사업의 확대와 보육과정

보육과정에 대한 명확한 개념규정은 아직까지 완성되지 못하고 있는 실정이다. 보육사업과 보육학의 역사가 짧고 아직까지 유아교육과정과의 관계도 확립되지 못하고 있기 때문이다. 이러한 문제들은 보육학과 보육사업이 정착하면서 나름대로 개념적 틀을 형성해 나갈 것이다.

이러한 문제점에도 불구하고 보육사업의 확대라는 측면에서 앞으로 보육사업의 개념적 확대는 불가피할 것이다. 그럼으로 보육과정의 개념은 보육사업의 개념 및 범위로 불가분의 관계로 접근해야 할 것이다.

보육사업의 기능을 사회사업적 측면에서 ① 예방적 기능, ② 보호기능, ③ 교육적 기능, ④ 가정의 지원 및 보상기능, ⑤ 아동의 욕구에 맞는 프로그램의 개발기능, ⑥ 지역사회의 효율적 조직기능 등 6가지로 구분하여 설명하고 있다. 양옥승(1999)은 영유아보육을 아동의 기본권보장의 측면에서 접근해가고 있는 세계적 추세를 지적하면서, 우리나라의 보육 역시 아동 중심적 사고에 기초하여 보육서비스가 보편성과 사회적 공동육아로서의 재개념화, 지지적 서비스로의 전환, 가족지원까지 포함하는 종합적 프로그램일 것을 주장하고 있다(표갑수, 2000).

우리나라 영유아보육법에서는 아동보육사업의 목적을 영유아에 대한 적절한 환경과 전문적인 보육서비스를 제공함으로써 영유아의 건전한 육성과 보호자의 경제적 · 사회적 활동의 지원을 통하여 가정복지증진을 도모하는 것으로 규정하고 있다. 목적과 관련하여 동법 시행규칙에서 보육의 기본원칙으로서 보호, 교육, 영양, 건강, 안전, 부모에 대한 서비스 및 지역사회와의 교류를 제시하고 있으며, 보육사업지침에서는 보육계획의 수립, 영양관리, 건강관리, 안전관리, 지역사회복지도모 등 5가지를 보육의 내용으로 하여, 보육시설과 가정, 지역사회가 협력하는 보육서비스를 추구하고 있다.

보육서비스가 지향하여야 할 기능들과 관련하여, 학자들에 따라서는 보육서비스가 지니는 특성으로 보육을 구분하기도 한다. Coelen, Glantz와 Calore(1979)은 서비스가 일상적으로 제공되는 것인가 아닌가에 따라 기본적 서비스(basic service)와 보충적 서비스(supplementary service)로 크게 양분하였다. 기본적 서비스는 보육서비스 장에서 가장 필수적이고, 일상적인 아동에 대한 종일의 보호와 지도감독을 포함한다. 그 외 보육서비스 장에서 보완적으로 제공되는 서비스는 보충적 서비스로서, 건강진단, 아동의 발달검사, 가족상담 및 부모에게 지원되는 여타의 사회적 서비스를 포함한다.

그러나 이와 같은 학자들의 분류는 마치 서로 다른 별개의 내용을 지니고 있는 것과 같은 오해를 불러일으킬 수 있다고 생각되는바, 본 연구에서는 이에 더하여 소극적 서비스(passive service)와 적극적 서비스(active service)라는 분류방식을 사용하고자 한다. 여기서 소극적 서비스는 기존의 보호와 교육으로 인식되던 보육서비스를 일컬으며, 적극적 서비스는 보육시설을 이용하고 있는 아동의 삶을 보다 향상시키기 위해 개별화되고 다차원적인 접근을 취하여 아동과 그 환경에 적극적으로 개입하는 서비스를 가리킨다. 예컨대 아동에 대한 언어지도는 일상적인 교육프로그램으로서 소극적 서비스에 속하게 된다. 그러나 개별아동의 발달수준과 이상의 유무에 따라 장애아동이나 언어발달이 지체된 아동의 경우에는 그 아동의 수준과 형편에 적합한 개별화된 언어지도프로그램을 기획하여 수행하거나, 적절한 전문기관과 연계함으로써 보다 적극적인 서비스를 제공할 수 있다.

이러한 분류에 의하면 생태체계이론에 근거한 포괄적 보육서비스는 적극적 보육서비스

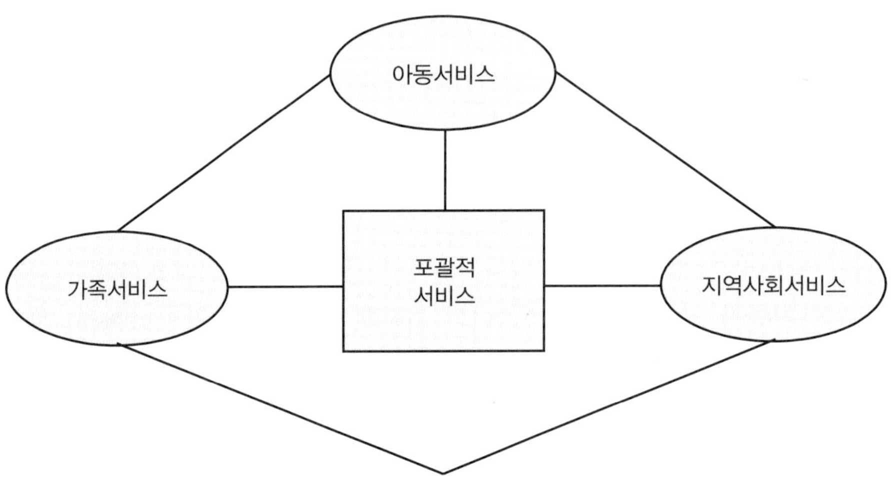

〈그림 6-1〉 생태학적 포괄적 보육서비스와 보육과정

로 지칭될 수 있다. 즉, 포괄적 보육서비스란 보호와 교육의 단순 결합에서 보다 적극적으로 아동의 복리를 위해 아동과 아동을 둘러싼 제반환경에까지 개입하여 온전한 의미에서의 아동복지를 추구하는 폭넓고 적극적인 보육서비스의 개념이라 할 수 있을 것이다.

즉, 보육과정이란 보육사업의 개념과 범위 등의 변화에 따라 보육사업을 어떻게 전개할 것인가의 방향과 기준을 제시해주는 일련의 과정이라 볼 수 있다.

2) 보육과정의 실천적 개념

보육시설에서 보육아동에게 어떠한 보육서비스와 프로그램을 전달할 것인가는 매우 중요한 문제이다. 과연 어떠한 목적을 가지고, 어떠한 방법으로, 어떠한 내용을 보육과정에 포함시킬 것인가는 접근하기 어려운 문제이다.

아동의 발달적 관점에서 보육사업의 개념을 살펴보면, 일반적으로 보육서비스의 일차적 대상이 되는 초기 아동기는 인간의 사회적 능력을 형성하는데 기본적인 사항들이 충족되어야 하는 매우 중요한 결정시기임이 강조되고 있다. 예를 들어 이 시기의 아동은 타인에 대한 기본적인 신뢰를 형성하고 자율성에 기초해서 삶의 태도를 형성하는 시기일 뿐 아니라 신체 · 인지 · 사회 · 정서적 측면에서 적합한 발달상태를 획득함으로써 유능한 인간의 기본토대를 형성하는 중요한 발달단계이다. 그러므로 보육서비스는 아동이 긍정적인 삶의 태도와 바람직한 성장에 기여할 수 있는 질적인 경험을 포괄적으로 제공할 필요가 있다. 또한 보호, 교육, 영양, 건강, 창조적 행위 등의 구체적인 내용들이 서비스의 내용에 포함되어 있어야 한다(Dodge, 1995).

이러한 측면에서 보육과정의 개념은 이러한 보육사업 및 보육서비스의 실천적 내용을 중심으로 접근해야 한다. 즉, 영유아들이 성장하는 시기의 특징, 신체적 조건, 사회적 환경 등 포함하여 어떻게 실질전인 프로그램을 개발하느냐가 중요한 문제이다. 다시 말하자면 보육과정의 개념정리는 이론적으로 단순하게 접근하기보다는 실천적인 측면에서 접근하는 것이 효율적일 것이다. 구체적으로 보육과정의 실천적 개념의 전개과정을 살펴보면 다음과 같다.

보육과정의 실천적 개념 전개과정

보육욕구 → 보육법규 → 보육정책 → 보육과정(보육프로그램) → 보육사업 → 보육대상자

3) 한국적 보육과정의 특징

현재 우리나라에서 실시하고 있는 보육사업은 다른 나라와 비교해보면 많은 차이가 있다. 특히 공보육과 보편주의적인 접근과 광범위한 아동복지의 성격을 지니고 있다. 그러므로 보육과정도 이러한 우리의 보육사업의 개념의 변화에 맞추어 접근해 나가야 할 것이다. 또한 지속적으로 우리의 실정에 맞는 보육과정을 형성해 나갈 수 있는 보육프로그램을 개발해야 할 것이다.

2. 보육과정과 유아교육과정

1) 유아교육과정

(1) 교육과정과 변천과정

교육인적자원부에서는 교육과정을 "학습자에게 학습경험을 선정하고 조직하여 교육경험의 질을 구체적으로 관리하는 교육의 기본 설계도"라고 정의하고 있다(교육부, 1998). 그리고 교육과정에 대한 개념은 시대와 관점에 따라 다양한 관점에서 규정할 수 있다. 이런 다양한 교육과정은 내용으로서의 교육과정, 계획으로서의 교육과정, 결과로서의 교육과정으로 구분하기도 한다. 이러한 교육과정은 시대적 변화와 국민의 요구에 따라 변화하고 있다.

(2) 유아교육과정

교육과정으로서 유치원의 유아교육과정을 고찰해보기 위하여 먼저 유치원의 제6차 교육과정편성·운영의 역할분담체제와 유아교육프로그램과 보육과정 및 보육프로그램을 고찰해보면 다음과 같다. 유아교육은 국가인적자원개발(HRD)의 출발점으로 교육투자의 효율성이 가장 큰 분야이고, 가족구성의 변화와 여성의 사회활동 참여증가에 따라 국가차원의 관심과 지원의 필요성이 증대되고 있습니다. 선진 각국에서는 국가적 차원의 질적 관리를 통해 취학 전 유아들에게 최적의 교육과 보호서비스를 통합적으로 제공하고 재정지원을 통하여 각 가정의 육아와 유아교육에 대한 부담을 완화시키기 위해 유아교육에 대한 투자를 확대하고 있다(교육인적자원부, 2004). 2004년 1월 29일에 공포된 '유아교육법'에는 유아교육과정에 대한 구체적인 내용은 포함되어 있지 않다. 하지만 제6차 유치원 교육과정에서 제시하고 있는 교육과정 편성·운영의 역할분담체제에 대한 내용을 제시하고 있다. 즉, 유아교육과정도 보육과정과 같이 부모욕구와 시대적 흐름에 따라 변화하고 있다.

2) 차이

어린이집에서 실시하는 있는 보육과정과 유치원의 유아교육과정의 차이는 지역적 차이의 인정여부이다. 즉, 유치원은 각시·도에서 그 지역의 특성, 역사, 전통, 자연, 문화 및 유아·교원·주민의 요구와 필요 등을 반영하여 해당 시·도의 교육중점을 특색 있게 설정하고, 유치원 교육과정 편성·운영 지침을 작성하여 그 지역의 유치원에서 제시하도록 하고 있다. 그러나 보육과정은 지역적 특성을 고려하도록 하고 있으나, 현실적은 많은 어려움을 지니고 있다.

3. 보육과정의 영역

1) 표준보육과정

영유아를 위한 보육과정의 영역은 영유아보육법 시행규칙 제23조 보육시설의 운영기준에서 보호, 교육, 영양, 건강, 안전, 부모에 대한 서비스, 지역사회와의 교류로 분류하고 있다. 그리고 보육시설의 장은 보육의 기본원칙에 따라 보육활동을 계획하고 실시한 후 평가하여 이를 보육활동계획에 다시 반영하여야 한다.

그리고 표준보육과정은 보육시설 영유아의 보육목적과 목표를 달성하기 위한 국가수준의 보육과정이며, 보육시설에서 운영해야 할 보편적 보육내용을 제시한 것이다. 표준보육과정은 만 6세 미만의 영유아가 갖추어야 할 바람직하고 적합한 태도와 가치, 지식과 기술을 포함하며, 이를 통해 영유아의 잠재력을 최대한 발휘하고 영유아가 완전한 어른으로 성장하도록 한다. 또한 표준보육과정 운영을 통해 보육환경의 질을 높이고 교사의 역할을 강화하며 부모·가족·지역사회와 협력을 꾀한다. 또한 표준보육과정은 영유아와 보호자의 성, 연령, 종교, 사회적 신분, 재산, 장애, 출생지역, 민족배경 등에 따라 차별하지 않고 운영한다.

2) 보육과정의 접근방향

1991년에 제정된 이래 부분적으로 개정되어 오다가 2004년 1월 8일에 전면 개정되어 그 동안 보육발전을 위하여 논의되었던 보육제도의 미비점을 어느 정도 보완하고 전문적 보육사업의 발전을 위한 기틀을 마련했다.

보육과정에서의 보육프로그램은 교육뿐만 아니라 보호, 영양, 건강, 안전, 부모에 대한 서비스, 지역사회와의 교류 등이 통합적으로 고려되어야 한다. 아울러 특정구조화를 제공하고 있기보다는 전체적인 틀만 제공하고 보육시설의 제반여건에 따라 자율적으로 보육프로그램을 제공하도록 하고 있다. 보육과정이나 보육프로그램의 개발에 있어서 그 통일성이 유아교육만큼 순조롭지 않는 것이 현실이다. 보호와 교육프로그램에서 확장하여 발달적 보육 또는 포괄적 아동보육을 제공해야 한다고 주장하는 학자나 기관들은 〈표 6-1〉에서 보는 바와 같이 보육서비스의 영역에 보호와 교육 이외의 다양한 서비스 영역을 포함시킨다. Kammerman과 Kahn(1995)은 정신건강서비스, 부모참여, 상담, 사회적 · 창의적 활동을 보육서비스의 영역에 포함시키고, Khetani(1984)는 사회서비스와 정보 · 의뢰서비스를 추가로 구성하며, Boguslawski(1992)는 부모와 직원 간의 관계를, 『*Encyclopedia of Social Work*』(1987)에서는 부모참관과 가족서비스를, 그리고 미국 『*Federal Interagency Day Care Requirements*』(1968)에서는 사회서비스와 부모참여를 주요 영역으로 삼고 있다.

〈표 6-1〉 보육과정에서의 보육서비스의 구성요소

	보호와 교육서비스 영역	사회서비스 관련 영역
Kammeman & Kahn(1995)	보호, 교육, 발달(영양, 건강)	발달(정신건강, 사회서비스, 부모참여, 상담, 사회 · 창의적 활동)
Khetani(1984)	발달 · 교육서비스, 진단 · 건강 · 영양서비스	사회서비스, 정보와 의뢰서비스
Boguslawski(1992)	교육, 놀이, 일상생활, 건강 · 위생 · 안전	부모와 직원과의 관계
Encyclopedia Of Social Work (1987)	교육, 영양, 보건	정서와 사회활동, 부모참관, 가족서비스
FIDCR(1968)	안전, 위생, 건강, 영양, 교육	사회서비스, 부모참여
표갑수(1997)	예방, 보호, 교육	가정지원과 보상, 아동욕구에 맞는 프로그램 개발, 지역사회의 효율적 조직
영유아보육법(1996)	교육, 영양, 건강, 안전	부모에 대한 서비스, 지역사회와의 교류

출처 : 백선희(1998).

3) 영역

(1) 교육

영유아보육법의 시행규칙 제24호에는 보육시설에서 제공하는 교육활동의 내용을 "영유아의 신체적, 사회적, 정서적 및 언어적 발달에 기여할 수 있는 경험을 제공하고 유능하고 존중받는 사람으로 자기존중감을 발달시킬 수 있도록 도와주어야 한다"고 명시하고 있다. 이를 위한 구체적 내용체계의 영역을 교육하는 기본원리는 영유아들이 환경과의 상호작용을 통해 적극적으로 지식을 구성하는 것을 중시하며 통합교육, 발달에 적합한 실제, 놀이와 탐색을 통한 경험을 중심으로 활동한다. 교육을 위한 계획은 장기계획과 단기계획으로 구성될 수 있으며, 개별보육시설의 철학과 방향에 따라 다르게 작성할 수 있다. 장기계획에 기초하여 연간, 월간, 주간 교육계획안을 작성하여 진행한다.

(2) 건강

보육과정을 계획할 때 질병예방을 위한 정기검진과 건강서비스 계획이 세워져야 한다. 보육시설구성원 또는 교직원은 영유아의 건강을 관리하고 보호하기 위해 정보를 수집하고 훈련을 받아야 한다. 건강교육은 건강한 환경제공과 성인의 지도 가운데 가장 잘 이루어질 수 있다. 건강에 대한 내용은 신체적 건강과 정신적 건강뿐 아니라 성장변화와 같은 주제를 다루어야 하며 적절한 건강교육과 건강한 환경구성에 대한 내용이 포함된다.

(3) 안전

안전에 대한 보육내용은 사고나 위험한 상황에 대처하는 방법, 기관의 시설 및 놀잇감, 교통기관을 안전하게 이용하는 방법을 포함한다. 시설설비의 안전관리 및 지원강화, 기관관계자들의 안전교육에 대한 인식과 연수, 부모교육 등을 통해 안전사고 예방에 최선을 다하는 것이 필수적이다.

(4) 영양

영유아기는 신체의 성장과 뇌의 발달에 의한 인지력이 급속히 발달하면서 음식에 대한 감각과 식습관 등이 형성되는 시기이다. 이때 형성된 감각, 식습관과 음식에 대한 태도와 견해는 영유아의 전 생애에 걸쳐 영향을 미치게 된다(김익균 외, 2002).

(5) 부모서비스

보육시설 및 보육교사는 영유아들의 건전한 성장과 발달을 위해 부모와 협력적 관계를 형성하는 것이 중요하다. 부모참여를 통해 보육시설에 대한 이해도를 높이고 보육의 의사결정 과정에 동참하는 경험을 함으로써 보육기관과 가정과의 신뢰감 형성에 기여할 수 있다. 또한 부모교육을 통해 부모가 영유아기 발달에 대한 지식 및 자녀 양육에 대한 정보를 습득하고, 부모역할의 중요성을 인식하며, 가족관계증진, 자녀의 보육시설적응을 돕고 지역사회환경을 개선하는 데 중요한 역할을 할 수 있다.

(6) 지역사회와의 연계

최근에 와서 보육시설과 지역사회와의 관계의 중요성이 증가하고 있다. 보육시설에서는 지역사회의 이해와 요구를 분석하여 그 실정을 바탕으로 지역사회와 상호보완적 관계를 유지하도록 계획하여야 한다. 구체적 방법으로는 지역사회 인사의 보육활동참여, 지역사회의 보육시설활용, 보육시설의 지역사회 시설활용, 대중매체를 통한 지역사회와의 의사소통 등을 통해 효율적인 보육프로그램운영이 되도록 해야 한다.

4. 보육과정의 기초

1) 철학적 기초

보육과정에서의 철학적 기초에서는 보육을 어떠한 방향이나 기준에서 보육과정을 구성하는가 하는 문제이다. 그리하여 영유아의 보는 관점, 필요한 지식, 영유아에 접근하는 철학 등이 포함된다.

보육관과 아동관은 아동발달을 유전 및 환경, 타고난 선천적 지능 및 학습에 의한 발달 등과 같은 내용에서 어떠한 측면을 강조하느냐와 관련이 있다. 일반적으로 아동발달의 역사는 유전과 환경의 상대적인 역할에 초점을 맞추면서 발달해 왔다. 아동의 성격이 어떻게 발달하는가, 유전적 요소와 환경적 요소가 어떻게 성격 형성에 작용하는가 하는 양면론이 아동발달의 큰 관심사였다. 즉, 자연(유전, 본성, 성숙, 생득)과 양육(환경, 학습, 경험)에 대한 논쟁은 오늘날에 있어서는 함께 상호작용을 하면서 영향을 미치고 있다고 보고 있다. 그리고 아동을 보는 관점과 철학도 시대의 흐름에 따라 달라진다.

우리나라의 아동관의 변천

우리나라의 아동발달이나 아동발달이론들은 주로 외국의 영향을 많이 받고 있다. 이것은 우리가 역사적으로 아동발달에 대한 연구나 이론이 부족했다는 것을 의미하고 있다. 그렇지만 우리나라의 사회문화적인 배경에 맞추어 아동관을 살펴봄으로써 우리나라 아동발달의 이론에 도움을 주리라 생각된다.

조선시대의 유교적 아동관은 아동은 성인에 비해 사고가 부족하고 지적으로도 아직 판단력을 갖추어지지 않은 상태에 있으며, 무한정한 욕구를 가지고 있어 아동통제를 위해서는 훈육이 필요한 시기로 보고 있다. 그리고 전통적으로 아동기의 범위는 15세 경까지로 보고 있다.

또한 맹자의 성선설은 아동은 생래적으로 착하게 태어났으며, 유교적 교육관은 긍정적 출발을 하게 된다. 유교뿐만 아니라 이조시대의 이념이었던 성리학 · 실학 · 동학의 아동관도 인간의 선한 본성에 바탕을 두어 아동존중사상이 강하였다(백혜리 · 이은화, 1997).

아동의 나이계산과 아동존중사상

우리나라의 나이 계산법은 아동존중사상을 나름대로 잘 표현하고 있다. 태내에서 280일이 인생에서의 중요성이 강조되고 있다. 그러나 대부분의 사회는 이것을 인정하지 않고, 출생당시 0세로 시작하여 첫돌이 지나야 만이 1세로 계산한다. 그러나 우리 사회는 태내기에서의 10개월을 인정하여 갓 태어난 아기에게도 1세라는 나이를 붙여주어 태아에 대한 존엄성을 인정하고 하나의 인격체로 보고 있음을 알 수 있다(유안진, 1995).

그리고 전통사회에서는 동몽(童蒙)이라 하여 아동을 아직 깨이지 못한 어리고 미숙한 존재로 보았다. 이러한 관점은 아동이 앞으로 많은 발전을 할 수 있는 존재로 보고 있음을 알 수 있다. 또한 장유유서에 의해 아동과 성인과의 명확한 관계를 설정하기도 했다. 장유유서는 연장자와 연소자 간의 도리에 관한 것으로 어른과 아동 사이에는 질서와 순서가 있음을 인식함으로써 질서에 대한 개념을 인식하도록 하였다. 동몽과 장유유서는 부정적으로 본다면 아동의 인격을 무시하여 아동과 부모 또는 아동과 성인 사이의 평등문제가 발생할 수도 있다. 이러한 의식이 아직까지도 우리 사회에 영향을 미치고 있음을 알 수 있다.

우리 전통사회에서의 아동관 중에서 중요한 것이 남아선호사상이다. 이러한 남아선호사상은 남아를 선호한다는 것에 그치지 않고 교육과 사회생활 등 전반적인 분야에 영향을 미쳐서 불합리한 결과를 가져왔다.

2) 사회문화적 접근방향

(1) 보육사업의 확대

보육의 주목적은 아동의 보호에 있으나 아동이 하루의 대부분을 보내게 되는 보육시설에서는 그 이상의 서비스를 제공해야 할 필요성이 있다고 설명한다. 즉, 아동발달에 필요한 욕구는 상호연관되어 있으므로 이와 관련된 서비스들도 상호연관적으로 제공해야 할 필요성을 지니며, 보육시설은 이러한 아동 및 가족을 위한 예방적 · 촉진적 · 개선적인 서비스를 제공할 수 있는 잠재력을 지닌다는 것이다. 따라서 보육시설이 아동보호에 대한 서비스만 제공하고 관련서비스의 제공이나 그러한 서비스를 제공하는 다른 기관과의 조정협력이 없다면, 비연속성(discontinuity) 및 비접근성(inaccessibility)과 같은 문제를 지니는 전달체계로 전락하게 되어 결국 단편적인 서비스만을 제공하게 된다고 지적한다.

또한 생태체계적인 관점에서 포괄적 개념은 보육서비스가 아동의 발달적 욕구를 충족하기 위한 목적과 기능 외에도 부모와 가정, 지역사회의 욕구를 포괄하는 서비스라는 관점이다. 즉, 부모가 갖고 있는 취업의 욕구와 자아실현의 욕구, 심리사회적인 안정을 유지하기 위해 보육의 욕구를 갖고 있는 부모에게 서비스를 제공하고, 가정의 경우에는 부모의 취업을 통해서 소득을 유지하고 자녀양육을 지원함으로써 가족의 기능을 보호할 뿐 아니라 지지적인 역할을 통해서 가정의 기능을 강화할 수 있도록 권한을 부여하는 서비스의 일종인 것이다(Kadushin & Martin, 1988).

또한 실천방법에 대한 포괄성으로 포괄적인 보육서비스는 아동에 대한 보호서비스와 교육서비스를 단순하게 결합하거나 아동 · 부모 · 가정 · 지역사회에 대한 서비스를 나열하는 이상의 의미를 말한다. 즉, 다양한 욕구를 충족시키고 서비스와 프로그램 간의 단절을 최소화하기 위해서 프로그램의 조직과 연계, 서비스간의 통합과 조정, 새로운 체계를 구축하는 접근방법으로 서비스의 실천방법적인 관점이다(Kagan, 1993).

Decker(2001)는 포괄적 보육프로그램은 부모 · 가족 · 지역사회에 대한 체계적인 접근을 통해서 생태체계에 속해 있는 아동의 욕구와 만나는 것이기 때문에, 모든 아동을 위해서 발달적으로 문화적으로 적합하고, 부모의 참여와 가족의 지지를 포함한 아동과 부모 양쪽 모두의 건강에 대해서 주의를 기울이는 서비스를 의미한다고 설명하고 있다. 그렇기 때문에 서비스를 전달하는 접근방법과 기술로 분리되거나 고립되지 않고 새로운 인식의 절차를 통해서 새로운 체계를 창조하는 것이 바람직하다는 것이다.

즉, 현대적 보육과정은 보육서비스의 의뢰(child care referral), 보육서비스(child care), 교육(education), 가족교육(family education), 고용(employment) 등을 포함해야 하며, 이들은 단절된 서비스를 제공하는 대신에 전문영역을 넘어선 합작(collaboration)을 통해 새로운 체계를 창조한다는 것이다(Decker, 2001).

(2) 수요자 중심의 보육사업

수요자 중심이란 시장경제이론에서부터 도입된 용어로 시장경제가 소비자의 욕구와 선택에 따라 조정된다고 보는 소비자 중심주의의 관점으로부터 시작된다. 그러나 현재 보육서비스에 있어서 수요자가 누구인지에 대해 정확하게 정의된 바 없다. 그렇지만 앞으로 보육과정은 수요자 중심의 보육과정으로 변화할 수밖에 없을 것이다.

(3) 사회환경의 변화와 보육과정

보육과정과 가족은 밀접한 관계를 가지고 있다. 가족은 사회의 기본적 단위이므로 사회의 변화와 더불어 가정의 구조나 기능이 변화되어 왔다. 이러한 변화는 가족구조의 변화, 가족기능의 변화, 여성취업률의 증가, 이혼가정의 증가이다.

산업화로 인하여 나타난 가족구조의 변화는 가족구성원의 감소와 핵가족화를 들 수 있다. 그리고 핵가족화와 가족규모의 변화는 가족생활주기와 밀접한 관련을 가지고 있다. 또한 가족생활상의 주기는 가족관계에도 많은 변화를 미치고 있다.

산업화는 가족으로부터 생산활동을 분리하여 자급자족적 경제단위로서의 가족기능을 상실하게 되었고, 가족이 수행하였던 기능을 전문사회기관으로 이행시켰다. 자녀양육과 교육은 탁아기관 및 교육기관의 발달과 더불어 가족의 기능이 축소되었고, 이로 인하여 가족의 본질적인 기능이 많이 상실되고 있다.

현대사회는 가족관에 대한 가치관의 변화로 인하여 여성들의 사회진출이 증가하고 있다. 이러한 변화는 다양한 이유에서 나타나고 있지만 그 주된 이유 중의 하나가 가족기능의 변화라고 볼 수 있고, 또한 남녀평등사상, 가족계획, 산업구조의 근대화 등이 있다.

(4) 가치관과 이념의 변화

보육과정에 영향을 많이 미치는 것이 그 나라의 보육과 관련된 가치관과 이념의 변화이다. 우리의 경우도 보육사업에 많은 영향을 미친 것이 가치관과 이념의 변화라고 할 수 있다. 보편주의적 보육사업, 아동복지적 보육사업의 발전도 이러한 보육사업과 관련된 가치관과 이념의 변화와 밀접한 관계를 가진다.

제3부 발달 및 지도

제7장 아동관찰 및 행동연구

제8장 아동상담

제9장 특수아동지도

제 7 장

아동관찰 및 행동연구

1. 아동관찰 및 행동연구의 이해

1) 관찰의 개념

관찰은 영유아의 행동을 보기 위한 체계 또는 계획이다(Billman & Sherman, 1997). 영유아의 관찰을 위해서는 영유아의 개별 정도를 파악하기 위해 관찰되어야 하며, 영유아를 이해하고 주의와 관심을 기울이는 행위를 말한다(『유아교육 용어사전』, 2003). 영유아의 발달을 도울 수 있는 아동관찰 및 행동연구는 유아평가를 위한 6개 영역의 보육과정(기본생활습관, 신체운동, 사회관계, 예술경험, 의사소통영역, 자연탐구)영역뿐만 아니라 교수-학습이 일어나는 보육현장에서 가장 중요하게 적용되고 활용되어진다.

유아관찰 및 연구를 위해 적용·활용되는 관찰평가는 점수나 등급을 매겨서 우수한 유아와 열등한 유아를 구분하고 선별하는 것이 아니라, 영유아의 전인적 성장·발달을 돕기 위한 아동관찰과 행동연구는 그 목적에 따라 체계적으로 관찰하여 아동을 연구하는 데 활용되어져야 한다.

2) 관찰의 목적

관찰(Observation)은 일상생활 속에서 영유아가 자연스럽게 활동하는 모습을 관찰자가 본 대로 기록하는 것이다. 관찰은 영유아의 능력과 흥미를 관찰하여 영유아들이 어떻게 움직이고 생각하고 느끼는지를 기록한다. 이때 관찰자는 관찰한 사실을 있는 그대로 기록하게 된다. 따라서 관찰자의 관찰능력과 기술이 우수할수록 정확한 판단을 내리게 된다.

관찰법은 관찰자가 유아의 발달특성을 올바르게 판단하여 영유아 개개인의 발달을 돕는 데 조력하는 계획을 세울 수 있다(Hendrik, 1990). 또한 유아의 발달과 학습을 이해하고 격려해줄 수 있으며 영유아에 대한 이해를 통해 교육과정을 계획하고 영유아 개개인의 개별차를 고려하는 교수-학습의 방법들을 모색할 수 있다. 이외에도 관찰의 다양한 목적을 구체적으로 살펴보면 다음과 같다.

① 유아의 흥미와 관심을 알 수 있다.
② 영유아 개인의 개인별 특성과 발달 수준 정도를 파악할 수 있고 이를 체계화할 수 있다.
③ 영유아가 가지고 있는 문제를 분석하고 진단해 볼 수 있다.
④ 교사와 영유아와 상호작용시 기초자료로 사용될 수 있다.
⑤ 교사가 영유아에 대한 편견을 줄이고 객관적으로 영유아를 평가할 수 있다.
⑥ 개별 영유아에 대한 발달에 관한 지식은 교사가 각 개인의 요구에 맞는 적합한 교육과정을 계획하도록 도울 수 있다.
⑦ 정기적이고 다양한 방법으로 관찰함으로써 유아들이 어떻게 진보하는가를 알 수 있다.
⑧ 학부모와의 상담에서 중요한 자료로 사용될 수 있다.
⑨ 교사들에게 자신의 교수방법을 평가하여 적절한 교수에 대한 발전계획을 할 수 있도록 돕는다.
⑩ 영유아의 관찰결과를 기록함으로써 다른 연구자, 부모 행정관계자들에게 정보를 공유할 수 있다.

영유아의 관찰과 행동관찰에 있어서 고려해야 할 점으로는 첫째, 영유아의 연령과 발달의 개인차를 고려해야만 한다. 둘째, 인지수준, 사회적 경험여부, 영유아의 기질, 문제행동의 정도 등이 고려되어야만 한다. 왜냐하면 각기 다른 상황에 처한 영유아 개개인을 이해하는 데 관찰에 중요한 단서가 되기 때문이다.

2. 관찰의 유형과 방법

1) 관찰유형

영유아의 관찰법은 일반적이고 보편적이며 효율적으로 융통성 있게 적용할 수 있는 객관적인 방법이다. 관찰법에서는 일정한 도구 없이 관찰된 사실만을 기록하기 때문에 관찰자의 관찰능력과 기술이 우수할수록 정확한 판단을 내리기는 쉽다. 관찰법의 장점으로는 교사들이 유아와 함께 활동하거나 자신의 일을 하면서 아동을 관찰할 수 있으며, 시간에 구애받지 않고 관찰할 수 있는 장점이 있다. 관찰법은 다른 측정방법들과 병행하여 사용할 수 있고 아동들을 집단적 혹은 개별적으로 관찰할 수도 있으며 어떤 발달영역에서도 적용될 수 있는 장점이 있다. 단점으로는 관찰의 객관적 타당도가 관찰자의 기술이나 수준에 달려 있고, 관찰자의 주관이나 편견이 개입될 수 있는 단점이 있다. 관찰시 유의할 사항으로는 다양한 상황에서 유아를 관찰할 수 있도록 적절한 시간과 장소를 결정해야 한다. 관찰의 내용은 일정한 형식에 따라 일관성 있게 객관적 사실만을 기록해야 한다. 관찰내용을 기록하는 데 있어서는 실제로 관찰한 사실과 관찰자의 해석을 분명하게 구분하여야만 관찰자의 주관성을 배재하여 올바른 관찰을 할 수 있다. 유아의 행동이 일어났을 때 관찰을 위한 기록이 용이할 수 있도록 관찰 기록지나 메모지를 항상 준비해야 하고, 유아 주변요소에 의해 유아의 행동을 미리 판단하거나 선입견을 가지고 관찰해선 안 되며 유아에 대한 관찰자의 느낌과 태도에 있어서 편견 없이 하도록 주의하여야만 한다. 관찰유형으로는 객관적인 관찰과 해석적인 관찰의 두 종류가 있다(권영례, 2002).

(1) 객관적인 유형(objective style)

이 유형은 객관적인 사실을 그대로 기록하는 방법이다. 이 유형으로는 체크리스트, 평정척도법, 교우도 등이 있다.

(2) 해석적 유형(interpretive style)

이 유형은 단순한 기록 이상의 의미가 내포되어 있고 본 것을 평가하고 설명을 첨가시킬 수 있다. 따라서 교사가 관찰한 것이 무엇인지에 대해 시사점을 인식하도록 돕는 방법이다. 이 유형에는 일화기록법, 상호작용관찰법이 있다.

2) 관찰방법

관찰법은 관찰자가 자신의 감각 기관을 이용하여 관찰대상에 대한 정보를 수집하는 방법이다. 이 방법은 언어를 매개체로 하는 질문지법이나 면접법으로 대별된다.

아동의 행동연구를 위한 기록방법으로는 비디오 · 카메라 등의 기계를 이용하는 방법이 있다. 이 경우에는 행동을 먼저 비디오나 카메라에 기록한 후 나중에 관찰하는 경우가 있는데 관찰자가 측정 도구의 역할을 한다. 관찰법은 분류기준에 따라 여러 가지로 나눌 수 있다. 첫째, 조건통제 유무에 따라 실험적 관찰법과 자연적 관찰, 관찰의 계획성 여부에 따른 조직적 관찰과 비조직적 관찰, 관찰자가 관찰장면상황에 들어가는지에 의해 유무에 의해 참여관찰과 비참여관찰이 있고, 관찰시간 설정방법에 따라 지속적 관찰법과 시간표집법 관찰방법이 있으며 관찰의 기록방법에 의한 분류로는 일화기록법과 행동목록법 그리고 평정척도법으로 나눌 수 있다.

관찰법에서 관찰을 객관화하기 위해서는 어떤 장면에서 어떤 방법으로 어떤 목적을 가지고 관찰할 것인가를 미리 명확히 해두어야 한다. 이런 점에서 우연적인 관찰과는 구별된다. 또 관찰이 관찰자의 개인차에 의한 주관성이 배재되어야 한다. 따라서 객관화된 사실과 관찰자의 평가는 구분하여 기록해두어 객관적 사실과 관찰자의 해석을 혼동하지 말고 결과의 일반화에 대해 충분한 자료를 얻어 다른 관찰자와 합의를 거친 다음에 관찰하고 참고할 필요가 있다.

3. 관찰결과의 기록

아동관찰과 행동연구를 위한 기록방법으로는 관찰의 진행에 따라 영유아가 변화하는 과정을 기록하는 것임으로 관찰이 끝난 후에 기록하는 것이 바람직하다. 관찰기록의 방법으로는 크게 두 가지로 나누어진다.

첫째, 행동의 진행을 자유롭게 기록해 가는 관찰법이다. 예를 들면, 일화기록관찰법, 녹음에 의한 관찰법 등이 있다. 이 방법은 여러 가지 장면에서 나타날 수 있는 영유아의 행동에 관한 구체적 자료를 얻을 수 있으나 단점으로는 기계적인 기록의 보조가 없을 경우에는 상세한 기록을 하기가 곤란하며 속기문자 · 약자 · 기호 등을 이용하도록 연구해야 할 것이다. 둘째, 미리 행동의 범주를 설정하고 이 범주에 따라 관찰하는 방법으로 체크리스트 · 평정척도 등이 있다. 이 관찰법의 경우 기록은 용이하나 관찰되는 사정이 그 배경에서 유리되어 요소적으로 기록되거나 관찰된 행동의 단순한 개괄적 해석의 기록에 지나지 않게 된다. 따라서 관찰의 목적에 따라 가장 적절한 종류의 관찰법과 관찰기록이 선택되어져야 한다. 기록상의 주의사항으로는 첫째 관찰된 행동이 누구의 행동인가를 명백히 밝힐 것, 둘째 관찰의 시간을 명확히 기재하고 시간의 경과가 기록될 수 있도록 할 것, 셋째 기록된 사상의 배경이 되는 사태를 상세히 기록할 것, 넷째 사실의 기록에는 해석이나 관찰자의 의견이 섞이지 말 것, 다섯째 기록에 개괄이나 추론을 첨부할 때는 그 근거가 되는 객관적 사실을 명시할 것을 주의하여야 한다.

관찰기록한 기록을 활용할 경우에는 기록을 이용할 경우 수집된 관찰기록의 관찰의 목적에 따라 그 행동의 경향이 분석되는 것이 좋다. 왜냐하면 그와 같은 행동이나 행동의 경향이 나타나는가에 대하여 정확히 해석하려면 인간행동의 원동력에 관한 이해를 기초로 하여 관찰기록과는 다른 방법으로 수집한 자료에 관하여 분석종합할 필요가 있다. 왜냐하면 단편적인 관찰기록에 입각한 해석은 과오를 범하기 쉽기 때문이다. 그리고 보육현장에서는 영유아의 행동과 관찰을 위해 실제적으로 사용되는 관찰법을 다양하게 적용되고 활용되는 것이 바람직하다. 영유아보육현장에서 실제적으로 사용되는 영유아관찰법에 대해 자세히 살펴보면 다음과 같다.

1) 교우도(Sociogram)

영유아를 파악하는 관찰방법으로는 개인카드를 작성하고 개별면담을 하는 등 여러 가지 방법이 있겠지만 사회관계 중 또래관계인 교우관계를 파악하는 것은 매우 중요하다.

영유아교육현장에서 일어나는 일 중 외적인 일들의 대부분은 영유아들 간의 관계인 교우도에 따른 일들이 많기 때문에 유아교육현장 내에서 집단을 형성할 때 교우도에 따르는 것이 효율성을 높이는 데 유용하며 영유아들 간의 문제를 미연에 방지하거나 부적응 영유아와의 관계와 개인차를 파악하는 데 유용하게 활용된다.

따라서 교우도관찰을 통해 영유아에 대한 이해를 높이면 면담시에도 적극 활용할 수 있다. 관찰방법으로는 또래에 의한 평정방법(peer appraisal method), 추인법(Guess Who technique), 지명법(nominating technique), 컴뮤니그램(communigrams) 등의 방법을 이용하는 방법 등이 있다.

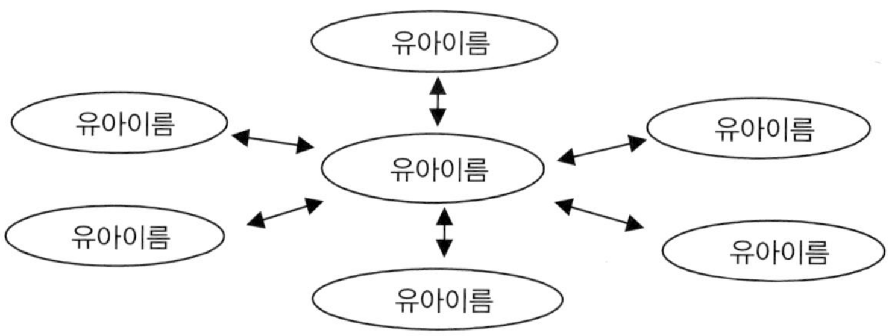

2) 일화기록관찰법(anecdotal record)

이 방법은 관찰자가 관찰장면에서 눈에 띄는 행동이나 사건이 생길 때, 사실을 순서대로 기록하는 방법이다. 이 관찰의 경우 기록을 보는 대상자가 그 사건이나 상황을 확실히 알 수 있게 주변상황과 주요인물 등의 말을 사실적으로 기록하여야 한다. 그러나 관찰이 일어날 경우 대부분 수업시간을 통해 관찰됨으로 모든 상황을 즉시 기록으로 남기는 것은 어렵다. 따라서 메모지나 색인카드를 이용하여 사건 주변상황, 주요단어 등을 기록해 놓았다가 일과가 끝난 후 바로 상황을 기록하는 것이 좋다. 일화기록은 부모들에게 보고용정보를 제공함으로써 유용한 교수적 송환(feed-back)을 제공할 수 있다.

〈일화기록의 예〉

관찰자 : 관찰일시 :

이름 : ( )	관찰장소 : 관찰시간 :
기록	역할영역에서 소꿉놀이를 하는 ○○과○○, ○○이 ○○에게 이야기를 한다. "내가 앞치마 메고 밥을 할게. 내가 상을 차리면 먹어"○○이의 말에 ○○가 묻는다. "그럼, 내가 애기하는 거야?"라고 묻자 "응, 애기가 밥 먹는 거, 뭐 먹고 싶어? 만들어줄 게", "계란후라이 먹고 싶어", "그럼 뒤집개로 뒤집어야 해 기다려" 한다. 상을 다 차리고 ○○이 ○○에게 내민다. 〈이하 생략〉
분 석	

영유아명	○○○	반 명	맑은 샘물반	생년월일	2001년 11월 13일
관찰자	○○○ 교사	관찰장면 (Case)	Case 1 –(역할 놀이 영역)		
관찰 일시	2008년 3월 25일(오전 / 오후) 2시 17분			건강상태	양호·기타( )
Case 1	역할영역에서 소꿉놀이를 하는 ○○과○○, ○○이 ○○에게 이야기를 한다. "내가 앞치마 메고 밥을 할게. 내가 상을 차리면 먹어"○○이의 말에 ○○가 묻는다. "그럼, 내가 애기하는 거야?"라고 묻자 "엉, 애기가 밥먹는거, 뭐 먹고싶어? 만들어줄게." "계란후라이 먹고 싶어", "그럼 뒤집개로 뒤집어야해 기다려"한다. 상을 다 차리고 ○○이 ○○에게 내민다. 〈이하생략〉				

〈영유아의 상호작용 일화기록 예〉

Case 1	분류 근거	또래의 언어적 개입	또래의 지식입양	시간제공	매개체의 사용	사전 경험의 기회	모델링
횟수							
%							

3) 행동목록(checklist)

관찰하고자 하는 내용을 행동목록으로 정하고 특정한 행동이나 사건의 출현여부를 체크하는 방법으로 유아의 현재 상태를 평가하는 데 그 목적이 있다. 행동목록법은 관찰자가 척도하는 것으로 기록된 기능과 행동의 목록이며 기록한다는 것은 기능이나 행동이 현재 있는지 없는지를 나타내주는 것이다 행동목록법은 그 기능들이 얼마나 수행되었는지를 판단할 필요가 없고 단지 현재 상태 그대로를 보는 것이다.

행동목록법은 미리 관찰해야 할 행동이나 사건을 미리 분류하고 제시함으로써 관찰시간을 절약할 수 있는 장점을 가지고 있다. 그리고 유아의 행동이나 사건을 쉽고 빠르게 분류할 수 있는 장점이 있다. 그러나 관찰하고자 하는 항목이 미리 결정되어 있기 때문에 영유아행동에서 중요한 관찰 내용을 빠뜨릴 수 있다는 단점이 있다. 이러한 문제를 보완하기 위해서는 항목을 결정함에 있어서 이론적 문헌을 세밀하게 분석하고 검토하는 일이 선행되어야만 한다. 이에 따라 보육현장에서 융통성 있게 적용될 수 있도록 6개 보육과정영역의 항목에서 아동을 관찰할 수 있도록 하는 데 사용한다.

번호	기본생활습관영역	예	아니오	비 고
1.	웃어른께 존댓말을 사용한다.			
2.	도움을 받았을 때 고마움을 말로 표현한다.			
3.	차례를 지켜 줄을 선다.			
4.	물건을 사용한 후 제자리에 놓는다.			
5.	계단에서 다른 사람을 밀지 않는다.			

4) 평정척도(rating scale)

번호	의사소통영역	매우 잘한다	잘한다	보통 이다	그저 그렇다	못한다
1.	상황에 맞게 알맞게 말할 수 있다.					
2.	읽어준 동화나 글을 이해하여 순서대로 말할 수 있다.					
3.	또래와 대화를 주고받을 수 있다.					
4.	두 가지 이상의 사물을 비교하여 말할 수 있다.					
5.	사용하는 어휘수가 많고 다양하다.					

평정척도는 행동이나 빈도(항상, 가끔 전혀) 또는 질의 정도로 평균 이상, 평균, 평균 이하로 표시한다는 것을 제외하고는 행동목록과 비슷하다(Billman & Sherman, 1997).

영유아의 현재 행동을 이전의 행동과 비교할 때는 평정척도를 사용하는 것이 바람직하다. 대부분의 평정척도는 영유아의 행동이 3점부터 7점의 범위 내 어디에 있는지를 평정자로 하여금 관찰하게 한다. 이때 평정자간 신뢰도 준거를 마련해야만 한다. 한 유아의 행동이 두 사람이 동시에 평정하여 합의수준이 높을 때 그 평정 결과는 믿을 만한 것이 된다.

4. 아동관찰의 제한점과 포트폴리오

1) 관찰법을 통한 아동행동연구의 제한점

영유아의 행동연구를 위해서 사용되어지는 관찰법은 가장 보편적이며 융통적인 적용이 가능한 효율적인 방법이라고 생각한다. 그러나 관찰법만으로는 영유아의 행동을 계획적이며 체계적으로 객관성을 확보하기는 어렵다. 따라서 다양한 방법으로 영유아행동을 연구해야 한다.

이를 다른 객관성을 확보하기 융통성 있게 활용하고 적용하기 위해서는 표준화된 검사법을 사용하여 유아의 발달 정도 및 특성을 평가할 수 있도록 구조화되고 객관적인 표준화검사와 평가목적을 내용에 따라 교사가 직접 제작하여 사용하는 교사제작검사의 방법들이 있다. 또 공식적인 면담법을 사용하여 부모나 유아를 대상으로 진행할 수 있는 면담법이 있다. 면담법에는 유아교육기관에서 이루어지는 공식적인 면담의 방법으로 면담일을 정해서 실시할 수도 있고 등원이나 하원 등의 비공식적인 면담방법으로도 유아를 관찰할 수 있다. 이외에도 유아의 작품표본을 분석하여 유아의 행동특성과 발달수준을 평가할 수 있는 방법들도 있다 이 평가방법을 아동행동연구의 목적에 맞게 유용하게 활용하려면 다양한 유아의 작품을 정기적으로 수집해야 하며 수집된 작품에는 날짜와 그 작품에 대한 유아의 설명이나 태도 등을 기록해두어야만 한다. 수집될 수 있는 유아의 작품에는 유아의 행동이나 태도 유아의 상호작용을 기록한 것이나 녹음자료, 유아 그림자료, 유아 작품사진, 노래나 언어녹음자료, 기타 유아작품의 표본 등을 포함할 수 있다. 유아행동연구를 객관성과 타당성의 확보하기 위한 관찰법에는 아동행동연구의 제한 점이 따른다. 따라서 이를 보완할 수 있는 포트폴리오를 통한 아동행동연구법을 살펴보고자 한다.

2) 포트폴리오(portfolio)

포트폴리오(portfolio)란 유아의 발달과 학습에 관한 기록과 증거들을 시간에 흐름에 따라 구체적인 목적을 가지고 조직적으로 모아 놓은 것이다(Dichtelmiller, 1997). 이것은 유아의 작품수집분석보다 더 다양한 방법으로 유아의 행동연구를 위해 평가자료로 수집한 것이다(류진희, 2000). 포트폴리오는 진보를 확인하기 위한 목적을 가지고 기존의 사용해 오던 아동연구방식의 한계점을 보완하고 체계적으로 유아에 관해 수집하는 것으로 유아의 자기 평가과정을 포함하며 유아의 전체 발달과정을 보여주며 아동의 시간의 흐름에 따른 아동의 진보와 성장과정을 이해할 수 있게 하여 유아개별 교육과정운영뿐 아니라, 아동의 행동연구에 중요한 역할을 하게 된다. 포트폴리오 종류에는 평가적(evaluate), 작업(work), 진열상자(showcase), 기록보관(archival) 포트폴리오로 분류(Wortham, 1998)하여 실시하는 목적에 따라 다르게 사용되어진다. 평가적(evaluate) 포트폴리오는 유아교육기관 관계자가 가족과 협조하여 프로그램의 목적과 목표기준에 따라 아동의 진보를 평가하는 데 그 목적이 있다. 이때 다양한 항목의 유아의 작품들을 선정하기도 하고 일화기록, 검사결과, 체크리스트나 평정척도자료 등을 평가를 위한 항목으로 총괄적인 아동평가에서 활용되어진다. 작업(work)포트폴리오는 교사와 유아가 함께 진보를 평가할 목적으로 성장과 학습을 보여주는 작품들을 함께 선정하고 수집한 형태의 형식이다. 수집된 자료들은 학습의 결과가 아니라 진행과정에 나타난 것을 형성평가에서 중요하게 활용된다. 진열상자(showcase)포트폴리오는 유아의 최상의 작품을 보여주는 데 목적이 있다. 진열상자포트폴리오는 유아들이 자신감을 가질 수 있도록 격려하려는 의도에서 수행의 증거들을 보여주게 된다. 따라서 총괄평가에서 활용되어진다. 기록보관(archival)포트폴리오는 유아의 발달과 진보에 대한 모든 기록을 다른 교사에게 인계하는 데 목적이 있다. 차기 연도의 아동의 행동연구를 위해 정보를 줄 수 있는 모든 자료, 수행중인 작품, 최종결과물, 일화기록, 관찰체크리스, 교사의 설명이나 해석, 부모면접기록 등이 모두 포함된다.

포트폴리오는 유아의 행동연구를 위해 진보를 확인하기 위한 목적을 갖고 체계적으로 작품을 수집하는 하는 진정한 아동연구를 위한 도구로서의 의미를 가지기 위해서는 포트폴리오에 관한 올바른 이해와 지식, 이를 체계적으로 실시하기 위한 계획, 운영상의 융통성, 그리고 유아의 수행 정도를 평가하여 효율적으로 실행하여야 한다.

제 8 장
아동상담

1. 상담과 아동상담

1) 상담의 정의

일반적으로 상담이란 클라이언트가 안고 있는 문제나 지향하고 있는 과제의 해결을 주로 심리적인 적응과정을 통해서 해결하고자 하는 활동이다. 즉, 클라이언트와 관련된 전문기관과 단체 및 전문지식기술로서 상담욕구를 가진 자에 대한 상담 · 조언 · 정보제공 · 지도 등을 원조하는 과정이다.

상담의 대상은 최근에는 사회복지나 심리요법 등에 있어서 대상의 초점이 특정 개인으로부터 가족이나 소집단 · 지역사회로 확대되었고, 문제해결이나 치료 · 성장이라는 목표개념이 더욱 확대 · 통합되어 교육적이고 생산적인 실존적 개념으로 변천하고 있다.

2) 상담의 특성

상담이란 임상적이고 전문적인 활동이고 상담자의 전문적인 자질을 필수적으로 수반해야 하는 직업적 활동이다. 즉, 상담은 자연과학에서의 실험에 의한 자료에 의해서 진행되는 과정이 아니라 상담자의 경험과 지식, 인격, 대화능력 등의 자질을 바탕으로 실제 상황에서 진행되는 임상적 활동이라 할 수 있다. 상담이란 언어를 매개로 하는 의사소통의 관계이다. 상담자와 피상담자가 직접 얼굴을 마주 대하고 대화하는 가운데 표정과 몸짓과 손짓 등을 곁들인 언어적인 상호작용을 하는 관계인 것이다. 이러한 언어적인 상호작용은 상담자가 피상담자에 대해서 일방적으로 주는 작용이 아니라 양자가 공동의 목표를 향해서 동등하게 참가하는 과정인 것이다(이경화 · 고진영, 2001). 그리고 현대사회의 상담은 과거의 상담과 비교해서 상담의 내용 · 분야 · 진행방법 등이 많이 변화하고 있다.

3) 아동상담의 특징

아동상담에서 제일 중요한 것은 아동상담의 대상인 아동의 특별한 욕구를 해결하기 위한 사회복지기술과 접근방법을 적절하게 사용한다. 아동들은 신체적 및 정신적으로 성인의 축소판이 아니고 나름대로의 아동발달의 특징을 지니고 있기 때문에 아동에 적합한 상담기술을 지니고 있어야 한다. 그리고 아동의 발달단계에서 어느 정도의 의사표현능력과 언어의 이해 정도를 예상하여 접근한다.

아동상담에 있어 아동과 의사소통을 원활히 하기 위해 아동들이 좋아하는 놀이를 준비하는 것도 중요하다. 즉, 아동들이 평소에 즐겨 노는 장난감이나 도구를 준비하고 있으면 아동상담에 효과적이다(김익균 외, 2007).

2. 아동상담의 이해

1) 아동상담의 개념

아동상담은 아동에 관한 여러 가지 문제에 대하여 가정 · 학교 · 지역사회 차원에서 아동문제나 환경상황 등을 정확히 파악하여 아동들에게 가장 효과적인 전문적 지도를 행하고 생활환경을 조성하며, 적응과 발달을 원조하여 아동의 복지를 꾀함을 목표로 원조활동을 하는 것을 의미한다. 원활한 아동상담을 하기 위해서는 아동발달에 대한 기본적인 지식을 통하여 아동상담을 하기 위한 전문적인 기술을 확보해야 한다.

2) 아동상담의 구성

(1) 아동상담의 일반적 구성

상담의 구성은 다양하게 정의하고 있는데, 최근의 동향은 가치 · 지식 · 방법으로 표현하고 있다. 상담은 다음과 같은 주요한 구성요소를 포함하고 있다.

① 아동상담의 이론(practice) : 아동상담에 필요한 이론
② 아동상담의 목적, 가치관 및 인간관(philosophy) : 아동상담에 필요한 철학으로서 목적,

가치관 인간관

③ 아동상담의 방법과 기술의 과정(process) : 아동상담에 필요한 방법과 기술의 과정
④ 아동에 관한 지식(profession) : 문제를 가진 아동에 대한 지식
⑤ 아동상담의 장소(place) : 아동상담을 위한 시설, 기관 등의 공간
⑥ 아동상담을 위한 재정 및 제도(public institution) : 아동상담을 위한 재정과 행정
⑦ 아동상담과 아동 및 환경(person : environment) : 아동상담에 있어서의 클라이언트와 환경

(2) 아동상담의 전문적 구성

아동상담에서의 전문적 구성요소는 전문가치 · 전문역할 · 전문지식 · 전문기술로 분류해 볼 수 있다. 아동상담에 있어 이 네 가지는 상호연관성을 가지고 접근해야 한다.

① 전문가치 : 상담사는 전문가로서 아동상담의 전문가치를 가져야 한다. 그리고 상담의 전문가치는 전문가치의 의의 · 목적 · 목표로 분류하여 접근한다.
② 전문역할 : 아동상담의 기능과 목표를 달성하기 위해서는 전문적 역할이 있어야 한다. 이러한 역할은 아동상담의 전문역할에 따라 달라진다.
③ 전문지식 : 아동상담의 전문성을 높이기 위해서는 전문적 이론 · 방법 · 모델 · 치료기법을 개발해야 한다.
④ 전문기술 : 아동상담 지식으로서 전문적 이론 · 방법 · 모델 · 치료기법을 명확히 하기 위한 전문기술을 있어야 한다.

3) 아동상담의 기능

상담의 기능에는 보는 관점에 따라 여러 가지가 있다. 또한 학자에 따라 다양하게 분류할 수 있다. 구체적으로 아동상담의 기능을 살펴보면 다음과 같다(김익균 외, 2007).

(1) 전문적 기능

아동상담에서의 전문적 기능이란 아동상담이 전문직에 의해 실시된다는 것이다. 즉, 다양한 아동문제를 해결하기 위해서는 전문성을 지녀야 한다. 이러한 전문직의 역할로서는 학자들에 따라 다양하게 분류하고 있다.

(2) 조정적 기능

최근에 아동상담의 기능에서 조정적 기능이 중요한 분야로 등장하고 있다. 조정적 기능은 사회관계에서 발생하는 모순들을 조정하는 역할을 한다. 즉, 아동의 사회관계의 부조화를 해결하고 가족관계나 사회제도에서도 조정하는 기능을 가지고 있다. 또한 지역사회에서는 전문분업적 제도기관을 조직화하거나 협의회 등을 구성하여 조정하고 있다. 이러한 조정적 기능은 아동과 자원시스템과의 조정, 아동과 사회시스템을 중개하는 조정 등으로 분류할 수 있다.

(3) 개발적 기능

개발적 기능은 새로운 제도와 서비스를 개발하고 확충하는 것이다. 즉, 기존의 사회자원 부족으로 인하여 사회관계가 해결되지 않을 경우에는 새로운 전문적 제도나 서비스를 개발해야 하는 것이다. 이러한 기능으로는 자원시스템의 재구축으로서의 개발기능, 새로운 팀워크를 통한 개발기능, 지역사회조직화를 통한 개발기능 등으로 분류할 수 있다.

(4) 대변적 기능

대변적 기능은 옹호적 기능이라고도 하는데 최근에 그 중요성이 증가하고 있다. 이 기능은 상담사가 중개자의 역할을 넘어 적극적으로 개입하는 기능이다. 그리고 대변적 기능을 확대하기 위해서는 사회행동을 하는 방법, 정치적으로 접근하는 방법, 법규적인 면에서 접근하는 방법 등 다양한 영역에서 접근해야 한다.

(5) 교육적 기능

아동상담에서 교육적 기능이란 아동을 교육적으로 변화시키는 기능이다. 또한 이 기능은 조정적 기능, 개발적 기능, 대변적 기능과는 달리 주로 아동과 관련되어 있는 개인, 가족, 지역사회 사람들의 능력을 발전시키는 활동과 관련되어 있다. 이러한 능력을 위해 문제해결능력과 적응의 능력을 향상시켜야 한다. 즉, 문제해결능력은 구체적인 문제해결을 위해 정보를 수집하여 진단하고 적절하게 결정하는 능력을 의미한다.

3. 아동상담의 범위와 관련분야

1) 범위

상담의 범위는 일률적으로 규정할 수 없다. 상담의 범위는 각국의 상담의 발달과 수준 등에 따라 달라지기 때문이다. 여기에서는 우리나라에 일반적으로 실시되고 있는 아동상담의 범위를 중심으로 살펴보고자 한다(김익균 외, 2005).

(1) 개별상담

개별상담이란 개인적 또는 사회적 문제에 직면하고 있는 개인을 일대일로 만나 문제해결을 원조해주는 활동이다. 그리고 이러한 활동은 아동으로 하여금 주변환경에 적응하도록 도움을 제공하거나 개인에 영향을 미치는 사회경제적 상태를 지원하여 완화시켜 주는 것이다.

(2) 집단상담

일반적으로 집단상담은 개별상담에 비해 개인의 사회화 촉진, 정보교환, 비행예방 등을 포함하여 집단적인 차원에서 문제를 해결하는 방법이다. 즉, 집단상담은 집단구성원간의 상호작용이나 집단 내의 역동성을 활용해 개인이 갖고 있는 사회적 · 행동적 · 정서적 문제들이 해결될 수 있도록 하는 활동이다(엄명용 외, 2000).

또한 집단상담은 아동의 부적응행동을 변화시키는 측면에서는 개별치료보다 효과적이고 동일문제나 유사한 문제를 지닌 집단의 아동을 한꺼번에 치료한다는 면에서 경제적인 요인도 지니고 있다.

(3) 가족상담

가족상담은 가족을 하나의 체계로 보며, 그 체계 속의 상호교류양상에 개입함으로써 가족체계의 역기능적인 상호작용패턴과 관계구조를 변화시켜 인간의 문제를 해결하고자 하는 치료적 접근법이다. 즉, 인간문제의 원인을 개인적 요인에서 찾는 것이 아니라 가족구성원들 간의 관계의 문제로 보고 인간문제의 원인을 가족구성원들의 상호작용적 맥락에서 이해하고 해결하고자 하는 접근하는 것이다.

(4) 사례관리

사례관리는 복잡하고 다양한 욕구를 지니고 있는 아동들에게 장기적으로 공식적 또는 비공식적인 자원을 조직하거나 조정하여 서비스를 효과적이고 효율적으로 전달하는 것을 목적으로 하고 있다. 사례관리는 1980년대 이후 영국 · 미국 · 일본 등의 선진국에서 크게 주목을 받아왔다. 이들 국가에서 사례관리란 재가복지영역 · 발달장애영역 · 노인복지영역 등에서 효과적인 서비스 접근방법으로 평가받고 있다.

우리나라에서도 최근 상담환경의 급격한 변화에 따라 전통적인 실천방법, 즉 개별사회사업 · 집단사회사업 · 지역사회조직 등의 기능들을 수용하면서도 클라이언트의 다양한 욕구에 초점을 맞추는 사례관리 접근방법이 전문사회사업의 중요한 패러다임(paradigm)으로 인식되고 있다.

이러한 사례관리는 최근 인간에 대한 서비스체계에서 클라이언트를 원조하는 새로운 기법으로 복합적인 욕구를 지닌 사람의 복지와 기능화를 최대화시키기 위해 고안된 활동들을 포함하는 개념으로서 많은 역할을 하고 있다. 또한 클라이언트 수준, 서비스들 사이의 조정, 서비스의 통합, 보호의 연속성이라는 사례관리의 초점은 의료적 · 사회적 · 경제적 측면의 서비스가 일련의 연속적 과정으로 장기적으로 제공되어야 하는 클라이언트의 특성과 그 맥을 같이할 수 있다.

2) 관련분야

(1) 관련분야의 유형

아동상담과 관련하여 자주 사용하는 아동생활지도 · 아동상담 · 아동심리치료의 의미를 명확히 이해할 필요가 있다. 그러나 이 세 용어의 의미를 명확히 구별하기는 쉽지 않다.

(2) 관련분야의 내용

가. 생활지도

생활지도(guidance)는 부모나 교사들이 아동과 아동 주위 환경에 대한 이해능력을 향상시켜 주고 아동들이 자율적이고 책임 있도록 능력을 향상시켜 주는 것이다. 또한 생활지도는 특정한 아동만이 아니고 모든 아동들을 대상으로 한다.

나. 심리치료

① 정의 : 심리치료(psychotherapy)는 일반적으로 아동의 생활적인 측면보다는 성격에 관심을 가져 심각한 행동의 교정에 관심을 두고 있다.

② 관계 : 상담과 심리치료와의 구별은 모호하다. 어떤 사람들은 이들 용어의 구별은 인위적인 것이기 때문에 서로 구별 없이 사용되어야 한다고 하고, 어떤 사람들은 적어도 준비과정이 다르기 때문에 이들은 구별되어야 한다고 한다. 구별한다고 하더라도 상담과 심리치료 사이에 명확하게 선을 긋기는 어렵다. 상담의 대상자는 비정상적이나 극단적인 적응문제를 보이는 사람보다는 정상적인 사람들이다. 심리치료는 심리적인 장애를 가진 사람을 대상으로 한다. 상담은 본질적으로 발달을 저해하는 욕구불만과 다른 장애적 요인을 제거하도록 정상인을 돕는 반면에 심리치료는 성격장애를 다룬다. 상담은 주로 현재의 의식적인 자료에 기초를 두고 있는 데 반해, 심리치료는 재현이나 무의식적 과정에 주로 의존하게 되는 역사적, 그리고 상징적인 자료를 더 중시하는 경향이 있다. 그리고 상담은 주로 학교 · 대학 · 지역봉사기관 · 교회 등에서 실시되고, 심리치료는 병원이나 진료기관과 같은 곳에서 주로 실시된다. 상담자는 주로 개인의 긍정적인 측면을 강조해서 개인적 · 사회적 상황에서 사용하도록 하지만 심리치료는 진단과 치료를 강조한다(이경화 · 고진화, 2001).

3) 아동상담과 성인상담 및 가족상담

(1) 관계

성인상담은 성인상담으로 끝나는 것이 아니고 성인상담은 아동상담과 동시에 이루어지는 경우가 많다. 그리고 아동상담도 성인상담과 연결되어 이루어지는 경우가 많기 때문에 성인상담과 아동상담을 구별하는 것은 의미가 없다. 그러므로 아동상담 · 성인상담 · 가족상담은 동시에 접근해야 한다는 것이다. 즉, 최근에는 가족상담과 치료라는 측면에서 접근하는 경향이 많다.

(2) 성인상담과 아동상담의 차이

아동은 자발적으로 상담에 응하지 않고 또한 자신의 문제를 성인에 비해 자발적으로 발견할 수 없다는 것이다. 아동상담에 있어 아동들이 자기의 문제나 감정을 정확하게 말로 표현할 수 없다면 어떻게 아동과의 의사소통을 통하여 상담이 가능할 것인가. 그렇다면 상담을 통한 치료는 불가능한 것인가. 그러나 실제로는 아동상담에 있어서는 아동들이 자신의 감정을 말로 표현하기는 어렵지만 반대로 사회적이고 환경적인 부분에 있어서는 억압을 덜 받기 때문에 아동이 자신의 감정을 더 솔직하고 자유롭게 표현할 수 있는 장점을 지니고 있다.

(3) 비밀보장의 범위

아동상담에 있어 성인상담과 비교하여 어느 정도의 비밀보장을 유지해야 하는지는 매우 복잡하고 접근하기 어려운 문제이다. 그럼으로 상담사는 아동을 만나기 전에 이 문제에 대해 명확하게 계약하든지 인지시켜 주어야 한다. 특히 상담과정에서 상담내용에 대해 부모들이 문의했을 때, 부모와 상담내용에 대해 의견을 교환할 것인가 등의 문제가 발생한다. 이런 문제가 발생했을 경우에는 상담사는 가장 먼저 아동을 보호하기 위한 모든 조치를 강구해야 하고 법적인 의무를 다해야 한다.

4. 아동상담의 관계의 원리와 전개과정

1) 관계의 원리

일반적으로 아동상담에서 관계의 원리는 심리·사회적인 문제를 가진 사람들의 욕구를 한 인간으로서 취급받고 싶어 하는 욕구, 부정적이든 긍정적이든 자신의 감정을 표현하고

〈표 8-1〉 아동의 욕구와 관계의 원리

아동의 욕구	관계의 원리
개별적인 개인으로 취급 받기를 원하는 욕구	개별화의 원리
자신의 감정을 자유롭게 표현하고자 하는 욕구	의도적인 감정표현의 원리
문제에 대한 공감적인 반응을 얻으려는 욕구	통제된 정서관여의 원리
가치 있는 인간으로 인정받고자 하는 욕구	수용의 원리
판단 및 심판 받지 않고자 하는 욕구	비심판적 태도의 원리
자기 스스로 결정하고자 하는 욕구	클라이언트 자기결정의 원리
자신의 비밀을 지키고자 하는 욕구	비밀보장의 원리

자 하는 욕구, 가치 있는 인간으로서 존엄성을 가진 인간으로서 수요되기를 바라는 욕구, 표현된 감정에 대하여 동정적인 이해와 반응을 구하는 욕구, 자신이 처해 있는 곤란에 대해 심판이나 비난 어느 쪽도 받고 싶어 하지 않는 욕구, 자신의 생활에 관련하여 스스로 선택하고 결정하고 싶은 욕구, 자신에 대한 정보가 가능한 한 비밀이 유지되기를 원하는 욕구의 7가지로 분류하면서, 이에 대한 상담사의 민감하고도 적절한 반응, 아동과의 역동적 상호작용이 결국은 원조과정을 성공적으로 이끈다고 보는 것이다.

2) 아동상담의 전개과정

(1) 의의

일반적으로 아동상담 전개과정은 도움을 필요로 하는 사람을 처음 만나는 것을 시작으로, 그 사람이 가지고 있는 문제 혹은 서비스를 필요로 하는 내용을 파악 · 분류 · 사정하며 이 문제의 해결 또는 구체적 원조과정을 거쳐 서비스를 마무리하게 되고 경우에 따라서는 사후관리의 과정을 거치게 된다. 일반적인 아동상담의 전개과정은 다음과 같다.

가. 욕구의 다양한 파악

아동욕구의 정확한 파악은 상담창구에 찾아 온 사람들의 욕구도 중요하겠지만 제도나 서비스를 이용할 수 없는 잠재적 대상자의 욕구파악에도 관심을 가져야 한다.

나. 문제의 명확화

아동문제의 명확화(明確化)를 위해서는 피상담자 가족뿐만 아니라 친구나 이웃의 실정을 충분히 조사하여 해결해야 할 문제를 명확히 해야 한다.

다. 원조계획의 책정

피상담자나 가족의 의향을 감안하여 달성 가능한 목표를 설정하고 어떠한 서비스가 가장 효과적인 원조인가를 종합적으로 판단하여 원조계획을 세운다.

라. 상담의 실시

원조계획에 의하여 서비스를 실시하는 욕구로 피상담자나 가족의 문제해결의 의지를 개발하면서 동원할 수 있는 사회자원의 조직망을 구성하면서 자립을 원조하는 것이다.

마. 상담의 효과에 대한 평가

서비스의 효과에 대한 평가와 욕구변화의 대응은 피상담자나 가족이 진전된 복지서비스의 이용이 자립생활에 효과적으로 설정한 목표를 달성한지를 평가하는 것이다.

(2) 전개과정

이러한 일련의 과정은 ① 인테이크단계 : 접수(intake) 및 관계설정(engagement), 목표설정 및 계약, ② 중간 단계(개입수행), ③ 종결 및 평가단계로 구분된다. 이 과정에서 각각의 단계는 인간행동에 대한 이론과 지식을 적용하면서 실행된다. 물론 원조의 과정이 순서대로만 이루어지는 것은 아니다. 초기 개입 동안에 측정과 개입이 동시적으로 수행되기도 하며 중간 단계에 다시 측정이 이루어지지도 한다.

가. 시작 단계

시작 단계에서는 ① 도움을 받아야 할 아동과 상담사 사이에 관계가 성립한다. ② 상담사는 아동과 라포(rapport)를 형성하면서 아동의 문제를 탐색하게 된다. 아동에 의해 제시되는 즉각적인 관심사와 정서적 상태에 대한 검토로 시작하여 점차 관련체계로 범위를 넓혀나간다. 아동의 상황을 측정한 후 적절한 목표설정을 하고 그 목표의 성취를 위해 필요한 자원을 결정한다. ③ 그 자원을 어떻게 성취 및 이용할 것인지에 대한 계획을 세운다. 이 목표와 자원들은 아동과 상담사 간의 비공식적 또는 문서화된 상호계약에 포함된다.

나. 중간 단계

중간 단계에서 상담사와 아동은 변화계획을 수행하게 된다. 아동의 상황에 대한 새로운 정보가 있거나 상황이 변화하게 되면 계획을 변경할 수도 있다. 마지막 단계에서는 아동의 목표성취 정도를 평가하고 상담사와 아동 사이에 관계의 종결과 관련된 사항을 정리해야 하며, 앞으로 아동에게 나타날 수 있는 문제에 대한 후속적 계획을 세워야 한다.

아동상담의 전개는 다양한 전문적 과정과 적절한 사회자원의 연결 등의 수단과 관련되어 있다. 즉, 상담사가 아동과 아동의 환경 내의 체계를 변화시켜 전문적 가치 · 지식 · 기술에 기초하여 개입하는 총체적인 전 과정을 의미한다.

다. 종결 및 평가단계

종결은 상담사의 개입활동을 계획에 따라 마무리하는 것이다. 일반적으로 종결은 상담사의 개입활동을 계획에 따라 마무리하는 것이다. 상담사와 아동이 원조관계를 무리 없이 종료하는 데에도 상당한 기술이 요구된다.

아동상담이 종결되고 나면 평가를 실시해야 한다. 즉, 상담사가 문제해결을 위해 실시한 사업에 대해 평가를 하는 것이다. 그리고 평가시에는 실시된 아동상담의 기능과 한계, 종결 후의 반성을 포함하여 아동의 특징과 문제해결에서 나타난 문제점과 특성 등에 대해 평가한다.

제 9 장 특수아동지도

1. 장애인의 이해

최근 들어 우리는 '장애' 또는 '장애인'이라는 용어를 많이 접하고 있으며 이를 중심으로 한 각종 사회운동이나 복지정책들이 전개되고 있음을 알고 있다. 특히 제5공화국의 출범에 따른 '복지사회의 건설'이라는 정책목표와 때를 같이 한 국제연합의 '세계장애자의 해'의 행동목표인 '완전참가와 평등'은 '병신', '불구자' 등 스티그마(stigma)를 부여함으로써 심신에 장애가 있는 사람들을 사회와 다수자들의 세계로부터 배척 · 소외시켰던 용어들을 재활의 가능성 내지 성장지향적인 의미가 내포된 용어들로 대체시키는 계기를 만들었다고 볼 수 있을 것이다.

일상용어로서의 '장애'란 '무엇인가를 행할 때 방해가 되는 것'이라는 의미이다. 장애인복지의 주요 용어인 '장애'는 이 일상용어에서 파생된 것으로서 보다 특수한 개념을 반영하는 말이다. 즉, 장애인복지영역에서의 '장애'란 말은 인간의 심신기능의 특수한 상태(기능의 저하, 이상, 상실)를 나타내는 것으로 가장 빈번하게 사용되고 있다.

나아가 '장애인'이란 간단하게 위의 정의에 따라 '신체적 또는 정신적으로 장애를 지니고 있는 사람'으로 규정할 수 있으나, 이 용어의 정의는 장애인복지정책의 방향과 범위를 결정하게 되므로 우선 미국의 재활법(Rehabilitation Act of 1973)은 제7조 6항에서 '주요생활의 활동분야에 있어서 한 분야 이상 실질적인 제한을 주는 신체적 또는 정신적 결함을 갖고 있는 자'로 규정하고 있다.

일본의 장애자기본법(1990)은 제2조에서 장애자를 '신체장애, 정신박약 또는 정신장애로 인하여 장기간에 걸쳐 일상생활 또는 사회생활에 상당한 제한을 받는 자'로 정의하고 있다.

우리나라의 장애인복지법 제2조에서는 '장애인'을 '신체적 · 정신적 장애로 인하여 장기간에 걸쳐 일상생활 또는 사회생활에 상당한 제약을 받는 자로 대통령령으로 정하는 기준에 해당하는 자'로 정의하고 있다. 여기서 신체적 장애는 주요 외부신체기능의 장애, 내부기관의 장애 등이고 정신적 장애는 정신지체 또는 정신적 질환으로 발생하는 장애를 의미한다.

2. 장애인의 분류

1) 분류

세계보건기구(WHO)는 1980년에 장애의 계층적 개념을 제창하면서 국제장애 분류에 있어서의 장애의 계층적 구분의 정의를 다음과 같이 하고 있다.

가. 정신신체부전(Impairment)
정신적, 신체적 또는 해부학적 기구나 기능의 상실 또는 이상－장기(臟器) 레벨(I코드)

나. 능력부전(Disability)
인간으로서 정상적인 생활범위에 있어서의 활동을 형성하는 능력이 장애(impairment)에 의하여 제한 또는 결핍되어 있음－인간 레벨(D코드)

다. 사회적 불리(Handicap)
impairment나 disability에 의하여 초래되어 개인에 생긴 불리로서 연령, 성(性), 사회 또는 문화적 요소에 관련된 정상적인 개인으로서의 역할의 달성이 제한되거나 방해되는 것－사회적 레벨(H코드)

이상과 같은 장애의 각 계층의 개념에 대한 이해를 촉구하기 위하여 〈표 9-1〉과 같이 예시를 하고 있다.

〈표 9-1〉 국제장애 분류(ICIDH)의 이해

Impairment (정신신체부전)	Disability (능력부전)	Handicap (사회적 부전)
language(언어) hearing(청각) vision(시각) skeletal(지체) psychological(정신)	speaking(말하는 것) listening(듣는 것) seeing(보는 것) dressing(입는 것) feeding(먹는 것) walking(걷는 것) behaving(행하는 것)	orientation(순응) physical independence (신체적 자립) mobility(이동) social integration (사회적 통합)

자료 : WHO(1980)

상술한 바와 같은 장애의 계층적 구분에 있어 장애를 상위개념으로, 그리고 정신 · 신체적 부전(不全), 능력부전, 그리고 사회적 불리를 하위개념으로 구분할 수가 있다. 이와 같은 하위개념 상호간에도 인과관계가 있어 정신 · 신체적 부전은 능력부전을 초래하며, 나아가서는 사회적 불리에 영향을 미치는 것은 당연한 것으로 볼 수 있다.

세계보건기구(WHO)는 ICIDH를 제시한 이후, 장애인의 사회참여를 강조하기 위한 계속적인 노력을 통하여 1997년 ICIDH-2(International Classification of Impairments, activities, and participation: A manual of dimensions of disablement and functioning)를 제안하였다. ICIDH-2에서는 한 개인이 접하는 장애를 3차원의 축인 손상(impairment) · 활동(activities) · 참여(participation)로 설명하면서 상황요인(contextual factors)이라는 개념을 추가하여 〈표 9-2〉와 같은 4가지 차원을 제시하고 있다.

손상(impairment)은 신체구조나 물리적 · 심리적 기능상의 상실이나 비정상을 의미하며, 활동(activities)은 개인적 수준에서 기능의 범위와 본질로서의 활동의 차원으로 일상생활과 관계된 개인의 활동 모두를 다룬다. 끝으로 참여(participation)는 손상, 활동, 건강조건, 상황요인과 관련된 생활상황에서 개인의 연관성 정도와 본질로 정의한다. 따라서 참여의 차원은 사회적 현상을 다루며 개인의 참여 정도, 참여를 촉진하거나 방해하는 사회적 반응을 의미한다. 참여는 환경과 장애를 가진 사람간의 복잡한 관계와 상호작용으로 개인적인 유지와 보호의 참여, 이동성의 참여, 정보교환의 참여, 사회적 관계의 참여, 교육 · 노동 · 레저와 정신적 영역의 참여, 경제생활에 대한 참여, 도시 · 지역사회 생활에의 참여와 같은 참여 등을 포함한다.

과거의 육체적 불편함이 의학과 기술의 발전으로 점차 보완되면서 신체손상과는 상관없이 사회에서 한 사람의 건강한 개인으로 역할을 수행하면서 생활상 지속적인 문제를 갖고

〈표 9-2〉 다양한 차원에 따른 장애의 개념(ICIDH-2)

구분	손상유형 (impairment)	활동 (activities)	참여 (participation)	상황요인 (contextual factors)
기능의 수준	신체 (신체의 부분)	개인 (전체로서의 개인)	사회 (사회와의 관계)	환경적 요인 (기능상의 외부적 영향) 개인적 요인 (기능상의 내부적 영향)
특징	신체기능 신체구조	개인의 일상활동	상황에서의 관련	신체적 · 사회적 · 태도적 세계의 형태
긍정적 측면	기능적 · 구조적 통합	활동	참여	촉진자
부정적 측면	손상	활동제안	참여제한	장벽, 어려움

있는 사람을 장애인으로 간주하는 경향이 증가하고 있다. ICIDH-2에서 한 개인이 제시한 손상 · 활동 · 참여의 3대 축의 적용은 사실상 모든 개인에게 적용이 가능한 것으로 장애인에 대한 경계는 점점 무너지고 있다고 볼 수 있다.

우리나라의 경우 1999년 1월에 개정된 「장애인복지법」의 제2조 1항에서는 장애인의 개념을 '신체적 정신적 장애로 인하여 장기간에 걸쳐 일상생활 또는 사회생활에 상당한 제약을 받는 자'로 정의하고 있다. 이런 정의에 의해 기존의 지체장애 · 시각장애 · 청각장애 · 정신지체 등 5종의 장애뿐 아니라 신체 내부기관의 장애와 정신장애까지 장애범주에 포함되었다. 이에 따라 2000년 1월부터 투석치료를 받고 있거나 신장이식을 받은 만성신장질환자, 중증의 만성 심장질환자, 정신분열증 등 만성중증 정신질환자, 발달장애 중 자폐증을 지닌 장애인을 포함하게 되었고, 현재 지체장애에 포함되어 있는 뇌성마비와 뇌졸중 등은 별도로 '뇌병변장애'로 분류되었고, 왜소증, 척추후만증, 한쪽 눈 실명자도 장애인의 범주에 추가되었다.

2) 장애의 구조

일반 용어로서 장애는 일이 진척되지 않는 것 자체가 아니고 일을 진척시키는 데 방해가 되거나 장애가 되는 것을 의미한다. 장애인복지에 있어 장애라는 말은 협의와 광의의 두 가지로 사용된다. 협의의 장애는 의학에서 사용되는 뜻과 비슷하며, 광의의 장애는 심신의 이상에서부터 사회적 불이익까지 포함하는 포괄적인 개념이다. 구체적으로 비교해 보면 다음과 같다.

협의의 장애는 엄밀하게는 심신의 결손 및 심신기능의 전체를 의미하는 것이 아니라, 그 가운데서 특히 일상생활에서 곤란을 일으키는 것을 의미한다. 그것은 치아 한 개가 빠지는 것은 신체의 이상이지만 장애라고는 볼 수 없다. 그럼으로 장애의 종류와 발생시기의 경우에는 보통 협의의 장애를 가리키는 것이다.

광의의 장애는 협의의 장애의 의미를 포함하여 사회적 수준의 불이익과 사회적 역할의 곤란까지 포함하고 있다. 장애의 구조라든지 일반적인 장애인의 분류에는 광의 장애인의 범위가 사용되고 있다(김익균 외, 2004).

3) 각국의 장애인의 정의

(1) 일본

일본에서 장애인의 정의는 심신장애자대책기본법 제2조에서 '장애인이란 지체부자유, 시각장애, 심신기능장애, 음성기능장애, 언어기능장애, 평형기능장애, 호흡기 기능장애 등의 고정적 · 장기적인 기능장애 및 정신장애 등의 정신적 결함이 있기 때문에 장기적으로 일상행활 또는 사회생활에 상당히 제약을 받는 자'라고 정의하고 있다.

(2) 미국

미국에서는 장애인에 대해 다양한 법률에서 규정하고 있다. 사회보장법에 의하면 장애인은 의학적으로 1년 간 지속될 것으로 기대되는 또는 사망에 이르는 것으로 기대되는 신체적 · 정신적 손상으로 인하여 실질적인 소득생활에 참여하지 못하는 자로 규정하고 있다. 그리고 재활법에서는 장애인을 일상적인 활동분야 중 한 가지 이상의 활동을 현저히 제한하는 신체적 · 정신적 기능장애가 있는 자와, 이와 같은 기능장애가 과거에 있었던 자, 이와 같은 기능장애가 있다고 간주되는 자로 규정하고 있다. 그리고 1990년에 제정된 미국장애인법(Americans with Disabilities Act)도 위의 규정과 비슷하다.

(3) 독일

독일에서는 장애인에 대해 장애인지원법 제13조에서 영구히 일을 하기가 불가능하거나, 정신적 · 육체적으로 결격자이어서 고용하지 못해 영원히 일을 할 수 없거나 맹인자를 의미한다. 그리고 중증장애인법 제1조에서 중증장애인이란 육체적 · 정신적으로 장애가 있고, 그 장애로 인하여 생계능력이 최소한 50%까지 저하된 자로 규정하고 있다.

(4) 영국

영국에서는 장애인차별법에서 장애와 장애인의 의미를 각각 규정하고 있다. 그 규정에 의하면 장애인이란 신체적 · 정신적인 손상으로 인하여 일시적 혹은 장기간 정상적인 일상생활을 수행할 수 있는 능력에 영향을 끼친 경우와, 장애, 정신적 손상, 장기간의 지속, 정상적인 일상의 활동 등에 관해서 구체적이고 명확하게 명시하고 있다. 여기서 정신적인 손상이란 임상적으로 진단된 정신병에 의해 나타난 결과이며, 장기적인 지속이란 손상이 최소한 12개월 간 계속되어야 하며, 정상적인 일상활동이란 이동의 장애, 손떨림 등으로 인해 행동의 제약, 사회적, 신체적, 언어, 청각, 시각, 기억력, 학습능력의 제약, 신체적인 위험이 유발할 가능성이 있는 경우 등에 의해 일상생활에 제약을 받는 모든 것을 포함하고 있다. 그리고 장애인의 범위에 12개월이란 기간의 지속성을 강조하고 있다.

3. 특수아동에 대한 이념적 접근

특수아동에 대한 사회적 대응은 그 사회의 종교 · 가치기준 · 풍습 등 광범위한 문화적 요소들에 의해 형성된 '장애자관(障碍者觀)'에 따라 달라지게 된다. 대부분의 사회에 있어서 동정 · 멸시 · 천대 · 거부 · 격리 등으로 나타났던 장애자관은 휴머니즘과 인권사상을 바탕으로 한 많은 사람들의 노력으로 점차 '존엄성'과 '권리'를 중시하는 방향으로 변화해 왔던 바, 그 획기적인 전기를 마련하게 된 것은 1948년의 '세계인권선언', 1971년의 '정신박약자의 권리선언', 1975년의 '장애자 권리선언' 등 국제연합의 여러 선언과 1979년에 채택된 '세계장애자 해의 행동계획', 1981년의 '세계장애자의 해'의 테마가 표방하는 '완전참가와 평등'의 이념이었을 것이다.

우리나라에서는 뒤늦게나마 한국장애인총연맹에서 장애인올림픽이 개최된 1988년에 한국장애인권리선언을 선포한 바 있다. 이와 같은 여러 선언들에서 나타나는 국제연합의 이념은 심신기능의 일부에 손상을 지녔으나 전(全)인격적인 존재로서의 장애인들에 대한 사회적 대응 및 복지정책의 기본적인 방향을 제시하는바, 장애인의 자립, 정상화, 통합화, 참가로 대별할 수 있을 것이다.

1) 자립(independence)

선천적인 장애를 가지고 있는 경우이든, 사고나 질병에 의한 장애의 경우이든, 노령에 따르는 장애이든 간에 장애를 갖고 사는 사람들과 그 가족이 간절히 바라는 것은 장애인의 '자립'적인 생활일 것이다. '자립'은 인간의 기본적인 요구인 동시에 권리이며 '인간다운' 생활의 중요한 요소로서 '완전참가와 평등'이라는 장애인복지의 궁극적 목표의 실천에 있어 전제인 동시에 조건인 것이다.

일반적으로 자립이란 일상생활 동작의 자립, 그리고 그 연장선상에 있는 직업적 자립, 나아가서는 경제적 자립으로 이해되고 있다. 따라서 장애인의 재활문제에 있어서는 잔존능력의 개발과 향상에 초점이 맞추어지고 있다.

그러나 자립의 의미를 신변처리나 기타 직업적 · 경제적 측면에서의 자립으로 한정시켜 버린다면 그러한 것들이 가능한, 장애가 가벼운 사람들에게만 권리로서의 '자립'이 가능할 뿐 많은 중증장애인에게는 이 기본적인 욕구이자 권리가 인정될 수 없어 그들을 의존적이고 가치가 없는 존재로 전락시켜 버릴 위험조차 있게 된다.

또한 '자립'의 개념을 더욱 더 확장시켜서 '장애인 자신에게 내재된 힘을 개발 · 발전시키기 위한 끝없는 노력과 그 방향을 의미하는' 범위까지를 취해야 한다고 했다. 즉, 장애인이 스스로 인생설계를 행하고, 여러 가지 사회자원을 활용하고 창출하면서 생활하는 것을 의미하는 개념으로 스스로가 자기 인생의 중인공이 되고 독립된 정신의 소유자가 되는 것, 요컨대 인격 자체의 자립을 인정해야 한다는 것이다. 중증장애인의 경우에도 비록 전면적인 개호(介護)를 받는 생활을 하고 있을지라도 정신적 자립을 통해 그 존엄성이 인정되고 인간으로서 지닐 수 있는 모든 욕구와 권리가 존중되고 보호되어질 수 있게 되며 장애인운동의 국제적 조류인 '정상화'를 구현하는 전제조건을 형성하게 되는 것이다.

2) 정상화(normalization)

'normalization'이란 용어는 1981년 세계장애자의 해를 전후해서 일본을 비롯한 동양권에서 일반화되었는바, 정상화 외에도 상태화(常態化) · 일상화(日常化) · 통상화(通常化) 등으로 번역되어 사용되거나 '노말리제이션'으로 그대로 사용되고 있다.

이 개념은 먼저 모든 사람, 즉 젊은이도, 고령자도, 장애를 가진 사람도, 또는 그렇지 않은 사람도 모두가 정상적인 생활을 할 권리가 있다는 것, 그리고 사회는 심신의 장애 등 불리한 조건을 가진 모든 사람들이 그러한 조건에도 불구하고 그 지역사회를 기반으로 해서 일상생활상의 모든 욕구를 충족시키면서 다른 사람들과 더불어 끝까지 살아 나갈 수 있는 여건을 조성해야 한다는 것을 전제로 하고 있다.

이 사상은 장애인시설에의 분류수용 내지 분단형 복지의 상태에 대한 반성에서 생겨난 것으로서 사회로부터 분리된 장애인의 생활이 자극이나 동료, 다양한 인간교류의 체험을 상실하게 되고 단순한 생존에 머물게 되어 비정상적인 상태가 됨과 동시에 사회의 다른 성원들에 대해서도 장애를 가진 사람들과의 다양한 상호작용을 경험할 기회를 박탈하게 되는 것 역시 정상적인 상태는 아니라는 것이다.

이 사상의 제창자인 B. Mikkelsen은 이의 구현을 위해서 인간생활의 조건을 ① 주거조건, ② 일과, ③ 여가의 세 가지로 나누어서 그 각각의 국면이 어떠해야 하는가를 제시하고 있다. 즉, 주거조건에 있어서 장애아, 특히 정신지체아동의 생활조건을 정상화하기 위해서는 시설이 아닌 부모의 집에서 가족들과 함께 살도록 하는 것이며, 성인장애인의 경우는 다른 성인들과 함께 생활하도록 하고 가능한 한 자립할 수 있는 여건을 조성하는 것이다.

일과에 대해서는 장애아동의 경우에는 교육을 받을 권리가 다른 아동들과 동등하게 존중되어져야 하며, 성인의 경우에는 능력에 맞는 노동을 할 수 있는 여건이 허락되어야 한다. 또한 여가에 있어서는 다른 주민과 똑같이 여가시설을 이용할 수 있는 기회와 권리가 확보될 필요가 있다. Nirje의 경우는 정상화의 원리를 생활리듬의 측면에서 파악하여 다음과 같은 것들이 보장되어야 함을 강조하고 있다.

① 하루의 정상적인 리듬
② 1주 동안의 정상적인 리듬
③ 1년 동안의 정상적인 리듬
④ 생활주기상의 각 발달단계에 따른 정상적인 경험
⑤ 정상적인 욕구의 존중
⑥ 이성과의 접촉생활
⑦ 정상적인 경제적 수준
⑧ 정상적인 주거환경 수준

Nirje는 생활과정상 리듬의 정상적인 상태에 초점을 두어서 그것이 가능한 경제조건, 주택, 지역사회의 조성을 강조하고 있다.

또한 Wolfensberger는 그의 PASS(Program Analysis of Service Systems)에 관한 논문에서 모든 human service가 '정상화'의 원리에 입각하여 검토되어야 함을 주장하고 있다.

그런데 주의해야 할 점은 '정상화'가 지역사회 내에서의 보호 내지 생활이 불가능한 자를 지역사회 내에서 방치해야 함을 의미하는 것은 아니라는 것이다. 잘 정비된 시설 내에서의 생활이 그 사람의 생활을 보다 용이하게 하며, 스스로가 자기결정의 원리에 의해 시설보호를 선택하게 될 때는 시설에서 보호를 하되 그 시설의 물리적 장을 '정상화'의 원리에 입각하여 가능한 한 가정 및 지역사회의 환경과 동일하게 조성하고 Nirje가 주장한 생활의 리듬들을 보장하는 방향으로 나아가는 것이 중요하다.

3) 통합화(integration)

'정상화'의 구체적인 전개는 '통합화'로서 구현된다.

'통합화'란 장애를 가진 사람들과 그렇지 않은 이른바 정상인이 모든 기회에 서로 공동·협력해 갈 가능성을 위한 조건추구를 지향하는 과정을 말한다. 이 '통합화'를 세 가지 수준으로 분류해보면 다음과 같다(신섭중 외역, 1995).

① 인간의 생활주기상 각 발달단계마다의 통합화, ② 지역 내에서의 통합화, ③ 행정 여러 기능들의 조정 · 연락을 포함한 통합화가 그것이다.

우선 인간의 생활주기를 고려해 볼 때 각 단계마다 각기 다른 교육 · 노동 · 의료 등에 관한 욕구가 존재하게 된다. 예컨대 영아(嬰兒) 또는 유아(幼兒)의 경우에는 장애의 조기발견 체제와 그것에 따른 상담 · 치료 · 훈련 · 보육 등의 체제가 필요하며, 취학기에는 아동의 학교생활과 관련된 각종 상담 및 훈련, 기타 학교환경과 관련된 각종 배려 및 지역사회 내의 시설이용을 위한 이동수단의 확보 등이 요구된다. 또한 청년기에는 취로, 진학의 장의 확보와 동시에 여가이용이나 문화활동을 둘러싼 수단의 확보가 요구되며, 그 이후의 시기에는 자립을 위한 취로 및 주택의 보장, 그리고 부모의 사후에 장애인이 지역사회생활을 영위할 수 있도록 하는 개호와 의료를 중심으로 한 원조체제를 구축해야 할 것이 요망된다.

통합화의 제1의 수준은 그 사람의 생애에 있어 교육 · 노동 · 의료 · 주거 · 교통수단 · 문화생활 등 일체가 상호연계되고 통합되어야 하며, 법정 보호연령인 18세 이전과 그 이후, 그리고 고령기의 문제들과 장애로 인한 문제 사이에 괴리가 생기지 않도록 배려되어야 함을 말한다.

통합화의 제2의 수준은 지역 내에서의 통합화, 즉 일정한 생활범위와 생활권이 상호연계(network)되어 기능하는 이상적인 상태를 말한다. 이 수준에서 가장 우선되어야 할 것은 장애인의 이동과 관련한 문제를 최소화시키는 물리적 장의 통합(예를 들면 공공건물의 단차 없애기, 휠체어에 앉은 채 버스 · 지하철 · 항공기 등을 이용할 수 있는 각종 편의시설의 설치, 휠체어에 앉아서 활동할 수 있도록 고안된 주택의 출입구, 부엌설비, 목욕시설, 화장실의 개선 등), 그리고 장애인과 일반인들이 함께 어울려 교육받고 성장하며 더불어 활동하면서 살아갈 수 있도록 하는 기능적 · 사회적 측면에서의 통합일 것이다.

통합화의 제3의 수준은 각기 별개인 종적(縱的) 행정 안에서 운영되고 있는 장애인과 관련된 행정의 각 기능들이 상호 연락 · 조정되어 합쳐지고 통일된 기관과 이념에 기초를 둔 새로운 행정으로 통합되어야 한다는 것이다.

장애인복지서비스 분야에 있어 특히 우리나라의 경우는 이 분야의 서비스를 관장하고 있는 다양한 중앙부처의 업무가 부처간 협조나 통합조정의 기능이 미흡한 채 독자적으로 시행되고 있는바, 그 중 일례를 들면 의료서비스와 관련된 사항은 보건복지부 의정국이, 장애인을 위한 특수교육은 교육부 의무교육과가, 그리고 직업훈련과 취업서비스는 노동부, 직업안정은 노동보험국이 각각 담당하고 있다. 더욱이 사회복지서비스를 담당하고 있는 보건복지부가 독자적인 일선 전달체계를 갖고 있지 못함으로 인해 중앙의 장애인복지행정은 보건복지부가 관장하지만 중간 및 하위 전달체계는 행정자치부의 지방행정조직을 이용함으로써 정책수립과 서비스의 관리 · 운영 간의 연결이 원활하지 못함으로써 서비스 전달체계인 행정상의 통합이 필요하다는 것이다.

이처럼 장애인 개인의 전 생애를 통한 각 발달단계마다의 통합과 지역사회라는 장에서의 물리적 · 정서적인 통합, 그리고 장애인의 생존과 재활을 위한 욕구충족과 직결되는 행정기능상의 통합 등이 모두 적절히 이루어질 때 더불어 사는 정상화의 이념이 구현될 수 있을 것이다.

4) 참가(participation)

장애인을 '특별한 욕구를 지닌 한 사람의 사회구성원'으로 규정한다면, 그가 지니고 있는 신체적 · 정신적 장애에도 불구하고 지역사회 내에서 정상적인 사회생활을 영위할 수 있도록 하기 위해서는 그의 기능적 장애를 보완할 수 있는 물리적 · 제도적 조건들이 요구되는 바, 이러한 조건들은 장애의 종류에 따라, 그리고 개인의 상태에 따라 달라지게 될 것이다.

그런데 이와 같은 조건들은 시혜적인 측면에서 무계획적으로 충족되어져서는 안 되며 '장애인의 주체성 확보 및 생활권의 구축'이라는 견지에서 그들의 욕구에 맞추어져야 하며, 그들이 가장 편리하게 이용할 수 있도록 마련되어야 할 것이다. 따라서 장애인들은 수혜자로서 그들의 권익과 관련된 정책 및 사회적 움직임에 수동적인 자세로 임하기보다는 적극적인 참가를 통하여 그들 스스로에게 필요로 하는 정책을 고안해내어 그것을 발전시켜 갈 기회를 넓히지 않으면 안 된다.

이처럼 장애인의 '참가'란 지역사회의 진정한 한 성원으로서 그 지역의 갖가지 행사는 물론 정상적인 삶을 영위하는 데 따르는 각종 관계들에의 참가 외에도 '정책결정단계까지의 참가'가 보장되어야만 세계장애자 해의 테마인 '완전참가와 평등'이 구현될 수 있을 것이다.

그런데 장애인의 참가는 현실적으로 일정한 조건의 정비가 전제되지 않으면 안 된다. 예컨대 수화통역이나 점자 등 의사소통의 수단이 완비되어진 환경이 필요하며, 이동의 권리도 참가의 한 수단으로서 보장되어져야 할 것이다. 또한 냉대 · 차별 · 멸시 등 보이지 않는 사회의 장벽들이 최대한으로 제거되지 않는다면 사회적 · 정치적 측면에서 장애인들의 참가는 요원할 수밖에 없을 것이다.

참가의 형식은 직접참가, 간접참가, 조직적인 참가 등 여러 가지가 있을 수 있고 시설수준, 지역사회수준, 지방자치제의 수준, 국가수준, 나아가서는 국제수준에 이르기까지 갖가지 수준에 대해 적절한 참가방식이 채택되어야 할 것이다.

4. 장애아보육

1) 의의

장애아동 무상보육이 2003년도 3월부터 전국적으로 실시되었다. 따라서 전국 보육시설을 이용하고 있는 장애아동들은 보건복지부가 정하는 범위에 따라 모든 장애아동이 무상보육혜택을 받게 되었다. 이는 장애아동 보육사업이 실시된 이후 제2의 도약기를 맞이하는 결정적인 계기가 되었다.

정부가 1991년 영유아보육법을 제정 · 공포한 이후 국가 및 사회가 부모의 양육을 지원하는 보호와 교육을 통합한 보육사업으로 추진하고 있다. 장애아동보육은 1995년 4월 12일부터 장애아동보육에 대한 지침을 결정하고, 1996년 1월 6일 영유아보육법 시행규칙을 개정하여 장애아동보육에 관한 규정을 신설하였다. 1997년부터는 장애아동 전담보육시설에 관한 지정과 운영기준이 마련되었다. 이를 근거로 사업자 선정에 들어가 1997년도부터 장애아동보육은 시작되었다. 따라서 장애아동보육이 시작된 지 7년째 들어서고 있다.

장애아동을 위한 조기프로그램은 복지적 접근, 교육적인 접근, 치료적인 성격 등 세 가지 유형으로 실시되고 있다. 복지적 접근은 보육시설, 복지관을 중심으로 이루어지는 복지서비스로서의 조기재활서비스이다. 이는 보건복지부의 지원을 받고 저렴한 비용으로 이루어진다. 교육적 접근은 유치원 및 사설 조기교육기관에서 교육이라는 이름으로 이루어지는 조기재활서비스이다. 치료적 접근은 복지관이나 어린이집에서 일부 치료기능을 하고 있지만 상당부분 병의원 부설과 사설치료실 등에서 실시되고 있는 것으로 정부의 관여가 없는 민간이 책임지고 있는 조기재활서비스이다(서문희 외, 2001).

장애아동보육은 장애아동을 양육하는 사람이 겪는 다양한 부담감으로부터 요구되었다. 장애아동을 양육하는 사람은 경제적 부담감, 교육적 부담감, 사회적 부담감, 정서적 부담감, 신체적 부담감을 가지고 있다(권복순 · 박영준, 2002). 이러한 부담감을 해소할 뿐 아니라 장애아동의 장애예방, 조기재활, 발달의 정상화, 그리고 양육비용을 절감하기 위하여 장애아동보육을 실시하게 되었다(구본권, 2001).

2) 장애아동 전담보육시설의 정의

장애아동 전담보육시설은 장애아동 20명 이상을 보육하는 시설(국공립, 비영리 법인, 민간, 개인, 가정보육시설)로서 시, 도에서 지정을 받은 시설을 말한다. 장애아동 보육시설은 1층에 설치된 시설에 한하여 지정하고, 민간장애아동 전담보육시설은 시설장과 대표자가 겸임인 시설을 우선 지정한다. 또한 영유아보육법시행규칙 별표 2에 의한 시설 및 「장애인·노인·임산부 등의 편의증진보장에 관한 법률 등」에서 정한 시설 및 설비를 갖추어야 한다(보건복지부, 2003).

(1) 설치

장애아동 보육시설이 설치는 영유아보육법 시행규칙 별표 2에 의한 시설 및 「장애인·노인·임산부 등의 편의증진보장에 관한 법률」에서 정한 시설 및 설비를 갖추어야 하며, 신규 설치인 경우에는 330m^2(100평)에 725천 원/m^2 합계 2억 3,925만 원을 지원한다(보건복지부, 2003).

(2) 장애아동전담보육시설의 기능

장애아동 보육시설은 기능상에 있어서 일반 보육시설과의 커다란 차이점을 보이고 있다. 일반 보육시설은 유아교육과 보호의 기능을 감당함으로 영유아의 조기교육과 가족지원기능을 하고 있다. 그러나 이에 비해 장애아동 보육시설은 재활에 있어서 보다 전문적인 기능을 감당하고 있다. 장애아동 보육사업이 시행되기 전에는 장애아동의 조기재활은 사설 조기교실, 장애인종합복지관 내의 조기교육실, 그리고 특수학교 부설 특수유치원에서 이루어졌다. 이 중에서 사설 조기교실은 장애아동의 조기교육 기능을 시행하면서 특수유치원이 법적으로 설치하는 데 큰 기여를 하였다. 그러나 여전히 법적으로 인정받지 못하고 있기에 정부지원 없이 운영되고 있다. 이로 인하여 장애아동의 부모들이 이용하기에 커다란 부담을 갖고 있을 뿐 아니라 조기교육의 측면에서만 서비스를 제공하고 있다. 이러한 측면에서 장애아동 보육시설은 보다 전문적이고 다양한 기능을 하고 있다.

가. 장애인 재활복지의 기초

장애인의 재활과 복지에 있어서 가장 중요한 것은 예방과 조기발견, 그리고 조기개입이다. 특히 장애영유아기의 재활과 복지가 이루어지지 않으면 청소년기 이후의 개입은 그 효과성과 효율성에 있어서 기대한 만큼의 결과를 거두기 어렵다. 따라서 장애영유아기의 재활과 복지적 개입은 장애인 재활복지에의 기본이요 기초라고 할 수 있다.

나. 조기재활서비스 제공

장애아동의 조기재활서비스는 장애아동보육의 가장 핵심적인 내용이다. 신생아 및 영유아기의 아동에게 있어서 가장 특징적인 것은 이들이 보이는 급속한 속도의 성장과 발달이다. 이러한 성장과 발달의 중요한 시기로 생후 5년은 실제로 지적 성장의 결정적 시기임이 Hunt(1961)와 Bloom(1964)에 의해 밝혀지면서 영유아기의 조기개입 프로그램의 중요성이 강조되었다. 장애영유아기의 조기발견·조기치료·조기교육에 의해서 장애의 2차 장애를 예방할 수 있고, 가벼운 상태의 장애로 고정시킬 수 있다는 점(서화자, 1999)이다. 장애아동 전담보육시설은 조기재활서비스의 한 부분으로서 사회복지적 측면에서의 예방적 기능, 보호기능, 교육적 기능, 아동의 욕구에 맞는 프로그램 개발의 기능을 수행하고 있다(보건복지부, 2000).

다. 장애아동 가족의 스트레스 감소와 가족기능 강화

장애아동 가족들은 장애아동에게 하루 종일 매달려야 하고, 장애자녀에 대한 희망이 상실되고, 돈이 너무 많이 들기 때문에 스트레스를 많이 경험한다(최종옥, 1999). 장애아동을 양육하는 가족들은 장애아동으로 인한 스트레스로 인하여 장애아동을 장기간 맡길 수 있는 시설을 찾곤 한다. 동시에 이러한 생각으로 인하여 죄의식을 갖기도 한다. 그러나 장애아동 보육시설을 이용하면서 스트레스도 감소하고, 장애아동을 시설에 거주시키려는 요구도 감소될 뿐 아니라 가족의 기능도 향상되었다(김진호 외역, 2002).

라. 발달단계에 따른 적절한 서비스 제공

장애아동은 일반 아동과 동일하게 신체운동발달, 사회정서발달, 언어발달, 인지발달의 영역을 갖는다. 이러한 발달단계에 있어서 단계별 적절한 서비스를 요구하며, 이는 장애아동의 영유아기의 발달이 장애아동의 인생 전 영역에 영향을 미친다. 따라서 장애아동 보육시설에서는 발달단계에 따른 적절한 서비스를 제공하는 기능을 갖는다(최미현 외, 2002). 또한 중증, 중복 장애아동의 보육은 교육재활, 의료재활서비스보다도 우선 제공해야 할 가장 최우선의 서비스요, 이를 통해서 재활의 길이 모색될 수 있다(김종인, 1998).

마. 여성의 사회활동 참여증진

산업화가 이루어지고 가족의 구조가 변화되면서 맞벌이 형태로 가정경제를 유지하여야 하는 시대를 맞이하고 있다. 이러한 관점에서 여성의 역할을 전업주부의 형태에서 경제활동의 주체로서 변화되고, 여성의 삶의 질 역시 사회활동의 각 영역, 즉 여가·교육·직업・사회활동 등의 참여에 따라 달라지게 되었다. 동시에 장애아동의 어머니는 장애아동의 양육부담으로 인한 사회활동참여 자체가 제한될 수밖에 없었다. 이러한 장애아동의 어머니를 사회활동 참여를 촉진시키는 기능을 장애아동 보육시설이 감당하고 있다.

바. 장애아동의 일반 형제지원

장애아동 가족에는 장애아동의 일반 형제가 있다. 장애아동을 양육하는 가정은 대체로 장애아동 양육에 지나칠 정도로 지원을 하기 때문에 일반 아동은 균형적인 양육받을 기회를 상실하는 경우가 많다. 특히 장애아동과 연령차이가 존재하지 않음에도 불구하고 일반 아동이라는 이유만으로 많은 스트레스를 받고 자라게 된다. 이러한 양육방식은 장애아동의 일반 형제의 미래에 부정적인 결과를 초래하고 만다. 이를 예방하기 위해서 일반 형제의 양육을 지원하는 기능을 장애아동 보육시설을 지니고 있다(이계윤, 2001).

아. 사회적 제비용 감소와 생산적 복지에의 기여

장애아동의 조기재활서비스가 제공되지 않을 경우에는 장애아동의 2차적 장애의 발생, 장애의 중증화(보건복지부, 1999), 장애영유아기를 지난 이후의 재활서비스의 효과감소로 인한 사회적 제비용이 효과성과 효율성을 상실하게 된다. 따라서 장애아동의 생애주기 전체를 조망해 볼 때 장애아동의 조기재활서비스는 장애인생애 전체에 요구되는 비용을 사회가 책임져야 한다고 볼 때, 그 비용을 절감하는 효과를 가져 올 뿐 아니라 장애아동 가족의 건강증진으로 통하여 생산성을 높이는 결과를 가져오게 된다(이계윤, 2001).

제4부 영유아교육

제10장 놀이지도

제11장 언어지도와 아동문학

제12장 아동음악과 동작

제13장 아동미술

제14장 아동 수·과학지도

제15장 영유아프로그램 개발과 평가

제16장 영유아교수방법론

제 10 장

놀이지도

1. 놀이의 이해

1) 놀이의 정의

오늘날 가장 보편적으로 사용되고 있는 놀이에 대한 정의는 루빈 등(Rubin, Fein, & Vandenberg, 1983)이 밝히고 있는 놀이가 지니는 특성을 중심으로 한 놀이의 정의이다.

첫째, 놀이는 내적으로 동기유발이 된다. 놀이의 특색은 외부의 강요에 의해 이루어지는 것이 아닌 개인 내부에서 동기화되는 활동으로 영유아는 놀고 싶은 마음이 생겨서 자발적으로 놀이를 한다. 둘째, 놀이는 과정이 중요하다. 놀이의 특성 중의 하나는 결과 지향적이 아니고 과정을 중요하게 여긴다는 점이다. 놀이에 참여하는 영유아에게는 놀이과정이 중요하며 놀이를 통하여 달성하여야 할 목표가 있는 것이 아니기에 결과지향적이라기보다는 과정지향적이라 볼 수 있다. 셋째, 놀이는 비문자적이다. 놀이에 참여하는 영유아는 일상에서 벗어나 상상의 나래를 펼 수 있다. 자신이 다른 인물이 될 수 있으며 물체나 상황을 다른 물체나 상황으로 대체할 수도 있다. 놀이의 틀 안에서는 특정 물체를 지칭하는 문자가 지니는 의미에서 분리될 수 있기에 비문자적이라 할 수 있다. 넷째, 놀이는 자유롭게 선택되어진다. 놀이에 참여하는 영유아는 강요에 의하지 않고 자신이 놀고 싶은 영역, 놀이친구, 놀이주제 등을 자유롭게 선택할 수 있다. 마지막으로 놀이는 즐겁다. 영유아들은 놀이경험을 즐거워한다. 노는 영유아를 관찰하여 보면 그들에게서 기쁨과 즐거움 등의 긍정적인 감정을 느낄 수 있다.

2) 놀이의 특성

놀이의 개념은 영유아라는 발달적 특성을 고려해야 하므로 일이나 탐색활동과 어느 정도 차이가 있으며 성인의 놀이와도 구분되는 특성을 갖는다. 따라서 놀이란 어떤 목적의식의 유무와 상관없이 인간의 생활 속에서 행해지는 문화행동양식으로 재미와 자발성에 근거하는 모든 활동을 말한다(신화식 외, 2006). 현대 놀이이론에서 강조되는 영유아놀이의 특성들을 정리하여 보면 다음과 같다(곽노의 외, 2004).

첫째, 영유아의 놀이는 자발적인 행위이다. 즉, 놀이는 내적 동기유발에 의해 나타나는 것이며, 명령에 의해 행해지는 행동은 이미 놀이가 아님을 뜻한다. 둘째, 영유아의 놀이는 상상적이며 비형식적이다. 모든 놀이 활동이 상징적인 것은 아니지만 영유아의 '만약에'라는 가상적 틀에 따라 사물과 역할의 현실적 개념들이 상징적으로 전환되는 경우가 많다. 셋째, 영유아의 놀이는 행동의 결과보다 행동 자체, 즉 그 과정이 목적인 행위이다. 영유아 스스로가 놀이활동과정 중 영유아의 의도에 따라 그 목적을 부과하기도 하며, 그 목적을 변화시킬 수도 있다. 넷째, 영유아의 놀이는 대부분 고유의 규칙을 가지고 있으며 놀이에 참여하는 영유아들에 의해 결정되기도 한다. 다섯째, 영유아의 놀이는 즐거움과 기쁨을 수반하며 긍정적 정서를 바탕으로 활동적이고 적극적으로 표현되는 활동이다. 여섯째, 놀이는 경쟁적 요소가 내포되기도 한다. 사물을 가지고 혼자 놀이하는 경우도 있지만, 다른 사람과 함께 승부를 가르는 게임 등의 놀이는 긴장 속에서 놀이자의 능력이 시험되기 때문에 경쟁적이며 심리적으로 다소 부담을 느끼게도 된다.

2. 놀이이론

현대의 많은 학자들은 놀이란 영유아들에게 유익한 것이며 그들을 사회적으로 유능하게 하고 학습을 촉진시킨다는 점에 동의하고 있다. 놀이이론은 다양하여 그 분류기준이 일관적이지 않다. 여기서는 고전적 이론과 현대적 이론으로 분류하여 제시하였다. 고전적 이론은 주로 놀이의 원인과 놀이의 단계에 관심을 가지며, 현대적 이론은 놀이가 발달에 영향을 주는가에 관심을 둔다.

1) 고전적 놀이이론

(1) 잉여에너지론

잉여에너지론은 18세기 독일의 시인이었던 Schiller와 영국의 철학자 Spencer에 의해 제기되었다. 이 이론은 인간이란 선천적으로 활동적이라고 주장하는 입장이다. 사람들은 에너지를 축적하면서 사는데, 생존을 위해 필요한 에너지 이외의 남는 에너지는 놀이활동에 사용된다는 견해이다.

(2) 사전연습이론

이 이론은 놀이가 영유아들의 생존을 위한 본능적 행동의 한 형태로, 영유아들이 놀이를 통해 생활에 필요한 여러 가지 경험을 연습해 봄으로써 현실생활에 대한 준비를 한다는 견해이다. 어린 영유아들의 경우 그들의 감각기관은 완전하지 않다. 그러므로 영유아들은 놀이를 통해 후기의 지성·감성을 발달시키기 위해 필요한 기본감각을 발달시켜야 한다. 놀이 속에 나타나는 연습 혹은 실험은 그들이 생존하며 생활을 지속할 수 있도록 하는 데 필요한 기술을 준비하게 한다는 것이다. 이 이론은 철학자 Groos에 의해 제기되었는데 그는 미래생활에 필요한 본능을 강화 하는 것이 놀이의 목적이라고 했다.

(3) 반복이론

이 이론은 진화론에 영향을 입어 Hall이 제기했는데, 놀이는 인간의 진화과정에서 거쳐 온 여러 단계의 계통 발생적 현상을 반복하는 행동이라는 것이다. 영유아들은 놀이를 통해 무의식적이기는 하나 본능적으로 원시시대의 놀이부터 오늘날까지의 여러 문화계층의 놀이를 재연한다는 것이다. 유아들은 인간의 진화단계와 유사한 단계로 놀이 활동을 한다. 즉, 놀이를 통해 조상의 활동을 되풀이하는 동안 바람직하지 못한 버릇들을 제거해 가면서 민족의 역사를 되풀이 한다는 것이다.

(4) 레크리에이션 이론

이 이론은 잉여에너지론과 대조적으로 노동에 소비된 에너지를 재정비하는 역할을 놀이가 담당한다고 하는 이론으로 Lazarus가 주장했다. 잉여에너지론에서는 사람들이 놀이를 통해 여분의 에너지를 풀어버릴 필요가 있다고 보지만 레크리에이션 이론은 사람들이 에너지를 소모하면 재축적할 방법을 찾아야 한다는 것이다. 노동은 사람의 신체적·심리적 에너지에 긴장감을 주므로, 놀이는 사람들이 다시 일할 수 있도록 에너지를 재축적시킨다는 것이다.

(5) 휴식이론

인간은 일상생활에서 주로 소근육운동에 의존하는 활동을 하게 되는데, 이때 사용되지 않는 대근육운동을 시도하기 위한 욕구에서 놀이가 발생한다. 놀이란 레크리에이션 이론처럼 사람이 노동활동으로부터 받은 피로감에서 벗어날 수 있는 활동이다. 특히 대근육활동이 이러한 긴장을 푸는 데 적합하므로, 우리의 육체는 이런 대근육활동을 통해 휴식을 취하게 된다는 것이다.

2) 현대적 놀이이론

현대 놀이이론은 놀이가 영유아의 인지, 사회, 정서발달과 깊은 관계가 있다는 측면에 초점을 맞추고 있다. 놀이는 영유아기 억압된 감정을 표현하고 불쾌한 경험을 극복한다고 여기는 정신분석학 이론, 영유아의 지적 발달과 연관이 있다는 인지이론, 놀이는 자극을 통해 적절한 각성 수준을 유지하게 한다는 각성조절이론, 의사소통이론 등이 현대이론에 속한다(최석란, 2006).

(1) 프로이드의 정신분석 이론

정신분석학적 이론을 창시한 Preud와 Anna Preud는 놀이가 영유아들의 정서발달에 중요한 역할을 한다고 하였다. 영유아는 자신이 겪은 힘든 경험을 놀이를 통해 표현한다고 생각했다. 예를 들어, 영유아가 바라본 세상은 너무 크고 예상하기 어려운 일이 많이 일어나는 곳이기에 자신이 감당할 수 있는 놀이의 세계에서 일상생활에서 겪은 슬픔이나 어려움을 놀이를 통해 나타내 보인다. 유아들이 지니고 있는 잊지 못한 사건들과 연관되어 있는 부정적인 감정을 놀이를 통해 나타낼 수 있다.

(2) 에릭슨 이론

에릭슨은 놀이를 보다 넓은 의미로 이해하고 영유아의 자기존중감을 증진시키는 신체적 · 사회적 기술을 발달시킨다고 여겼다. 출생 후 영아는 자신의 몸을 탐색하면서 놀며 보기, 듣기, 말하기, 걷기 등을 익히고 자신의 손과 발을 갖고 노는 것을 알 수 있는데 이를 에릭슨은 자기세계놀이라 한다. 생후 12개월이 지나면서 점차 자신의 주변세계 안에서 놀이를 하는데 이는 미시세계 놀이에 해당하며 유아시기에 이르러 점차 사회적 기술을 익히며 또래와 상호작용을 하면서 거시세계 놀이를 하게 된다. 에릭슨은 놀이가 영유아의 심리사회적 발달을 반영하는 단계를 거쳐 발달하는 것으로 보았다.

(3) 피아제의 인지이론

피아제는 놀이를 인지발달적인 측면에서 설명하였다. 발달은 영유아가 환경과 상호작용하며 순응해 가는 과정이며, 외부정보를 자신이 가지고 있는 인지구조에 맞추고 외부정보가 자신이 가진 인지구조에 맞지 않을 때 자기의 기본 체계를 변화시키는 과정이라고 설명하고 있다. 이러한 발달과정에서 놀이는 중요한 역할을 담당한다. 놀이는 동화작용이 조절작용을 지배하는 불균형상태로 간주하여 놀이를 통해 영유아는 새로운 기술을 학습하기보다는 이미 습득한 기술을 연습하고 확고히 한다고 주장하였다. 피아제의 인지이론이 도입되면서 놀이행동과 영유아의 인지발달관계를 밝히는 연구들이 활발하게 진행되었다.

(4) 비고츠키의 사회문화적 이론

비고츠키는 개개인의 학습은 사회적 상호작용에 의해 결정된다고 주장하며 놀이는 영유아의 인지발달과 언어발달에 직접적인 역할을 하며, 특히 상상놀이는 영유아의 추상적 사고 발달에 중요한 역할을 담당한다고 여겼다.

(5) 브루너의 이론

브루너는 놀이를 영유아의 여러 측면의 발달과 관련이 깊으며 특히 문제해결능력, 사고, 언어 그리고 창의성 발달과 관련이 있다고 주장한다. 놀이에는 과정이 결과보다 중요한 활동이라고 여겼다. 놀이활동에 참여하는 영유아는 목표달성에 대한 부담이 적기 때문에 놀이과정에서 새로운 방법의 시도를 주저하지 않는다고 한다.

(6) 각성조절이론

각성조절이론은 인간의 중추신경계에는 적절한 각성 수준을 유지하고자 한다고 가정한다. 너무 많은 자극들이 주어지면 유아는 주변의 낯선 물체로 인해 각성수준이 높아지고,

높은 각성수준은 물체를 탐색하므로 적정수준으로 낮춘다. 반면 자극정보가 너무 적으면 각성 상태가 낮은 상태로 떨어지게 되면서 유아는 지루함을 느끼고 유기체는 자극을 찾기 위해서 노력하게 된다.

(7) 의사소통이론

베츤은 놀이를 하는 영유아들이 서로 어떻게 의사소통하는지에 대해 오랫동안 연구를 하였다. 놀이를 하는 모든 동물은 놀이인지 아닌지를 나타내는 신호를 하며, 인간의 경우 언어를 사용하여 혹은 비언어적으로 자신의 의도를 상대방에게 나타내는 것을 알 수 있다.

(8) 스크립트 이론

놀이도 영유아가 자신의 개인적 경험을 토대로 이루어지기에 영유아의 지적 발달이 높아질수록 놀이의 내용 또한 높은 수준으로 구성되는 것을 알 수 있다. 따라서 놀이대본에도 주제, 역할간의 관계, 소품, 상황 등이 서로 연결되어 있다. 따라서 영유아의 놀이도 간단한 도식에서 사건으로 그리고 일화로 변해가며 간단한 대본에서 복잡한 대본으로 발달하게 된다.

3) 놀이이론의 변천

이상과 같이 고전이론은 생존에 필요한 에너지 이외의 남는 에너지를 놀이에 사용한다고 보거나 사용된 에너지를 보충하기 위해 휴식의 형태로 놀이를 한다고 주장하는 이론 혹은 성년이 되어 필요한 역할과 기술을 미리 준비하기 위해 놀이에 참여한다는 이론 등이 있다.

반면 현대이론은 놀이가 영유아의 인지 · 사회 · 정서발달에 도움을 준다는 측면에 초점을 맞추고 있다. 현대이론은 억압된 감정을 표현하고 불쾌한 경험을 극복한다고 여기는 정신분석이론, 놀이가 영유아의 지적 발달을 도모한다고 여기는 인지발달이론, 그리고 놀이는 적절한 수준의 자극을 영유아에게 준다는 각성조절이론 등이 있다. 의사소통이론, 스크립트 이론, 신경심리학적 모델 등은 이론이라고 하기보다는 보다 새롭게 놀이를 이해하려는 모델이라는 관점으로 볼 수 있다. 특정이론이 다른 이론보다 더 우세하여 놀이를 더욱 잘 설명한다고 여기기보다는 영유아의 놀이를 이해하려는 서로 다른 관점을 살펴보았다는 점에 그 의의가 있다.

3. 놀이의 유형

사회문화적 여건, 영유아의 발달, 영유아 자신의 인식문제 등이 복잡하게 작용되므로 이들을 체계적으로 분류하기란 쉽지 않다. 많은 학자들이 놀이의 유형을 소개했는데, 대부분이 영유아의 성장발달과 관련해 나타내는 놀이내용을 관찰하여 제시하였다(신화식 외, 2006).

1) 파튼(Parten, 1932)의 사회성 발달 놀이유형

파튼은 영유아들이 자유롭게 노는 장면을 관찰하여 놀이를 6가지로 분류하였다. 점차적으로 변화되어 나타나는 놀이유형은 발달적 위계를 따르기도 하지만 사회적 놀이의 유형으로 볼 수 있다.

가. 비참여행동(0~1.5세)

이 단계는 놀고 있지 않은 상태이지만 순간적으로 흥미 있는 것을 쳐다보기도 한다. 여기 저기 자리를 옮겨서 보며, 한 곳에 가만히 앉아서 방을 둘러보거나 어떤 대상을 쳐다보기도 한다. 다른 영유아들의 놀이에 관심을 갖지 않는다.

나. 방관자적 행동(1.5~2세)

이 단계는 다른 영유아들이 노는 것을 지켜보고 때때로 그가 쳐다보고 있는 영유아에게 말을 걸거나 질문도 하지만 그 자신이 놀이에 참여하지는 않는다.

다. 혼자놀이(2~2.5세)

이 단계는 가까이 있는 다른 영유아들이 가지고 노는 장난감들과는 다른 자기만의 장난감들을 가지고 혼자 논다. 그리고 다른 영유아들에게 접근하려고 하지 않는다.

라. 병행놀이(2.5~3.5세)

이 단계는 주위의 영유아들과 같은 장난감을 가지고 놀지만 자신의 마음에 드는 장난감을 가지고 논다. 다른 영유아들과 함께 노는 것이라기보다 오히려 다른 영유아들 옆에서 놀고 있다는 정도이다.

마. 연합놀이(3.5~4.5세)

이 단계는 다른 영유아들과 어울려 놀며 일상적 활동에 관련된 대화를 한다. 놀이기구를 빌려주고 받으며 집단 속에서 해도 좋을 놀이와 그렇지 않은 놀이에 대한 희미한 통제를 시도하기도 한다. 그러나 조직적 결속력이 약하며 자신의 관심이나 흥미를 집단에 예속시키려하지 않고 자신이 원하는 바에 따라 행동한다.

바. 협동놀이(4.5세 이후)

이 단계는 조직된 집단 속에서 목적을 달성하기 위해 함께 논다. 경쟁적 요인도 작용하며 집단에 대한 명확한 소속감을 지니며 통제된 활동을 한다. 놀이방법이나 놀이도구에 대하여 협력하며 논다.

2) 피아제(Piaget, 1962)의 인지발달과 놀이유형

피아제는 영유아의 놀이내용을 발달단계에 따라 3단계로 분류하였다.

가. 기능(동작)놀이(functional play)

감각운동기에 대표적으로 나타나는 놀이의 형태이다. 이 단계의 영유아는 새로 획득한 운동기술을 즐거운 사건으로 실행한다. 단순한 기능놀이라고 볼 수 있으며, 예를 들면, 구슬을 단지 굴리기만 하면서 노는 놀이이다.

나. 상징놀이(symbolic play)

영유아는 놀이에서 어떤 실재를 나타내는 자료들을 사용한다. 즉, 하나의 행위가 다른 행위를 상징하는 놀이이며, 예를 들면 구슬로 기차놀이를 하는 경우이다.

다. 규칙이 있는 놀이(game with rule)

이 유형은 보다 정교해지고 실제 환경에 적용되어, 규칙이 만들어지고 질서도 정해진다. 그러므로 영유아가 이 단계에 이르면 점차 그의 사고를 실제 세계에서 조절할 수 있게 된다. 예를 들면, 구슬놀이를 하되 일정한 규칙을 정해 놓고 하는 놀이이다.

4. 놀이가 발달에 미치는 영향

Hughes(1995)는 영유아는 놀이를 통하여 신체 · 인지 · 언어 · 정서 · 사회성 · 창의성 등 전인적 발달을 이루어 간다고 하였다. 여기서는 신체발달, 언어발달, 인지발달, 사회성 발달, 정서발달, 창의성 발달측면에서 놀이가 미치는 영향을 살펴본다(조옥희 외, 2006).

1) 신체발달에 미치는 영향

첫째, 놀이는 영유아의 대 · 소근육을 움직이게 하여 신체발달을 위한 좋은 기회를 제공한다. 둘째, 놀이를 통해서 어린이들은 걷기 · 달리기 · 구르기 · 던지기 등의 기본 운동능력을 발달시켜 나간다. 셋째, 다양한 놀이 활동은 바른 자세를 형성시키고 신체감각 부분의 조화로운 성장 발달을 촉진시킨다. 넷째, 놀잇감을 만지고 두드리고 냄새 맡는 등의 활동을 통해 감각 및 지각능력이 발달된다. 다섯째, 놀이는 신체적 균형감각과 민첩성을 발달시켜 사고예방 및 위험상황 대처능력을 향상시킨다.

2) 언어발달에 미치는 영향

첫째, 다양한 어휘를 습득할 수 있고, 둘째, 언어사용은 역할이나 상황에 적합한 언어 사용능력의 확대, 셋째, 바른 언어생활습관을 자연스럽게 습득하며, 넷째, 자기중심적 언어에서 점차 탈피하게 된다. 다섯째, 읽기 · 쓰기 등에 관심을 갖게 되고 스스로 읽기 · 쓰기 등의 학습을 시도하며 영유아의 언어발달에 미치는 대표적인 놀이로는 상징놀이와 언어놀이를 들 수 있다.

3) 인지발달에 미치는 영향

놀이와 지적 성장 사이의 관계를 한마디로 말하기는 어렵지만 영유아기에 적절한 놀이의 제공은 후에 인지적 발달과 깊이 관련되어 있음이 분명하다. 영유아들은 놀잇감을 가지고 놀면서 인지능력을 키워나간다. 인지발달의 초기 단계에서는 영유아의 사고와 행동 간에 균형이 이루어져 있지 않은 상태이다. 즉, 놀이는 이러한 불균형의 간격을 좁혀주는 역할을 하게 된다. 인지발달과 관련이 있는 놀잇감으로는 눈과 손의 협응력(協應力)을 길러주는 놀잇감, 밀고 당기는 놀잇감, 손가락을 훈련하는 놀잇감, 쌓기 놀잇감, 움직이는 놀잇감,

가상놀이를 자극하는 것들이 있다.

4) 사회성 발달에 미치는 영향

영유아와 부모 간의 사회적 놀이는 애착형성에 영향을 미친다. 영유아기는 부모와 놀이를 하는 가운데 긍정적 정서와 감정, 부모와 자녀 간의 친밀한 관계가 증가한다. 또한 부모-자녀간의 신체놀이는 타인의 정서상태를 '읽는' 것을 배우게 하고 자기 통제를 가르친다. '부모-영유아' 신체놀이는 얼굴표정으로 자신의 감정상태를 전달함으로써 자기의 감정상태를 부호화하고 다른 사람의 감정상태를 이해하고 공감하는 사회적 상호작용에 유익하게 사용될 수 있는 중요한 사회적 기술을 가르치게 된다.

5) 정서발달에 미치는 영향

놀이는 세상에 대한 이해와 느낌을 보다 쉽게 표출할 수 있도록 해준다. 긍정적 · 부정적 모든 정서들은 놀이를 통해 표현되고 이러한 여러 가지 정서의 종류는 놀이의 요소가 된다. 영유아의 분노나 화 등의 부정적 정서는 공격성 있는 놀이를 통해 표현되고 놀이를 통해 해소된다. 그리고 즐거움도 놀이의 요소가 된다. 자신의 욕구가 충족되거나 어떤 작업이 완성되었을 때 그 기쁨을 놀이를 통해 표현한다. 또 어떤 일에 대한 걱정이나 불안도 놀이를 통해 단련된다.

6) 문제해결 및 창의성 발달에 미치는 영향

연구자들은 가상놀이와 문제해결능력과의 관계에 대하여 연구한 결과 이 둘 사이에는 서로 정적 상관관계가 있음을 밝혔다. Sylva(1977)는 영유아를 문제해결을 위한 자료를 가지고 놀이를 한 집단과 그렇지 않은 집단의 두 집단으로 나누어 놀이와 성공적 문제해결과의 관련성을 연구하였다. 연구결과 놀이집단이 훨씬 더 문제해결을 위한 동기화의 정도가 높았고 더 끈질기게 작업하여 성공적으로 문제를 해결하는 것으로 나타났다. 이와 같이 놀이는 주어진 것에 몰두하는 수렴적 문제해결능력을 발달시키는 것으로 나타났다.

제 11 장

언어지도와 아동문학

1. 언어지도

1) 언어지도의 의의

현대사회는 다양성이 인정되고 학문적 통합이 요구되는 시대이다. 언어교육에 있어서도 이러한 시대적 흐름이 반영되어야 하며 특히 아동들을 위한 언어교육은 다양한 문화와 다양한 경험 속에서 이루어져야함이 강조된다. 언어란 의사소통의 필수적인 요소이므로 효과적인 언어교육을 위해서는 여러 가지 언어적인 요소가 어우러진 통합적이고 총체적인 활동이 되어야 할 것이다.

2) 언어교육의 중요성

언어교육은 아동들이 모든 학습에 필요한 교과적인 도구의 성격을 띠기 때문에 특별히 더욱 더 필요하다. 아동의 모든 학습과 발달은 언어능력이 부족하다면 불가능한 것이다. 이러한 측면에서 언어교육의 중요성을 몇 가지로 정리하면 다음과 같다.

(1) 의사소통 능력의 향상

언어교육을 통해서 의사소통의 형태를 가르치고, 개발하고 촉진하는 것은 결국 아동에게 다른 교과에 성공할 수 있도록 도와주는 것이며, 사회생활을 원만하게 할 수 있도록 도와주는 매개체의 역할을 한다. 보육기관에서의 일과 중 대부분의 생활은 언어적인 혹은 준언어적인(표현언어) 의사소통의 시간들이다. 따라서 언어교육은 아동들을 가르치고 아동들과 함께 활동을 할 수 있게 하는 결정적인 역할을 하게 된다.

(2) 다양한 경험의 획득

언어를 통해 경험할 수 있는 것은 크게 2가지로 정리할 수 있다. 하나는 직접경험이다. 아동들은 구체적인 대상과 사람들과 직접적으로 접촉하면서 의사소통의 형태와 언어를 배운다. 예를 들면, '나무'·'강아지'·'사과' 등의 사물을 직접 만져보면서 그것들의 개념을 배우게 되는 것이다. 즉, 아동들은 구체적인 대상물과 언어적인 상징을 연결시키면서 언어적인 상징을 사용하고 싶어 하는 마음을 가지게 되고 상징의 필요성을 느끼게 되면서 사용하게 되는 것이다. 따라서 아동들은 언어능력과 개념을 발달시키기 위해서는 반드시 주변의 물리적 환경의 직접적인 감각경험을 필요로 하게 된다.

언어교육과 관련된 두 번째 종류의 경험은 간접경험이다. 간접경험은 새로운 정보, 친숙하지 못한 정보들을 과거의 경험이나 이미 존재하는 정보들과 관계지어 줌으로써 이해하게 해주는 역할을 하게 된다. 언어교육에서는 간접경험을 통하여 아동에게 새로운 이해·기술·태도 등을 개발하고 형성하고 확장하는 일을 한다. 예를 들어 책을 보여주거나 연극·인형극관람하기, 여행하기, 컴퓨터 등을 통하여 풍부한 간접경험을 할 수 있는 기회를 제공하고 그러한 기회를 통하여 아동이 이미 가지고 있는 언어능력이나 개념발달을 더욱 확장시켜 나갈 수 있게 된다. 연령이 높아지면서 직접경험보다는 간접적 경험을 통하여 아동이 이미 가지고 있는 언어능력이나 개념발달을 더욱 확장시켜 나갈 수 있게 된다.

(3) 언어와 사고의 상호관련성

"인간의 언어는 곧 사고다"라는 말이 있다. 이렇듯 언어의 성장과 언어의 기능적 사용은 사고의 발달과 직접적인 관계가 있다고 본다. 언어연구자들은 언어와 사고 간의 관계에 대한 중요성을 다음과 같이 강조하였다.

① Piaget는 사고가 언어에 우선한다는 사고우선론을 지지하면서 언어가 아동의 인지발달에 매우 중요한 역할을 하게 된다고 표명했다. 예를 들면, 아동은 인지적으로 발달하면서 남에게 뜻을 전달하는 의도 없이 말을 하는 자기중심적 언어의 단계에서 남에게 의도적으로 뜻을 전달하기 위해 말하는 사회화된 언어사용의 단계로 넘어간다는 것이다. 그리고 아동의 이와 같은 자기중심적 사고에서는 다른 사람의 관점에 관심을 가지는 탈자기중심적 사고로의 발달이 언어발달에도 반영된다고 보았다.

② Whorf는 언어의 상대성이론을 주장하였으며 언어가 인간의 사고를 통제한다고 보았

다. 즉, 인간은 객관적인 세계에서 홀로 사는 것은 아니며, 일상적으로 이해되고 있는 사회적 활동의 세계에서도 홀로 사는 것은 아니다. 그러므로 언어의 도움 없이는 인간생 활은 불가능하다고 보았다.

③ Bruner는 언어가 사고를 통제한다는 훠프의 생각에 동의하지 않았다. 브루너 는 인간이 언어를 직접적 경험을 통해 기술하고 분석하고 추상화하며, 더 깊은 의미를 찾아내는 수단으로 보았다. 이런 견해에서 언어발달은 아동을 인간화하는 데 중요한 역할을 한다고 보았다. 언어는 경험을 표상할 뿐 아니라 경험을 변형시키기도 한다. 아동이 일단 언어를 인지적 도구로 내면화하는 데 성공하기만 하면 아동은 이전보다는 훨씬 더 융통성 있게 그리고 강력하게 경험을 표상하며, 경험의 규칙성을 체계적으로 변형시킬 수 있게 된다 (Bruner, 1996).

④ 러시아의 심리학자 Vygotsky는 아동발달에서 언어와 사고는 각기 다른 뿌리를 가지고 있으며 서로 다른 실체라고 보았다. 그러나 비록 이들이 서로 다른 실체이지만 발달과정에서는 서로 교류하여 말이 생각으로, 생각이 말로 끊임없이 이동한다고 주장하였다. 또한 언어형식에는 내적 언어와 외적 언어가 있는데 내적 언어는 자신에게 소리내지 않고 하는 말이며, 외적 언어는 타인에게 소리내어 하는 말이라고 보았다. 비고츠키는 피아제의 견해를 새롭게 해석하고 있다.

즉, 피아제가 말하는 자기중심적 언어는 실제로는 자기중심적 언어가 아니라 어린 아동들의 언어는 아직 내적 언어와 외적 언어가 분화되지 않아서 내적 언어를 소리내어 표현했을 따름이라고 한다. 언어의 최종발달단계는 내적 언어의 출현이며, 그것은 언어가 생각으로 들어가는 것이며 언어적 사고라고 본다. 아동과 타인간의 의사소통의 수단으로 시작된 사회적 언어가 내면적 언어로 전환하면, 이는 곧 아동의 사고를 조직하게 하는 내면적 정신기능이 된다는 말이다.

언어와 사고에 대한 학자들의 견해는 서로 다르지만 언어발달이 사고발달에 결정적인 요소가 된다는 것을 동일하게 강조한다는 것을 알 수 있다. 즉, 언어발달은 곧 사고의 발달이기 때문에 언어교육의 중요성은 아동기에 아무리 강조되어도 부족하지 않은 것이다.

(4) 성격형성

언어와 사고가 긴밀한 관계가 있듯이, 언어와 성격의 관계에도 밀접한 관계가 있다. 언어능력과 의사소통의 능력은 자아개념의 획득과 사회적 집단과의 접촉을 통해서 성격형성에 지대한 영향을 미친다는 것이다. 의사소통의 과정을 통하여 아동은 그들의 물리적 · 사회적 환경 속에서 다른 사람과 상호작용한다.

3) 언어교육의 방법

(1) 총체적 언어접근법

총체적 언어접근에서는 말하기 · 듣기 · 읽기 · 쓰기의 네 가지 언어기능들이 그 속성상 통합적으로 상호작용하여 언어발달이 이루어진다고 본다. 따라서 학습자에게 실제적으로 의미 있는 언어활동은 교사 중심이 아닌 아동 중심의 활동에 의해, 총체적 언어활동으로부터 시작하여 언어의 규칙들이 학습되어지도록 돕는 것이 바람직하다고 보았다(Freeman & Freeman, 1992). 특히 효과적인 의사소통은 언어의 요소들을 하나하나 위계적으로 지도할 것이 아니라 총체적인 방법으로 지도해야 할 것이다.

가. 총체적 언어접근의 개념

총체적 언어접근의 정의는 다양하게 규정되고 있다. Goodman(1986)은 총체적 언어접근이란 언어에 대한 관점, 교사와 학습자에 대한 관점, 학습의 관점을 통합해주는 하나의 방식이라고 정의하였다. Newman(1985)은 총체적 언어접근은 단지 언어교육과정만이 아니라 교실에서 이루어지는 모든 것에 대한 신념으로서 철학적인 것이며, 언어학 · 심리언어학 · 사회학 · 인류학 · 아동발달 · 교육과정 · 작문 · 문학이론 · 기호학 등 다른 학문영역으로부터 발생한 최근의 이론적 논쟁을 실생활에 적용할 수 있도록 시도해 온 교사와 연구가들의 표현이라고 정의하였다. Weaver(1988)에 의하면 총체적 언어접근에서는 자연적 언어와 학습자의 경험에 기초해서 읽기와 쓰기에 접근해야 한다고 강조하였다.

이들 정의를 종합해 보면, 총체적 언어접근이란 언어의 네 가지 기능인 말하기 · 듣기 · 읽기 · 쓰기 능력을 신장시키기 위해 실제적이고 유의미한 상황에서 실제적인 활동을 통해 통합적으로 이루어지는 학습자 중심 언어수업방법이다.

나. 총체적 언어접근의 특성

총체적 언어접근은 언어의 네 기능들을 개별적으로 습득하게 하는 것이 아니라 학습자에게 유의미한 실제적인 맥락 속에서 이루어지는 언어활동을 통해 실제 상황에서 사용되는 진정한(authentic) 언어를 총체적으로 습득하게 하고자 하는 언어수업방법이다. 따라서 총체적 언어접근에서는 학습자가 적극적으로 실제적인 언어활동에 참여하여 접하게 된 자료들과 경험을 통하여 언어규칙을 구성하여 내재화할 수 있도록 교육과정과 수업이 구성되어야 한다. 총체적 언어접근은 전체에서 부분으로 가르칠 때 효과적인 언어학습이 이루어진다고 주장한다(Freeman & Freeman, 1992). 이는 발음 · 어휘 · 문법 등과 같은 언어의 부분들이 맥락이나 상황 속에 포함되어 있을 때 학습하기가 용이하며 전체 속에서 부분을 짐작하거나 부분에 대한 규칙을 자연스럽게 만들어 갈 수 있어, 진정한 언어(authentic language)를 배울 수 있기 때문이라는 것이다. 따라서 총체적 언어접근에서 수업자의 중요한 역할은 학습자들이 새로운 언어요소를 경험하는 데 도움이 되는 맥락, 즉 진정한 맥락(authentic context) 속에서 언어습득을 위한 단서를 자연스럽게 얻을 수 있도록 상황을 마련해주는 일이다. 이런 의미에서 총체적 언어접근을 Krashen(1982)은 자연적 접근(natural approach)이라고 하였다.

이 같은 총체적 언어접근의 성격을 반영하는 구체적인 언어지도방법은 아동들이 읽기수업을 받기 이전에 다양하고 풍부한 이야기를 들려주거나 동화 읽어주기 등의 기회를 통해 어휘력을 폭넓게 발달시킬 수 있게 해야 하고, 쓰기의 초보활동으로 유아가 자신이 원하는 내용을 그리게 하거나 스스로 발견한 서투른 형태 그대로의 맞춤법을 사용하도록 하여 경험을 촉진하는 상황을 마련해주는 것이다. 이러한 아동 스스로의 실제적인 활동 속에서 어린 아동들은 시행착오와 과정을 통해 언어 속에 포함된 여러 가지 규칙과 관계를 발견하면서 언어자각과 기능을 구성해 갈 수 있다.

총체적 언어접근의 특징을 요약하면, 첫째 의미 있고 자연스러운 언어, 둘째 단편적인 조각이 아닌 총체적인 언어, 셋째 기능적인 언어, 넷째 의미 있는 맥락에서 이루어지는 언어라고 할 수 있다. 이처럼 언어는 의사소통의 필요에 따라 그 기능을 수행할 때 존재 가치와 진정한 의미를 가지게 된다는 것이 총체적 언어접근의 생각이다.

2. 아동문학

1) 아동문학의 의의

문학적 접근은 총체적 언어교육철학에 적합한 방법으로서 많은 학자(Cullinan Galda, Goodman, Moen, Rainos Isbell, Rosenblatt Routmam, 1989 등)에 의해 추진되었다. 특히, 1990년대에 스트릭랜드(Strickland)는 언어교육에 있어 전과는 달리 읽기, 쓰기, 말하기를 생각하기와 연결한 교수–학습방법을 강조하며 '좋은 그림책'을 활용하는 통합적 교육방법을 추천하였다. 최근에 효과적인 언어교육은 '생각하기'와 연결하여 창의성을 길러주는 방향으로 추진되고 있다.

문학적 접근에서는 총체적 언어철학을 사용하는데 이의 중요한 목적은 아동이 읽기 · 쓰기 · 말하기 · 듣기 · 생각하기를 통합하여 언어 · 수학 · 과학 · 예술 등의 발달을 증진시키는데 목적을 두고 있다.

또는 아동이 문학작품을 이해하고 감상하고 평가하고 이를 자신의 삶에 반영하는 '문학적 사고와 소양계발과 증진'을 목표로 할 뿐만 아니라 아동의 흥미와 발달특징을 심층적으로 이해하여 문학을 통해 학습활동의 흥미와 동기, 언어적 자극을 제공함으로써 아동에게 의미 있고 통합적인 학습이 일어나도록 문학을 활용하는 프로그램을 말한다.

2) 언어지도의 목적 및 방법

(1) 언어지도의 목적

언어교육의 실천은 올바른 언어지도를 통하여 이루어질 수 있다. 언어지도를 위한 목적은 다음과 같다.

가. 풍부한 언어적 경험을 통해 적절한 표현을 하게 한다.

성인에 비해 생활반경이 좁은 아동들은 상대적으로 직접경험의 장소도 좁을 수밖에 없다. 예를 들어, 도시에 사는 아동은 어촌이나 농촌의 생활경험이 부족할 것이다. 이런 경우 그림책이나 부모님과의 상호작용을 통하여 다양한 어휘를 경험하고 의사소통을 통한 풍부한 표현경험을 통하여 언어에 자신감을 갖도록 도와야 한다.

나. 사고력 및 언어 능력을 발달시킨다.

러시아의 교육심리학자인 Vygotsky는 '언어발달은 인지발달을 위한 상호작용에 가장 중요한 요소(변인)'로 보았다. 호기심에 의한 질문이 많아지는 이 시기의 아동들은 자신이 알고자 하는 정보들을 상호작용을 통하여 얻게 되고, 그것은 곧 아동의 지적 능력을 갖게 한다. 특히 5세가 되면서 급속히 어휘량이 늘어나고 4세까지 구체적이지 못했던 거침없는 질문과 대답은 어른들을 놀라게 만든다. 그것은 이미 태어나면서부터 잠재적으로 누적된 정보들이 말 표현이 자유로워진 5세에 급격하게 나타나게 된 것이다. 또한 이 시기의 아동들은 '왜요?', '싫어요!'란 말들을 일상생활에서 자주 하게 되는데 비록 짧은 한마디이지만 그 안에는 자신의 생각과 판단력이 함축되어 있고, 새로운 정보를 알고자 하는 욕구가 녹여져 있기 때문에 자신이 좋은 것, 싫은 것, 궁금한 것, 이상한 것 등의 경험에 대하여 끊임없이 질문하여 알고자 할 때 늦추지 않고 상호작용하여 주는 것이 아동의 사고능력을 높여주는 지름길이 된다.

다. 자기중심성 언어에서 사회성 발달언어로 발달시켜 의사소통을 원활히 한다.

'아동의 능력과 인격은 대화로 완성된다'라는 말이 있다. 아동은 자기중심성 언어에서 어휘력획득에 따라 점차 사회적 언어로 확장되어 간다. 이때 아동이 무엇에 대해, 무엇을 위해 말하려 하는지 아동의 말을 잘 들어주고 눈빛을 보며 감동해주는 것은 아동의 정서발달뿐만 아니라 조리 있게 언어표현할 수 있는 능력을 갖게 해주고 상대의 말에 진지하게 반응하는 태도를 형성시켜 준다. 하지만 대부분의 부모들은 아동과의 대화를 힘들어 한다. 그것은 기질적인 차이로서 부모는 아동의 기질에 맞추어 대화하지 않고, 자신의 기질에 맞추어 대화하려는 기질간의 갈등 때문이다. 바람직한 대화방법은 아동의 고유특성을 발견하여 그 정서에 맞게 대화하는 것이다.

라. 정확한 발음과 목소리를 조절하게 한다.

아동에게 다양한 언어표현력을 키워주려면 무엇보다 상호작용에 있어서 정확한 발음과 상황에 맞는 목소리를 낼 수 있어야 한다. 또박또박 말하기, 말의 속도, 높낮이 등 어려서부터 이러한 말에 대한 태도와 기능적인 부분도 언어지도교육에 중요한 부분이 된다. 무엇보다 아동의 모델링이 되는 부모 · 교사의 언어표현이 아동의 초기 경험에 영향을 미치게 됨을 인식해야 할 것이다.

마. 효과적인 발문법으로 정확한 언어사용을 돕는다.

어려서부터 질문법에 주의를 기우려야 한다. 아동과 나누는 질문의 유형은 그 특성에 따라 수렴적 질문(일문일답)과 확산적 질문(다양한 답을 나오게 하는 질문)이 있다. 예를 들면, "토끼는 무엇을 좋아하죠?"라고 묻는다면 대부분 "당근요" 대답을 하게 된다. 하지만 "만약 ○○이가 토끼라면 무엇을 좋아할까?"라고 조금만 질문의 형태를 바꾸어 묻는다면 아이의 대답은 예측할 수 없는 다양한 이야기를 끌어낼 수 있게 된다. 아동을 위한 바람직한 언어지도는 효과적인 발문법을 통하여 아동이 다양하게 말하고 정확한 언어를 사용하도록 돕는 것이다.

바. 창의적 표현을 통한 확산적 사고능력을 키워주게 된다.

아동의 언제 어디로 튈지 모를 질문에 적절하게 반응하여 대답한다는 것은 결코 쉬운 일이 아니다. 아동들이 질문하는 것은 실상 그것에 대한 질문의 답을 알고자 하는 것보다는 순간 보여지는 사물이나 사건에 대해 호기심과 흥미로움에 대한 표현이거나 자신의 생각을 인정받기 위한 수단으로 질문하는 경우가 많다. 자신 있는 언어표현의 시작은 부모님의 반응에서 싹튀어진다. "어머나~, 우리 ○○가 이렇게 재미있는 생각을 해냈구나~, 정말 멋져! 만약, ○○가 반대로 생각했다면 어떻게 되었을까요?" 등의 다정하고 진지한 반응과 새로운 생각을 열어주는 질문법은 아동의 창의적 표현능력을 향상시켜 주는 결정적 순간이 된다.

(2) 언어지도를 위한 방법

언어의 총체적인 부분인 말하기 · 듣기 · 읽기 · 쓰기의 균형적인 발달을 이루어야 한다. 각 영역의 발달을 위한 지도방법은 다음과 같다.

가. 말하기 · 듣기를 위한 활동

말하기를 좋아하는 아동에게 이야기 중에 옳다, 그르다로 말을 끊다보면 아동은 말하기에 자신감을 잃게 된다. 이야기를 충분히 들어주고 간간히 부모의 코멘트로 이야기의 활력소를 주게 되면 아동은 말하기를 즐거워하고 누구에게나 자신감 있게 자신의 생각을 이야기하는 태도가 형성된다. 물론 교사나 부모가 자신의 말에 경험하는 것을 보면서 상대의 말에 귀기우리는 것이 얼마나 중요한지 체험하게 되므로 자신도 상대의 말에 진지하고 집중력 있는 태도를 갖게 된다.

① 집중하여 듣고 바르게 말하는 것은 어려서부터 훈련이 필요하다. 아동은 태어나면서부터 자신의 의사와 상관없이 끊임없는 언어자극을 받게 된다. 따라서 바른 말, 고운 말, 다양한 말들의 언어환경을 주는 것은 올바른 언어습관을 갖는 계기가 될 수 있다.

② 말을 많이 들려주되, 리듬감 있는 다양한 표현을 재미있게 들려주는 것이 중요하다. 아동들은 청각으로 받아들이는 정보는 전체의 20%를 차지할 만큼 중요한 자극제가 된다. 음의 높고 낮음, 깊고 넓은 다양한 음량도 어려서의 다양한 경험에서 나오는 것이다. 의성어 · 의태어를 쉽게 따라하고 즐거워하는 것도 바로 아동의 정서가 다양성을 요구하기 때문이다.

③ 교사나 부모의 언어습관은 바로 아동의 언어습관이 된다. 아동의 어둔한 언어표현일지라도 중단하지 말고 인내하며 들어주어야 한다. 끝까지 자신의 생각을 표현하도록 돕는 것은 자신의 생각을 상대에게 전하는 말의 능력을 만들어가는 것이기 때문이다. 어른들의 잠깐의 인내심이 아동의 올바른 언어습관을 키우는 중요한 계기가 될 수 있다.

<자료> 생활 속에서 할 수 있는 말하기 · 듣기 활동

- '마주 이야기' : 마주 이야기는 아이의 말을 들어주고 알아주고 감동해주는 활동이다. 아동들의 생각에 공감해주고, 들어주기 때문에 여러 가지 활동효과를 가져오게 된다. 아동들의 대화들을 간단히 기록하여 노트에 적어 보는 활동은 언어활동의 훌륭한 포트폴리오가 된다. (기관에서는 자유선택 활동시간에 하는 것이 좋다.) 특히, 교사와 마주 앉아 이런 저런 이야기를 나누기 때문에 자신의 생각을 잘 표현할 수 있어 좋은 언어활동의 예이다.
- 그림책 읽어주기 : 듣기는 말하기의 기초 자원이 된다. 아동들의 대부분은 그림책 읽기를 좋아한다. 이는 아동들의 발달적 특성으로 생활 속에서 직접 경험하지 못하는 환타지세계와 대리경험의 소재들이 무궁무진하기 때문이다.
- 존칭어를 사용하기 : 아동들은 보고 들은 대로, 경험한 대로 행동하고 표현한다. 교사나 부모가 먼저 아동들에게 존칭어를 쓰게 될 때 남을 존중하고 배려하는 마음이 행동화될 수 있다. 특히 주의를 줄 때 존칭어로 주의를 주어야 한다. 아동은 야단은 맞으나 인격적인 대우로 생각하기 때문에 심리적 불안감을 줄여주는 효과가 있기 때문이다.

나. 읽기를 위한 활동

① 사물에 대한 풍부한 경험을 많이 주어야 한다. 글자를 쉽게 깨치려면 사물에 대한 느낌이 풍부해야 한다. 사물의 경험이 많으면 많을수록 사물에 대한 확신을 갖기 때문이다. 아동들은 그림책을 보면서 마치 책의 글자를 읽는 것처럼 흉내내어 읽는다. 이는 아동이 상상해서 이야기를 만드는 것이므로 차후 글을 인식하여 읽게 되었을 때 좀 더 풍부한 표현력을 나타내게 된다.

② 비슷한 글자를 혼동하더라도 성급하게 강요하지 않아야 한다. 글자에 관심을 갖게 되면서 아동들은 글자끼리 혼동을 하게 된다. 예를 들면 '공'과 '곰'을 혼동하는 것은 아직까지 글자의 형태보다는 길이나 색, 자신만의 기억된 부분으로만 구별하기 때문이다. 이럴 때 간단한 동시와 동요를 읽어주는 것도 좋은 예이다. 반복적으로 같은 글자들이 재미있게 나열되어 있는 것을 보면서 더욱 글자 읽기에 흥미를 갖게 된다.

③ 글자를 무조건 외우거나 단순히 쓰기활동을 통해 읽기를 강요하면 안 된다. 아동들이 문자를 인식해나가는 과정은 놀라우리만큼 체계적이다. 이때 아동이 글자를 알아가는 것이 신기해서 무조건 많은 글자를 인식시키려는 것은 위험한 일이다. 아동이 좋아하

는 단어 읽기, 짧은 문장 읽기, 자·모음 읽기, 그림책 읽기 등을 통하여 글자와 친숙해지는 읽기활동을 진행해야 한다. 특히 교실 주변에 다양한 글자환경을 주어 읽기활동에 관심을 갖도록 구성하는 것이 필요하며, 수업 중에도 친구 이름 읽기, 동시 읽기, 글자 퍼즐 등을 이용하여 읽기활동을 도울 수 있다.

④ 도서영역을 통한 읽기활동 : 글자 읽기에 관심이 많아지는 아동들은 도서영역에서 많은 시간을 보내게 된다. 도서영역은 아동이 책을 읽도록 도울 뿐만 아니라 글자에 관심과 사물에 대한 호기심을 갖게 되어 더욱 책과 친해질 수 있는 기회가 된다. 교사는 자연스럽게 아동이 어떤 책에 관심을 갖고 있으며, 글자를 읽는 수준과 집중시간 등을 잘 관찰하고 기록하여 가정과 긴밀한 유대관계를 통해 아동의 책 읽기활동을 도와야 할 것이다.

다. 쓰기를 위한 활동

언어교육이란 통합적인 활동이어서 순서와 관계없이 일어나는 활동이지만 아동발달에 근거하면 말하기·듣기·읽기가 가능한 연령과 쓰기가 가능한 연령은 신체발달과도 차이가 있어 자신의 생각을 정리하여 말하고 그것을 문서화할 수 있다는 것을 전제한다면 좀 더 높은 수준의 기능이 필요하다고 보겠다. 쓰기를 위한 활동에는 다음과 같은 내용이 고려되어야 할 것으로 보인다.

① 자유로운 글쓰기를 도와야 한다. 아동들은 언제나 종이에 뭔가를 열심히 쓰고 몰두하는 모습을 자주 보인다. 어른이 보기엔 그저 낙서일 뿐이지만 아동들은 그 안에 자신의 생각과 마음이 들어 있기 때문에 무척이나 소중하게 여기는 모습을 볼 수 있다. 그렇기 때문에 아동들이 무엇을 원하든지 마음껏 써볼 수 있는 자유를 주는 것이 가장 중요하다. 여기서 말하는 자유란 시간의 자유, 두려움으로부터의 자유, 쓰기의 내용을 마음대로 선택할 수 있는 자유이다.

② 개별적합성을 고려해야 한다. 개별화된 쓰기 지도를 해야 한다. 쓰기 지도는 일치성의 원리(principle of conformity)와 개별성의 원리(principle of individualization)를 포함하게 되는데 이 중 개별성의 원리는 자기만의 독특한 안목으로 개성적인 문장구성이나 문체 사용을 가능하게 하는 기초가 되므로 교사는 아동 하나하나의 개별적인 쓰기활동을 관찰하고 격려해야 한다.

③ 협동적 쓰기 지도를 해야 한다. 아동의 인지적 발달은 형제나 성인들이 지식과 기술을 전달할 때 일어난다. 이렇게 성인과 아동 사이에 일어나는 시범－실행에 의한 지

식이나 기술의 전달을 바로 협동적 교수(teaching)라고 부르고 있다.

④ 비지시적 쓰기 지도를 해야 한다. 비지시적 쓰기 지도란 직접적 가르침이나 지시 없이 아동이 환경 속에서 스스로 쓰기활동을 전개해 나가면서 쓰기에 필요한 여러 가지 정신적 기술들을 익히고 배워 마침내 능숙한 필자로 변해갈 수 있도록 사회적 매개의 역할을 하는 것이다. 즉, 다양한 매체를 통해 쓰기에 관심을 갖고 다양한 쓰기활동의 경험을 갖게 되는 것을 말한다.

⑤ 총체적 쓰기 지도를 해야 한다. 언어기능(language skills)을 하위 기능들로 나누는 것은 개념적으로는 가능하나 실제적이지는 못하다. 쓰기는 하위 기능들이 하나하나 따로 작용하는 것이 아니라 한꺼번에 작용하는 하나의 총체적 과정이다. 따라서 쓰기 지도는 총체적으로 이루어져야 한다.

⑥ 통합적인 쓰기 지도를 해야 한다. '통합'이란 둘 이상을 하나로 합치는 것을 말한다. 언어는 모든 교과학습의 도구이므로 언어를 사용하지 않고는 어떤 교과도 가르칠 수 없는 것이다. 따라서 언어지도는 통합적인 지도를 할 때 더욱 효과적일 수 있다.

⑦ 기능적(functional)인 쓰기 지도를 해야 한다. 기능적 쓰기란 의사소통과 의미의 표현이라는 쓰기의 목적을 달성하기 위한 쓰기라는 뜻이다. 기능적인 쓰기의 예는 이야기를 들려준 다음 그 반응을 짧게 쓰고 친구들의 반응과 비교해 보기, 질문을 쓰고 해답을 연구하고 찾아서 쓰기, 이웃 유아교육기관의 아동들과 펜팔하기 등이 있다.

⑧ 사고력을 강조하는 쓰기 지도를 해야 한다. 언어기능(language skills)과 사고기능은 양분화 또는 세분화시킬 필요도 없다. 쓰기 지도는 오히려 사고가 확산될 수 있도록 많은 잠재적 쓰기 자원을 갖도록 도와주어 자신의 생각을 자유롭게 그리고 창의적으로 표현할 수 있는 쓰기가 되도록 도와야 한다.

3) 총체적 언어접근법에 의한 언어지도

말과 글을 통하여 의미를 이해하고 분석하고 종합하고 적용하고 비판하는 일은 분명 높은 수준의 사고활동이다. 언어교육은 단순히 언어 그 자체만을 학습하는 것이 아니라 아동의 사고활동을 가능하게 하는 활동이다. 즉, 아동에게 효과적인 언어지도를 위한 방법은 무엇일까?

첫째, 아동에 대해서 끊임없는 관심을 갖는 일이 중요하다. 아동의 언어학습은 언어교육에 필요한 물리적 환경이 얼마나 풍부하냐에 있지 않고, 그러한 환경을 어떻게 다루면서 알아 가는지를 시범해 보이고 또 아동이 그런 환경을 잘 이용할 수 있도록 도와주는 성인의 도움에 달려 있다. 성인은 아동의 관심사와 행동에 주의를 기울이면서 함께 토론하고, 성공과 실패의 경험에 대해 이야기를 나누는 것이 좋다. "빨리 해라", "밥 먹어라", "뛰지 말아라", "싸우지 말아라" 등의 지시나 명령이 아니라 아동의 생활내용이나 감정에 대해 진지한 대화를 나누는 일이 중요하다.

둘째, 가능한 아동에게 말하고 들을 수 있는 기회를 많이 허락하는 것이 좋다. 말하기와 듣기에서 튼튼한 기초를 쌓은 아동은 글도 잘 읽고 잘 쓴다는 것을 입증하는 연구들이 많이 있다. 읽기와 쓰기는 음성언어적 기능에 바탕을 두고 있기 때문이다.

셋째, 아동에게 그림책을 많이 보여 주고 또 그림책에 관심을 가지도록 유도하는 것이 좋다.

넷째, 이야기책을 많이 읽어주는 것이 좋다. 비록 성인이 읽고 아동이 듣기만 하지만 이야기책 속의 글은 나중에 아동이 읽을 글이기 때문이다. 아동의 글 읽기 기능은 글과 접촉하는 기회를 많이 가지면 가질수록 더욱 잘 읽게 된다. 그러므로 자음과 모음을 조합하여 말소리를 만드는 무의미한 활동보다는 생활 속에서 이야기책을 읽어 주는 것이 훨씬 효과적이다.

다섯째, 질문을 많이 하여 아동의 사고를 자극하고, 수렴적으로 또는 확산적으로 촉진시키는 것이 좋다. 질문은 학교에서는 물론 유아교육기관이나 가정 등 어디에서도 사용할 수 있는 가장 보편적이고 효과적인 지도방법이다.

여섯째, 스스로 질문을 만들게 하는 것이 좋다. 부모나 교사가 질문을 하고 아동이 대답하는 것도 중요하다. 그러나 이보다 더 중요한 것은 아동 스스로 질문들 만들어 보게 하는 것이다. 주어진 질문에 답하기는 이미 정해진 방향에 따라 사고하는 피동적 사고이다. 그러나 질문을 만들게 하는 것은 사고의 내용과 방향을 스스로 정하게 하는 것이기 때문에 능동적인 사고라고 할 수 있다.

일곱째, 쓰기 활동을 많이 시키는 것이 좋다. 사람들은 쓰기는 읽기를 다 배운 후에 배워야 한다고 생각한다. 그러나 쓰기를 생각의 표현으로 본다면 쓰기는 읽기보다 먼저 나타난다고 볼 수 있다.

즉, 총체적 언어교육은 기능적이고 자연스럽고 실제적이고 의미를 강조하는 언어교육이다. 따라서 총체적 언어교육에서의 지도는 학습자와 학습과제, 교사와 학습환경과의 복합적인 상호작용 속에서 이루어져야 할 것이다.

4) 문학적 접근을 통한 언어지도

언어교육에 있어 문학을 중요시하는 입장은 독본 읽기(basal reader)에 대한 하나의 대안으로 1970년대부터 교사 · 언어학자 · 심리학자를 중심으로 일어나 총체적 언어라는 이름으로 선을 보이게 되었다. 독본 읽기에 대비되는 총체적 언어는 '문학적 접근'이라고 할 정도로 문학적 입장을 강조한다.

Anderson과 Fordham(1991)에 의하면, 독본 읽기에서는 파닉스(phonics) 프로그램에서처럼 일반적으로 아동에게 몇 가지 바람직하지 못한 경험을 하게 한다. 우선 아동이 읽기에 싫증을 내고 지루한 경험을 한다. 연습지(학습지)는 과업을 하는 것이기 때문에 쓸데없이 반복하며 시간적 · 경제적으로도 낭비를 하게 된다. 기계적으로 암기를 강조하는 경험보다는 아동이 혼자서 하는 학습에 시간을 보내기 때문에 친구들과 상호작용하는 경험을 놓치게 되므로 아동기에 경험해야 할 전인교육에도 불균형을 주게 되는 것이다.

언어지도에서 연습지에 대한 반대의견은 이미 Kamii(1984, 1984, 1985)에 의해서도 논의되었다. 연습지는 아동들이 우연히 정답을 맞추는 경향은 물론 자율성 대신 타율성을 발달하게 시킨다. Resenblatt(1978)은 연습지를 사용하는 것보다는 전래동요 · 동시나 좋은 그림책을 사용하는 것이 훨씬 바람직하다고 보았다. 즉, 문학적 교류(transaction)는 아동에게 좋은 그림책을 볼 때 일어나며 풍부한 경험의 세계로 이끌어 간다는 것이다. Holdaway(1979) 역시 아동은 좋은 그림책을 사용한 자연적 상호작용으로부터 배워 가는 언어발달에 대해 언급하였다.

이렇듯 문학적 접근에 의한 언어지도가 아동기에는 가장 적합한 언어교육방법의 대안으로 제시될 수 있다. 이러한 의견은 아동이 스스로 구성한다는 구성적 측면을 중요하게 고려한 부분이라 생각되며, 문학적 접근을 시도하는 교사나 학자들은 현대사회가 요구하는 문제해결과 창의성개발 및 상호작용적 의견교환능력을 키우기 위한 언어교육을 위해 더욱 연구 노력해야 할 것이다.

제 12 장

아동음악과 동작

1. 아동음악과 동작교육의 이해

1) 음악교육의 개념 및 목적

인간은 태내기에서부터 소리를 들을 수 있으며 출생하면서부터 소리를 산출할 수 있고 소리에 민감하게 반응할 수 있다. 어머니의 친근한 소리에 행복해하며 갑작스레 나는 큰 소리에는 울음으로 반응한다. 이처럼 아동은 나름대로 지능적 · 정서적 · 신체적으로 쉼 없이 성장 · 발달한다. 교사가 아동 개인의 발달수준에 맞추어 음악적 소재를 적절히 적용시켜 아동을 생동감 있고 조화롭게 전인적으로 성장 · 발달하도록 돕는 것이 음악교육이다. 음악적 경험을 통해 얻어질 수 있는 음악교육의 목적에 대해서 Moomaw(1984)는 다음과 같이 정의하였다.

첫째, 음악은 아동 자신의 감정을 표현하고 다루기 위한 좋은 배출구가 되어 보다 성숙한 감정표현 및 통제를 발달시키도록 돕는다.

둘째, 음악적 경험은 아동의 인지발달을 돕는다. 다양한 재질의 자료를 두들겨서 어떻게 소리가 만들어지는가를 탐색하고 소리의 성질 및 음악의 특성에 대한 인지개념을 발달시킨다.

셋째, 음악은 다양한 소리에 대한 이해 및 듣기기술을 증진시킨다. 음악활동들은 아동에게 보다 주의 깊게 주변의 소리를 듣고 두 소리의 차이를 식별하며 같은 소리들을 분류할 수 있는 경험을 제공한다. 이러한 소리 듣기는 노래하기, 악기다루기, 음악을 새롭게 만들기, 음악 악보를 읽고 연주하기 등 이후의 음악활동의 기초를 이루는 매우 중요한 경험을 구성하며 아동의 음악성 발달을 돕는다.

넷째, 다양한 음악을 듣고 신체의 움직임을 통해 표현함으로써 아동 자신의 신체부분 인식과 대근육발달이 증진된다.

다섯째, 음악활동에서 아동 자신이 놀이자가 되어 창의적으로 시도하고 표현할 때에 한 개인으로서의 자신감과 다양한 성공감을 경험하게 된다. 이것은 아동의 자아개념발달을 촉진한다.

여섯째, 음악을 듣고 놀이나 몸 움직임, 그림 및 다른 수단을 사용하여 다양하고 자유롭게 표현하는 경험과 음악을 만드는 경험을 통해 음악을 즐기게 되고 창의성 발달을 돕는다.

일곱째, 음악경험과 관련된 노랫말의 단어나 이야기의 사용을 통해 언어발달을 촉진한다.

여덟째, 대집단과 소집단의 음악경험을 통해 대인간 긍정적 상호작용 및 사회적 발달을 촉진한다.

2) 동작교육의 개념 및 목적

동작교육은 신체를 통한 여러 움직임을 통해 동작에 관련된 지식을 발견하고, 동작관련 개념을 중심으로 교육하는 것을 의미한다. 이는 동작학습을 통해 아동이 가진 선천적 능력을 잘 배열하는 작업이라고 할 수 있다. 동작교육은 자신의 세계를 발견해가는 수단이 되며, 이러한 학습의 과정이자 결과로 동작교육의 개념을 정의할 수 있다.

동작교육의 목적은 아동의 감각 사용을 충분히 개발하고, 운동기술의 개발을 도와주며, 아동의 긍정적인 자아상을 증진시켜 주고, 아동의 학습양식의 강화와 인지적 기술을 개발하는 데 있다(Munro, 1985; 류경화 2006, 재인용).

아동은 자신의 신체를 자유롭게 움직이고 기본적인 동작기술을 익히면서 안정감을 느끼며 동작활동을 통해 자유로운 자기표현을 할 수 있는 개방적 경험을 갖게 된다. 이러한 교육목적을 성취하기 위해 동작교육은 교사 중심이기보다는 아동 중심의 학습이 되어야 한다. 아동 중심의 동작교육을 실시하기 위해 Munro(1985)는 다음과 같은 원칙을 제시하였다.

첫째, 각 아동의 동작기술의 발달적 수준을 평가해 보아야 한다. 체크리스트 등을 활용한 평가 등을 통해 개별 아동의 동작시술을 측정하는 작업이 요구된다.

둘째, 아동이 수행할 수 있는 범위 내에서 다양한 동작들을 탐색해보게 한다.

셋째, 아동의 현 발달단계에 적합한 동작경험을 제시한다.

넷째, 단순한 기술부터 복잡한 기술로 단계적 시도를 해보게 한다.

다섯째, 다양성과 반복을 경험해 보도록 한다.

여섯째, 동작활동에 대한 즐거움과 성취감을 느낄 수 있도록 배려한다.

위와 같은 원칙에 따라 아동의 동작활동을 짧게 실시하며, 쉬는 시간도 포함되어야 한다. 아동에게 있어서 동작활동에 참가하는 것은 다감각적이고 다문화적인 경험으로써 제시되며, 아동의 성에 관계없이 자신의 가능성을 충분히 발휘할 수 있는 기회가 되어야 한다.

3) 통합적 접근

음악이 없는 동작은 아동의 자유로운 표현을 이끌어낼 수 없으며, 손동작이나 작은 몸의 움직임을 생각하지 않고는 음악적 활동을 고려할 수 없다. 이처럼 음악과 동작을 서로 분리해서는 효과적인 각 활동의 목적을 이룰 수가 없으므로 통합적 접근의 중요성이 강조된다.

음률교육의 통합적 접근이란 음악교육과 동작교육의 이론적 기본요소들이 따로 분리된 교과 영역의 별개의 활동으로 계획되고 전개되는 것이 아니라 음악과 동작의 기본요소, 교육기관의 생활주제 및 아동의 흥미, 그리고 각 교육내용간의 밀접한 통합을 통해 전개되어지는 것을 의미한다. 동물을 주제로 진행할 때 동화읽기활동은 언어영역에서의 읽기활동으로만 이루어지는 것이 아니라 동화 속의 움직임이나 느낌을 음률로 표현함으로써 다른 영역으로의 확장을 꾀하는 것이다. 이와 같은 영역간 및 주제의 통합뿐 아니라 음악교육 및 동작교육의 각 개념들은 한 활동에서 통합적으로 이루어질 수 있다.

즉, 활동을 여러 날에 걸쳐 또는 여러 장소에서 변형과 확장을 통해서 실시함으로써 여러 가지 음악적·동작적 개념들 간의 통합을 꾀할 수 있다. 이를 위해서는 아동에게 물리적 현상이나 사물의 변화과정을 충분히 관찰할 시간을 사전적 경험으로 주어야 한다. 사전 관찰 후 영역간의 통합적 교육활동을 통해 그에 대한 개념을 구체화시킨 후에 아동의 음악적 경험을 전개하거나 음악적 표현을 이끌어낸다.

교사는 아동들에게 놀이하는 자유로운 분위기를 조성해주고 그 속에서 음악개념을 경험하며 신체표현을 스스로 탐색해 볼 수 있도록 충분한 시간과 물리적 활동을 마련해주어야 한다. 이러한 물리적 환경이 마련이 되었다 해도 교사가 몇 가지 기술의 숙달을 분리하여 강조하거나 하는 교사 중심의 접근방법은 아동들에게 사고를 구성하고 재구성하고 실험하고 탐색하며 숙고하는 충분한 시간을 허락하지 않을 뿐 아니라 유아 중심의 학습을 촉진하지 않는다. 교사가 스스로 문제를 찾고 해결하도록 촉진하고 활동의 과정을 중시할 때 아동들은 복합적이고 확산적인 해결책을 발견할 뿐 아니라 움직임으로 인한 즐거움을 경험하는 아동으로 성장하게 될 것이다.

최근의 여러 연구(Holt, 1988; Sayre, 1990; Sharron, 1990)에서도 음악활동과 동작활동, 문학활동, 놀이와의 통합을 시도하는 활동들이 활발히 연구되어 보고되고 있다. 이들 연구의 공통적 특징은 상상을 사용하여 아동의 창의적 사고와 표현을 다양한 활동간의 통합을 통해 촉진하는 것이고, 이것은 곧 음률교육의 통합적 접근을 시도하고자 하는 교사의 적극적인 역할이 매우 중요한 요소임을 강조한다.

2. 아동발달과 음악 및 동작

1) 아동발달과 음악

(1) 0세~2세

아기가 태어나서 자신의 힘으로 스스로 일어서기까지 1년 정도의 시간이 걸린다. 따라서 이 시기는 아동으로서는 음악적으로 오직 받아들이기만 하는 수동적인 시기이다. 이 시기에는 클래식음악을 자주 들려주는 것이 좋다. 클래식음악은 가장 정통적인 음악이며 가장 순수성을 지닌 음악이므로 예술성 · 음악성 · 교육성을 모두 갖고 있다. 특히 생후 3~4개월이 되면 옹알이를 하게 되는데 이때 혀의 움직임이 발달하게 되고 언어구사욕구도 활발해짐에 따라 음악적 표현이 점차 왕성해지게 된다. 생후 5개월이 되면 사람 목소리를 포함한 음색에도 민감하게 되어 예민한 아동은 낯을 유난히 가리게 된다. 이때 어른들은 아동에게 양질의 소리를 많이 제공해줌으로써 음감을 발달시켜 줄 수 있다. 12개월이 지나면서 리듬적인 반응이 활발해진다. 음악의 3요소를 리듬 · 멜로디 · 화음이라고 하는데 리듬이 기본이 되어 리듬에 멜로디와 화음을 입혀서 음악을 만들어낸다. 그러므로 이 시기에는 기본인 리듬발달에 치중하여 리드미컬한 언어, 대비를 이루는 색상, 자연 속으로의 나들이, 적절한 몸놀림, 위험하지 않는 리듬악기 등을 제공해주는 것이 좋다.

(2) 2~3세

이 시기에는 이전보다 더욱 활발하고 세련되게 몸을 움직이고 말을 하거나 인간관계형성이나 사물에 대한 탐구심이 깊어진다. 그래서 언어구사력에 도움이 되는 노래를 많이 들려주는 것이 좋다. 특히 이 시기에는 호기심이 발동하여 무엇이든 무비판적으로 수용하고 분별없이 모방하기를 좋아할 때이므로 양질의 노래와 아동에게 유익한 음악을 들려주고 함께 불러주는 것이 좋다.

아동이 3세가 되면 전반적인 인격 및 성향이 뿌리내려지게 되는데 음악적인 면에서도 개성이 드러나고, 상상력이 발동하여 미숙하지만 빛나는 창의를 발휘하게 된다. 또한 이 시기에 아동이 음악적인 성향이 있는지 비음악적인지 대체로 드러나게 되는데 아동을 훌륭한 음악가로 성장시키고 싶지 않더라도 음악처럼 아름다운 삶을 누리고 그 안에 포함된 기상과 철학과 진리성을 어릴 적부터 실현할 수 있도록 도와주어야 한다.

(3) 4~5세

이 시기의 아동은 스스로의 표현력이 갖추어짐으로써 가족단위를 벗어나 이웃과 또래와의 교류에 관심을 갖게 되어 사회성이 적극적으로 발달하게 된다. 음악적으로도 마찬가지여서 혼자서 겨우 부를 수 있었던 노래를 타인과 적절히 조절하면서 부를 수 있게 된다. 그러므로 이 시기에는 함께 노래를 부르거나 더불어 연주하거나 함께 어울려 노래극을 할 수 있다. 음악감상을 할 때도 교향곡이나 오페라 합창 등의 단편을 시청각 자료로 보여주거나 들려줌으로써 여러 명이 함께 동시에 단결하고 합심하면 혼자 하는 것보다 더 훌륭하게 해낼 수 있다는 점을 이해하도록 도와주어야 한다.

2) 아동발달과 동작

아동의 신체능력발달은 머리에서 꼬리로 진행되는 경향을 따른다. 먼저 머리와 목을 가눌 수 있고 가슴과 등의 근육이 발달하며 다리 근육이 제일 늦게 발달한다. 이와 같은 신체조직의 성숙과 감각기능의 발달로 영아기에 나타나던 단순한 반사능력이 없어지고, 시각과 손발의 협응(協應)이 가능하게 되어 앉기 · 서기 · 걷기 · 달리기 · 도약과 같은 활발한 신체기능이 발달되어 간다. 이러한 성장과 발달은 독립적인 과정이 아니라 유전적 요인과 환경적 요인이 상호작용한 결과라고 볼 수 있으며 Gallahue(1982)는 신체능력의 발달단계를 다음과 같이 설명하였다.

가. 1단계

반사적 동작(Reflexive Movement)으로 태아기와 신생아기에 많이 보여주는 행동으로 외부적인 자극에 대하여 무의식적 · 즉각적으로 반응하는 행동이다.

나. 2단계

초보적 동작(Rudimentary Movement)으로 출생에서 2세까지가 이에 속한다. 이 시기는 반사적인 행동에 기초를 둔 새로운 행동이 출현하게 된다. 그렇게 되면 반사적 동작의 단계에서 초보적 동작을 단계로 넘어서는 것이다. 단순한 무의식에 의한 반사적 신체표현능력에서 이제는 이동성을 이루게 하는 기술적인 신체표현능력이 습득되는 단계이다. 따라서 보여주는 행동, 의식적인 신체 각 부분의 움직임, 업기, 기기, 서기, 걷기활동과 조작신체능력으로서 물건잡기, 물건을 잡아서 움직이는 행동들이 여기에 속한다.

다. 3단계

기본적 동작(Fundamental Movement)으로 주로 2세에서 7세까지가 여기에 속한다. 이전 단계에서 획득한 행동에 기초하여 아동은 이동적 측면, 조작적 측면, 안전성 욕구면에서 새로운 많은 행동들을 갖게 된다. 보다 안전하고 정확하며, 더 다양한 방법으로 이동하여 사물들을 더욱 안정된 상태에서 여러 가지 다른 행동을 구사하게 된다. 하지만 보다 세밀하고 정밀한 행동발달은 미비하다.

라. 4단계

스포츠와 관련된 동작(Sports-related Movement)으로 7세에서 청년까지이다. 이 단계에서는 행동의 이동성 · 조작성 · 안정성 측면에서 행동이 보다 정교해지고, 보다 정밀해지며, 보다 정확한 행동을 하게 되는 시기이다. 4단계는 전문화 단계라고도 하며 활동선택과 조정은 아동의 능력과 발달의 기초 위에 이루어져야 한다.

3. 아동음악과 동작교육의 환경

1) 음악교육을 위한 환경

음악교육을 위한 환경은 아동이 다양한 소리 및 악기를 탐색하고 실험할 수 있도록 다양한 자료와 교구가 마련된 물리적 환경이 준비되어야 한다. 음률영역은 동작활동이 함께 이루어지는 것이 대부분이므로 블록이나 소꿉영역의 근처에 배치하는 것이 바람직하다. 이는 창의적인 움직임과 상상놀이의 자극을 받아 통합되어질 수 있어 바람직하다. 음악활동은 하루 일과 중 여러 차례 갖는 것이 좋다. 전이활동시간을 이용해 노래 부르기, 간단한 노래게임을 할 수 있고 실외에서도 리듬을 맞춘 자유로운 표현활동기회를 제공하는 것이 바람직하다. 실외에 간단한 리듬악기를 준비하여 자연의 소리를 따라 리듬을 시도하여 볼 수 있으며, 배경음악을 모래밭이나 잔디 등 조용한 놀이가 진행되는 실외에도 틀어주어 폭넓은 감상의 기회를 제공한다.

음률영역에 구비되어야 할 악기와 교구를 살펴보면 다음과 같다.

◇ 리듬 악기－탬버린, 캐스터네츠, 트라이앵글, 방울, 리듬막대, 우드블록, 핸드벨, 마라카스, 심벌즈 등

◇ 멜로디 악기－실로폰, 스텝벨, 목금, 피아노, 키보드 등

◇ 현악기－우클레나, 기타, 만돌린 등

◇ 전통 악기 – 소고, 장구, 작은 장구, 징, 꽹과리, 북 등
◇ 그림 및 사진자료 – 악기들의 사진 및 연주하는 모습, 노래하는 모습, 오케스트라의 사진, 오페라 사진, 음악회 포스터 및 음악을 듣는 모습 등
◇ 음률에 관계된 책 – 아동들이 즐겨 부르는 노래를 그림과 함께 노래책, 악기나 음악가에 관한 그림책, 전통 악기를 소개하거나 악기 연주하는 모습을 담을 그림책, 다른 나라의 희귀한 악기를 소개한 그림책 등
◇ 시청각 자료 – 성능이 뛰어나며 아동이 조작 가능한 녹음기와 다양한 곡의 테이프, CD플레이어, 아동 각자가 들을 수 있는 헤드폰, 악기 제작 및 연주에 관한 비디오와 모니터 등

2) 동작교육을 위한 환경

아동의 동작교육은 대부분 음악적 요소와 함께 동작활동이 함께 동반되는 것이 대부분이므로 음악활동과 동작활동을 위한 구성은 따로 분리해서 생각할 수 없다. 따라서 위의 음률영역의 구성과 운영에서 다룬 내용을 제외하고 특별히 동작교육을 위한 기본적인 실내설비와 실외환경구성에 대해서 살펴보기로 한다.

(1) 실내환경구성

대부분의 동작활동영역은 음률활동영역과 함께 하는 것이 좋으며 동작교육을 위한 실내의 물리적 환경을 위해서 다음과 같은 장비를 구성하는 것이 좋다(Hammett, 1992).
◇ 평균대 – 균형잡기 같은 동작활동을 시도해보기 위해 반드시 필요하다. 안전을 위해 평균대는 아동의 허리 높이보다 낮은 것으로 준비한다.
◇ 배트 – 시중에서 판매되는 플라스틱이나 인조가죽으로 제작된 것으로 길이가 다른 것으로 구비한다.
◇ 콩주머니 – 콩 · 보리 · 쌀 등이 들어 있는 주머니로 다양한 크기와 색을 준비한다.
◇ 상자 – 아동이 점프하기와 착지하기를 하는데 쓸 수 있는 나무나 플라스틱 상자를 준비한다.
◇ 기어오르는 도구 – 실내용과 실외용으로 준비해서 실외용은 고정시설물로 설치하고 실내용은 조립식으로 설치해서 융통성 있게 배치해준다.
◇ 발자국 – 아동의 발자국 크기로 부직포나 시트지 등을 이용하여 많이 제작해서 기본

동작활동 등에 활용한다.

◇ 훌라후프－재질이 부드러운 것으로 지름이 67cm 정도가 적합하며, 색깔을 다양하게 구비한다.

◇ 신호악기－탬버린이나 드럼과 같이 활동신호로 적합한 악기면 좋다

◇ 매트－구르기 활동이나 뛰어내리기 활동에서 착지하기 위한 용도로 사용하며 4~8인치 정도의 두께가 적합하다.

◇ 터널－가벼운 플라스틱으로 만들어진 것이 좋으며, 큰 골판지 상자나 오래된 담요와 탁자보도 활용할 수 있다.

◇ 한삼－천으로 만든 것을 구입하거나, 아동들이 작업활동으로 양면 비닐을 꾸며 만든 것을 활용한다.

◇ 배드민턴채, 공, 나무말, 뛰어넘기 하는 줄, 리듬막대, 리본과 스카프, 풍선 등

(2) 실외환경구성

아동을 위한 실외환경시설의 지면은 다양하게 구비되어야 하는데, 특히 모래시설과 잔디 그리고 자전거를 탈 수 있는 아스팔트길의 구분이 있는 것이 바람직하다. 실외시설의 지면이 딱딱한 영역에는 줄을 그어 경계를 표시해주거나 동그라미 · 세모 · 네모 · 자음모양과 같은 형태를 그려주어 여러 가지 동작활동이 자연스럽게 일어나게 하는 것이 좋다.

동작교육을 위한 실외환경구성의 배치를 위한 기준은 다음과 같다(Werner, 1980).

첫째, 동작을 위한 장비는 단순하고 안전하면서 자연스러운 것이어야 한다.

둘째, 동작을 위한 장비는 아동에게 매력적이어야 하며, 정기적으로 잘 수리되어야 한다.

셋째, 아동의 무릎 높이보다 낮은 정도의 오르기 기구를 반드시 마련해주도록 한다.

다섯째, 미끄러지기 동작을 할 수 있는 공간을 마련해준다.

여섯째, 동작기구들은 아동들에게 날카로운 모서리가 없어야 한다.

일곱째, 기어다니기 동작을 위한 공간은 필요한 경우 성인이 들어갈 수 있는 정도의 여유가 있어야 한다.

여덟째, 나무로 제작된 모든 장비는 끝처리가 잘 되어 있어야 한다.

아홉째, 로프나 후프와 같이 비고정적인 기구는 운동장의 가장자리에 비치되어 있어서 원하는 아동들이 사용한 뒤 다시 가져다 놓을 수 있게 비치되어 있어야 한다.

열째, 동작장비들이 설치되어 있는 지면은 모래나 잔디 등과 같이 충격을 완화할 수 있는 표면으로 되어 있어야 한다.

3) 음악, 동작교육에서의 교사의 역할

아동음악과 동작교육에 있어서 교사의 역할은 매우 중요하다. 교사는 아동에게 일상생활 속에서 음악 및 동작의 경험을 제공하여 경험할 수 있도록 하여 아동이 음악과 동작의 통합적인 발달을 이루도록 도와주어야 한다. 아동음악과 동작교육의 효율적인 수행을 위한 교사의 역할을 정리하면 다음과 같다(김정화 · 전영애, 2007).

(1) 동기부여자의 역할

교사는 아동이 음악과 동작활동에 대해 자신의 생각과 느낌을 자유롭게 표현할 수 있는 편안하고 개발적인 분위기를 형성하도록 도와주어야 한다. 폐쇄적이며 긴장되어 있는 상태에서는 자기 나름대로의 상징적 표현이 어렵기 때문에 아동이 자유롭게 느끼고 탐색하고 실험하고 발견해보는 것을 지속할 수 있도록 동기유발시켜야 한다(Isenberg & Jalingo, 1993). 그러기 위해서 교사는 부드럽고 온화한 성품을 지녀야 하며 유아들의 반응에 즉각적이고 민첩한 반응을 보이는 등의 순발력을 가지고 있어야 한다. 매사에 열성적이고 정열적인 자세, 긍정적이고 수용적인 태도로 아동에게 동기유발을 시켜야 한다.

(2) 계획자의 역할

교사의 음악과 동작에 대한 계획은 아동에게 그들의 사고와 감정을 표현하도록 돕는 역할을 한다. 음악과 동작활동을 서로 통합적으로 이루어지도록 계획하며, 창의적인 표현환경에 익숙하지 않은 아동은 처음에는 자신의 표현을 매우 꺼려하고 즐겁게 참여하지 않으려한다. 창의적 표현의 기회를 빈번히 가질수록 아동들은 더 적극적으로 표현활동에 참여하게 된다. 따라서 교사는 유아들에게 활동할 수 있는 자유로운 분위기를 조성해주고, 그 속에서 음악개념을 경험하며 신체표현을 스스로 탐색해 볼 수 있도록 충분한 시간과 환경을 구성하여 구체적인 활동이 이루어질 수 있는 계획하는 역할을 해야 한다.

(3) 참여자의 역할

교사는 음악과 동작을 효율적으로 지도하기 위해서 적극적인 참여자가 되어야 한다. 즉, 교사는 자신이 음악과 동작을 표현함에 있어서 흥미를 가지고 열정적으로 참여하는 태도를 가져야 하며 아동과의 긴밀한 신체접촉이 이루어져야 하기 때문에 자신의 체력을 잘 관리하여 항상 건강하고 적극적이고 생동적이며, 표정, 제스처, 신체적 동작 등이 자연스러움을 잃지 말아야 한다. 또한 아동에게는 부자연스러움의 행동을 모방하지 않도록 주의해야 하며, 자유로운 신체활동을 억제하는 일률적인 방법은 피하고 유아 스스로 교사와 다양한 경험을 할 수 있도록 배려해주어야 한다. 이러한 교사의 긍정적 태도는 아동의 음악과 동작활동의 성공에 결정적인 역할을 하므로 음악과 동작의 다양한 측면을 보여주기 위해서 각 아동의 동작기술의 수준뿐 아니라 그 유아의 문화적 배경에 대해서도 잘 알고 있어야 하며 부모나 전문가 등 지역사회의 자원을 이용할 수 있는 협력적인 태도를 가져야 한다.

(4) 관찰자의 역할

교사는 아동이 움직이고 싶은 욕구를 자극하고 채워주기 위해서 노래나 음악을 들려주어 표현을 격려하고 다양한 도구를 사용하여 자신의 신체표현을 적극적으로 하고 확장하도록 격려하고 관찰을 잘해야 하는 교사의 역할이 매우 중요하다고 볼 수 있다. 아동 스스로 자발적으로 탐색이나 소리, 음악만들기, 동작으로 표현하기 등의 활동에 적극적으로 참여하는지 관찰해야 하며 표현이 보다 증진되었는지, 아동이 수행해야 할 활동이 너무 과중하지는 않는지, 표현하기에 심적인 부담감은 없는지 긍정적인 접근에서부터 모든 동작활동을 관찰 · 분석하고 제안을 해주면 아동이 필요할 때 도움을 준다. 그래서 유능한 교사는 아동의 창의적인 생각과 표현을 발견하고 그것의 확장을 돕는 역할을 하게 된다.

(5) 평가자의 역할

교사는 활동계획에 따라 교육활동이 실행되었는지를 평가할 뿐만 아니라, 아동의 관찰을 주의 깊게 관찰하고 적절한 자극을 주었는지, 소극적이거나 참여하지 않은 아동에게는 세심한 배려를 했는지, 다른 영역과의 논리적인 연결을 갖고 통합적으로 계획해야 한다. 또한 아동관찰기록지에 각 아동의 동작관련관찰기록을 정리해두고, 다음 활동 선정시에 참고하도록 한다. 아동들의 발달적 수준 및 진보를 평가하여 그 결과에 기초한 음악과 동작교육의 내용을 제공할 수 있어야 한다. 또한 자신이 제공하는 교육과정이 아동에게 적절한지 프로그램을 평가하고 평가결과를 토대로 자신의 교수행위에 대해 반성적으로 사고하며 다음 교육계획에 반영하는 자료로 사용해야 한다. 무엇보다도 교사 자신이 아동의 동작활동에 즐겁고 재미있게 참여해야 한다.

4. 아동음악과 동작교육의 내용 및 실제

1) 음악교육의 내용 및 실제

(1) 듣기 및 음악감상

아동은 음악을 듣고 음악적 요소들을 탐색하며 자신의 음악으로부터 받은 느낌을 표현함으로써 자신의 삶과 주변세계에 대한 이해를 확장해나간다. 그러므로 성인은 매일의 일과에서 들리는 다양한 소리를 주의 깊게 듣도록 자극해주어야 한다. 듣기에는 악기에서 나는 높고 낮은 소리 듣기, 음색이 다른 악기소리 구별하기, 몸에서 나는 소리를 탐색하고 알아맞히기, 소리를 듣고 같은 소리를 분류하기(큰소리, 부드러운 소리, 듣기 좋은 소리, 시끄러운 소리, 가벼운 소리, 무거운 소리, 한 음으로 나는 소리, 화음으로 나는 소리 등), 다양한 소리를 들었을 때는 느낌 표현하기 활동내용을 포함한다. 다양한 형태와 양식의 음악을 듣는 것은 아동의 듣기능력의 발달, 음악에 대한 흥미와 선호를 증진하는 데 매우 유익하다. 음악 감상하기 활동을 계획할 때는 다음과 같은 점을 고려해야 한다(류경화, 2006).

첫째, 다양한 곡을 듣는 것이 가장 중요한 목적이다. 음악을 듣고 난 후 아동에게 언어적으로 반응할 시간을 충분히 주거나, 음악에 맞는 다양한 표현을 하도록 격려한다. 둘째, 음악감상곡은 짧고 묘사적이며 생동감 있고 예술적인 곡을 선정하여 아동이 듣는 집중력을 증가시키고 폭 넓은 음악을 듣도록 자극한다. 셋째, 주변의 인사나 단체를 활용하여 생생하게 연주되는 질 높은 음악을 들을 기회를 갖도록 하는 것이 중요하다. 넷째, 주제별로 모아진 시청각자료와 함께 그에 맞는 곡을 감상하는 것도 아동의 듣기 집중력을 증가할 수 있는 방법이다.

(2) 노래부르기 및 악기다루기

아동은 자발적으로 노래하기를 즐기고 다른 사람이 부르는 노래를 듣는 것도 즐긴다. 노래부르기 활동을 계획할 때는 아동이 자발적으로 부르는 기회가 많도록 제공하고, 노래를 부르는 것을 녹음하였다가 다시 들려주는 것도 좋은 방법이다. 또한 아동으로 하여금 높고 낮은 음이 있는 다양한 소리들을 스스로 듣고 만들어 볼 기회를 제공하며 노래를 선정할 때는 아동의 연령, 흥미, 이해 정도에 따라 곡을 선정하는 것이 좋다. 아동은 소리를 내는 어떤 악기나 도구를 막론하고 매우 흥미 있어 하기 때문에 소리와 리듬탐색을 통해 여러 악기의 음색을 경험하고 악기 다루는 방법을 자연스럽게 익히게 된다. 따라서 아동이 악기 소리를 직접 듣고, 만지며, 소리 내고, 음악을 들어보는 기회를 갖도록 하기 위해 악기는 한 번에 한 가지씩 자연스럽게 소개하는 것이 바람직하며 소개된 악기를 자유롭게 다루어 보는 충분한 시간을 제공한다. 소근육발달이 미숙한 5세 이전의 아동에게는 간단한 리듬 악기나 멜로디 악기를 다루어 볼 기회를 제공하는 것이 바람직하다(류경화, 2006).

(3) 음악교육의 실제

아동과 함께하는 〈음악교육의 예〉를 구체적으로 살펴보도록 한다.

〈음악교육의 예〉

(가람) 반 2008년 5월 25일 시간 : 오전 10시 30분 ~ 11시 00분		
학습내용	〈음악감상〉 림스키 코르샤코프; 왕벌의 비행 〈노래를 통한 듣기〉 어린 송아지 〈놀이를 통한 듣기〉 빠르게, 느리게	
학습목표	청각, 시각과 대근육간의 협응력과 신체리듬감각을 기른다.	
주요활동	활동내용	학습자료
음악감상	(이야기 나누기) ◇ 림스키 코리샤코프, 왕벌에 대한 이야기를 나눈다. ◇ 왕벌의 모양을 표현해본다.	림스키 코르샤 사진 코프의 사진 여왕벌 사진
노래 '어린송아지'	(노래부르기) 노래 '어린 송아지'를 부른다. (신체리듬하기) ◇ 팀을 나누어서 한 팀이 노래하고 다른 팀은 노래를 들으면서 신체리듬을 한다. ◇ 역할을 바꾸어서 활동한다. (듣기) ◇ 교사가 피아노를 치면 아동이 듣다가 소절에 따라 소리내어 부른다. (악기연주) ◇ 아동이 두 팀으로 나누어서 한 팀이 노래하고 다른 팀은 노래에 맞추어 소고의 리듬을 연주한다.	악보 피아노 소고(아동숫자만큼)
놀이 '빠르게 느리게'	(제자리 걸음하기) ◇ 교사가 세 가지 리듬으로 북을 치면 유아들은 북소리의 리듬에 맞춰 제자리걸음을 한다. ① 𝅗𝅥 𝅗𝅥 ② ♩ ♩ ♩ ♩ ③ ♬ ♬ (걷기) ◇ 교사가 여러 가지 리듬으로 북을 치면 아동이 북소리에 맞추어서 걷거나 움직인다. ① 𝅗𝅥 𝅗𝅥 ② ♩ ♩ ♩ ♩ ③ ♬ ♬	큰북

2) 동작교육의 내용 및 실제

동작의 기본요소는 신체(body) · 노력(effort) · 공간(space) · 관계(relationships) 등이다. 즉, 인간이 움직이려면 동작을 하는 데 필요한 신체, 몸을 움직이려는 힘 · 노력 · 공간이 있어야 하며, 몸을 움직이면서 발생하는 관계가 형성되어야 한다.

(1) 기본동작활동

기본동작이란 기본이 되는 신체적 동작이다. 일상생활에서 매일 또는 자주 실행되는 움직이므로 특별히 노력하지 않아도 저절로 익혀지는 것으로 오해되기 쉬우나 보다 정교한 동작기술을 발달시키기 위해 어린 시절부터 기본적인 동작기술을 경험해보는 기회를 많이 가져야 한다. 일반적으로 아동기 동작교육의 내용은 기본동작에서 항상 공간을 돌아다니는 이동동작과 한 장소에 머물러 움직이는 비이동동작, 조작적 동작 세 가지로 나누어 볼 수 있다. 구체적인 기본동작의 내용(〈표 13-1〉)과 예를 살펴보면 다음과 같다.

〈표 12-1〉 기본동작

이동동작	비이동동작	조작적 동작
엎드려 기기	뻗기	당기기
기어가기	구부리기	밀기
걷기	안기	들어올리기
달리기	떨기	치기
뛰기	회전하기	던지기
뛰어넘기	흔들기	차기
말뛰기	흔들거리기	공굴리기
앵금질	꼬기	공되받아치기
미끄러지기	균형잡기	공튀기기
스키핑	떨어지기	잡기
기어오르기	구르기	드리블링

〈활동의 예〉

◇ 기어다니는 벌레 · 뱀 · 바다표범의 움직임을 이야기 누구기 시간에 사진과 그림자료 등을 이용하여 어떻게 움직일 수 있는지 이야기를 한다.

◇ 제자리에서 빠르게 혹은 느리게 걸어본다.

◇'옆에 옆에' 노래에 맞춰 옆으로 걷기
◇가볍게 뛰기, 무겁게 뛰기
◇짝과 함께 달리기/짝 주위로 돌면서 달리기
◇상상활동을 하면서 동작하기 : 웅덩이 뛰어넘기, 슈퍼맨이 되어 장애물 뛰어넘기
◇여러 아이들과 원을 만들어 손을 잡고 한 쪽 방향으로 먼저 미끄러지기를 하고 다른 쪽 방향으로 바꾸어 동작해보기
◇한발은 바닥에 지탱하고 다른 한발을 들고 균형을 잡아보기
◇풍선이나 공치기

(2) 창의적 동작활동

아동은 자유롭게 탐색하고 문제해결을 허용하는 기회를 통해 창의성의 신장을 꾀할 수 있으며 이를 위해 성인들은 아동이 만들어낸 결과보다는 과정에 초점을 두면서 긍정적인 격려를 하고 새로운 것을 찾아보면 도전가능성과 성공감을 줄 수 있어야 한다. 그러므로 창의적인 표현을 위한 동작활동을 통해 아동이 자연스러운 방법으로 창조적인 자기 자신의 표현을 충분히 경험하도록 해야 한다. 창의적인 동작활동의 효과는 정신운동영역, 인지영역, 정서영역, 사회적 기술의 영역에서 효과를 발휘한다.

(3) 음률동작활동

위에서도 제시했듯 동작활동과 음률활동은 통합적으로 이루어지는 것이 대부분이며 통합적으로 이루어지는 활동의 예를 살펴보면 다음과 같다.

〈음률동작활동의 예〉

◇백설 공주(음률동극)

◇활동목표 : 동화를 듣고 느낌을 다양한 방법으로 표현하며, 노래를 배우고 노래에 맞는 동작을 만들고 표현해본다.
◇준비물 : 카세트, CD, 악보, 등장인물의 소품 및 의상(백설공주, 왕자, 거울, 사냥꾼, 시녀, 난쟁이), 숲속동물들
◇활동방법 :
① 동화내용을 듣고 노래극을 하기 위해 각자 무엇을 주비해야 하는지 이야기를 나눈다.
② 노래가사를 배운다.
③ 노래극의 등장인물과 스텝을 정한다.

④ 노래에 맞추어 상황에 맞게 아동이 직접 동작을 만들어 본다.
⑤ 노래극의 노래를 녹음한다.
⑥ 각자 맡은 역할의 소품의상을 점검한다.
⑦ 노래극을 공연한다.
⑧ 역할을 바꾸어서 다시 공연한다.

제 13 장 아동미술

1. 아동미술의 이해

1) 아동미술의 의의

아동의 발달에 있어서 창의성 발달과 정서적 발달은 중요한 부분이다. 아동은 미술활동을 통해 정서적 발달은 물론 창의성도 보다 조화롭게 구체화될 수 있다. 뿐만 아니라 아동은 미술활동의 자아적 표현을 통하여 일상생활에서 쌓인 부정적 감정들을 배출시킴으로써 안정감을 찾게 된다. 아동을 대상을 하는 미술교육은 기법이나 기능을 강조하여 화가를 양성하는 데 목표가 있는 것이 아니라 미술을 통한 조화로운 인성을 구현하는 데 목표를 두고 있으므로 아동의 전인적 성장 · 발달에서 미술교육의 의의를 찾을 수 있다.

2) 아동미술의 목적

미술교육의 목적은 매우 다양하게 접근해 볼 수 있다. 구체적으로 아동미술의 목적을 살펴보면 다음과 같다(김길권 외, 2007).

첫째, 시 · 지각기능의 발달이다. 아동의 인지와 정서발달이 외부세계에 대한 원만하고 충분한 '지각경험'을 바탕으로 이루어진다고 볼 때, 시 · 지각의 발달, 즉 관찰력의 발달을 촉진하는 감상활동과 그리기 · 꾸미기 · 만들기 등의 표현활동의 지도는 매우 기초적인 발달의 과제인 것이다.

둘째, 손의 기능발달이다. 미술의 표현과정 중 미술재료의 활동과정을 통하여 손과 눈의 협응력(協應力)을 기르고 손가락 기능의 발달을 돕기 위한 것이다.

셋째, 인지의 발달이다. 경험주의 철학이나 심리학에 의하면 지적 능력은 외부세계에 대한 지각(perception)경험을 바탕으로 이루어진다. 우리는 꾸미기 · 만들기 등의 조형활동을 통해 환경과의 적절한 상호작용을 하게 되고 자극을 수용하고 자신의 의사를 표현하는 경험을 다양화하게 됨을 알 수 있다. 지각과 손의 기능뿐만 아니라 재료와 도구의 성질을 알고 활용하는 일, 대상의 형태를 자신의 것으로 만들어 적용하고 재현하는 일들은 매우 고차원적인 인지활동이다.

넷째, 창의성 발달이다. 창의성은 크게는 '사고'능력에 속한다. 그러나 사고능력 가운데에서도 독창성 · 유연성 · 유창성 · 개방성 · 정교성 등의 독특한 요소가 중심적 특징을 이루기 때문에 창의성을 좀 색다른 중요한 지적 능력으로 구별하는 이가 많다. 창의성은 아동에게 어릴 때부터 생활습관 속에서 의도적으로 교육을 해야 비로소 어느 정도 성과를 거둘 수 있고, 그런 바탕이 있어야 나중에 아동이 자라서 어른이 되었을 때도 그 생활 전반에 서광처럼 다시 빛나게 되는 것이다.

다섯째, 주의집중력(attention)의 신장이다. 주의집중력은 취학기 아동에게 학력신장의 중요한 변수가 되며, 모든 일의 성패를 좌우하는 것이다. 꾸미기 · 만들기를 통해서 교사와 아동은 '무엇을 어떻게 만든다'는 목표를 가지고 생각하고 대화하고 탐색하고 꾸미고 만들고 다시 고치는 일련의 인지활동과 노작활동을 하는 가운데 지속적인 주의집중의 과정을 체험하게 된다.

여섯째, 표현력의 발달이다. 자신 내면의 생각을 밖으로 드러내어 다른 사람에게 의사전달을 하는 것을 표현(expression)이라고 할 수 있다. 꾸미기와 만들기는 쓸모가 있는 모양 또는 물건의 형태와 결합시켜 자신이 보고 느끼고 생각한 것을 시각적으로 드러내는 표현성을 추구한다.

일곱째, 긍정적인 자아개념의 형성이다. 아동이 꾸미기 · 만들기를 통해 자신의 생각을 표현하는 즐거움을 느낀다든지, 또 처음의 어렴풋한 느낌이나 생각을 구체적이고 현실적인 물체로 만들어 봤을 때 '기쁨'을 맛본다든지 하는 것은 결과적으로 자신에 대해 긍정적인 의식과 성취감을 갖게 하고, 이것이 반복되면서 확고한 긍정적 자아의식이 형성되기에 이른다.

여덟째, '미적 정서(emotion)'의 발달이다. 미술은 기본적으로 아름다움을 창출하는 과정임과 동시에 아름다움을 경험하도록 해주기 때문에 아동의 정서를 안정시키고 순화시키며, 보다 아름다운 것을 추구하는 태도와 감성을 길러준다.

아홉째, 미술에 대한 관심의 증진이다. 어려서의 관심은 커서도 계속된다. 어려서부터 그리고 꾸미고 만들고 하는 일에 남다른 관심을 기울이게 하는 것은 부모들의 중요한 바람이기도 하다. 무엇을 얼마나 더 잘 하느냐고 하는 일에 남다른 관심을 기울이게 하는 것은 부모들의 중요한 바람이기도 한다. 무엇을 얼마나 더 잘 하느냐 그리고 더 잘 만드느냐 하는 것이 문제가 아니라, 어린 시절부터 길러진 미적 관심과 증진된 능력으로 말미암아 나

중에 커서 조금이라도 더 아름다우며 풍요로운 생활을 영위하게 된다면 부모로서는 더 이상 바랄 것이 없을 것이다.

열째, 언어의 발달이다. 여러 가지 다양한 그림을 많이 본다는 것은 곧 머리로 느끼고 생각하는 활동을 의미하고, 머리로 느끼고 생각한 것은 곧바로 아동의 입을 통해서 표출된다. 아동은 말하면서 생각하고, 생각하면서 말하기 때문이다. 따라서 보고 그리고 만들고 하는 활동은 강한 언어충동과 더불어 다양한 어휘사용, 풍부하고 섬세한 언어표현, 숙달된 어법구사 등 활발하고 적극적이며 빠른 속도로 언어발달을 촉진시켜 준다.

3) 미술의 기본요소와 기본원리

(1) 기본요소

바람직한 아동미술교육은 기술적 숙련이 아니라 미술의 기본요소 및 원리에 대한 정확한 이해와 함께 창의적인 발상능력을 길러주는 데 있다. 미술의 기본요소에는 점(spot), 선(line), 면(plane, surface), 형태(shape, form), 색채(color), 명암(value), 음영(shadow), 질감(texture, matiere), 양감(volume), 공간(space), 구도(composition)가 있다. 점은 눈의 목표를 세우는 표식, 조그마한 존재, 위치를 표시하는 존재 등의 개념이다. 선은 점을 그 기본으로 하고 물체를 묘사할 때 그 윤곽이 되기도 하며 형태를 암시하기도 한다. 면은 선을 기본요소로 하며 선에 의해 면의 윤곽이 표현된다. 형태는 크게 구상적 형태와 추상적 형태로 분류하는데 입체적인 경우와 평면적인 경우에 따라 그 이름이 다르다. 색체는 조형요소 중에서도 가장 감각적이고 본능적이라 할 수 있으며 명암은 미술활동의 과정과 결과물에 표현되는 밝기의 단계이다. 질감은 촉각으로부터 시각적 촉감에 이르기까지의 모든 느낌을 말하며 양감은 흔히 부피감 또는 덩어리감이라고 표현한다.

(2) 기본원리

미술의 기본원리는 통일(unity), 조화(harmony), 균형(balance), 대칭(symmetry), 규모(scale), 비례(proportion), 율동(rhythm), 운동감, 변화(variety), 강조(accent), 점증(gradation), 반복(repetition), 착시(optical illusions)이다. 통일은 형, 색, 양, 재료, 기술상에서 미적 관계의 결합이나 질서를 말한다. 조화는 둘 이상의 요소 또는 상호관계에 대한 미적 가치의 판단으로, 서로 배척하지 않고 통일된 전체로서 종합적이고 감각적으로 그 효과를 발휘할 때 일어나는 미적 현상이다. 균형은 형태상의 시각적 · 정신적 안정감이며 대칭은 좌우 또는 상하로 동일한 형이 마주보게 위치한 형으로서 대응하고 있는 모든 점이 서로 같은 거리로 유지되는 질서에 의해 배치상의 안정된 통일감을 얻게 해주는 것을 말한다. 규모는 사람이나 사물이 갖고 있는 외형적이 크기이며 비례는 크기나 조화의 비를 말한다. 율동은 각 요소들의 강약이나 단위의 장단이 주기성이나 규칙성을 가지면서 연속되는 운동을 말하는데 구성에서 율동이 무시되었을 때는 부드러운 질서와 운동감을 느끼지 못하게 되며, 화면이 딱딱하고 어색한 느낌을 주게 된다. 강조는 주변조건에 따라 특정한 부분을 강하게 변화 있게 하는 요소이며 점증은 질서 있는 순서에 따라 변화 있는 단계를 말한다.

2. 아동발달과 미술

1) 아동의 발달특성

(1) 0~2세

생후 3~4개월이 되어야 약간 떨어진 곳의 물건을 보기 위해 한참 동안 집중해서 쳐다볼 수 있으며 파랑색과 노란색으로 구별하게 되고, 생후 6개월 정도가 되면 이유식을 먹다가 손가락에 묻혀 상이나 바닥에 휘젓기도 한다. 이런 활동은 미술활동의 기본이 된다. 따라서 핑거페인팅놀이로 연결해보는 것도 좋다. 1세 정도가 되면 긁적거리기가 더욱 활발해지는 시기이므로 연필이나 크레파스를 쥐어주면 낙서를 하는데 긁적거리기를 하도록 유도하며 새로운 용구를 제공하여 주는 것이 좋다.

(2) 2~4세

2~3세가 되면 그림책을 혼자서 한 장씩 넘기거나 똑딱단추를 풀 정도로 손 조작능력이 발달한다. 손을 의도적으로 움직일 수 있게 되면서 단순한 선긋기뿐 아니라 이제는 다양한 도형을 그릴 수 있다. 3~4세가 되면 상상적 놀이가 빈번하게 일어나며 자기중심적 조건반사에 의한 긁적거리기를 즐긴다. 어른의 흉내를 내기 시작하며 질문이 많고 자기 경험을 이야기할 수도 있고, 친숙한 물건의 이름을 말할 수 있다. 색칠하기나 낙서를 좋아하며, 작업이 끝난 후 정리정돈이 가능하고, 못질도 가능하다.

(3) 5~6세

그림에서 그려지지 않은 부분을 찾아낼 수 있으며 경험을 추상화시킬 수 있고 구체적인 추리를 할 수 있다. 또한 형태의 패턴을 이해할 수 있으며 사물의 원근을 지각하기는 하나 원근의 표현은 아직 어렵다. 집단놀이를 좋아하며 대부분의 것을 만들 수 있으므로 다양한 재료와 용구를 제공하는 것이 바람직하다.

(4) 7~8세

7세 아동은 시간 · 공간 · 방향 · 원근 · 대소 등이 아직은 불확실하나 형태개념이 생긴다. 생각을 그림으로 표현하며, 사물과의 관계를 표현하고, 공간구성능력이 생기기 시작한다. 모방성이 강하며 공간을 분할해서 표현하기를 좋아하고, 점토놀이를 즐기며 입체작품에도 흥미를 보인다. 또한 8세가 되면 상상화의 전성기로 색채에 대한 주관성이 강해지며 크고 작음, 원근 등의 표현이 가능하다. 사물을 꾸미고 부수는 일을 좋아하며 표현에 있어서의 개인차가 크다.

2) 발달이론에 의한 분류

발달이론가들에 의하면 아동의 미술표현에는 개인차가 있을 수 있으나 보편적인 요인과 일정한 순서가 있다고 한다. 발달이론가의 연구결과를 살펴보면 다음과 같다.

(1) 버트(S. C. Burt)의 분류

가. 난화기(2~5세)
단순히 어깨를 움직이는 근육운동이 나타나는 무목적적 난화기에서 이름을 붙이는 목적적 난화기로 그리고 어른의 글씨를 흉내내는 모방적 난화가 나타나며, 그 후에 물체의 특별한 부분을 재생시키려고 애쓰는 국한된 난화기가 나타난다.

나. 선화기(4세)
시각통제가 발달되어 인물을 즐겨 그리게 되는데 머리는 원으로 눈은 점으로 두 다리는 가는 선으로 그리는 것이 보편적인 인물형태이다.

다. 기술적 상징기(5~6세)

인물 모습이 상당히 정확해지나, 엉성한 상징적 도식(schema)으로 표현된다. 도식은 아동마다 조금씩 다르며 얼굴 모습은 틀에 박힌 형태이다.

라. 시각적 사실기(9~10세)

기억과 상상에 의해 그리는 단계에서 자연을 그리는 단계로 발달하는데 윤곽선만 사용하는 2차원적 단계와 입체표현이 시도되는 3차원적 단계가 나타난다. 중첩과 원근, 투시법, 약간의 명암과 축도법이 시도되면 풍경화를 그리기 시작한다.

마. 억제기(11~14세)

표현력이 정체되는 시기로 언어매체를 통해 표현하는 것으로 흥미가 바뀌게 되면 인물표현은 사라지고 상업적인 디자인으로 표현이 바뀐다.

바. 예술적 부활기(15세 이후)

대부분은 전 단계인 억제기에서 미술발달이 끝나지만 몇몇은 이 시기에 예술적 재능이 확실히 나타나며 성(性)적 표현의 차이가 드러난다.

(2) 로웬펠드(V. Lowenfeld)의 분류

가. 난화기(2~4세)

마치 낙서를 하는 듯이 본능적인 감각과 운동성을 주로 하여 표현하는 시기를 말하며 무질서한 난화기 → 조절하는 난화기 → 명명하는 난화기로 세분화한다. 무질서한 난화기는 감각이 주변 환경과 접촉하면서 그 반응으로 그리기 시작하고 아동 자신의 동작을 스스로 통제하지 못한 채 무의식적으로 표현하는 형태이다. 조절하는 난화기는 동작이 반복되어 시각과 근육활동 간의 협응(協應)이 시작되고 선이 일정한 반복으로 나타난다. 명명하는 난화기는 무의식적 접근이 점점 의식적인 접근으로 바뀌어 자신이 그려놓은 난화에 스스로 이름을 붙이기 시작한다.

나. 전도식기(4~7세)

자신이 표현한 것과 대상과의 관계성을 느끼고 발견하기 시작하며 자신이 알고 있는 바를 그린다. 표현의 패턴적인 반복을 통해 한정된 개념과 표현양식을 발달시키고 사람 ·

해 · 산 · 나무 등을 주로 그리며 자기중심적인 관점에서 사물을 표현하며 어느 정도의 난화가 섞여 있을 수 있다.

다. 도식기(7~9세)

기저선이 나타나서 바닥이나 땅이 구체성을 띠고 자신과 사물과의 관계성을 고려하고 공식화하며 구체적인 도식화 상태로 표현한다. 중요한 부분을 돋보이게 과장하기도 하고, 주관적인 인물과 공간개념을 나타내기도 한다. 특히 사람의 표현에 대한 도식에서 나름대로의 패턴이 만들어지는 시기이다.

마. 초기 사실화기(9~12세)

면적인 표현에 관심을 많이 가지며 사물을 눈에 보이는 대로 표현하려고 하며 세부적인 표현의 다양성이 나타난다. 객관적인 사물의 표현을 통하여 집단과의 의사소통을 중요시한다. 이 시기에 일부 아동에게서 미술 기피현상이 발견되기도 한다.

바. 의사 사실화기(12~14세)

원근법, 비례, 입체적 표현 등에 관심을 많이 가지며, 초기 사실화기보다 자신의 시각적인 분석력을 더욱 적극적으로 활용하여 표현한다.

3. 평면미술활동 및 입체미술활동

1) 평면미술활동

(1) 평면미술의 특징

아동의 그림은 연령이나 성격, 환경 등에 따라 다양하게 나타난다. 그 중에서도 일반적으로 많이 나타나는 공통적인 특징을 살펴보면서 아동미술에 대한 구체적인 이해를 돕기 위해 아동미술의 특징을 살펴보면 다음과 같다.

첫째, 난화적 표현으로 아무 목적 없이 본능적인 흐름에 따라 마구 난잡하게 그리는 선들은 유아기에 중요한 자기표현방법이 된다. 아직 신체나 정신이 미성숙한 상태에서 나름대로의 표현수단이므로 어른들은 유아의 표현에 적극적이고 긍정적인 관심을 나타내고 칭찬해 줌으로써 표현에 대한 자신감과 호기심을 극대화하고 유지할 수 있다.

둘째, 열거적인 대상의 구성표현이다. 유아기 때는 아직 사물과 사물의 관계, 자신과 주위와의 관계성 등에 대한 인식이 부족하기 때문에 개별적 대상에 대한 집중현상이 두드러지게 나타나므로 그림의 표현에서도 생각난 대로 하나하나 그려가며 그것으로 표현의 만족을 한다. 예를 들어 가족들의 모습을 그릴 때도 배열이나 관계에 상관없이 따로따로 떼어놓아 그리는 경우도 많다. 특히 이런 아동의 표현적 특징에 대한 이해 없이 심리적 관점을 잘못 적용시킬 때는 마치 가족과의 관계가 좋지 않은 것처럼 오해할 수도 있게 되는데, 바로 이런 점 때문에 아동미술의 표현적 특징을 반드시 살펴보는 것이 중요하다.

셋째, 투시적 표현(X-ray 화법)이다. 건물이나 비행기 등을 그릴 경우 안에 있어 보이지 않는 사물도 투시적으로 표현하여 그리는 것을 말한다. 일반적으로 거의 모든 아동의 그림에서 투시적 표현이 시각적으로 나타나는데 아동에게는 자연스러운 표현방법이다. 아동의 지각체계는 어른의 경우와는 다른 미술적 표현특징을 생산하게 하므로 이러한 표현들을 자연스럽게 받아들이고 아동의 생각을 살펴보고 이야기 나누는 것이 그들의 표현을 이해하는 좋은 태도가 될 것이다.

넷째, 동시성의 표현이다. 아동이 표현하고자 하는 대상을 여러 관점에서 관찰하여 나타내려는 사실적 표현이 최초의 시도로 나타나는 현상으로 이러한 표현특징은 연령이 증가함에 따라 조금씩 감소해간다.

다섯째, 자기중심적 표현이다. 아동들이 그림을 그릴 때는 객관적 시각이나 일반적 인식 등은 중요하지가 않다. 대상을 자신의 생각대로 마음대로 왜곡시키기도 하고, 자신이 중요하게 생각하는 부분은 특징 있게 나타내면서 자신의 감정적인 끌림과 상관이 없는 부분은 생략하여 자신의 욕구를 표현하기도 한다. 이러한 아동의 표현은 자기중심적인 관점에서는 솔직한 태도를 보인다. 의외로 이런 솔직한 느낌 때문에 성인들의 그림보다 강한 호소력을 가지기도 한다.

여섯째, 반복적인 도식의 표현이다. 표현하고자 하는 대상에 대해 자신이 쉽게 표현할 수 있는 도식이나 상징을 만들거나 모방하여 그 대상을 표현할 때 도식을 반복적으로 사용하는 것을 의미한다. 이러한 도식의 표현은 아동에게는 중요한 표현기능의 역할을 하며, 대부분의 아동은 이러한 시기를 거쳐 구체적인 묘사단계로 넘어가게 된다.

일곱째, 기저선의 사용이다. 아동들에게 있어서 공간적 개념을 나타내는 표현방법으로 기저선(base line)의 사용을 들 수 있다. 이 시기에는 자기와 주위와의 관계를 많이 의식하게 되고 자신의 주위를 사실적으로 표현하려고 한다. 기저선은 아동들에게 있어 공간의 도식적 표현이라고 할 수 있다. 기저선의 표현을 통한 공간과 사물의 유기적 관계성을 통하여 아동은 사회적 구조의 의미를 기초적으로 이해하게 도면 평면에서의 3차원적 세계의 표현방법을 느끼게 된다.

(2) 평면미술의 재료와 기법 및 지도방법

현대문명과 과학기술의 발달로 기존의 재료개념을 뛰어넘어 새로운 재료와 다양한 이용법이 제시되고 있다. 실제로 현장에서 사용되는 재료들을 살펴보면 도화지 · 크레파스 · 색연필 · 사인펜 · 유성매직 · 연필 · 먹물 · 붓 · 기름물감 · 아크릴물감 · 호일 · OHP필름 · 잡지 · 색종이 · 한지 · 골판지 등 입체표현에 쓰이던 재료들도 평면미술작업에 사용되어 그 외에도 폐품이나 생활용품들을 이용하기도 한다. 아동미술의 기법에서도 기본적인 그리기, 스크래치, 물감흘리기 등을 비롯하여 이중으로 구성하기, 비눗방울 이용하여 그리기들 다양한 응용적 표현기법들이 상용되고 있다. 이러한 복합적인 응용기법들은 미술작업과정에 대한 아동의 종합적 사고 형성에 도움이 될 수 있다.

평면미술활동의 지도시에는 자신의 생각을 솔직하고 능동적으로 표현할 수 있도록 지도하며, 표현하고 싶은 느낌을 나타낼 수 있는 표현방법에 대해 스스로 인식할 수 있도록 지도한다. 또한 평면미술 표현재료의 특성과 사용에 대한 적극적인 관심을 갖도록 지도하며 신체의 운동성을 여러 가지 방법으로 활용하여 다양한 표현에 도움이 될 수 있도록 지도하는 것이 중요하다. 마지막으로 여러 가지 감각을 통하여 화면의 통일과 조화, 변화와 균형 등 조형의 기본요소와 원리를 체득할 수 있도록 지도하며 창의적인 생각으로 개성적인 표현을 할 수 있도록 지도한다.

2) 입체미술활동

(1) 입체미술활동

입체미술활동은 평면조형보다 재료적 차원에서 호기심을 많이 보이는데, 재료에 따라 선재조형 · 면재조형 · 폐품활용조형 등으로 나눌 수 있다. 또한 움직이는 조각 등 2차원의 작업에서 3차원의 작업으로의 전환도 가능하다 입체미술활동은 아동의 창의력을 길러주며 상상력을 통하여 생각하는 습관을 가지게 한다. 또한 흥미와 호기심을 유발하여 협동심 · 융통성 · 사회성 등의 발달에 도움을 주어 미술적 능력개발뿐 아니라 전인적 발달에도 긍정적인 미치게 된다. 입체미술활동이 아동에게 미치는 영향을 구체적으로 살펴보면 다음과 같다(김길권 외, 2007).

① 입체미술활동은 사고력신장에 효과적이며 조형요소와 원리를 이해시켜 준다.

② 입체미술활동은 아동의 응용능력을 길러주며 청각적 · 시각적 효과를 동시에 높여 준다.

③ 입체미술활동은 다양한 홍미유발을 통해 만족감과 적극성을 길러준다.
④ 입체미술활동에서의 협동작업은 사회성 발달에도 영향을 주며 인지발달과 신체발달을 도모한다.
⑤ 양감과 공간감을 느끼게 하며 구상적 작업과 추상적 작업으로의 상호전환이 용이하므로 발상능력이 개발된다.

(2) 입체미술활동의 재료와 기법 및 지도방법

입체미술재료는 이 세상의 모든 것들이 될 수 있다. 아동입체 조형활동에서 가장 많이 다루는 재료로는 스펀지 · 수수깡 · 찰흙 · 지점토 · 성냥개비 · 나무수저 · 이쑤시게 · 우드락 · 단추 · 구슬 · 유리병 · 비누 · 신문지 · 클립 · 동판 · 아연판 · 조개껍데기 · 야채류 · 톱밥 · 압핀 · 꽃 · 깡통 · 냄비 · 모루 등이 있다. 이런 다양한 재료를 선택하고 사용하는 데에서 가장 중요한 것은 재료의 선택이전에 재료의 이해와 활용도가 우선적으로 고려되어야 한다. 표현기법은 재료를 다루는 모든 방법을 말하는데 주변의 생활폐품과 용품을 관찰하는 과정 중에 새롭게 탐색될 수 있고 생각의 전환을 통한 사고와 행동으로 새롭게 기법화될 수 있다. 아동이 입체미술활동에 홍미와 자신감을 가질 수 있도록 다양하고 새로운 기법을 찾도록 해야 한다.

입체미술활동의 지도시에는 보고 느끼고 생각한 경험을 다양하게 구성하도록 하며, 다양한 입체조형 활동방법을 탐구하도록 한다. 또한 입체재료의 특성과 도구의 성질을 알아 조형의 기본원리인 통일 · 변화 · 균형 · 율동 · 비례 · 조화 · 대칭 등의 원리를 응용하여 형태를 꾸미고 응용하여 감상하는 과정을 통해 미술을 이해하고 즐기는 태도를 갖도록 하는 데 주안을 두고 지도해야 할 것이다.

4. 아동미술의 환경 및 교사의 역할

1) 아동미술의 환경구성

(1) 접근방향

아동미술 환경구성은 아동이 마음껏 그리고 만들고 꾸밀 수 있는 넓은 공간과 함께 구체적인 실물과 시청각매체를 통한 직·간접적 경험의 기회가 풍부하게 제공되고, 다양한 재료와 용구 등이 갖춰져야 한다. 일반적으로 아동의 미술영역을 구성할 때 유의점은 다음과 같다.

① 미술영역은 다른 아동이나 교육활동에 의해 방해받지 않는 조용한 장소이면서 넓어야 한다.

② 미술활동시에는 물이 사용되는 경우가 많으므로 미술영역에 싱크대를 마련하거나 수도 가까이 배치하는 것이 좋다.

③ 미술영역의 바닥은 물이나 물감이 떨어져도 청소가 용이하도록 교실바닥에 장판을 깔거나 비닐 등을 깔아놓는다.

④ 미술영역은 색을 사용하는 영역이므로 미술활동을 하는 데 지장이 없도록 충분히 밝아야 하며, 인공조명을 하는 경우 그림자가 생기지 않도록 주의한다.

(2) 설비 및 자료

미술영역에 구비되어야 할 구체적인 설비 및 자료를 살펴보면 다음과 같다(김혜금, 2006).

첫째, 작업대는 그림 그리기, 칠하기, 만들기 등의 미술활동을 4~8명의 아동이 편안하게 할 수 있도록 제작된 것이어야 한다. 작업대의 크기와 개수는 아동의 신체조건이나 인원수, 놀이실의 공간 등을 고려하여 결정해야 하는데, 보통 길이는 150cm, 폭은 75cm 정도가 적당하다. 큰 합판으로 규격에 맞추어 짜거나 책상을 이용할 경우 비닐을 덮어 사용하도록 한다.

둘째, 재료와 용구를 담을 수 있는 정리장과 폐품정리장이 있어야 한다. 미술활동에는 여러 가지 재료와 용구가 사용된다. 만들기·그리기 등에 필요한 재료들이 유아의 눈에 잘 띄는 장소에 있어서 놀면서 무엇인가 만들고 그리고 싶은 표현의 욕구가 있을 때 즉각 사용하여 표현할 수 있도록 준비해주어야 한다. 기본적으로 필요한 일반적인 재료와 용구, 특수한 재료와 용구 등 다양한 자료가 활용되므로 재료와 용구정리장이 필요하다.

셋째, 작품을 건조시키고 전시할 수 있는 건조대와 전시공간이 있어야 한다. 일반적으로 아동의 작품을 건조시키고 전시할 수 있는 공간으로 게시판이나 벽면이 활용되고 있으나 교육기관의 재정이나 공간형편에 따라 다양한 전시대를 사용할 수 있다.

넷째, 청소도구장이 있어야 한다. 비·쓰레받기·휴지·걸레·걸레통·스펀지·종이·타월·물수건 등을 가까이에 준비하여 유아 스스로 활동을 깨끗이 마무리할 수 있도록 한다. 쓰레기통은 종류별로 여러 가지를 준비하여 분리수거를 하도록 지도하고 아동에게 자원의 재활용에 대한 인식을 키워준다. 또한 앞치마나 가운을 걸 수 있도록 낮은 위치에 고리가 달린 핀이나 옷걸이를 비치하도록 한다.

2) 아동미술교사의 역할

아동은 교사가 미술활동의 분위기를 어떻게 조성해주느냐에 따라 여러 가지 표현적인 특성이 나타날 수 있으므로 아동 특유의 표현적 특징을 잘 이해하여 아동 개개인의 상황에 노출된 문제점들을 파악하면서 해당 어린이가 유연한 창의적 표현을 할 수 있도록 도와주는 역할에 최선을 다해야 한다. 효율적인 미술활동을 위해서는 창의적인 교수방법을 사용하는 것이 좋으며 이를 위해서는 교사는 아동에게 스스로 미술활동을 선택할 수 있는 기회를 많이 제공하고 격려해야 하며 아동들의 창의적 생각을 확산시켜 자신의 생각에 자신감을 갖도록 도와주어야 한다.

(1) 미술활동의 지도단계

미술활동은 활동의 계획 → 지도 → 감상 → 평가 → 전시의 단계에 따라 이루어져야 할 것이다. 이와 같은 지도단계를 구체적으로 살펴보면 다음과 같다.

가. 계획단계

계획단계에서 교사는 표현활동과 감상활동을 서로 관련 있게 통합적으로 전개해야 하며, 감각을 자극하는 활동, 기법을 강조하는 활동, 사고를 촉진하는 활동 중에서 어떤 활동을 먼저 제시할지 순서를 정한다. 또한 주제 · 재료 · 기법면에서 어떤 것을 아동에게 선택하게 할지를 고려한다.

나. 지도단계

미술교육의 지도는 도입 → 전개 → 종결의 순서로 이루어지며 활동의 주체는 유아가 되어야 한다. 교사는 미술활동을 촉진시키는 기본재료를 충분히 준지하여 서로 나누어 사용할 수 있을 만큼 여유 있게 준비하여 즐겁고 자신 있게 미술활동을 할 수 있도록 해야 한다.

다. 감상단계

감상활동은 자기 작품에 대해 충분히 설명하고 친구들의 작품을 감상하면서 아름다움을 느끼고 창의력을 일깨우는 꼭 필요한 과정이다(송명희, 1990). 아동기는 감상능력을 기르는 기간이므로 견학 등을 통해 다양한 감상의 기회를 제공하여야 한다.

라. 평가단계

평가는 미술운영의 실태를 전반적으로 평가하여 그 결과를 다음 미술활동을 계획할 때 반영하기 위해 시행하는 것이다. 아동은 자기의 수고와 노력을 인정해줄 때 최선을 다하게 된다. 교사는 아동으로 하여금 자기의 작품을 소중히 여기도록 지도하고 다른 친구들의 작품을 보면서 의견을 주고받는 감상의 기회를 갖게 하여 서로의 표현방법을 비교하고 다른 사람의 작품에 대해 긍정적으로 평가하도록 지도한다.

마. 전시단계

전시는 아동에게 학습동기를 유발시키고 성취감과 자신감을 심어주며 심미감을 발달시킨다. 또한 전시는 작품감상의 기회도 제공하여 다른 유아들의 생각과 느낌을 함께 나누는 기회가 되며, 한 집단의 구성원으로서의 소속감을 갖게 하고 미술활동에 대한 흥미와 의욕을 갖게 한다(이인태, 1990). 작품을 전시할 때는 유아의 작품이 공평하게 전시되어야 하며, 아동의 독특한 느낌이나 다양한 경험이 재현된 아동 중심의 전시가 되도록 고려해야 한다.

5. 아동미술활동의 실제

아동미술활동의 몇 가지 예를 소개해보면 다음과 같다(김혜금, 2006).

1) 그리기 · 색칠하기(drawing · painting)

즐거운 마음으로 자유롭게 그리는 태도와 의욕을 기르고 자기의 생각을 주저하지 않고 대담하게 표현하게 하여 표현욕구를 만족시키고 정서를 안정시키며 창의력과 독창성, 심미감을 기른다.

(1) 목표

① 잘 보고 그릴 수 있게 하고 경험한 것을 기억을 더듬어 그릴 수 있게 하며, 상상과

공상을 그림으로 표현할 수 있게 한다. 또한 이야기를 듣고 그림으로 나타내거나 음악을 듣고 그 느낌을 그림으로 표현하게 한다.

② 크레파스나 수채물감을 비롯하여 그 밖의 여러 가지 재료나 용구를 사용할 수 있는 능력을 기르고 풍부한 재료경험을 갖게 한다.

③ 그린 그림에 대해 친구들 앞에서 발표하게 하여 발표력과 언어발달을 증진시킨다.

④ 크레파스와 물감을 함께 사용하는 경우 크레파스와 물감의 배수효과를 느끼게 하여 표현의 즐거움을 맛보게 한다.

⑤ 자연스러운 표현활동을 통하여 색의 혼합을 알게 하고 색채감각을 길러준다.

(2) 표현기법

다양한 종이와 돌, 비닐, 유리, 플라스틱 판, 각종 용기, 접시, 스티로폼, 헌 레코드판, 헌 CD판, 종이가방 등과 같은 다양한 표면에 크레파스 · 색연필 · 물감 · 먹물 · 사인펜 · 매직 등의 용구를 이용하거나 기름 · 색얼음 · 진흙 등을 이용하여 그리는 방법이 있다. 기법을 병용하여 표현하게 하면 더욱 흥미를 느끼고 만족스러워 한다.

(3) 지도상의 유의점

① 아동 나름대로 자유롭게 그리게 하여 아동 자신만의 창의적이고 개성적이며 마음의 감동을 표현하는 그림을 그리도록 지도한다.

② 아동 그림의 발달단계를 고려하여 지도하며 어른의 기준에서 아동의 그림을 평가해서는 안 된다.

③ 그림의 내용이 빈약할 때에는 아동의 부족한 생각을 불러일으켜 줄 수 있는 조언을 해주며 절대로 직접 손을 대서 그려주거나 보충해주어서는 안 된다.

④ 아동이 그림을 그리는 데 불편을 느끼지 않도록 재료와 용구를 다양하고 풍부하게 준비해주고 사용방법을 충분히 알려주어 다양한 재료와 용구를 활용한 창의적인 작품을 완성하도록 지도한다.

⑤ 아름다운 동화를 들려주거나 초현실적 · 환상적 그림을 보여주어 상상과 공상의 발상을 도와주는 것이 좋다.

⑥ 아동의 그림이 어둡거나 명랑하지 않을 때는 경쾌한 배경음악을 들려주거나 실내 분위기를 밝고 명랑하게 꾸며주는 등의 배려가 필요하다.

⑦ 늘 판에 박힌 듯한 같은 그림을 그리는 아동에게는 새로운 재료를 제공하거나 여러 가지 표현방법으로 다양하게 표현하게 하고 견학·소풍 등을 통한 새로운 생활경험을 제공하는 것이 필요하다.
⑧ 칭찬과 격려를 통해 성취감과 자신감을 가지게 하고, 결과보다 그림을 그리는 과정에서 아동이 얼마나 즐겁고 행복한 시간을 보냈느냐에 초점을 맞춘다.
⑨ 자신의 그림을 다른 친구들 앞에서 이야기할 수 있는 기회를 주고 그림 뒷면에 그림을 그린 날짜와 이름을 쓰고 그림에 대한 유아의 생각을 적어준다.

2) 구성(constructing)

구성하기는 형태를 만드는 초보적인 활동으로서 여러 가지 재료를 가지고 조립·배열·조직·합성하여 한 가지의 실체를 만드는 창작활동이다. 여러 가지 재료를 활용하여 아동 나름대로의 아이디어를 반영시켜 구체물을 만드는 과정에서 구성능력과 디자인감각을 기를 수 있으며 색깔, 모양, 재질, 공간, 부분과 전체 등의 조형요소를 고려하는 표현능력이 신장된다.

(1) 목표

① 눈과 손의 협응력(協應力)을 길러주며, 여러 가지 모양을 글보고 색칠해봄으로써 표현에 대한 즐거움과 자신감을 갖게 된다.
② 모양과 색채, 배색의 아름다움을 느끼게 된다.
③ 여러 가지 형태를 알게 되고 구성의 미적 감각이 향상된다.

(2) 표현기법

① 평면구성시－색도화지, 흰도화지 등에 그리기와 색칠하기 용구로 자기가 좋아하는 무늬를 표현하게 하거나, 판지·유리판·베니어판 등에 단추, 풀, 모래, 사포, 솜, 기타 물체들을 접착제를 사용하여 붙여서 표현하게 하거나 다양한 물체를 배열하여 꾸미게 한다.
② 입체구성시－상자갑, 빈 병, 나무열매, 나뭇가지, 채소, 과일, 곡식 등을 붙이고 배열하며 연결하는 과정 속에서 조형미를 찾는 활동으로, 실용성과 아름다움에 중점을 두

며 공간을 장식하는 모빌이나 선전광고 등에 활용되기도 한다.

(3) 지도상의 유의점

① 전문적인 디자인 교육이 아니라, 제작하면서 생각하고 구성하면서 미적 감각을 신장시키는 창조적 표현방법과 심미감을 강조하는 지도가 되어야 한다.

② 그리기 · 만들기 · 꾸미기의 제한된 영역을 강조하지 않는 종합적 의미에서 자유롭게 전 영역의 표현방법이나 기법, 재료를 사용하여 새롭고 아름답게 꾸미고 실제 생활에 활용해 보도록 지도한다.

③ 아동이 다루기 어려운 재료를 주어 부담을 주어서는 안 되며, 완성된 작품을 서로 감상하면서 창의적인 생각과 기법을 느낄 수 있는 기회를 제공한다.

제 14 장

아동 수·과학지도

1. 아동 수·과학교육의 이해

1) 아동 수·과학 통합교육의 정의

현대사회는 과학과 기술의 발달이 급속히 요구되고 있다. 이는 미래사회, 정보화사회, 최첨단과학 기술시대에 필수적이고 보편적인 능력으로 수학과 과학능력의 필요성이 지적되면서 새로운 사회에 대비한 교육적 변화가 요구되고 있기 때문이다.

Berlin과 White(1995)는 수학과 과학의 통합활동은 수학활동에 과학적 과정을, 과학활동에 수학적 기술을 통합하는 활동을 의미하는 것으로 수학이나 과학의 한 영역에 포함된 것은 아니라고 하였다. 수학과 과학의 통합활동이란 과학활동 안에 수학적 사고나 기술을 적용하거나 수학활동에 과학적 과정이 이루어지는 활동이라고 보았다. 즉, 수학은 단순한 계산기술만이 아니라 인간의 경험을 조직화하고 주변 세계를 다루기 위한 방법까지도 포함하는 것이다. 과학이란 단어는 '지식(scientia)'과 '알기를 원하다(scire)'라는 라틴어에서 유래된 것이다(Harlan 외, 2004).

과학의 사전적 의미는 '보편적인 진리나 법칙의 발견을 목적으로 한 체계적인 지식'이다. 그리고 과학은 사회과학과 자연과학으로 구분되며, 사회과학의 경우 인간의 사회환경에서 일어나는 현상을 탐구하는 분야이고, 자연과학은 지구상에서 일어나고 있는 자연적이고 물리적인 세계에 대한 끊임없는 탐구과정이라고 보았다. 즉, 지식이나 추상적인 세계의 탐구에만 머무르지 않고 우리가 호흡하고 생활하는 주위 환경의 거의 모든 현상을 탐구하는 것이다. 그러므로 수학과 과학은 아동의 생활 그 자체를 통하여 발달하며, 이는 곧 '생활하는 방법(way of life)'이라고 할 수 있다(문연심 외, 2005).

유아교육과정에서의 통합의 개념은 Dewey의 아동 중심적인 철학에 기초하며 전인적인 인격체로서 성장하도록 돕기 위하여 아동에게 보다 의미 있는 교육과정을 제공하는 것이다. 즉, 전인적 발달과 효율적 학습을 위하여 유아의 경험, 흥미 및 요구와 교육내용을 통합하고, 유아와 유아 주변의 인적 및 물적 환경을 통합하며, 또한 교과목들을 통합적으로 재조직하여 가르치는 방법으로 정의할 수 있다(교육부, 2000).

2) 아동 수 · 과학 통합교육의 중요성

정보화 · 세계화 · 유비쿼터스 등 단어만 들어도 최첨단시스템이 그려지는 오늘날 과학기술의 세계는 수학 및 과학과 관련된 분야에 종사하는 사람들뿐만 아니라 일반 시민들에게도 수학적 관심과 과학적 소양을 요구하고 있으며, 이는 곧 아동의 수 · 과학교육의 중요성을 전제하는 것이다.

수학과 과학은 아동이 학습해야 할 중요한 학문이다. 유아교육기관에서 수학과 과학활동을 통합하여 운영하는 가장 중심이 되는 부분은 창의적 사고의 기초가 되는 탐구적인 호기심을 기초로 하기 때문이다. 프로젝트 접근법에서는 주제에 따른 통합적 접근을 통해 자연스럽게 수학과 과학을 통합하고 있다. 그러나 수학과 과학개념은 아동이 단순히 생활하면서 발달되는 것은 아니다. 그것은 수학과 과학능력의 발달조건이 유사하기 때문이다. 아동을 위한 수학과 과학은 분리되지 않고 연속선상에서 통합적으로 이루어짐을 알 수 있다는 것을 인용된 글에서도 알 수가 있다.

수학적 힘은 탐구하고 어림잡아 추측할 수 있는 능력과 논리적으로 추론할 수 있는 능력을 포함한다. 즉, 융통성 있게 문제점을 해결하는 능력이나 수학에 대한 의미 있는 상호작용을 하는 능력이다. 또한 수학 안에서 아이디어를 서로 관련짓고 다른 지식과 수학을 관계 짓는 능력이다. 그리고 수학적 힘은 자기 자신에 대한 신뢰감과 추론하고 평가하는 성향, 문제해결과 의사를 결정하기 위한 수학적 정보를 사용하는 것이다. 이러한 능력을 획득하기 위해서는 아동의 융통성 · 호기심 · 흥미 · 창조성이 바탕이 되어야 한다(NCTM, 2000).

이러한 맥락 이외에도 아동을 위한 수학과 과학이 통합적으로 다루어져야 할 공통적인 이유는 수학과 과학이 어렵기만 한 학문은 아니며, 아동이 생활하고 있는 세계에 자연스럽게 포함되어 있는 구성요소로서 매일 생활 속에서 직접적으로 행하고 있는 것이기 때문이며, 수학과 과학은 학문적인 측면에서도 개념과 기술이 밀접하게 관련되어 있기 때문에 분리하여 가르치기보다는 총합하여 가르치는 것이 바람직하다고 보는 것이다.

3) 아동 수 · 과학교육의 목표

아동이 일상생활에서 경험할 수 있는 수학적 · 과학적 내용을 중심으로 수 · 과학의 기초

개념의 이해능력과 사물에 대한 탐구심과 창의적 문제해결능력을 기르는 것이라고 할 수 있다. 뿐만 아니라 수학적 개념을 수학활동으로, 과학적 개념을 과학활동으로만 분리시켜 단편적으로 가르치려고 하는 것이 아니라 일상생활 속에서 의미를 가지는 동시에 아동이 흥미 있어 하는 활동들과 수·과학적 개념을 연합시켜 전개하여 아동의 발달에 적합한 학습을 위한 의미 있는 상황을 만들어 주는 것이라 할 수 있다.

수학과 과학영역의 통합교육에 대한 중요성을 토대로 Project 2061에서는 다음과 같이 수·과학 통합교육의 목표를 제시하고 있다.

첫째, 자연세계와 친해지고 세계의 다양성과 독특함을 인정한다.

둘째, 수학과 과학의 주요 개념과 원리를 이해한다.

셋째, 수학과 과학기술이 상호의존하게 되는 요소에 대해 안다.

넷째, 수학과 과학기술이 사회에의 공헌과 한계에 대해 인식한다.

다섯째, 수·과학적 사고를 개발한다.

여섯째, 개인과 사회를 위한 수·과학적 지식과 사고방법을 사용한다.

2. 아동 수·과학교육의 이론적 접근

수·과학교육의 통합적 접근에 대한 이론적 근거는 여러 관점에서 해석되고 있다. 대표적 이론 근거는 Piaget의 인지적 구성주의와 Vygotsky의 사회적 구성주의, 그리고 Gardner의 다중지능이론을 비롯해 최근 들어 뇌 인지과학 이론을 들 수 있다.

1) 피아제의 인지적 구성주의적 관점에서의 수·과학교육

피아제는 발달에 영향을 주는 외적 맥락보다는 학습자의 내부에 지식이 어떻게 생성해서 변형되고 발달하는가에 관심을 가졌으며 학습자는 스스로 지식을 구성하므로 자신의 사고와 개념발달에 능동적으로 참여하고 스스로 새로운 의미를 구성한다고 보았다. 즉, '행함으로써의 학습'이 아니라 '추론을 위한 학습'을 강조한다. 인지적 구성주의는 지식의 형성과정에서 인간의 개별적인 인지적 작용을 가장 중요한 요인으로 보았으며 상대적으로 사회적 역할은 도외시하였다.

특히 피아제의 인지적 발달은 개인의 유전적 요인과 환경적 요인이 서로 상호작용하여 단계적으로 이루어지게 되는 것이라고 주장하고 있다. 이러한 인지발달에 관계되는 요인으로서 피아제는 성숙, 경험, 사회적 상호작용, 평형의 4가지를 강조하고 있으며, 아동이 태어나서 점차 그의 환경과 상호작용하면서 자신의 인지구조를 변화시키고 정교화시키면서 질적 변화과정을 통해 발달해 간다고 보았다(문연심, 1997; 박화윤, 1981; 안인희, 1984).

피아제의 발달에 대한 관점은 아동의 인지발달은 일련의 구성과정으로 되어 있다는 점과 감각운동기, 전조작기, 구체적 조작기, 형식적 조작기와 같은 여러 가지 연속적인 일반단계로 이루어져 있다는 구조주의와 구성주의의 개념이 포함되어 있다.

피아제는 아동의 사고는 성인과는 다르다고 보았으며, 4개의 인지발달단계를 제시함으로써 전조작기의 아동은 성인과는 매우 다른 사고를 하고 있음을 제시하였고, 아동 수·과학교육에 있어서도 내용보다는 과정을 중요시하였다. 탐구과정을 통해 스스로 지식을 구성하는 아동의 사고구조발달에 초점을 두었다. 즉, 아동을 일상생활에서 만나는 사물이나 현상과의 상호작용을 통해 논리적 사고를 적용하여 개념을 스스로 구성해 가는 주체로 보고 진정한 학습은 아동의 능동적인 활동을 통해 이루어진다고 주장하였다. 이는 수·과학교육에서는 아동이 탐구·실험·토의를 통해 스스로 의미를 구성해 가는 과정에 관심을 기울여야 함을 의미한다. 피아제는 지식을 물리적 지식, 논리·수학적 지식은 암기에 의한 수 세기나 계산학습보다는 아동이 수·과학활동에 직접 참여하여 지식을 스스로 구성하는 학습활동을 통해 발달될 수 있다고 보았다.

2) Vygotsky 이론에 기초한 사회적 구성주의 접근에 따른 수·과학교육

Vygotsky는 개인이 기능하는 사회문화적 환경으로부터 개인을 분리하지 않는 독특한 접근으로서 사회화과정과 개인의 내재적 정신과정 간의 발생적 관계를 설명하고자 하였으며, 이 과정의 연결은 언어와 같은 매개의 역할에 크게 의존한다고 보았다. 비고츠키는 자기조절의 기원을 사회와 문화에 두고 자기 조절적 사고는 개인의 정신 내에 본래적으로 갖고 있는 것이 아니라, 사회문화적 환경과의 상호작용으로 내면화되는 점진적인 과정이라고 보았다. 비고츠키는 학습을 통해 발달이 이루어지고 근접발달지대가 창조되는 것으로 보았기 때문에 적절히 조직된 학습은 인지발달에 있어 매우 중요하다고 보았다. 그러므로 교사는 근접발달지대 안에서 아동을 위한 수·과학교육의 수-학습방법을 개발하여 보다 아동의 발달을 촉진시킬 수 있도록 적극적인 상호작용을 해주어야 한다.

'스캐폴딩(Scaffolding)'이라는 용어는 Vygotsky가 직접 제안한 개념은 아니지만 그의 이론을 적용하여 효과적인 개별화 교수의 주요요소를 파악하려 했던 Wood 등에 이해 소개된 용어이다. Scaffolding이란 '비계'라는 뜻으로 이것의 의미는 사전적으로 '건축현장에서 층과 층을 연결하는 발판'이다. 이것은 보다 능력 있는 협력자가 학습자의 근접발달지대 내의 과제를 제공하고 상대방의 수행능력에 따라 적절한 도움의 양을 조절함으로써 궁극적으로 학습자가 과제에 대한 책임을 맡게 하여 학습자의 자율성과 독립성을 길러 주는 방법이라고 볼 수 있다.

비계설정에서는 인지적 측면과 정의적 측면이 모두 아동의 학습에 영향을 미친다. 인지적 측면은 상호작용을 하는 구성원들 간에 서로 새로운 정보를 제공하기 때문에 그들이 다루어 나갈 수 있는 방식으로 문제를 정의하면서 최상의 해결을 위한 토론을 전개해 나간다. 또한 정의적인 측면에서 과제에 대한 아동의 참여와 자발적이고 도전적인 욕구의 확대는 따뜻한 언어적 격려를 제공하는 구성원에 의해 촉진될 수 있다(한은수, 1996).

아동의 수·과학적 지식은 일상생활 경험과 사회·문화적인 맥락에서 이해되고 새로운 지식의 재구성을 이룰 수 있다고 보았다. 수·과학이 자연적인 습득을 이루는 것이 아니라 환경-아동, 교사-아동, 아동-아동이 함께 경험하고 조사하는 과정에서 새로움을 발견하고 상호작용을 통하여 구성된다는 것이다.

3) 다중지능 이론 이론에 근거한 수·과학교육

현대사회는 다양한 성격·직업·재능이 인정되고 그 능력을 개발해야 하는 다양한 시대에 살고 있다. 미래 사회일수록 지능을 한 문화권 또는 여러 문화권에서 가치 있게 인정되는 문제를 해결하거나 산물을 창조해내는 능력이라고 보는 관점이다. 이러한 관점은 표준화된 IQ의 관점보다 능력과 잠재적 가능성에 대해 보다 폭넓은 자료를 제공해준다. 대표적인 학자는 하버드 대학의 Gardner이다.

가드너는 지능을 "문제해결력 또는 특별한 것을 만들어내는 능력"으로 정의하였다.

그는 지능(intelligence)과 재능(talent)을 같은 용어로 간주하며, 지능을 지적 활동의 산물이자 과정이고 동시에 내용이며 형태로서 이 모두를 의미한다고 보았다. 즉, 기존의 관점과는 달리 지능을 포괄적이고 다양한 능력을 포함하는 것으로 보는 새로운 관점을 제시하였다. 아동 수·과학의 통합은 〈표 14-1〉과 같이 다중지능 이론의 관점에서도 이루어질 수 있다.

아동 수·과학은 다중지능 중에서 논리·수학적 지능과 자연적 지능으로 볼 수 있다(Check, 1997; Krechevsky, 1998). 논리-수학적 지능은 문제를 논리적으로 분석하고 수학적 조작을 수행하고 과학적인 방법으로 탐구하는 능력이다(Gardner, 1999).

아동의 논리-수학적 지능과 자연적 지능을 정확히 평가하여 적절한 교육과 경험을 제

〈표 14-1〉 가드너의 다중지능

다중지능	의미
언어적 지능	언어의 소리, 구조, 의미, 지능에 대해 민감한 능력
논리-수학적 지능	논리력과 수리력과 과학적인 능력
공간적 지능	공간세계에 대한 정신적 모형을 만들어 그것을 조절하고 사용하는 능력
음악적 지능	음높이, 음색, 리듬 등을 인식하고 구성할 수 있는 능력
신체-음악적 지능	신체의 일부 또는 전체를 사용하여 문제를 해결하고 창조물을 만들어내는 능력
대인관계 지능	다른 사람을 이해하는 능력
개인이해 지능	인간이 자신을 정확히 판단하여 인생을 효과적으로 살아가는 능력
자연적 지능	자연에서 패턴을 발견할 수 있는 능력

공한다면 누구나 수학적 능력과 과학적 능력이 잘 발달될 수 있다. 그러나 모든 아동들이 똑같은 논리-수학적 지능과 자연적 지능을 가지고 태어나는 것은 아니며, 이 두 지능영역에서 강점을 가지고 있는 아동과 약점을 가지고 있는 아동, 중간 정도의 지능을 가지고 있는 아동들이 있다. 다중지능이론은 수학과 과학 교육통합을 위한 학습적 메커니즘으로서의 역할을 하면서 동시에 유아교육과정 전체와 균형을 이룰 수 있도록 틀을 제공해줄 수 있다 (Carlisie, 2001).

다중지능에서의 강점영역과 학습에 대한 패턴은 인생의 초기부터 드러난다. 어떤 아동은 8가지 모든 지능영역에서 모두 강점을 드러내기도 하지만 대부분의 아동들은 몇 가지 지능이 다른 지능영역보다 더 강하게 드러난다. 아동을 가르치는 교사는 아동 수학과 과학교육과정 전반에 걸쳐 다중지능이론을 쉽게 결합시킬 수 있다. 다중지능이론은 통합의 과정에서 아동의 타고난 강점영역을 학습적 메커니즘으로 사용할 수 있는 이론적 기초를 제공해준다고 볼 수 있다.

4) 뇌인지 과학이론에 근거한 수·과학교육

20세기 후반에 대두된 하나의 새로운 과학적 패러다임을 인지주의(Cognitivism)라고 할 수 있다. 정보처리적 패러다임이라고도 불리는 이 틀은 과학에서 하나의 혁명을 초래했다. 분할뇌연구로 1981년에 의학·생리학 분야에서 노벨상을 수상한 신경심리학자 Sperry는 인지혁명(cognitive revolution)이 20세기 후반에 일어난 가장 중요한 과학적 사건이다(이정모, 1999).

인간의 두뇌발달에 대한 기존의 사고는 두뇌발달은 선천적인 유전인자에 따라 달라지며, 3세 이전의 경험은 뇌 발달에 크게 영향을 주지 않는다고 보았다. 그러나 최근의 뇌인지 과학이론에 따르면 인간의 뇌 발달은 경험과 환경과의 상호작용에 의해 달라지며 유아 초기 경험은 두뇌의 구조를 형성하는데 도움이 된다고 보았다(곽노의 · 김유미, 2000).

뇌인지 과학이론은 "인간의 두뇌는 현저한 변화능력이 있다"고 생각하므로 유아기에 경험하게 되는 부정적 경험이나 적절한 자극의 결핍은 다른 어느 시기보다 그 피해가 훨씬 크다고 보았다. 또한 인간의 발달, 학습능력 및 정서조절능력에 결정적이고 지속적인 영향을 준다고 보고 있다. 따라서 유아기 유전적 이상이나 신경학적 손상은 조기예방과 개입이 효율적이겠지만 집중적이고 잘 설계된 개입을 통해 인지적 · 사회적 · 정서적 손상을 겪은 아동들의 미래를 개선시킬 수 있다고 보는 견해이다(이화영 외, 2006).

두뇌와 학습에 대한 지금까지의 연구결과에 따르면 두뇌의 발달은 앞의 전두엽에서 뒤의 후두엽 쪽으로 이동하면서 발달한다. 따라서 전두엽을 자극하는 과정부터 시작해서 후두엽을 자극하는 과정으로 변화해 가는 것이 가장 이상적이고 효과적인 학습방법이 된다. 또한 단기기억 위주의 암기식 선행교육은 창의적 사고형성에 큰 도움을 주지 못한다. 따라서 이해를 바탕으로 한 장기기억 강화학습이 매우 중요하며, 선행학습보다 뇌 발달에 맞는 적기교육이 학습목표가 되어야 한다고 보았다(서유헌, 2003).

인간이 태어났을 때 뇌의 무게는 350g, 성인이 되면 1400g으로 늘어난다. 뇌는 세포분열은 하지 않으나 뇌의 무게가 늘어난 것은 바로 뉴런과 뉴런 사이를 연결하는 시냅스라고 하는 '3차원의 정보그물' 때문이며 이러한 시냅스의 복잡한 연결은 오감을 통한 경험에 의해 발달된다. 아동이 만 7세 정도가 되면 뇌의 90% 이상이 발달된다고 한다. 아동을 위한 수 · 과학교육에도 뇌인지발달에 근거한 초기 경험의 중요성을 인식할 수 있다. 따라서 수학에 대한 좋은 경험 · 자신감 · 즐거움 등은 후기에 수학이 즐거운 활동이라는 것을 기억하게 해줄 수 있다.

특히, 두뇌발달 교수－학습은 어떤 특수한 한 가지 접근에만 의존하거나 특정영역에만 관심을 두지 않고 총체적인 접근을 취하며, 교수를 발달적이고 사회문화적이며 포괄적인 관점으로 본다. 최근 현장에서 널리 보급되고 있는 현장학습, 주제중심접근, 통합교육과정, 다중지능활용, 수행평가, 구성주의 학습, 자기 주도적 학습 등은 전반적으로 대뇌발달 교수－학습과 같은 맥락에 있다고 보겠다.

3. 아동 수·과학 교육과정의 변천

아동의 수·과학교육은 교육과정과 밀접한 관계 속에서 발달되어 왔다. 생활 속에서의 수학적 경험이 교육과정 속에서 체계적인 학습을 이루도록 교과영역 속에 포함되어 있다. 1969년 유치원 교육과정이 처음으로 제정·공포된 이후, 현재 교육인적자원부는 2007년 12월 13일, 유치원 교육과정 개정안을 확정·발표했다. 이번 개정은 지난 1998년 6월 30일에 고시한 '제6차 유치원 교육과정－건강·사회·표현·언어·탐구생활의 5개 생활영역으로 구성되어 있던' 것을 급변하는 시대상황에 맞게 개정·보완하는 '수시 개정'작업의 일환으로 추진해 왔으며, 이날 확정된 개정안은 2009년부터 유치원에 적용될 것이다. 제7차 교육과정은 6차 교육과정과는 달리 두드러진 특징이 있다.

즉, 학생 개개인의 수준별 편차를 고려하여 필수학습내용을 정선하고, 학습위계와 난이도에 따라 단계별로 조직되었다. 한 마디로 이를 요약하면 '단계형 수준별' 교육과정인 것이다. 수학영역을 간단하게 비교해 보면 다음 〈표 14-2〉와 같다.

〈표 14-2〉 교육과정의 비교

6차 교육과정	수, 연산, 도형, 측도, 관계의 다섯 개 영역	◇학습량이 경감된 것을 알 수 있으며, 학습자 중심의 다양한 활동이 강조되었음을 알 수 있다.
7차 교육과정	수와 연산, 도형, 측정, 확률과 통계, 문자와 식, 규칙성과 함수의 여섯 개 영역	

현재는 제6차 유치원 교육과정(2000)에서는 건강·언어·사회·표현·탐구생활의 5개 생활영역으로 구분되었고, 이중 아동 수·과학교육은 탐구생활영역에 포함되어 있으며 그 영역과 목표는 다음과 같다.

◇주변 생활과 자연현상을 이해하는 데 필요한 기초적인 탐구능력과 태도를 기른다.
◇구체적인 사물의 조작을 통하여 논리·수학적 사고의 기초능력을 기른다.
◇일상생활에서 부딪히는 문제를 창의적으로 탐구하고 다양한 방법으로 해결하려는 태도를 기른다.

6차 유치원 교육과정의 탐구생활영역과 내용은 과학적 탐구, 수학적 탐구, 창의적 탐구의 세 부분으로 나뉘어져 있고 I, II 수준별로 제시하였다.

한편, 보육시설에는 그 동안 아동 수·과학교육의 내용뿐만이 아니라 모든 영역별 교육적 기초를 교육인적자원부 유치원 교육과정에 기초하고 있었으나 아동의 관점에서 실제 생활과의 경험적 연계성을 고려할 때 부적합한 부분이 지적되어 보육의 시대적 요구를 반영한 국가 수준의 보육지침과 실제에 적합한 보육과정을 개발할 법적 필요성이 강조되었다(정혜숙, 2005). 이러한 보육인들의 바람은 2006년 국가 수준의 '표준보육과정'을 구성하여 보육지침을 제정 · 공고하는 결과를 가져왔으며, 표준보육과정개발은 2004년 12월 착수하여 2005년 11월까지의 연구기관과 공청회를 거쳐 국가 수준의 보육지침을 공고하게 되었다(여성가족부, 2005). 표준보육과정의 구성은 다음과 같다.

◇ 사회, 의사소통, 신체, 운동, 예술경험, 자연과학탐구, 기본생활의 6개 영역으로 구성되어 있다.
◇ 각 영역은 2세 미만, 2세, 3~5세로, 만 0세에서 5세까지의 폭넓은 연령층을 세 연령집단으로 구분하였다.
◇ 각 연령구분 안에서 1~3수준까지 다시 구분하였다. 여기서 수준이란 연령 · 발달 · 개인차를 포함한 의미로 연령을 중심으로 발달적 개인차를 고려하는 융통적인 의미로 사용되어 연령집단의 보육목표와 내용에 대한 지침을 명확히 알고 사용하도록 하였다.
◇ 영유아를 위한 목표와 내용 그리고 보육교사의 역할에 대한 부분을 함께 제시하였다.

수학과 과학영역에 속하는 자연과학 탐구영역의 목표는 주변의 여러 가지 사물과 자연환경을 지각하고 호기심을 가지며 지속적으로 탐구하는 태도와 기초능력을 기르는 것이므로 구체적으로 살펴보면 다음과 같다.

◇ 주변의 여러 가지 사물과 자연환경에 대해 지속적으로 호기심을 가진다.
◇ 일상생활의 여러 상황과 문제를 수학적으로 이해하고 해결하기 위한 기초능력을 기른다.
◇ 주변의 여러 가지 사물과 자연환경을 탐구하고 이해하는 데 필요한 기초능력을 기른다.

표준보육과정 자연과학탐구 영역의 세 가지 내용 범주는 일상생활에서 지속적으로 탐구하기 위한 태도측면으로서 어떤 교육내용에서 독립적으로 다루기보다는 주변의 사물과 자연환경에 대하여 관심을 가지고 과학적으로 수학적으로 끊임없이 알아가고자 하는 통합적인 방향에 중점을 두어야 한다. 자연탐구 영역의 연령별 내용체계는 탐구적 태도, 수학적 탐구, 과학적 탐구로 구분하여 다음의 〈표 14-3〉과 같이 제시하였다.

〈표 14-3〉 자연탐구영역의 연령별 내용체계

내용범주	1수준(2세 미만)	2수준(2세)	3수준(3세~5세)
탐구적 태도	·주변의 사물과 환경에 관심 가지기 ·반복적으로 탐색하기	·주변의 사물과 환경에 호기심 갖기 ·반복적으로 탐색하기 ·문제해결에 관심가지기	·주변의 사물과 환경에 대한 호기심 지속하기 ·탐구심 가지기 ·기초 탐구기술 활용하기
수학적 탐구	·수량 지각하기 ·주변 공간 탐색하기 ·비교하기 ·간단한 규칙성 지각하기	·수량관계 인식하기 ·공간과 도형 인식하기 ·비교하기 및 순서인식하기 ·간단한 규칙성 인식하기 ·구분하기	·수 개념 형성하기 ·공간 및 도형 개념 형성하기 ·측정하기 ·규칙성 이해하기 ·자료수집 및 분석하기
과학적 탐구	·주변의 사물 지각하기 ·주변 생명체에 관심가지기 ·자연현상 지각하기	·물체와 물질의 특성 탐색하기 ·주변 생명체의 외적 특성 알기 ·자연현상 인식하기 ·생활 속의 도구와 기계에 관심가지기	·물체와 물질의 기본 특성 알기 ·생명체와 환경과의 관계 알기 ·자연환경 이해하기 ·도구와 기계 활용하기

4. 수·과학교육의 교수 및 학습방법

아동은 늘 변화를 원한다. 즉, 변화를 원한다는 것은 교수자의 노력과 연구를 필요로 한다는 것이다. 또한 아동은 교사가 전달하는 지식을 수동적으로 받아들이는 존재가 아니라 능동적인 존재로서 사물에 대한 관심과 끊임없는 사고력을 증진하고자 하는 욕구를 가지고 있다.

아동은 발달적 특성상 실제 상황에서 구체물을 다루고 체험함으로써 자신의 지식을 구성하고 논리·수학적 지식을 형성하게 된다. 그렇기 때문에 이러한 발달기에 있는 아동에게는 시각적인 매체를 통한 학습방법과 상징적인 경험을 함께 제공함으로써 수·과학 개념을 형성하고 인식해 가는 것이 중요하다.

교사는 이러한 발달기에 있는 아동을 위한 언어선택을 통한 상호작용을 하도록 돕는 것이 필요하며, 아동 스스로 수·과학활동에 능동적으로 참여하여 탐구할 수 있도록 적절한 교수·학습방법을 연구 적용해야 한다.

1) 교수 및 학습방법

아동에게 수·과학을 가르칠 때 지나치게 목적의식을 통해 접근하는 것은 바람직하지 않다. 무엇보다 중요한 것은 아동의 정서적·발달적·개별적 특성을 고려해야 하여 아동이 능동적으로 흥미를 가지고 참여하도록 돕는 것이 필요하다. 따라서 아동을 위한 수 · 과학 교수방법은 비형식적이며 협력적 상호작용관계를 중요시한다. 이에 따른 아동 교사를 위한 수 · 과학교육의 교수-학습원리를 제시하면 다음과 같다(Breadkamp & Rosegrant, 1995 재인용).

① 아동의 능동적 학습을 격려한다. 교사는 자신의 계획이나 생각을 아동에게 강요하기보다는 아동이 자율적 선택과 자발적 활동의 가치를 인정하도록 격려해야 한다.
② 아동의 구체적 조작경험을 제공한다. 인지발달단계의 특성상 아동기에는 지필식학습보다 활동 중심의 학습이 바람직하다. 또한 이 시기에는 경험적 추상과 관련짓지 않고는 내성적 추상이 일어나기 어렵다. 따라서 아동이 논리 · 수학적 지식을 습득하려면 실제 물체를 조작해 보는 경험이 반드시 필요하다.
③ 아동이 개인차를 수용해야 한다. 즉, 교사는 아동 자신의 수준에서 자신만의 방법을 통해서 자신의 수 · 과학적 지식을 구성하도록 도와주어야 한다.
④ 아동에게 표현의 기회를 제공한다. 말로 표현하는 것 외에도 글로 쓰기, 그림 그리기, 몸으로 표현하기, 전시하기 등 다양한 표현방법을 사용하는 것이 바람직하다.
⑤ 또래나 교사의 상호작용을 강조한다. 또래와의 상호작용을 통해 아동 자신과 타인의 생각이 다를 수 있다는 것을 알게 되고, 자신의 생각을 객관적인 입장에서 봄으로써, 자신의 생각을 수정하고 확장한다.
⑥ 결과보다는 과정에 관심을 기울인다. 아동의 답이 옳고 그른지 즉각적인 판단을 내려주기보다는 아동이 그러한 결과에 도달하게 된 과정에 관심을 갖는 것이 필요하다.
⑦ 상황에 적절한 다양한 교수-학습방법을 활용한다. 설명, 시범, 발견, 지도적 발견, 주제접근 등의 교수 · 학습방법을 상황과 필요에 따라서 적절히 활용하도록 지도하는 것이 효율적이다.

2) 수 · 과학지도를 위한 교사의 역할

교사는 자기가 맡은 학급에서 핵심적이며, 리더로서의 역할이 되어야 한다. 물론 수 · 과학교육에 있어서 목표관이나 수학과 과학에 대한 관심 갖기, 태도 기르기, 교수법 등은 아동의 직접적인 환경이 된다. 그러므로 교사는 아동의 발달적 특성을 인식하고 이에 적합한 활동과 교수-학습방법을 잘 적용할 수 있도록 끊임없는 노력과 연구가 필요하다. 여기서 구성주의 교사의 역할에 대해 다시금 강조하고자 한다(Chiristine & Lory, 2000, 재인용).

첫째, 교사는 활동소개자(presenter)이다. 교사는 아동에게 활동을 소개하고 선택권을 주며 활동에 참여하고 있는 아동에게 아이디어를 제시하여야 한다. 유능한 교사는 교실에서 이루어지는 의도된 활동을 소개하고 견학과 산책을 통해 배울 수 있는 수·과학적 활동을 제시하거나 아동들이 주변 세계에 대해 느끼고 탐색할 수 있도록 격려해주면서 자연스러운 상황에서도 수·과학활동을 유도할 수 있다.

둘째, 교사는 관찰자(observer)이다. 교사는 관찰을 통하여 아동들이 무엇을 이해하고 있는지, 무엇에 흥미를 느끼고 있는지에 대한 정보를 얻는다. 관찰은 교육과정을 수립하고 적용, 평가하는 데 있어서 토대가 되며, 교사가 아동이 어떻게 상호작용해야 하는지 결정해준다.

셋째, 교사는 질문자(question asker)이며, 문제제기자(problem poser)이다. 교사는 아동을 방해하지 않으면서 이론정립을 고무할 수 있는 질문과 문제를 제기하여야 한다. 교사가 하는 질문의 목표는 일반적으로 아동이 문제해결력과 타인의 조망 또는 감정수용능력 등을 발달시킬 수 있는 것이어야 한다.

넷째, 교사는 환경구성자이다. 교사는 수·과학활동을 위한 환경을 구성하고, 아동의 수·과학활동을 유지하고 확장하는 역할을 해야 한다. 아동이 일상생활 속에서 하는 다양한 경험이 수·과학적 경험이 될 수 있기에 학습환경은 주의 깊게 그리고 명확하게 구성하여 아동이 어떻게 해야 할지를 알 수 있도록 하여야 한다. 수·과학환경에서 편리한 통로, 융통성, 접근의 용이성, 영역간의 교류, 자기 주도성, 사회적 상호작용 등은 교사의 역할에 영향을 준다.

다섯째, 교사는 공보관리자(public relation manager)이다. 교육의 노력이 성공을 거두기 위해서는 많은 사람들의 이해와 지원이 결정적인 역할을 한다. 따라서 교사는 아동이 쓴 글씨, 만든 표지판, 그림 등을 교실 벽면에 게시하여 준다. 아동들은 이렇게 자신들이 했던 수·과학활동에 대한 결과물을 보고 지식을 공동으로 공유할 수 있고 성취감과 자부심을 느끼기도 한다.

여섯째, 교사는 교실문화의 조성자(contributor to the classroom culture)이다. 교사는 아동에게 개방적인 질문을 하고 활동자료를 아동들이 접근하기에 용이하도록 배치하며 그들의 아이디어와 탐색과정을 알아내어 기록한다. 문제해결을 위해 아동들이 제안하는 모든 반응에 긍정적이고 열정적인 방법으로 응답할 때, 교사는 바로 아동 수·과학 교육환경을 조장하고 자기 확신적인 교실문화를 직·간접적으로 만들게 되는 것이다.

5. 수 · 과학교육에서의 평가

'평가'란 원래 '가치를 따져 값을 매긴다'는 뜻으로서 '어떤 사람이나 사물, 혹은 방법이나 절차의 옳고 그름, 우수함과 열등함, 좋고 나쁨, 그리고 그 수준이나 정도를 따는 일'이라고 할 수 있다. 평가는 양적 평가와 질적 평가로 구분할 수 있다. 아동의 학습평가는 최근까지도 성숙주의 관점에서 사용되어져 왔던 발달적 준비도 검사나 행동주의 관점에서 사용되어져 왔던 표준화된 검사와 성취도 위주의 평가가 유아교육현장의 일반적 평가로 인식되어 왔다(Wortham, 2000). 이와 같은 평가들은 아동의 학습의 성취와 진보를 평가하는데 한계를 가지고 있다. 아동을 둘러싸고 있는 주변 환경의 영향과 잠재적 발달 가능성을 고려하여 평가하지 못하는 한계를 가지고 있다. 즉, 전통적인 평가는 교수－학습이 끝난 후에 미리 준비된 질문을 사용하여 아동의 반응을 이끌어낸 후, 학습의 결과를 평가하는 것에 초점을 둔 협의적인 평가라고 할 수 있다(안경숙, 2003). 최근 미국에서는 교수와 평가를 통합적으로 보고 교수에 평가를 적용하려는 움직임이 일어나고 있다(Beverly et al.,1997).

아동기에 발달에 접합한 평가유형으로는 총체적 평가(holistic assessment), 심층적 평가 또는 참 평가(authentic assessment), 역동적 평가(dynamic assessment)를 들 수 있는데(Cain, 2002; Hein & Price, 1994), 포트폴리오평가는 이러한 평가의 한 유형이다. 대부분의 유아교육현장에서는 현재 포트폴리오평가를 많이 하고 있는데 이는 아동의 보육과정의 사회, 의사소통, 신체, 운동, 예술경험, 자연과학탐구 전 영역에서 적합하게 활용될 수 있으며, 통합적 접근 또는 단원 중심 등 다양한 프로그램에서도 적절하게 활용될 수 있다.

특히, 수 · 과학내용이 포함된 자연과학 탐구영역은 아동들의 직접적인 활동 및 그 과정에 대한 탐구를 강조하고 있으며, 많은 연구들이 포트폴리오평가가 아동을 위한 수 · 과학영역에서 매우 적절한 평가라고 입증하고 있다(이정화, 1999; 송명섭, 1997). 즉, 유아교육에서 수 · 과학활동은 특정기능, 정보, 지식을 획득하는 데 초점을 두기보다는 수 · 과학 태도, 자신감, 과정에 대한 이해 등이 강조되고 있다. 이러한 측면에서 수 · 과학영역의 포트폴리오평가적용은 아동이 평가과정에 직접 참여할 수 있고, 아동 스스로 학습활동목표를 세울 수 있으며 그 목표에 도달하기 위한 과정을 스스로 체크해 볼 수 있다는 점에서 매우 적절하다.

이러한 과정은 아동으로 하여금 다양한 능력을 갖추어가는 데 필수적인 요소가 되며 궁극적으로 긍정적인 태도를 형성할 수 있는 방법이 된다. 그러나 이러한 평가의 참된 의미를 현장의 교사가 잘 알지 못한다면 포트폴리오 평가의 현장적용은 교사에게 많은 부담을 주고 형식적인 평가에 될 수 있다. 특히 보육기관의 경우 아동 하나 하나를 보육함에 있어 평가는 또 다른 하나의 직무로 여겨질 수 있기 때문에 지속적인 교사들의 인식, 자질을 위한 교육이 필요시된다.

제 15 장 영유아프로그램 개발과 평가

영유아를 위한 프로그램의 개발과 평가를 위해서는 최근 영유아프로그램의 동향을 살펴보고 현재 우리나라의 교육과 보육현장에 적용되고 있는 외국의 우수한 영유아프로그램과 우리나라에서 진행되고 있는 영유아프로그램을 고찰하는 것이 필요하다. 그리고 2007년 1월 3일부터 실시되고 있는 표준보육과정과 보육평가를 소개하고 마지막으로 수행평가의 일환인 포트폴리오평가를 알아보고자 한다.

1. 프로그램의 동향

영유아프로그램의 최근 동향으로는 ① 주제중심통합교육, ② 프로젝트접근과 스캐폴딩(scaffolding), ③ 발생적 교육과정운영, ④ 발달에 적절한 교육과정운영, ⑤ 학습에서의 사회적 상호작용의 필요성 강조, ⑥ 과정과 기술, 정서 및 태도의 발달 중시, ⑦ 수행평가 강조를 들 수 있다(이영자 외, 1999).

첫째, 주제중심통합교육이란 분리된 여러 교과목으로 영유아에게 학습시키는 것이 아니라, 하나의 주제를 중심으로 여러 교과를 통합하여 학습시키는 프로그램을 말한다. 이 프로그램의 강점은 영유아의 흥미와 능동성을 높일 수 있다는 것이다. 그러므로 이 프로그램을 운영하는 교사의 세심한 관찰과 계획 · 준비가 무엇보다도 중요하다. 구체적으로는 선정한 주제에 대하여 개념과 아이디어 전개망 구성, 활동망 구성, 주간계획 및 일일계획구성, 환경구성, 활동운영 및 평가의 순환적 과정을 프로그램 운영자가 영유아의 흥미와 요구에 대해 지속적으로 관찰해 가면서 운영해야 한다.

둘째, 프로젝트 접근법이란 Katz와 Chard(1989)가 제안한 것으로서, 주제를 선정하는 기획단계에서부터 영유아의 의견을 반영하여 활동을 수행하는 것을 말한다. 이는 영유아가 관심이 있는 주제를 선정하여 스스로 적극적인 관찰과 탐구활동을 할 수 있게 한다는 특징이 있는데, 이 과정에서 교사나 또래의 아이디어가 영유아의 활동수준과 근접발달영역에 비계설정(scaffolding)을 함으로써 더 효과적인 교육을 할 수 있게 한다.

셋째, 발생적 교육과정(emergent curriculum)운영이란 매일의 일과에서 발생하는 아이디어와 홍미에 강조를 두어 계획하는 교육과정운영을 의미하는데, 유아는 자신이 관계, 의미, 홍미를 발견한 상황 속에서 가장 잘 학습하기 때문에, 교사는 미리 정해진 교육과정의 틀은 종합적인 아이디어로 사용하고 일상생활에서 발생하는 발생적 교육과정의 운영도 고려하여야 한다(Hisch, 1987; Bennett, 1988; 이기숙 재인용).

넷째, 발달에 적절한 교육과정운영이란 연령별 발달 / 학습에 대한 연구결과가 반영되어지고, 같은 연령 내에서도 개별적 발달단계, 요구와 홍미 등이 반영되도록 교육과정을 운영하는 것을 말한다. 참고로 발달에 적합한 교수학습방법은 뒤에서 자세히 살펴보기로 한다.

다섯째로 최근 학습에서의 사회적 상호작용의 필요성이 강조되고 있는데, 특히 Vygotsky의 연구들이 알려지면서 사회적 상호작용이 생각을 매개하는 도구이며, 비계설정 등의 사회적 상호작용으로 발전된 인지발달을 이룰 수 있도록 안내할 수 있다는 의견들이 제시되었다. 즉, 교사와 유능한 또래와의 상호작용이 유아의 근접발달지대에 적절할 때 유아의

〈참고〉 발달에 적합한 교수학습방법

- 영아를 위한 교수학습방법으로는 놀이를 통한 학습, 개별화, 생활중심학습과 통합적 방안을 들 수 있다. 2세 이하의 영아는 연습놀이를 주로 하고 신체운동능력을 활용하여 반복적으로 행동을 되풀이하고 영아 개개인의 특성에 따라 적절한 방법으로 지도해야 하고 일상생활에서 여러 가지 기술을 배우면서 독립심과 자립심, 책임감과 자발적으로 주위 사람을 도울 수 있도록 생활 중심의 교수학습방법을 가져야 하며 모든 활동은 통합하여 활동하여야 한다.
- 유아를 위한 교수학습방법은 구체적이고 창의적인 환경에서 활동을 다양하게 준비하여 유아가 선택할 수 있게 하고 암기학습이나 분절된 학습보다는 통합적인 발달이 이루어지게 하고 교사 주도적이고 추상적인 대집단활동보다는 개별적이고 물리적인 활동을 강조하며 교사의 긍정적인 지도와 교실분위기를 조성하여 활동하여야 한다.
- 아동을 위한 교수학습방법은 아동의 능력, 홍미 수준에 알맞은 개별화지도를 하고 지역사회시설이용견학, 대화와 토론, 발표회, 운동경기, 자연과학, 실험, 조사, 수집, 답사 등 직접적인 경험 중심의 지도를 하고 지역사회의 인적 자원을 활용하여 활동하고 그 여러 활동 중에서 스스로 선택된 활동을 하게끔 하여야 한다(고문숙 외, 2002).

발달 및 학습에 도움이 된다는 것인바, 이는 학습면에서뿐만 아니라 자연적인 상황에서 아이들을 만나 상호작용하기 어려운 사회구조 속에서 아이들의 사회성 발달에도 큰 영향을 미치므로 더욱 중요한 면으로 인식되고 있다.

여섯째로 최근의 영유아프로그램은 지식과 이해의 발달뿐만 아니라, 과정과 기술의 발달도 강조하며, 지식과 기술을 실제 적용하는 기회를 가져 영유아가 학습에 대한 긍정적 정서 및 태도를 가지게 되도록 학습과정을 고려하는 경향이 있다.

마지막으로, 평가활동에서는 유아의 학습을 보다 명확히 반영하는 수행평가가 강조되고 있다. 유아의 활동관찰기록, 작품과 활동과정을 담은 포트폴리오 등을 통해 유아의 영역별 수행 정도를 평가하고, 평가결과를 교육과정구성 및 운영에 반영함으로써 보다 발달에 적절하고 유아의 흥미를 고려한 교육이 이루어질 수 있기 때문이다.

2. 외국의 영유아프로그램

현재 우리나라에서 소개되어 적용되고 있는 외국의 영유아프로그램으로는 프뢰벨 프로그램, 몬테소리 프로그램, 프로젝트 접근법, 레지오 에밀리아 접근법, 프로젝트 스펙트럼 접근법, 발도로프 프로그램 등이 있다. 각 프로그램의 배경과 교육목표 및 원리, 교육내용과 방법, 한국에서의 적용을 정리하여 살펴보고자 한다(이순형 외, 2005).

1) 프뢰벨 프로그램

프뢰벨 프로그램은 어린이정원(Kindergarten)이라는 유치원의 이름을 사용한 최초의 교육가 프뢰벨(1782~1852)의 교육사상에서 출발한 프로그램이다. 그는 아동을 독립적이고 자주적으로 보는 아동 중심적 아동관을 가진 교육가였고 그의 교육의 목표 및 원리는, 아동은 발전 가능성을 지니고 있어 발달단계를 거치면서 나선형으로 성장하고, 신이 만든 자연과 우주의 법칙에 가까이 다가가기 위해서 아동은 수학을 통해서 논리를 배워야 한다고 하였다. 그의 교육내용은 10개의 교구로 만들어진 인지활동프로그램과 10개의 손으로 하는 활동으로 구성되어 있으며 이를 은물 또는 가베라고 한다.

일과구성은 오전 오후 모두 은물활동이 포함되고 밭에서 꽃이나 농작물을 키우는 노작활동도 포함된다. 프뢰벨 프로그램은 유아교육학자들이 아닌 기업에 의해 확산되었고 현재의 프뢰벨 프로그램은 은물을 가지고 자유롭게 놀이하는 가운데 은물의 특성을 탐구하게 하는 것이 아니라, 은물을 가지고 노는 방법을 가르치는 것으로 왜곡되고 있다.

2) 몬테소리 프로그램

몬테소리 프로그램은 이탈리아의 최초의 여의사인 마리아 몬테소리(1870~1952)에 의해 만들어졌다. 그녀는 정신지체아동을 위해 아동이 사물을 만지거나 느끼는 과정에서 가장 잘 학습한다는 원리에 의거한 교육방법을 개발하여 일반 아동에게도 적용하였다. 그녀는 아동은 자신의 성숙기제에 의해 스스로 학습한다는 자동교육개념과, 아동에게는 자신의 환경 속에서 다른 모든 것들을 배제하고 오직 하나의 특성에만 몰입하는 일정한 기간(민감기)이 있다는 점, 그리고 아동은 처한 환경을 무의식적으로 흡수하여 지식을 획득하는 능력을 가지고 있음을 주이론적 배경으로 하여 준비된 환경과 준비된 성인, 책임을 동반한 자유를 가지고 교육을 해야 한다고 하였다.

몬테소리 프로그램의 교육내용 및 활동은 일상생활, 감각, 언어, 수학, 사회적 행동 등의 영역으로 구분되었으며, 몬테소리 교구는 아동에게 어떤 기술을 가르치거나 지식을 전달하는 것인 아닌 아동의 자아형성과 정신적 발달을 내적으로 돕기 위한 것으로 사용하여야 한다.

현재 우리나라에는 몬테소리 교구가 많이 보급되어 사용되고 있으나 교육원리나 교구사용법에 대한 인식은 낮은 실정이다(이순형 외, 2004).

3) 프로젝트 접근법

프로젝트 접근법은 Katz와 Chard에 의해 제안된 프로그램으로 1920년대 듀이의 진보주의 교육에서 열린교육과정의 일환으로 관심이 된 활동이 재정리된 방법이다. 이는 아동들이 관심 있어 하는 주제를 스스로 선정하여 다양한 측면에서 연구 조사하는 확장된 주제학습이다. 프로젝트 접근법은 교사와 아동과 부모, 지역전문가의 조력을 필요로 하며 한 가지 주제에 다양한 활동을 통하여 학습되어지기 때문에 다양한 영역의 지식과 개념들이 통합적으로 획득될 수 있다.

프로젝트의 전개는 준비단계로 주제를 선정하고 유아의 이전 경험을 표현하여 주제의 이해 정도를 파악하고 브레인 스토밍(생각 모으기), 유목화, 주제망 그리기의 단계를 거치며 질문목록을 작성하고 실제 프로젝트를 전개하면서 조사탐구활동, 견학을 하고 마무리 단계로 전시회 및 발표회를 거쳐 전체 활동과정을 평가하는 시간을 갖는다(고문숙 외, 2002).

4) 레지오 에밀리아 접근법

레지오 에밀리아 접근법은 이탈리아의 북부지역에 위치한 레지오 에밀리아 시가 운영하고 있는 시립유치원에서, 30여 년 전부터 지금까지 실시해오고 있는 프로젝트 접근법으로 상징적 표상에 체계적인 초점을 맞추어 운영하고 있는 유아교육방법이다.

레지오 접근법에서는 유아들의 교육적 욕구나 흥미는 매우 임시적이고 유동적이어서 이를 사전에 계획하는 것은 의미가 없으므로 유아의 흥미를 바탕으로 발현적으로 주제를 선정하고 있다. 학습과정은 유아의 흥미를 바탕으로 한 발현적 주제, 혹은 성인에 의해 선정된 주제를 선정하고 이 주제를 해결하기 위한 다상징적 매체가 주기적으로 이용된다. 그 순서는 구술적 분출, 첫 그리기와 토의, 가상해보기, 참고자료로서 그림의 사용, 현장경험, 경험 후 그리기, 확장, 심화, 발전된 확장과 심화의 9주기 과정을 거친다고 하였다(고문숙 외, 2002).

5) 프로젝트 스펙트럼 접근법

프로젝트 스펙트럼 접근법은 1980년대 미국교육체계의 문제점의 발견과 해결책 모색이라는 시대적 흐름 속에서, 펠트만의 영역별 발달이론과 가드너의 다중지능이론에 기초를 둔 프로그램으로 지능에 대한 보편적 사고를 변화시켜 새로운 가능성으로 제시하였다. 스펙트럼은 사람들이 인지적 문제해결이라고 보지 않는 신체활동 · 예술활동 등을 인지영역에 놓아 아동과 아동의 수행을 평가하는 방식으로 아동의 강점을 발견하고 이를 칭찬함으로써 강점을 강조시킨다.

이는 가드너의 7지능(언어, 논리수학, 대인간, 음악, 공간, 신체, 개인 내)에 근거하여 스펙트럼활동을 운동 · 사회 · 언어 · 시각예술 · 수학 · 음악 · 과학 · 작업유형으로 정의하고 학습활동의 유형(유아 중심 소집단, 교사 주도 소집단, 유아 중심 대집단, 교사 주도 대집단)을 나누고 가정에서의 활동을 선정하여 가정과 연계를 하고 유아용 평가활동, 관찰보고서, 스펙트럼 프로파일의 3요소로 평가하여 아동의 강점과 약점을 기술하여 아동의 활동에 참고한다. 아직 스펙트럼 프로그램은 이론적 측면이 강조되는 프로그램으로 다중지능에 대한 체계적인 지식이 축적되지 않으면 실시가 어려울 수 있다(이순형 외, 2004).

6) 발도로프 프로그램

발도로프 프로그램은 19세기 중엽 유럽의 자유학교운동의 흐름 속에서 루돌프슈타이너

(1861~1925)의 인지학적 인간학의 기초에서 시작하여 1919년 최초의 발도로프 학교가 생긴 이후부터 지금까지 개혁교육 · 대안교육의 모델이 되고 있다. 발도로프 교육은 모방과 본보기 교육이고 감각을 중시하며 리듬과 반복을 중시하는 생활교육이고 상상력발달을 중시하는 창의성과 감성교육이다. 발도로프 유치원에서는 구조화된 놀잇감과 비디오 등의 매체를 배제하고 교사에 의해 만들어지는 나무 블럭, 나무그릇, 천연염료의 염색천 등의 놀잇감으로 놀이하고 아이들과 인형 만들기, 절기음식 만들기, 수놓기, 바느질, 특별한 날 준비하기 등의 예술작업, 동화 및 이야기 들려주기와 인형극, 라이겐, 그리기, 노래 등으로 구성되어 활동한다. 발도로프 교육의 한국 현장적용은 범기독교적 관점을 바탕으로 종교적 색채가 강하게 느껴지며, 슈타이너의 인지학에 대한 이해가 어렵고 한국적 토착화가 아직 충분하게 이루어지지 않은 어려움이 있다. 또한 고정화된 단일 연령편성과 자연과의 교감을 강조하는 교육방침과 거리가 먼 여건의 유아시설들도 발도로프 프로그램 적용의 문제점이라 할 수 있다(이순형 외, 2004).

3. 그 밖의 영유아프로그램

우리나라에서 또한 관심을 가지고 실천되고 있는 영유아프로그램에는 혼합연령프로그램, 장애아통합프로그램, 반편견프로그램, 영재아프로그램, 생태유아교육프로그램 등이 있다(이순형 외, 2004).

혼합연령프로그램은 의도적으로 연령이 2년 이상 차이가 나는 영유아를 혼합하여 반을 운영하는 것이고, 장애통합프로그램은 모든 아동이 정상적인 생활을 할 권리가 있다는 측면과, 장애아가 일반 시설에서 보육 · 교육되는 통합환경이 장애교육에 도움이 된다는 점에서 실시되고 있다. 우리나라에서는 장애아교육법의 법적 근거를 통하여 장애통합과정을 운영하기를 장려하고 있다.

반편견프로그램은 인종 · 민족 · 국적 · 종교 · 장애의 유무에 의해 차별보육을 해서는 안 되고 그러한 조건과 환경에 따라 편견을 가지고 보육해서는 안 된다는 것으로 외국인 노동자의 국내취업과 국제결혼 등으로 늘어나는 다민족적 사회구조가 나타나는 현실에 비춰 의미 있는 프로그램이 되고 있다.

마지막으로 영재아프로그램은 우수한 지적 능력을 가지고 태어난 영유아를 위해 별도의 프로그램을 구성하는 것이다. 하지만 영재아프로그램의 경우 선발과정과 입시제도 위주의 인지교육의 현실에서 영재를 만들고자 하는 왜곡된 형태로 나타나는 경우가 있다.

그리고 자연과 인간을 공존적 존재로 보는 자연친화적 자연관과 자연지배의 기술지향주의를 벗어나 자연의 생물학적 생존권을 인식하고 인간과 자연이 공존하는 삶의 영역을 개척함으로써 인간과 자연의 지속가능성을 확보하자는 세계관을 바탕으로 하고 유아교육에도 생태교육접근법을 강조하고 있다(이순형 외, 2004). 잃어버린 자연을 되찾아 주고 잃어버린 놀이를 되찾아 주고 아이다움을 되찾아 주고자 노력하고 있다(임갑빈 외, 2004).

4. 표준보육과정과 보육평가

1) 표준보육과정

영유아보육법 시행규칙 제30조에 의거하여 2007년 1월 3일 고시된, 현재 우리나라의 표준보육과정에 대하여 알아보고자 한다.

표준보육과정은 영유아의 전인적인 성장과 발달을 돕고 민주시민으로서의 자질을 길러 영유아가 심신이 건강하고 조화로운 사회구성원으로 자랄 수 있도록 하는 목적을 가지고 만들게 되었다. 유치원교육과정처럼 일관된 보육프로그램의 정립이 없이 각자 자율적인 프로그램에 의지하였던 어린이집의 보육과정이 이번 표준보육과정의 제정을 통하여 질적인 발전을 가져오는 계기가 되었다.

표준보육과정은 **기본생활, 신체운동, 사회관계, 의사소통, 자연탐구, 예술경험**의 여섯 영역의 체계로 구성되어져 있으며, 각 영역은 영유아가 건강하고 안전하며 바르게 생활하는 데 필요한 내용과 신체, 사회, 언어, 인지, 정서 등 전인적 발달을 위해서 영유아가 갖춰야 할 지식 · 기술 · 태도를 포함한다.

연령집단은 만 2세 미만, 만 2세, 만 3~5세 영유아로 구분한다. 각 영역은 연령별 목표와 내용을 기술하되, 세 연령 집단의 보육목표와 내용을 계열성 있게 경험하도록 제시하였고, 각 연령집단별 보육내용은 각각의 수준으로 나누어서 구분되어진다. 수준은 연령 · 발달 · 개인차를 의미하며 보육과정에서 만 2세 미만 보육내용은 1 · 2 · 3수준, 만 2세 보육내용은 1 · 2수준, 만 3~5세 보육내용은 1 · 2 · 3수준으로 구분한다.

표준보육과정은 총론과 0세아, 1세아, 2세아, 3세아, 4세아, 5세아, 장애아보육프로그램으로 구성되어 있다(여성가족부, 2007).

2) 표준보육과정의 평가

표준보육과정에서는 평가에 대해 다음과 같이 언급하고 있다. 보육과정에 대한 평가는 보육 목표의 달성 정도, 보육내용과 교수학습방법의 적절성 등에 대한 정보를 제공하며, 영유아의 발달 및 성취 정도를 알려준다. 따라서 보육시설은 보육과정에 대한 정기적인 평가를 통해 보육의 질적 수준을 향상시키고 영유아의 전반적인 발달수준을 파악하도록 한다. 평가는 보육과정에 대한 평가와 영유아에 대한 평가로 이루어지며 보육과정의 목표와 내용을 준거로 한다.

(1) 보육과정에 대한 평가

① 보육과정의 질적 관리를 위하여 각 보육시설에서 주기적으로 보육과정구성과 운영에 관한 적절성과 실효성을 평가한다.
② 보육과정의 모든 내용을 포괄적으로 포함하여 평가한다.
③ 영유아의 발달수준, 흥미, 요구에 적합한 경험 및 학습을 촉진할 수 있는 다양한 활동과 교수학습방법이 계획되고 통합적으로 운영되는지를 평가한다.
④ 평가결과는 다음 년도의 효율적인 보육과정 수립 및 운영에 반영한다.

(2) 영유아에 대한 평가

① 영유아의 전반적인 발달특성과 정도를 평가한다.
② 영유아의 성장변화를 질적이고 종합적으로 기술하되 총체적으로 평가한다.
③ 관찰기록 · 작품분석 · 부모면담 등 다양한 평가방법을 사용하여 영유아 자신뿐 아니라 영유아를 둘러싼 총체적 환경을 포함하여 평가한다.
④ 평가결과는 영유아의 전인적인 성장, 생활기록부 작성, 학부모와의 면담자료로 활용한다(여성가족부, 2007).

5. 포트폴리오평가

1980년대 초 NAEYC에서 『*Developmentally Appropriate Practice in Early Childhood Programs*

Serving Children From Birth Through Age 8』를 발표하게 된 시기를 전후로 과거 영유아들에게 사용되었던 표준화 검사에 대한 비판적 견해가 대두되고 있다. 그의 일환으로 전통적인 평가, 체제와는 대비되는 새로운 대안적 평가체제라는 의미로 1990년대부터 사용되기 시작한 수행평가라는 개념은 영유아 스스로 자신의 지식이나 기능을 나타낼 수 있도록 산출물을 만들거나, 행동으로 나타내거나 답을 작성하도록 요구하는 평가방식이다.

수행평가의 여러 기법 중에 포트폴리오를 이용한 평가는 수행평가의 특징을 모두 지니는 동시에 학습자와 교사가 협력하여 목표를 정하고 작품을 선정하고 정한 준거에 따라 평가하는 협동적 평가이고 교수－학습이 순환적으로 이루어지는 평가기법이라는 점에서 학교현장에서의 가치를 인정받고 있다.

영유아교육현장에서 종종 포트폴리오는 작업의 결과나 작품 혹은 어떤 수행의 결과를 모아 놓은 자료집이나 서류철을 의미하며, 포트폴리오를 이용한 평가라 함은 이러한 포트폴리오에 담긴 자료를 기초로 평가하는 것을 의미한다.

따라서 포트폴리오 평가방법은 유아의 지식·기술·태도의 성장을 관찰하고 기록하기 위해서 사용되며, 유아의 수행과정과 결과물을 사진, 비디오테이프, 체크리스트, 일화기록, 관찰기록, 교사와 유아의 개별면담 등을 활용하여 종합적으로 평가하는 방법이다.

제 16 장 영유아교수방법론

1. 영유아교수방법의 이해

1) 교수학습의 정의

'영유아들에게 무엇을 어떻게 가르치는가?' 하는 문제는 영유아교육에 가장 중요한 부분이다. 영유아기는 발달의 모든 측면에서 인간의 전 생애발달 중 가장 급격한 성장이 이루어지는 시기이며, 더욱이 영유아기의 경험은 아동기는 물론 성인기 이후까지 지속적으로 영향을 미치기 때문에 그 어느 시기보다도 중요한 시기라 할 수 있다. 교육은 학습의 기회와 과정을 의도적으로 혹은 계획적으로 제공하는 일이며, 그 과정을 통제하는 행위가 바로 '교육의 행위'라고 할 수 있다(윤정한 외, 2006).

영유아들에게 가르치는 행위를 '교수(instruction)'라고 할 때 배우는 것은 '학습(learning)'이라고 일컬어진다. 좁은 의미에서 교수는 '학문이나 기술을 가르치는 행위'를 말한다. 한편 넓은 의미에서는 '교사가 의도적으로 계획한 교육적 활동'을 의미한다. 따라서 교수란 좁은 의미의 가르치는 기술을 나타내는 기능적인 측면에 덧붙여 인성적인 측면까지 포괄적으로 모두 포함하는 것이다(이성호, 1999).

그리고 협의의 의미의 정의를 보면, 학습은 경험과 연습의 결과로 일어나는 비교적 지속적인 변화로 행동의 변화에서 유전에 의해 타고난 반응경향, 성숙에 의한 자연적 변화와 일시적 변화를 제외한 나머지 행동의 변화를 좁은 의미의 학습으로 정의할 수 있다(Bigge, 1964).

이상과 같이 교수와 학습의 개념은 각각의 개념이 있음에도 불구하고 별개의 개념이 아니라 교사의 지도하에 영유아가 일정한 교육내용을 습득해 가는 통합적이고 연속적인 의미의 교수학습의 과정으로 일컬어지고 있다.

2) 교수학습의 원리

보육현장에서 영유아보육을 효과적으로 하려면, 교사는 모든 활동이 영유아를 중심으로 이루어지도록 구성하여야 한다. 최근에는 아동 중심 교육의 영향으로 인하여 교수학습의 개념은 교사가 영유아에게 지식을 전달하고 주입시키는 방법으로부터 영유아가 활동을 통해 지식이나 기능, 가치를 창조하는 방향으로 크게 변화하였다. 이러한 관점에서 교사가 고려해야 할 교수학습의 원리를 정리하면 다음과 같다(Rogers, 1969).

① 개별화의 원리이다. 이 원리는 교육방법의 핵심적인 활동원리로 모든 지도의 출발점이다.

② 자발성의 원리이다. 학습은 영유아가 학습활동에 의욕을 가지고 능동적으로 참여할 때 최상의 학습이 일어난다. 또한 학습은 영유아가 적극적으로 참여하도록 해야 한다. 즉, 학습은 자기 발전이며 자기 활동인 것이다.

③ 사회화의 원리이다. 사회화의 원리는 학습내용을 현실사회의 사상과 문제를 기반으로 하여 기관에서 경험한 것과 기관 밖에서 경험한 것을 교류시키며 공동학습을 통해 협력적이고 우호적인 학습을 진행시키는 원리이다.

④ 통합의 원리이다. 통합의 원리는 학습활동에 있어서 지식이나 기능의 어느 한쪽 부분의 능력만을 발전시키는 것이 아니라 지 · 덕 · 체와 같은 유아의 행동특성을 조화롭게 발전시키는 원리이다.

⑤ 흥미의 원리이다. 흥미는 모든 활동의 원동력으로 흥미가 없는 학습활동은 영유아에게 아무런 의미가 없고 학습내용 자체가 흥미를 유발하도록 해야 한다. 따라서 영유아가 학습목표를 달성하기 위해서는 학습활동과 학습내용에 관해 흥미를 갖도록 해야 한다.

⑥ 직접경험의 원리이다. 주입식으로 학습내용을 영유아에게 전달하는 것은 학습효과가 없으므로 영유아가 직접경험을 통해서 학습내용을 파악해야 한다. 직접경험의 원리는 어떤 사물에 대한 개념을 인식하는데 언어로 설명하는 것보다는 구체적인 사물을 직접 다룸으로써 학습효과를 얻을 수 있다는 원리이다.

3) 교수학습의 과정

교수학습의 과정은 새로운 지식의 수용과 인지 및 행동의 변화를 말한다. 새로운 지식을 수용하는 과정은 어린이집이나 유치원에서 교사를 통해 이루어지고 또래를 통해 이루어지기도 하며 인쇄매체나 영상매체를 통해 이루어지기도 한다. 영유아가 생활하는 기관에서 이루어지는 교수학습의 과정을 아래와 같이 제시하려고 한다(이순형 외, 2007).

(1) 새로운 지식의 수용과 인지변화

행동주의에 의하면 학습은 자극에 대한 유기체의 반응을 강화시켜 지속시킨 결과다. 유기체는 어떤 자극에 대해서 다양한 반응을 하는데 그 중 어떤 반응이 강화되면 그 반응이 지속적으로 일어나므로 그 결과로 학습이 이루어진다. 인지주의에 의하면 학습은 환경에 대한 유기체의 반응으로서 자신의 인지구조를 변화를 통해 행동의 변화가 이루어진다. 유기체가 자신의 인지구조를 변화시키려면 외부의 자극이 아니라 환경과의 상호작용이 필요하다.

(2) 교사와 영유아의 상호작용

행동주의에 의하면 영유아의 학습은 성인 교사가 역할모델이 되거나 교사가 목표를 설정하고 지식을 전달하는 것을 통해서 이루어진다. 역할모델인 교사가 지시하고 가르쳐 주는 것은 비단 지식과 기술만이 아니라 대인관계에서의 상호작용방식도 포함된다.

한편 인지주의에 의하면 영유아는 성인교사가 아니라 또래들과의 상호작용에서 인지구조의 변화가 발생된다. 교사와는 위계관계지만 또래와는 평등관계다. 위계적 관계는 지시와 순종관계로 교사와 아동 사이의 상호작용은 일방적으로 이루어진다. 한편 평등적 관계는 서로 자극과 반응을 주고받을 수 있는 쌍방적 관계다.

(3) 교수환경의 영향

스키너를 포함한 행동주의 학습모델 이론가들은 학습을 자극과 그에 대한 반응의 연속체로서 파악한다. 한편 반두라가 제기한 사회학습모델에 의하면 영유아는 인간모델을 비롯해 매체를 보고서 그 지식을 수용하고 행동의 변화를 가져올 수 있다. 영상매체와 이외에도 영유아가 속해 있는 가정이나 사회 분위기도 역시 학습에 영향을 미친다. 부모가 학습에 대해서 가지고 있는 가치관이나 양육방식은 물론이고 형제관계와 터울, 부모자녀관계, 가정의 분위기 등도 학습에 영향을 미치는 요인이다.

2. 영유아 교수학습이론의 접근방법

교사는 각기 나름대로 교육에 대한 신념을 가지고 있으며 이러한 신념은 교수학습을 좌우하게 된다. 영유아 교사의 교수학습과 관련된 신념은 영유아가 어떻게 발달하고 학습하는가에 관한 입장을 확고하게 해줌으로써 철저하게 준비된 전문인으로 성장할 수 있게 할 것이다. 따라서 여기서는 교수학습의 이론적 기초가 되는 교육신념을 유아발달의 이론적 관점, 즉 성숙주의 관점, 행동주의 관점, 인지주의 관점, 구성주의 관점의 네 가지 관점에서 다룬다(김진영 외, 2004; 이화여자대학교 교육공학과, 2005).

1) 성숙주의 관점

성숙주의 이론은 철학적으로는 Roussean에 근원을 두며, 심리학적으로는 인간발달이 예정된 패턴대로 전개되어 나아간다는 Darwin, Hall의 이론과 표준행동 발달기준을 제시한 Gesell에 의해 기초된다. 이들은 발달을 개인 내에서 구조가 성숙되는 결과로 보았으며, 인간 행동의 변화를 유전자에 의해 조절되는 신경계의 신체적 성숙이라고 설명한다. 성숙된 준비에 맞춰 동기화가 일어나므로 영유아는 무엇을 배울 준비가 되었을 때 배우고자 하는 열망을 느끼게 된다.

이때 교사는 영유아를 관찰하고 이것에 기초하여 준비된 환경을 제공한다. 제한이 적은 자유선택놀이를 강조하므로 교사의 의도적이고 계획적인 교수활동은 최소화된다. 예를 들어, 성숙주의자들은 영유아들의 읽고 쓰고 셈하는 등의 학습은 영유아의 내적 성숙이 충분히 발달했을 때 쉽게 수행할 수 있으므로, 미리 지나치게 개입하고 재촉하는 것은 바람직하지 않다는 관점을 갖는다. 영유아가 틀린 반응을 하더라도 교정해주지 않으며, 그들의 요구를 들어주고 그에 따른다. 성숙주의에 기초한 영유아교육프로그램은 인지발달보다는 사회정서영역에 초점을 두므로, 따뜻하고 안정된 환경을 제공하는 것을 강조한다.

2) 행동주의적 관점

행동주의의 교육적 적용은 "관찰될 수 있고 수량화될 수 있는 학습자의 반응행동을 산출하여야 한다"는 행동주의 원리에 따라 교수를 설계한 데에서 찾아볼 수 있다. 행동주의 심리학은 Thorndike의 연합주의 Pavlov의 고전적인 조건형성, 그리고 Skinner의 조작적 조건형성이론에 의해 형성되었다.

지식은 학습자 내부의 성숙에 의해 형성되는 것이 아니라 외부환경에 의해 복잡한 개념이 영유아에게 체계적이고 연속적으로 전달되기 때문에, 학습은 작은 단계로 미리 계획되어야 하며, 무엇이 학습자에게서 기대되는지를 명백하게 진술한 목표에 근거해서 교수가 실시되어야 한다고 강조한다. 영유아의 바람직한 행동을 강화하기 위해 반복과 연습을 주장하며, 사회적 · 언어적 칭찬, 미소, 끌어안기, 캔디, 토큰 등으로 보상한다. 또한 행동주의 원리에 기초한 교수는 피드백을 통해 수업을 교정하고 학습자의 진도를 추적하고 관리 · 조정하기 위해 사용되어질 수 있다. 그리고 행동주의는 관찰 가능한 행동과 학습결과에 대한 강조로 인하여 학습자의 내적 인지 변화와 학습과정을 간과하였다는 비판을 받아왔다.

3) 인지주의적 관점

인지이론에 의하면 교수는 학습자의 인지구조의 현존하는 상태, 곧 스키마(schema)에 기초해야 한다고 보았으며, 이것은 어떤 학습자가 어떻게 지식을 내적으로 구성하고 조직하느냐에 따라 새로운 학습이 일어날 것인가가 결정되기 때문이다. 따라서 학습내용은 학습자가 새 정보를 기존 지식에 의미 있게 연결할 수 있도록 조직되어서 학습자가 선수지식을 사용하여 현재의 지식구조를 새로운 상황에 맞게 변화시키도록 도와주어야 한다.

4) 구성주의 관점

'구성적 인지과학'에서는 학습이란 학습자가 지식을 내부로 표상하여 자신의 경험적 해석을 통하여 구성해 가는 과정으로 본다. 학습은 의미 있는 경험을 토대로 하여 발전해 나가는 활발한 구성 과정이 되고, 따라서 학습은 실제 세상을 반영하는 풍부한 맥락 속에서 상황화되었을 때 효과적으로 이루어질 수 있다.

구성주의의 중요한 인식론적 가정은 인간은 외부 세상에 대한 독특한 경험과 믿음에 의해서 모든 외부의 실재를 다르게 받아들인다는 점이다. 구성주의에서는 지식이란 개별적으로 구성되어져 사람의 마음에 내재되어 있는 것이며 인간은 상호작용에 의해 보다 서로 잘 협동하고 타협한다고 보고 있다.

3. 영유아 교수학습유형

교수학습유형에는 여러 가지가 있는데 교사 중심, 성인 중심의 교사활동으로부터 점차 유아 중심의 활동으로 발전하는 경향을 보이고 있다. 학습효과 측면에서 볼 때 최상의 교수학습방법이 별도로 정해져 있는 것이 아니라, 여러 가지 상황과 변인을 고려하여 적절하게 선택하고 융통성 있게 적용하는 것이 가장 중요한 점이다. 즉, 교사가 각각의 교수학습 방법의 특성을 정확하게 이해하고 적절한 방법을 융통성 있게 잘 활용할 때 학습의 효과는 극대화된다. 여러 유형의 교수학습 중 개념학습법 · 탐구학습법 · 협동학습법 · 토의학습법을 중심으로 살펴보고자 한다(이현옥 외, 2007).

1) 개념학습법

개념이란 학습내용을 계획 · 구성하는 데 필요한 조직요소이며 지식이나 정보를 이끌어 내는 아이디어의 핵심요소이다. 즉, 개념이란 영유아가 대상이나 사건들에 관하여 사고를 형성해가는 가장 기본적인 생각으로 영유아기는 개념발달이 급속이 이루어지는 시기이다. 다시 말하면 개념학습법이란 유아들의 개념에 대한 이해를 돕고 가설검증의 실천기회를 통해 영유아들이 분석적인 사고 기술을 갖도록 도움을 주기 위한 모델로서, 브루너(Bruner)의 연구에 기초하여 웨일(Weil)이 처음 제시한 모델로서 구성주의 입장에서 활용하는 학습방법 중의 하나이다.

2) 탐구학습법

탐구학습이란 교사가 지식을 전달하기보다는 영유아 스스로 발견하게 되는 법칙이나 과정에 중점을 두는 방법이다.

이 학습방법은 여러 가지 학습자료들을 통해 문제를 해결하고, 이 과정에서 탐구적인 사고방법을 배워나가는 것으로 새로운 학습내용을 좀 더 심도 있게 이해시키는 데 목적을 두고 있다.

이 방법은 문답법처럼 소크라테스의 대화법에 기원을 두며 루소의 아동 중심 교육사상, 반성적 사고를 강조한 듀이의 사상과 브루너의 발견학습을 바탕으로 하고 있다.

처음에는 교사에게 의존하지만 점점 교사의 사고는 감소되고 영유아 스스로 사고를 진행해 가면서 지식의 구조를 이해하고 발견해 나가는 내적 동기를 유발시키고자 한다.

3) 협동학습법

협동학습은 학습능력이 각기 다른 영유아들이 공통적인 학습목표를 향하여 소집단 내에서 함께 활동하는 학습방법이다. 여기서 '전체는 개인을 위하여, 개인은 전체를 위하여'라는 태도를 갖게 되고, 집단구성원들의 성공적 학습을 위하여 서로 격려하고 도움으로써 학습의 효과를 증진시킬 수 있다. 소집단으로 학습하는 방법은 이전에도 있어 왔는데, 전형적인 소집단 협동학습은 구성원들이 독립적으로 작업을 한 후 작업의 결과만 모아서 작성하는 형태라고 한다면 최근의 바람직한 협동학습은 팀 안에서 영유아들이 서로 토의하는 가운데 자신의 생각을 절충하고 명료화시켜 나가는 과정에서 협동하여 의미 있고 오래 기억되는 학습이 되도록 서로 도움을 주는 형태를 의미한다.

4) 토의학습법

토의학습은 공동학습의 형태로서 교사와 유아 간 혹은 영유아들 간에 일어나는 상호작용적 의사소통을 통해 문제를 해결해 나가는 학습형태이다. 이 학습형태는 모둠학습이나 공동학습의 성격을 띤 학습형태로 각 집단구성원의 다양한 지식, 경험 등을 활용하여 교육목적을 달성하기 위한 방법이다. 따라서 토의학습이란 집단구성원 상호간에 자유롭고 평등한 입장에서 자기 의견을 발표함과 동시에 타인의 의견을 경청하고 존중하는 태도로 의사를 교환하면서 문제를 해결해 나가는 것이다. 토의학습의 교육적 가치는 문제해결을 위해 집단구성원 전체의 지식이나 의견을 종합하여 협력해 가는 태도를 기르는 데 있다.

4. 영유아기의 교육의 기본원리

1) 영유아기의 교육의 중요성

영유아기는 모든 발달영역에서 변화가 급격히 이루어지는 시기로 인간발달에서 발달의 결정적 시기라고 일컫는다. 즉, 인간의 여러 발달과업들이 가장 적절하게 획득되는 시기로서 이 시기를 놓치면 그 시기에 이루어야 할 발달과업획득의 효율성이 떨어진다. 또한 발달특성을 고려해 보면 어릴 때의 발달이 훗날의 모든 발달의 기초가 되며, 전 단계의 발달에 결손이 생기면 이 결손은 다음 단계의 발달에 계속적으로 누적되어 영향을 끼친다는 것이다(양옥승 외, 2003). 따라서 결정적 시기에 필요한 교육을 하지 않으면 그 결손을 보완하거나 교정하기가 어려우므로 영유아기 교육의 중요성이 아래와 같이 강조되고 있다(이현옥 외, 2007).

(1) 영유아기는 인성의 기초가 되는 시기

영유아기는 인성의 기초가 되는 시기이며 내적 자아가 튼튼하지 못해 자아존중감이 부족한 유아는 열등감을 가진 성인으로 성장할 가능성이 높고 외적 자아가 건전하지 못한 유아는 사회성이 부족하다. 그러나 질적으로 수준이 높은 교육은 유아가 올바른 인성을 형성할 수 있도록 도와준다.

(2) 영유아기는 기본생활습관이 형성되는 시기

영유아기는 기본생활습관이 형성되는 시기이며 이 시기에 한번 형성된 습관은 성장 후에도 좀처럼 변화하지 않는다. 한 개인이 기본생활습관을 초기에 형성하는 것이 중요한 이유는 인간다운 삶이 바로 기본생활습관에서 비롯되기 때문이다.

(3) 영유아기는 인간관계의 기초 및 도덕성의 기초가 형성되는 시기

영유아기는 원만한 인간관계의 기초와 도덕성의 기초가 형성되는 중요한 시기이다. 원만한 인간관계를 유지하는 사람, 즉 친사회적 능력은 출생한 직후 유아가 경험하는 인간관계의 기초에 의해 형성된다. 또한 약속 지키기, 공공질서 지키기, 다른 사람 배려하기 등을 일상생활 속에서 경험함으로써 도덕성을 습득하게 된다.

(4) 영유아기는 표현능력이 길러지는 시기

영유아기는 표현능력 · 의사결정능력 · 문제해결능력 · 창의성 등이 길러지는 중요한 시기이다. 자기 표현을 자연스럽게 표현할 수 있는 사람은 자기에게 주어진 문제를 파악하고 올바른 방향으로 해결할 수 있는 능력이 길러지게 된다. 따라서 유아에게 미술활동 · 음악활동 · 신체활동 · 역할활동을 통해서 자기를 표현할 수 있도록 기회를 제공해야 한다.

2) 영유아기의 교육의 기본원리

(1) 영유아기의 학습의 특징

영유아는 주변 환경의 사건과 사물에 집중하며 반복적이며 탐구적인 활동을 통하여 새로운 경험과 변화를 추구한다. 특히 영유아들은 놀이를 통하여 신체적으로 성장하며 사물을 기억하고, 이해하고 응용하며 분석하고 평가하고 종합하는 능력을 키운다. 그리고 인간관계를 통하여 정서적 성장도 이루어진다. 영유아에게 목적 없는 놀이로 시간을 보내게 하는 것이 아니라, 영유아와 빈번하게 언어적 · 교육적으로 상호작용하는 것이 중요하다(Clark Stewart, 1988).

학습은 활동결과에 따라서 이루어지며, 일단 획득된 지식이나 활동경험은 새로운 활동으로 전개시켜 나갈 수 있게 된다. 따라서 교사는 교육이 이루어질 수 있는 환경을 조성해주어야 하며, 모든 활동이 학습과 연관될 수 있도록 세심한 배려가 있어야 한다.

(2) 학습경험 선정의 원리

영유아들이 자기 주도적인 학습을 하게 하기 위해서는 그들이 알기 원하는 것, 배우기 원하는 것, 자기 평가방식으로, 어떻게 생각하는가를 중요시하며, 위협을 느끼지 않은 상황을 만들어 주었을 때 가능하다고 강조했다(Rogers, 1969). 이런 이유에서 영유아교육의 학습경험 선정의 원리를 기회의 원리, 자발성의 원리, 흥미의 원리, 가능성의 원리, 개별화의 원리, 사회화의 원리, 경험의 원리로 분류하고 있다(윤정한 외, 2006).

5. 영유아교수학습의 계획

1) 교수학습활동의 목표설정

교수학습활동은 영유아보육의 목적과 목표를 달성하기 위한 구체적 실행과정이다. 목표는 영유아보육의 전 과정을 고려한 장기적 목표에서부터 연간 · 월간 · 주간 · 일간의 목표로 구체화될 수 있다. 또한 보육대상의 특성과 발달수준에 따라 목적과 목표는 연령별 · 대상별로 세부화된다(이순형 외, 2007).

(1) 대상에 따른 목표설정

보육대상인 영아와 유아, 일반 영유아와 장애영유아의 발달특성이 다르고 발달적 요구가 다르기 때문에 영아의 월령에 따라 또 유아의 연령이나 발달 수준에 따라 목표가 설정되어야 한다.

(2) 기간에 따른 목표설정

보육프로그램의 성격에 따라 장기적·단기적 목표를 세우며 이러한 목표는 연간·월간·주간·일간목표로 구체화된다. 주제탐구 중심으로 활동을 진행하는 경우에는 주제가 전개되는 기간에 따라 하위 목표가 구체화 된다.

(3) 프로그램에 따른 목표설정

보육프로그램의 이론적 기초와 특성에 따라 영유아에게 다른 목표를 지향하고 있다. 직접교수프로그램의 경우 교사가 영유아에게 기대하는 여러 가지 능력을 명시한다.

예를 들어, 수 개념의 획득을 목표로 하는 경우 하나에서 열까지 세기, 10 이하의 수 일대일 대응하기, 10 이하의 수읽기 등의 구체적 수행목표를 수립한다. 구성주의 프로그램은 더 광범위 한 목표를 활용하고 아동의 요구와 관심에 기초해 통합적으로 보육과정을 구성한다. 주제나 개념을 선택하여 폭넓게 조사하게 되며 그러한 활동 가운데 지식을 획득하거나 기술을 발달시키고 성향을 계발하며 감정을 발달시키기를 기대한다.

2) 영유아를 위한 교육활동 계획안

활동계획을 기간별로 나누어보면 장기계획·단기계획으로 나눌 수 있으며 구체적으로 연간·월간·주간·일일계획으로 구분할 수 있다. 장기계획은 월간계획을 중심으로 1년 동안 진행되는 교육내용의 여러 활동들을 연속적으로 관련지어 연결한 계획이다. 우리의 경우 계절을 중심으로 1년에 걸쳐 활동이 계획될 수 있다. 지역사회의 실정을 고려하여 유아의 연령, 흥미와 관심, 발달수준, 발달적 요구를 바탕으로 기관의 특성과 프로그램의 초점, 시설과 자원, 계절 등을 참고로 1년의 보육을 계획한다. 연간계획은 주제나 단원, 행사, 특별한 사건 등을 고려하여 영유아의 교육, 영양과 건강관리, 안전관리, 부모교류와 지역사회 교류에 관한 1년의 계획을 조직한다. 연간계획은 연중의 활동들이 반복성과 연계성을 가지며 통합성을 갖도록 조직되어야 할 뿐 아니라 전년도와 다음 해의 계획 및 활동과 연계성을 갖도록 고려해야 한다.

(1) 영유아(만 3세)를 위한 연간교육 계획안의 예시

3세 연간 계획안				
1월	주 제	소주제	관련행사	평가
3	설레이는 마음	우리는 ○○반 나와 친구들 안전한 어린이집 생활 즐거운 어린이집 생활 내가 할 수 있는 일	오리엔테이션 학기 초 부모면담 신체검사	부모면담일지 기본생활습관 체크리스트 1
4	봄	따뜻한 봄 파릇파릇 새싹 꽃과 나무 봄의 곤충	꽃가게견학 봄소풍 부모간담회	신체발달 체크리스트1 일화기록관찰
5	나와 친구, 가족	어린이 날 나의 가족 내가 좋아하는 것1 내가 좋아하는 것2 친구가 좋아하는 것	어린이날 행사 가족행사	언어발달 체크리스트1 영역별 놀이관찰
6	동물	내가 좋아하는 동물 동물의 움직임과 소리1 동물의 움직임과 소리2 동물을 사랑해요	어린이대공원견학	그림관찰1 영역별 놀이관찰
7	건강한 몸과 마음	깨끗한 생활 음식1 음식2 안전한 물놀이	부모워크샵 인형극 관람	영역별 놀이관찰
8	여름	무더운 여름 모 자1 모 자2 산과 바다 여러 가지 탈 것	8.15광복절 수족관가게 견학	영역별 놀이관찰
9	가을과 교통기관	내가 좋아하는 탈것1 내가 좋아하는 탈것2 알록달록 가을 나뭇잎	가을소풍 교통공원견학 엄마참여수업	영역별 놀이관찰 신체발달 체크리스트2

10	우리동네	어린이집 동네 가게놀이1 가게놀이2 이웃의 고마우신 분들 여러 가지 색	미장원 / 세탁소 / 은행 견학	영역별 놀이관찰 언어발달 체크리스트2
11	색과 소리	특별한 색 여러 가지 소리 악기놀이 소리와 색	어린이 미술관 견학	영역별 놀이관찰 그림관찰2
12	겨울	추운 겨울 겨울철 놀이1 크리스마스 겨울철 놀이2	산타행사 소방서견학 겨울음악회	영역별 놀이관찰 기본생활습관 체크리스트2
1	우리나라	새해 우리나라를 나타내는 것 옛날과 오늘날 우리나라의 음식 옛이야기	신체검사 민속박물관 견학	영역별 놀이관찰
2	의젓한 우리들	즐거웠던 OO반 이만큼 컸어요 형, 언니가 되어요	설날 졸업(수료)식	종합발달평가 학기말 부모면담

(2) 영유아(만 3세)를 위한 월간교육 계획안의 예시

12월 월간계획안

기 간	○○○○년 12월 4일 ~ 12월 30일
주 제	겨울
목 표	1. 가을 다음에 오는 추운 계절임을 알고 따뜻하게 지내는 방법을 알아본다. 2. 실내외에서의 다양한 겨울철 놀이를 경험하고 몸을 건강히 유지하는 방법을 안다. 3. 크리스마스의 유래를 알아보며, 그 의미를 나누어 본다.

		추운 겨울	겨울철 놀이1	크리스마스	겨울철 놀이2
자유선택활동	조형놀이	◇주말지낸 그림그리기 ◇나무 위에 내린 눈 ◇양초그림 그리기	◇면봉으로 주말 지낸 그림 그리기 ◇눈송이 모빌 만들기 ◇헝겊 콜라주	◇크리스마스트리, 장식품 만들기 ◇산타할아버지 만들기	◇연 만들기 ◇팽이 만들기
	쌓기놀이	◇에스키모인의 집과 생활 얼음 집 짓기	◇블록으로 놀잇감 구성하기	◇선물가게 구성하기	◇스케이트장 구성하기

	역할놀이	◇인형에게 겨울옷입히기 ◇동극-올빼미의 손님	◇군고구마/호떡가게놀이	◇선물가게 놀이	◇스케이트장 놀이
	의사소통	◇궁금한 글자 맞추기 -'겨울'에 관련된 글자 ◇첫소리가 다른 것은 ◇[동시] 겨울잠 ◇사다리를 타요	◇그림책 -눈사람이 된 풍선 ◇겨울철 놀이 수수께끼 ◇이야기 만들기 퍼즐	◇크리스마스 카드쓰기 ◇동시-하얀 눈 ◇그림동화 -바바빠빠 크리스마스	◇그림책-눈 오는 날 ◇이야기 꾸미기 -눈사람 겨울철 놀이 그림카드 ◇동시-눈 위를 가면
	수 과학	◇장갑짝짓기 활동 ◇어떤 옷을 입을까? ◇요리-김장 ◇'유리창의 성에' 관찰하기	◇따뜻한 실내와 추운 실외 경험해보기 ◇과학 : 얼음 관찰 ◇겨울철 놀이 퍼즐 ◇요리 -녹두 빈대떡 만들기	◇꼬마산타 그림 맞추기 ◇크다/작다 분류하기 ◇산타 선물 ◇크리스마스 기억력 게임	◇많다/적다 ◇과학 : 눈을 녹여보기
	음률	◇비발디의 사계 중 '겨울' 감상	◇'춥지 않을까' 노래 부르기	◇캐롤송 부르며 리듬악기치기	◇'괜찮아요' 노래 부르기
대소집단 활동		◇이야기나누기-겨울 날씨 ◇새노래-어디서 살까 ◇이야기나누기-겨울 준비 ◇동화-김장 ◇신체표현-스케이트를 타요	◇이야기 나누기-눈이 오면 무얼할까? ◇새노래-꼬마 눈사람 ◇동화-잃어버린 장갑 ◇이야기 나누기-겨울철 안전사고 ◇게임-눈 굴리기	◇이야기나누기-특별한 날-동지/크리스마스 ◇새노래-눈, 꽃, 새 ◇율동-징글벨 ◇동화-산타의 사슴 ◇게임-선물 전달하기	◇동화-바둑이와 눈사람 ◇이야기 나누기-감기에 걸리지 않으려면 ◇새노래-괜찮아요 ◇신체활동-몸으로 표현하기 ◇게임-방석게임
실외자유 선택활동		◇눈 밟아보기 ◇얼음, 고드름 관찰하기 ◇[게임] 눈을 굴려요	◇터널 통과하기 ◇얼음 언 곳 ◇눈사람 만들기	◇양말 공 던져넣기 ◇눈을 크게 굴리기	◇낙하산 얼음놀이 ◇눈 덮인 소나무 찾아보기
오후 실내외 활동		◇볼풀공 눈싸움 ◇동화-추위를 싫어하는 팽돌이	◇조형-눈 접기 ◇율동-꼬마눈사람	◇의사소통-수수께끼 단어 ◇조작-퍼즐맞추기	◇탐색-얼음 녹이기 ◇게임-얼음
기본생활 습관		외투는 옷걸이에 흘러내리지 않게 바르게 걸어요	겨울에도 몸을 자주 움직여요	바깥놀이 후 장갑, 털모자 등은 사물함에 넣어두기	빙판길에서는 천천히 조심해서 걸어요

(3) 영유아(만 3세)를 위한 주간교육 계획안의 예시

12월 1주차 주간프로그램			
기 간	○○○○년 12월 4일 ~ 12월 9일	감 수 및 작 성	
주 제	겨울		
소주제	추운 겨울		
목 표	가을 다음에 오는 추운 계절임을 알고 따뜻하게 지내는 방법을 알아본다.		

		월	화	수	목	금	토
자유선택활동	조형놀이	주말지낸 그림그리기 나무 위에 내린 눈 양초그림 그리기					
	쌓기놀이	에스키모인의 집과 생활 얼음 집 짓기					
	역할놀이	인형에게 겨울옷 입히기 동극 : 올빼미의 손님					
	의사소통	궁금한 글자 맞추기－'겨울'에 관련된 글자 첫소리가 다른 것은 [동시] 겨울잠, 사다리를 타요					
	탐 색	장갑짝짓기 활동, 어떤 옷을 입을까? 요리 : 김장, '유리창의 성에' 관찰하기					
	음 률	비발디의 사계 중 '겨울' 감상					
대소집단 활 동		◇이야기나누기－겨울 날씨 ◇새노래－어디서 살까 ◇동화－올빼미의 손님 ◇이야기나누기－ 겨울준비 ◇동화－김장 ◇신체표현－스케이트를 타요					
실외자유 선택활동		눈 밟아보기 얼음, 고드름 관찰하기 [게임] 눈을 굴려요					
오후 실내외활동		볼풀공 눈싸움, 동화－추위를 싫어하는 팽돌이					
일상 생활활동		어린이집 주변 겨울나무 돌아보기					
기본생활 습 관		외투는 옷걸이에 흘러내리지 않게 바르게 걸어요					

도움말☺

(4) 영유아(만 3세)를 위한 일일 교육 계획안의 예시

시 간	주요 일과	주요 활동 및 내용
7 : 30 ~ 9 : 00	등원 및 통합보육	－맞이하기, 부모와 간단한 대화 나누기, 유희실에서 자유선택활동(통합보육시간)
9 : 00 ~ 11 : 00	자유선택활동 및 오전 간식	－놀이실에서 준비된 여러 영역의 놀이를 개별적 혹은 소집단으로 선택하여 놀이함 －원하는 유아는 손을 씻고 간식을 먹음
11 : 00 ~ 11 : 15	정리정돈 및 화장실 가기	－정리정돈을 하고 화장실을 다녀온 후 대집단 활동을 위한 준비를 함

11 : 15 ~ 11 : 35	전이활동 및 대집단 활동	-전이활동을 통해 유아들의 활동을 환기시키고 동화, 동극, 게임, 노래 부르기, 자유표현 등의 대집단 활동을 짧게 함
11 : 35 ~ 12 : 30	실외 놀이 및 대근육 놀이	-실외 놀이터나 유희실에서 다양한 대근육 활동이나 게임, 물 모래놀이를 자유롭게 선택하여 놀이함
12 : 30 ~ 12 : 40	정리정돈 및 손 씻기	-정리 정돈 후 손을 씻고 개별적으로 화장실에 감
12 : 40 ~ 1 : 10	점심	-교사, 친구들과 가족과 같은 분위기로 점심 먹음
1 : 10 ~ 1 : 30	이 닦기 및 화장실 가기	-이를 닦고 화장실을 다녀와 편안한 옷으로 갈아입음
1 : 30 ~ 3 : 30	낮잠 준비 및 낮잠	-낮잠 자기 전에 동화를 듣고 낮잠을 잠.
3 : 00 ~ 3 : 30	낮잠 깨기 및 정리 정돈	-먼저 깨는 유아들은 화장실을 다녀온 후 다른 아동이 일어날 때까지 책을 보거나 조용한 놀이를 함
3 : 30 ~ 5 : 00	오후 간식 및 실내 자유놀이	-놀이를 개별적으로 또는 소집단으로 선택하여 하며 오후 간식을 먹음
5 : 00 ~ 5 : 50	실외 놀이 및 대근육 놀이	-유희실, 실외 놀이터에서 대근육 운동이나 물, 모래놀이, 게임을 선택하여 놀이함
5 : 50 ~ 7 : 30	통합보육 및 귀가	-부모님이 오시는 대로 귀가

제5부 건강·영양 및 안전

제17장 아동건강교육

제18장 아동안전관리

제19장 아동영양학

제 17 장

아동건강교육

1. 아동건강교육의 이해

1) 개념과 목표

(1) 개념

아동기에는 신체적 변화가 매우 급속하게 이루어진다. 그리고 정상적으로 성장하고 건강한 신체를 지니기 위해서는 충분한 영양을 섭취해야 하며, 규칙적인 생활습관을 지니며, 사고와 질병으로부터 보호를 받아야 한다. 이러한 측면에서 아동건강교육은 아동 개인의 건강과 관련된 경험과 학습을 함으로써 건강에 관한 기본적인 정보를 이해하고 이를 실천할 수 있는 능력을 기르는 데 초점을 둔다. 즉, 아동들에게도 건강의 중요성은 인지시키고, 아동과 관련된 주위 사람들도 아동건강에 대해 전문적인 지식을 갖추도록 하여야 한다.

(2) 목표

건강과 안전에 관련된 지식과 기술을 익힘으로써 건강하고 안전한 생활습관을 가지고 신체활동에 참여함으로써 건강한 정신을 기르는 것이다. 최근에 아동건강에 대해 많은 새로운 분야가 개발되고 있다.

2) 기본원리

(1) 건강교육은 유아의 일상생활 속에서 자연스러운 과정을 통해 계속 실시되어야 한다.

① 특별한 시기에만 건강이나 위생 등과 같은 특정 주제를 다루기보다 매일의 일과 속에

서 반복적으로 실시하는 것이 효과적이다.

예) 등원하기나 손 씻기, 이 닦기, 낮잠 자기, 휴식하기, 점심시간 및 간식 먹기, 요리하기, 동 · 식물 기르기 등과 같은 활동을 통해 통합적으로 학습해야 할 것이다.

② 교사는 일과를 계획할 때 반드시 유아가 바람직한 건강생활습관을 형성할 수 있는 시간을 마련해야 한다.

(2) 밝고 쾌적한 교실환경구성

아동건강을 위해서는 아동건강에 대한 교육도 중요하지만 아동과 관련된 환경에도 관심을 가져야 한다.

(3) 적절한 성인의 모델링제공

교사는 건강하고 안전한 환경을 구성하고 교사 자신이 먼저 건강한 생활습관을 갖는 것이 중요하며, 손 씻기나 이 닦기와 같은 활동에 교사도 직접 참여함으로써 시범을 보일 수 있다.

3) 유전요인과 환경요인

아동건강에는 유전적 요인과 환경적 요인이 있는데, 구체적으로 살펴보면 다음과 같다.

(1) 유전요인

① 좋은 유전은 건강한 체질, 정신적 능력의 기초를 이루게 한다.

② 유전에 의해 결정되는 것 : 혈액형, 눈의 색깔, 머리카락의 색과 질

③ 환경영향하에서 유전적 소인이 나타나는 것 : 체형, 기질, 선천적 질병 등은 양부모로부터의 유전인자에 의해 특징지어진다. 당뇨, 암, 비만, 심장질환 등도 유전되는 가족요인이고 살아가면서 후에 나타나게 된다. 이러한 조건들도 예방되거나 적합한 식이요법이나 운동을 통해 그 영향이 감소될 수 있다.

(2) 환경요인

① 물리적 환경 : 산모의 자궁, 가정, 학교(좋은 보육 / 교육환경), 이웃
② 사회 · 정서환경 : 부모자녀관계, 가족, 이웃, 또래, 지역사회의 타인들과의 관계
③ 경제적 환경 : 부모의 직업, 이웃, 지역사회, 국가의 경제적 상태(저소득층의 아동들은 심각한 질병과 사망의 위험에 직면할 수 있다. 가난에 관계된 질병으로는 저체중아 출산, 사고사, 납중독, 천식, 예방접종의 미비, 철분 부족에 의한 빈혈증 등)
④ 문화적 환경 : 가족, 이웃, 지역사회의 신념과 실제 행동을 포함(일상생활에서 음식의 선택과 양육과 같이 전통문화를 유지하기 위한 실제 행동은 가족으로부터 대대로 내려오는 것으로서 의미 있는 것이다. 교사들은 양육에 대한 가족의 문화적 가치를 지원해야 한다.)

2. 아동건강교육의 방법

아동건강교육의 방법을 주제에 따른 통합적 건강교육, 역할놀이를 통한 건강교육, 상황에 근거한 건강교육, 현장학습을 통한 건강교육, 부모를 통한 건강교육 등으로 구분하여 고찰해보면 다음과 같다.

1) 주제에 따른 통합적 건강교육

주제에 따른 통합적 건강교육은 특정한 주제를 선정하여 그 주제별로 아동들에게 건강교육을 시키는 방법이다. 주제는 아동에 관심을 가지는 것을 정하여 건강교육을 한다면 더욱더 효과적일 것이다. 구체적으로 내용을 살펴보면 다음과 같다.
① 주제를 선정하여 통합적인 방법으로 건강교육을 실시한다는 것은 '여름 위생'이나 '우리 몸' 등과 같이 건강교육에 관한 주제로 일정한 기간 동안 학습하는 것이다.
② 유아는 정해진 주제에 관해 이야기 나누기, 흥미영역에서의 실내 자유선택활동, 조형활동, 화장실 가기, 동화 듣기, 게임, 실험하기, 견학 등의 활동을 통해 건강교육의 내용을 통합적으로 학습하게 된다.
③ 건강교육과 관련된 주제를 선정하고 통합적인 접근방법으로 학습할 때 유아는 단순히 교사가 가르쳐 주는 건강 관련 지식이나 정보를 수동적으로 받아들이는 것보다 실제 상황에서 건강한 생활을 유지하는 데 필요한 지식이나 기술을 익히고 적용하며 태

도를 기를 수 있게 된다.

2) 역할놀이를 통한 건강교육

역할놀이를 통한 건강교육은 실제로 건강교육에 역할을 정하여 교육을 시키는 방법이다. 특히 이러한 교육방법은 아동들에게 효과가 높다. 또한 아동들이 건강교육의 필요성을 알게 되고, 교육내용도 쉽게 이해할 수 있다. 구체적인 내용을 살펴보면 다음과 같다.

① 역할놀이는 유아가 관심이나 흥미 있는 주제를 중심으로 가상적인 상황에서 역할을 맡아 놀이하는 것이다.
② 역할놀이를 통한 교육은 가르치고자 하는 정보 · 기술 · 태도를 반복적으로 학습할 수 있으며, 적절한 보도자료를 활용한다면 가상적 상황에서 보다 적극적이고 현실감 있는 경험을 할 수 있다.
③ 유아기는 역할 놀이가 가장 활발하게 일어나는 시기임을 고려할 때 병원놀이, 가게놀이, 소방서놀이, 119구급대, 교통놀이 등을 통해 건강의 중요성과 건강을 유지하기 위해 필요한 일을 이해하고 실천하게 한다.
④ 교사는 유아에게 필요한 건강교육의 주제를 선정하여 이를 역할놀이로 확장할 수 있도록 적절한 동기를 부여하고 자료를 제공해주는 등 다양한 도움을 주어야 한다.

3) 상황에 근거한 건강교육

상황에 근거한 건강교육은 보육시설에서 정기적인 신체검사를 실시하거나 주변 사회에서 식중독사고가 발생했을 때나 보육시설에서 사고가 났을 때 또는 간식이나 점심시간 등과 같은 실제 상황을 이용하여 건강교육을 실시하는 것이다. 실질적으로 선진국에서는 이러한 상황교육을 많이 실기하여, 보육교사들이 빠르게 대처할 수 있도록 하고 있다.

4) 현장학습을 통한 건강교육

현장학습을 통한 건강교육은 아동들로 하여금 실제로 아동건강과 관련된 기관을 방문하여, 아동들로 하여금 아동건강의 중요성을 알게 하는 방법이다. 구체적인 내용을 살펴보면 다음과 같다.

① 현장학습이란 유아교육기관 밖의 장소를 방문하여 아동이 직접 감각을 통한 실제 경

험을 할 수 있게 함으로써 학습의 효과를 높이기 위한 방법이다.

② 질병에 대해 이야기하는 경우 가까운 병원이나 보건소 등에 견학하여 사람들이 병원에 오는 이유가 무엇이며, 병원에는 어떤 사람들이 일을 하고 있는지, 질병에 걸리지 않기 위해 우리가 해야 할 일은 무엇인지 등을 직접 이해하는 것이 좋다. 또한 식품의 가공에 대해서도 목장이나 우유 공장에 직접 견학하여 목장에서는 우유를 어떻게 얻으며, 이러한 우유가 공장에서 어떻게 살균되고 가공되는지 직접 볼 수 있다.

③ 유아의 현장학습을 효과적으로 진행하기 위해서는 사전에 현장학습을 나갈 장소와 일정 및 그 과정에 대한 교사의 치밀한 계획이 선행되어야 하며, 현장학습을 다녀온 후 현장에서의 경험을 확장시켜 보는 다양한 활동을 전개함으로써 현장에서 경험한 내용을 학습주제와 통합시킬 수 있어야 할 것이다.

5) 부모를 통한 건강교육

아동건강교육은 보육시설과 아동의 부모들이 함께 참여하여야 한다. 보육시설에서 아동건강교육에 관심이 많다고 해서 가정에서 무관심하다면 아무런 효과도 없을 것이다. 그러므로 보육시설과 가정이 공동으로 참여하여야 한다. 구체적인 내용을 살펴보면 다음과 같다.

① 아동은 주로 부모를 통해 건강 또는 안전에 대한 습관이나 신념을 형성한다. 따라서 부모는 건강이나 안전을 유지하기 위해 필요한 정보나 태도를 풍부히 알고 있으며 생활 속에서 이를 실천할 수 있어야 한다.

② 보육시설에서는 가정통신문이나 부모회, 관찰 등의 기회를 통해 부모에게 건강에 관한 정보를 제공할 수 있으며 부모가 직접 아동의 활동에 참여할 수 있는 기회를 주는 것도 좋다.

3. 아동건강교육의 내용

1) 개인의 건강과 정신건강

(1) 개인의 건강

아동이 자신의 신체를 인식하고, 행동이 정상적인 발달과 건강을 유지하는 데 직접적인 영향을 줌을 인식하도록 하는 것이다. 이를 위해 교사는 유아가 건강한 생활습관을 형성하게 도와주고, 개인의 건강을 유지하기 위한 책임은 그들 자신에게 있음을 이해시킨다.

(2) 정신건강

정신건강의 교육목적은 유아들로 하여금 긍정적 자아개념을 가지고 자신의 감정을 바르게 인식하고 표현할 수 있는 능력을 기르는 것이다. 아동들의 정신건강을 위협하는 요소는 스트레스이므로 유아들이 받을 수 있는 스트레스를 감소시켜 주고, 자신의 스트레스를 바람직한 방법으로 해소할 수 있게 도와주어야 한다.

2) 영양

아동기는 올바른 식습관이 형성되는 기초 단계이므로 서로 다른 종류의 식품을 인식하고, 식품을 올바로 선택할 수 있는 능력을 길러주는 일은 매우 중요하다. 점심이나 간식시간을 포함한 일과활동은 영양교육을 실시할 수 있는 가장 중요한 기회이며, 식품에 관한 이야기 나누기나 관찰, 실험, 요리활동 등을 통해 유아는 식품과 우리 몸, 영양의 관계에 대해 학습하게 된다.

3) 질병예방과 안전교육

(1) 질병예방

아동들이 질병을 예방하는 데 건강한 생활습관을 갖는 것이 중요하다는 사실을 이해하고, 건강한 생활습관을 실천할 수 있게 하기 위한 것이다.

(2) 안전교육

아동을 대상으로 하는 안전교육에서는 안전한 생활을 실천하는 데 필요한 지식과 위험요소를 미리 예측하고 예방하거나 신중하게 행동하는 태도, 그리고 안전하게 행동할 수 있는 기술교육이 포함되어야 한다.

3) 학대예방

아동의 신체적 · 정서적 · 성적 학대와 방임을 예방하고 조기에 발견 · 치료하기 위한 내용이 포함되어야 한다. 특히 교사는 학대를 할 수 있는 부모와 유아의 특성을 미리 파악하여 사전에 효율적인 아동양육방법이나 유아의 행동특성, 영유아발달에 관한 부모교육을 실시함으로써 학대의 발생을 사전에 예방하도록 노력해야 한다.

4) 기타 교육

(1) 소비자로서의 건강

아동의 관련정보나 광고의 의미를 인식하고 바르게 해석하며, 이를 생활에 적절히 활용할 수 있는 능력을 기르는 데 초점을 둔다.

(2) 환경과 관련된 건강

아동들의 행동이 우리가 살고 있는 환경에 직접적인 영향을 미친다는 사실을 알게 하기 위한 것이다.

4. 아동건강교육의 접근방향

1) 아동건강교육의 주요 자료

가. 유아의 건강력(health history) 내용

유아 개개인의 발달적 요구, 식사에 대한 규제, 면역에 대한 기록, 특별한 건강이나 영양적 요구 등을 모두 포함하고 있어야 한다.

나. 예방접종기록

아동들의 다양한 예방접종의 기록이 포함되어야 하고 예방접종시 유의사항도 포함되어야 한다.

다. 부상기록

아동의 지금까지의 병력이나 부상기록이 포함되어야 한다.

라. 투약기록과 허가서류

아동들의 투약기록과 투약기록에 대한 허가서류 등이 포함되어야 한다.

마. 부모, 직원, 건강관리자 간의 건강에 관한 의사소통기록

아동건강에 대한 부모와 건강관리자 등과의 다양한 의사소통기록이 포함되어야 한다.

바. 보호·교육시간 동안 일어난 모든 질병기록

아동을 보호하거나 교육시키는 동안 일어난 모든 질병의 내용이 포함되어야 한다.

사. 성장그래프

아동의 개인별 성장그래프가 포함되어야 한다.

아. 발달적 건강력: 신체, 사회·정서발달 측면에서의 건강에 관한 기록

아동발달에 관련된 신체 및 사회정서적 발달내용이 포함되어야 한다.

2) 아동건강교육의 주요 평가지표

가. 관찰

아동 개개인의 성격, 기질, 행동특성과 능력뿐만 아니라 건강상태에 대한 구체적인 정보를 보여줄 수 있기 때문에 앞으로 일어날 수 있는 건강상 문제를 조기에 발견하는 것을 돕는다. 건강관찰은 정확하고 구체적으로 기술해야 한다.

나. 평소의 건강평가

아동이 등원할 때 표정·머리·눈·코·귀·안색 등 전체적인 평가를 하고, 활동시간 동안에도 전반적인 건강상태를 평가하여 기록한다.

다. 신체 측정

주기적으로 유아의 키·체중·머리둘레·가슴둘레 등을 측정하여 기록한다.

라. 선별검사

성장과 발달이 정상적으로 진행되는가를 진단하고, 잠재된 문제나 손상을 알아내기 위해 실시한다. 시력검사, 청력검사, 언어능력평가, 영양섭취와 영양부족평가, 구강검사, 투베르쿨린 검사(결핵균에 대한 감염 여부를 알기 위해 2~3년에 한 번씩 실시), 빈혈검사(혈액검사를 통해 철분 결핍에 의한 빈혈증 파악), 대소변, 납중독 검사(혈액에 축적된 납의 함량측정) 등이 있다.

마. 건강력과 진찰

건강력은 기본 자료로서 유아의 진찰을 자세하게 기록하여 보관하고 지속적인 진찰을 통해 변화상태를 점검하고, 선천기형이나 다른 이상 유무를 진단할 수 있어야 한다.

3) 예방접종

예방접종은 출생 후 15개월 이내에 마치는 기본접종과 해당되는 감염병에 대한 면역성을 유지시키기 위해 실시되는 추가접종이 있는데 그 시기를 놓치지 말고 실시할 수 있도록 부모 · 의사 · 교사의 협조가 있어야 한다.

[영유아 예방접종 계획표]
1주 이내 B형 간염
4주 이내 BCG
2개월 B형 간염, DTaP(디프테리아, 파상풍, 백일해 혼합백신), 소아마비
4개월 DTaP, 소아마비
6개월 DTaP, 소아마비
12~15개월 MMR(홍역, 볼거리, 풍진)
15~18개월 DTaP
3세 일본뇌염
4~6세 DTaP, 소아마비, MMR
14~16세 성인용 Td(파상풍, 개량 백일해 접종 : 이후 매 10년마다)

제 18 장 아동안전관리

1. 아동안전관리의 이해

1) 개념

아동기는 발달의 특성상 안전사고의 발생가능성이 매우 높다. 유아기에는 운동발달이 급속히 이루어짐에 따라 매우 활동적이며, 호기심과 모험심이 많고, 어른의 흉내내기를 좋아한다. 그러나 유아는 아직 주변 환경에 대한 이해력이 부족하여 위험상황을 제대로 인지하지 못하며, 부모가 영아기 때보다 감독을 소홀히 하는 경향이 있기 때문에 안전사고의 위험성이 더욱 크다(이옥형, 2002).

아동기에 자주 일어나는 안전사고로는 교통사고 · 화상 · 익사사고 · 낙상사고 · 질식사고 · 감전사고 등이 있다. 이러한 사고로 인하여 많은 유아들이 생명을 잃거나 장애를 갖게 될 수 있으므로 부모나 보호자의 각별한 주의와 관심이 필요하다. 그와 동시에 유아들이 안전하게 놀 수 있는 환경을 조성해야 하며, 아동에게 사고를 방지할 수 있는 안전의식이나 능력을 길러주어야 한다.

그리고 현대사회에서 안전교육에 대한 연령은 낮아지고 있다. 선진국에서는 아동안전교육을 통하여 인생에서 필요한 교육을 받도록 하고 있다. 이러한 측면에서 우리나라도 아동안전관리에 대한 다양한 프로그램을 개발해야 할 것이다. 안전교육이란 일반적으로 안전을 위협하는 여러 요소로부터 건강한 생활을 유지하기 위한 적극적인 방법으로 사고의 위험을 사전에 방지하여 사고율을 줄이고 사고에 대한 대책을 마련하여 그 피해를 줄이기 위한 방법을 주된 내용으로 하는 교육을 의미한다. 즉, 안전에 대한 바람직한 행동의 변화와 태도 및 능력을 기르는 것을 목표로 하는 교육으로 정의할 수 있다.

다시 말하면 안전교육이란 평소의 생활을 통하여 신체적 부상이나 때로는 생명을 위협할 수도 있는 모든 요인을 미리 알려주고 사전에 예방하게 함으로써 한 사람의 생명도 잃지 않고, 한 사람도 다치는 일이 없도록 하는 교육이다.

아동기는 신체적 · 정신적 · 사회적 · 정서적 발달에 있어서 다른 시기보다 변화의 속도나 정도가 급격히 일어나는 시기로서 새로운 기술과 능력이 발달되며, 보다 독립적으로 행동하고 사회적으로 적합한 행동을 배우는 시기이다. 이러한 시기는 안전에 대한 기본 생활습관을 형성하는 데 있어서 결정적인 시기이다.

2) 필요성

아동 스스로가 주변의 위험으로부터 자기를 안전하게 보호 · 관리하는 데 필요한 안전에 대한 지식이나 기술 등을 영유아기부터 하나하나 가르쳐야 한다. 교사는 유아가 스스로 몸을 지키고 유지할 수 있는 안전에 대한 바른 습관과 태도를 형성할 수 있도록 도와주어야 한다. 이를 위해서는 일상생활 속에서 안전하게 삶을 유지할 수 있도록 안전과 관련된 지식과 태도를 배우고 기능을 익혀 늘 안전한 행동을 할 수 있도록 도와주는 안전생활지도가 필요하다.

안전생활지도는 유아들의 경험과 관련된 것이어야 하며 유아 개개인의 능력과 흥미를 만족시킬 수 있어야 하고 유아 스스로 흥미를 가질 수 있도록 쉽고 재미있는 방법으로 구성되어야 한다. 또한 안전생활지도는 유아가 배운 것을 실제 생활에서 적용하고 익혀 볼 수 있는 경험을 제공함으로써 학습을 통해 배운 안전에 대한 지식이나 기술, 태도가 생활화되도록 해야 한다.

2. 안전교육의 접근방향

아동은 발달특성상 주변의 사물이나 환경에 대한 호기심이 높고 탐구하려는 충동이 강한 반면, 아직 신체기능의 발달이 미숙하므로 균형을 유지하는 능력이나 운동기능이 충분히 발달되어 있지 않다.

또한 유아는 사고가 일어날 수 있는 위험한 상황에 판단능력이 부족하므로 항상 사고의 가능성을 안고 있다. 더구나 현대의 발달된 기계문명은 우리의 생활을 윤택하게 만들어준 만큼 위험부담도 증가시켰다. 따라서 오늘날의 유아들은 과거세대들이 결코 경험하지 못했던 갖가지 사고의 위험에 직면하고 있다.

유아에게 일어나는 우발적인 사고를 예방하기 위한 방법은 크게 두 가지로 나누어 생각해볼 수 있다. 하나는 사고가 일어날 수 있는 환경적 요인을 개선하는 것이고, 다른 하나는 사고를 유발할 수 있는 인간의 행동을 교육을 통해 변화시키는 것이다.

환경적 요인을 변화시킴은 각 사고별로 위험요인을 찾아내어 환경을 개선하도록 법적인 조치나 제도적 규제를 만드는 것이며, 인간의 행동을 변화시킴은 사고에 대한 예방교육을 실시함으로써 사고가 일어날 수 있는 상황을 판단하여 미연에 방지하는 것이다.

따라서 각종 사고를 방지하기 위해서는 안전시설과 설비를 완비하는 일뿐만 아니라 유아 우발사고에 대한 부모나 교사의 올바른 인식이 중요하다. 그러나 무엇보다도 중요한 것은 사고에 대한 유아 자신의 바른 인식과 이를 예방하기 위한 철저한 안전교육일 것이다.

교육을 통해 얻어진 지식이나 태도는 단순한 지시나 감독에 의한 것보다 영구적인 효과를 갖게 되므로 유아를 대상으로 안전교육은 매우 중요하다.

3. 아동의 발달특성과 안전교육

아동의 발달특성을 이해하는 것은 아동안전교육의 내용과 방법을 구성하는 데 있어서 중요하다. 유아기는 신체적 · 정신적 · 사회적 · 정서적 발달에 있어서 기술과 능력이 발달되며, 보다 독립적으로 행동하고 사회적으로 적합한 행동을 배우는 시기이다.

따라서 아동의 주변에 대한 호기심과 탐색욕구는 신체적 · 정신적인 측면에서의 미성숙으로 인하여 유아기 안전사고의 발생빈도를 높이는 중요한 요인으로 작용한다. 여기서 신체적 · 정신적 · 사회적 · 정서적 발달특성으로 구분지어 각각의 발달적 특성을 안전교육과 관련지어 살펴보고자 한다.

1) 안전하게 놀이하기

아동들이 안전한 장소에서 놀이하고, 실내 · 외에서 접할 수 있는 여러 가지 놀잇감이나 시설 · 설비를 안전하게 사용하는 데 필요한 지식과 기술, 태도를 길러주는 내용이다. 실제로 우리나라 어린이집이나 유치원에서 가장 빈번하게 발생하는 사고는 놀이시설에 의한 사고이며, 유치원에서도 놀이안전에 대한 교육을 가장 많이 실시하고 있다.

그러므로 아동들에게 놀이안전의 주요 내용은 놀이를 할 수 있는 안전한 장소와 규칙을 알려주고, 친구와 안전하게 놀이하는 방법을 알아보며, 안전한 놀잇감을 선택하고 이를 바르게 사용하도록 하는 내용이다. 예를 들면, 그네나 미끄럼틀, 복합놀이기구의 안전한 사용법을 알고 그네 주변이나 미끄럼틀 아래, 자전거길 주변에서 주의해야 할 점을 약속으로 정하고 이를 지키도록 한다. 또 자전거나 롤러스케이트 · 물놀이 등을 할 때 안전을 위해 갖추어야 할 복장이나 규칙도 알고 지키게 한다.

안전한 놀이를 위해 가장 중요한 점은 교사나 성인이 안전한 놀이공간과 시설을 마련하고, 유아들이 안전하게 놀이할 수 있도록 계속 관찰하며 지도하는 일임을 잊지 말아야 한다.

2) 교통안전규칙 지키기

교통안전규칙 지키기는 아동이 교통안전규칙의 중요성과 자동차 사고의 위험을 이해하고, 사고의 위험으로부터 자신을 보호하기 위해 필요한 지식 · 기술 · 태도를 기르기 위한 내용이다. 승용차 · 지하철 · 버스 등 교통기관의 안전한 이용방법을 알고 교통신호와 교통안전표지를 이해하게 한다. 또, 안전한 보행이나 도로횡단 등의 보행안전규칙 지키기에 관한 내용도 포함한다.

실내 · 외 놀이시간을 통해 교통안전에 대한 교육을 실시할 수 있다. 예를 들면, 자전거를 탈 수 있는 공간과 자전거 길을 마련해주고 자전거 운전면허증 발급제도를 도입함으로써 자전거를 타면서 교통안전규칙을 알고 지키게 한다. 또 통원버스를 운영한다면 아동이 버스로 등 · 하원하는 시간을 통해 생활 속에서 연중 지속적으로 교통안전교육을 실시할 수 있다. 교통안전의 준수는 특히 아동의 생명과 직결되는 내용이므로 수준별로 구분하기보다 모든 유아가 교통기관의 안전한 이용과 보행안전규칙을 지킬 수 있게 지도한다.

이러한 내용은 극화놀이를 통해서도 잘 지도될 수 있다. 교통기관과 관련된 생활주제를 다루면서 유아들이 직접운전자나 승객, 표 파는 사람, 보행자, 교통경찰 등의 역할을 해봄으로써 도로교통의 여러 상황에 대한 이해를 증진시킬 수 있으며, 놀이가 끝난 후 유아들과 안전과 질서에 대해 토론시간을 가지는 것도 좋다.

3) 위험한 상황을 알고 대처하기

아동들이 높은 곳, 미끄러운 곳, 기타 위험한 장소나 생활 주변에서 흔히 접할 수 있는 유독성물질이나 이물질의 위험을 인식하고, 그러한 장소나 물질로부터 안전하게 행동하는 방법을 다루는 내용이다. 또 최근 우리 사회에서 문제가 되고 있는 유괴나 미아사고 및 성폭력의 가능성을 알려 주고, 만약의 경우 이에 대처하는 방법을 알려 주는 내용도 포함한다.

아동은 위험한 행동이나 상황을 쉽게 판단하지 못하므로 교사는 생활 주변에서 발생할 수 있는 위험한 상황을 아동들에게 알려 주어야 한다. 놀이시설이나 베란다 등 높은 곳에서 추락하거나 약물이나 상한 음식물 섭취에 따른 사고나 피해, 질식사고를 유발할 수 있는 물질, 전기나 전기시설물 등에 의한 사고뿐 아니라 아동들이 좋아하는 동물을 다루는 법이나 벌, 곤충에 대한 안전교육 등도 실시한다.

또한 어린이집이나 유치원, 집에서 기르는 토끼나 개처럼 온순한 동물도 잘못 다루었을 때에는 위험할 수 있음을 알려 주고, 항상 교사의 지도와 감독을 철저히 하도록 한다. 유아들이 위험한 상황에서 자신을 보호하기 위해서는 적절한 대처방법을 알아야 할 뿐만 아니라 대피를 위한 신체운동능력의 발달도 선행되어야 한다.

어린 유아의 경우 사고나 위험에 처했을 때 위험을 인식한다 하더라도 적절히 대처하는 방법을 알지 못하므로 혼자 문제를 해결하게 하기보다는 교사나 주변의 믿을 만한 성인에게 도움을 요청하는 방법을 알려 준다. 그러나 유아가 성장함에 따라 비상벨 누르기나 비상 전화번호 알고 사용하기 등 위험한 상황에서 자신을 보호하는 조그마한 행동을 알고 실천할 수 있게 한다. 안전교육을 실시할 때 자칫 잘못하면 유아에게 불필요한 두려움이나 경계심을 조장함으로써 주변 환경이나 사람들에 대해 불신감을 가지거나 유아의 행동을 위축시키게 되므로 주의해야 한다.

4) 환경오염이나 재해에 대비하기

아동들이 환경보전의 중요성을 알고 환경을 보호하는 태도를 기르며, 환경의 훼손을 막음으로써 화재 · 지진 · 태풍 · 홍수 등 인재나 자연재해를 예방할 수 있는 방법을 알아보고 대피 훈련을 하는 내용이다. 환경에 대한 안전교육은 물 · 공기 · 흙의 오염과 관련된 위험성을 인식하고 이를 개선하려는 태도와 실천능력을 길러 주는 것이다. 예를 들어, 물을 통한 수인성 전염병이나 세균성 피부염, 결막염 등의 감염을 줄이기 위해 눈으로 보아 깨끗한 물이라도 함부로 마시지 않아야 하며, 물놀이 후에는 반드시 깨끗이 씻도록 한다.

또한 주변의 하천이나 샛강을 관찰하고 맑고 깨끗한 물을 만들기 위해 유아들이 할 수 있는 일을 토론해 본다. 특히, 최근에는 지구의 오존층 파괴로 인한 피해를 줄이기 위해 직사광선을 오래 쬐지 않고, 오존 경보령이 내려지면 실외에 나가지 않고, 무스나 스프레이 등 오존층을 파괴하는 물건의 사용을 절제하도록 한다.

그 밖에도 지진 · 홍수 · 화재 등과 같은 다양한 종류의 재해에 대비하기 위한 방법을 알아보고 비상시를 대비하여 유치원에서 필요한 대피훈련을 정기적으로 실시하도록 한다. 예를 들면, 소방대피훈련을 할 때에는 반드시 사전에 교사 회의를 가지고 훈련의 일정과 방법을 논의하고, 가정통신문을 통해 유아의 가정에 소방대피훈련이 있음을 알리도록 한다.

또, 비상구 표시나 비상대피로, 소방기구 등의 안전여부를 확인하고, 교사들이 역할을 분담하여 질서 있게 실시함으로써 유아들이 놀라거나 당황하는 일이 없도록 한다. 훈련 후 소방대피훈련에 대해 평가하고, 일지를 준비하여 훈련 내용과 과정을 상세히 기록해두도록 한다.

〈표 18-1〉 아동안전관리의 유형과 내용

유 형	관리내용
안전관리	◇각종 안전보험가입 -상해보험 -배상보험 -화재보험 -가스보험 ◇비상 대피반 및 구급체계구축
안전교육관리	◇매월 3회 이상 안전교육 실시(교통안전, 약물남용, 재난대비, 소방, 안전관리, 부모연계) ◇지역사회와 부모와의 협력유지 ◇보육시설운영위원회를 통한 안전교육 심의
환경관리	◇시설설비 및 안전점검 및 관리 ◇안전한 환경구성(모서리 보호, 안전캡 등) ◇사고발생요인 파악 및 예방

제 19 장 아동영양학

영유아의 심신과 건강의 유지와 발달을 위하여 균형 있는 영양의 섭취와 바람직한 식습관의 형성은 매우 중요하다(이순형 외, 2005). 영유아기는 신체의 성장과 뇌의 발달에 의한 인지력이 급속히 발달하면서 음식에 대한 감각과 식습관 등이 형성되는 시기이다. 이때 형성된 감각, 식습관과 음식에 대한 태도와 견해는 영유아의 전 생애에 걸쳐 영향을 미치게 된다(김익균 외, 2002). 이는 전인발달과 전 생애발달을 아동발달의 중요한 맥락이라고 보는 관점에서 영유아기 영양교육이 중요한 의미를 부여하게 된다. 최근에는 취업모가 많아져, 어린이집의 종일제 보육에 참여하고 있는 영유아의 경우 섭취하여야 하는 하루의 영양대부분을 어린이집에서 섭취하고 있으므로 아동의 영양관리와 영양교육을 무엇보다도 중요하다.

아동영양학에서는 영유아기에 필요한 영양소와 식품을 확인하여, 교사가 영유아의 영양에 관련된 지식을 알게 하고 영유아에게 적용하는 영양교육의 방법을 살펴보고, 안전한 어린이집의 급식관리의 방법을 알아보고자 한다.

1. 영유아를 위한 영양소와 식품

아이들에게 바른 영양교육을 하기 위해서 교사는 영양소에 대한 정보와 영양소와 관련된 식품의 정보들을 잘 알고 있어야 한다.

1) 영양소의 종류와 기능

영유아가 정상적인 성장과 발달을 이루려면 여섯 가지 영양소가 반드시 필요하며, 이러한 영양소를 알맞게 섭취하려면 하루 매끼 식사에서 다섯 단계의 식품구성탑에 해당하는 식품을 공급받아야 한다. 이는 실생활에서 차지하는 중요성과 섭취량을 개념적으로 표현한 것이므로 이 식품구성탑을 보면서 골고루 음식을 먹어야 함을 알 수 있다(2000,한국영양학회).

탄수화물(당질) · 지방 · 단백질 · 무기질 · 비타민 · 물을 필요로 함을 알고 각 식품군에 따른 음식을 골고루 먹을 수 있도록 식단을 구성하여야 한다.

식품구성탑

식품군별 대표식품의 1인 1회분량

식품군		1인 1회 분량
유지, 견과 및 당류		식용유 1작은술(5g), 버터 1작은술(5g), 마요네즈 1작은술(5g), 땅콩(10g), 설탕 1큰술(10g)
우유 및 유제품류		우유 1컵(200g), 치즈 1장(20g)*, 호상요구르트 1/2컵(110g), 액상요구르트 3/4컵(150g), 아이스크림 1/2컵(100 g)
고기, 생선, 계란, 콩류		육류 1접시(생 60g), 닭고기 1조각(생 60g), 생선 1토막(생 50g), 달걀 1개(50g), 두부 2조각(80g), 콩(20g)
과일류		사과(중) 1/2개(100g), 귤(중) 1개(100g), 참외(중) 1/2개(200g), 포도(중) 15알(100g), 오렌지주스 1/2컵(100g)
채소류		콩나물 1접시(생 70g), 시금치나물 1접시(생 70g), 배추김치 1접시(40g), 오이소박이 1접시(60g), 버섯 1접시(생 30g), 물미역 1접시(생 30g)
곡류 및 전분류	곡류 Ⅰ (300kcal)	밥 1공기(210g), 국수 1대접(건면 100g), 식빵(대) 2쪽(100g),
	곡류 Ⅱ (100kcal)	떡 2편(절편 50g), 밤(대) 3개(60g), 씨리얼 1접시(30g)

* 치즈의 열량은 우유의 1/2

(사) 한국영양학회

현대에는 각 군의 영양소를 비교하여 골고루 먹는 것과 함께, 각 식품의 생산 당시의 재배여건과 각 식품이 가지고 있는 끝없는 식품첨가물과 당분 등으로 인하여 우리 몸에 해롭지 않은 바른 먹거리를 찾아내기 어려운 현실에서 식품에 대하여 연구하고 바른 먹거리를 먹이고자 하는 운동도 일어나고 있다.

영유아에게 제공하기 적당한 음식은 우유, 달걀, 육류, 생선류, 치즈나 호상 요구르트, 과일류, 야채류, 곡류, 감자, 옥수수들의 전분질 식품, 버터, 마가린 등을 들고 있고, 부적당한 음식으로는 설익은 과일과 지방이 포함된 음식(튀김류, 기름이 많이 흡수된 음식, 많은 양의 크림이나 버터, 땅콩버터 등), 농축된 당(사탕, 젤리, 잼, 초콜릿, 단 과자), 소금함량이 많은 음식(오이지, 절인식품, 케첩, 소금 간을 한 땅콩, 통조림스프 등), 탄산음료, 강한 향이 있는 야채류, 많은 조미료나 향신료로 조미한 음식 등이다(정미라 외, 2007). 아이들을 위한 식단을 구성할 때 유의하여 작성하여야 한다.

영아에게는 모유수유를 권장하고 모유저장 냉장고나 수유실을 만들어 제반여건을 갖추고 이유가 시작되는 5~6개월 기점으로 3~4개월부터 간단한 준비단계를 거쳐 이유식에 대한 계획과 제공방법도 고려되어야 하고 이유식식단이 식단이 함께 제공되어야 한다.

2) 영양권장량

영유아는 성장이 활발하고 활동량이 많으므로 성인에 비해 단위 체중당 영양소필요량이 많다 권장량을 참고하여 섭취하게 하되 각 발달단계마다 성장속도, 활동 정도, 신체크기에 따른 개인차의 범위도 크기 때문에 어린이의 특성에 따라 적용하도록 하여야 한다.

최근 영양학회(2005)는 예전의 영양권장량의 개념을 바꿔 한국인의 영양섭취기준(KDRIs)을 제정하여 발표하였는데, 이는 현대인의 경우에 영양부족이 주요 관심이 아니라 비만과 만성질환의 위험률이 증가하고 영양보충제, 건강보조식품의 사용증가로 영양소의 과다섭취가 건강에 미치는 영향을 우려하여 영양필요량충족에만 초점을 맞추기보다는, 만성질환이나 영양소 과다섭취의 예방까지도 함께 고려해야 한다는 측면에서 평균필요량 · 권장섭취량 · 충분섭취량 · 상한섭취량의 4가지로 구성하고 영유아의 영양섭취기준을 생리적 성장발달단계를 세분화하여 제시하고 있다. 아래의 표는 영유아의 1일 영양섭취기준이다.

성별	연령	에너지	당질	지질	단백질(g/일)			섬유소	수분	비타민A			
		EAR	AI	AI	EAR	RDA	AI	AI	AI	EAR	RDA	AI	AI
영아	0~5개월	600	55	25			9.5		700			350	600
	6~11개월	730	90	10	13.5				800			400	600
유아	1~2세	1,000			12	15		12	1,100	200	300		600
	3~5세	1,400			15	20		17	1,400	210	300		700
남자	6세	1,600			20	25		19	1,700	290	400		1,000
여자	6세	1,500			20	25		18	1,600	270	400		1,000

성별	연령	비타민D		비타민E		비타민K	비타민C				나이아신			
		AI	UL	AI	UL	AI	EAR	RDA	AI	UL	EAR	RDA	AI	UL
영아	0~5개월	5	25	3		4			35				2	
	6~11개월	5	25	4		7			40				3	
유아	1~2세	10	60	5	100	25	30	40		350	5	6		10
	3~5세	10	60	6	130	30	30	40		500	5	7		10
남자	6세	10	60	7	180	45	40	60		700	7	9		15
여자	6세	10	60	7	180	45	40	60		700	6	9		15

성별	연령	비타민B_6				엽산				비타민B12			티아민		
		EAR	RDA	AI	UL	EAR	RDA	AI	UL	EAR	RDA	AI	EAR	RDA	AI
영아	0~5개월							65				0.2			0.2
	6~11개월							80				0.5			0.3
유아	1~2세	0.5	0.6		25	120	150		300	0.75	0.9		0.4	0.5	
	3~5세	0.6	0.7		35	150	180		300	0.9	1.1		0.4	0.5	
남자	6세	0.7	0.9		45	180	220		400	1.1	1.3		0.6	0.7	
여자	6세	0.7	0.9		45	180	220		400	1.1	1.3		0.5	0.6	

성별	연령	리보플라빈			칼슘				인				나트륨	티아민			
		EAR	RDA	AI	EAR	RDA	AI	UL	EAR	RDA	AI	UL	AI	EAR	RDA	AI	UL
영아	0~5개월			0.3			200				100		0.12			0.26	40
	6~11개월			0.4			300				300		0.37	5	7		40
유아	1~2세	0.5	0.6		300	500		2500	350	500		3000	0.8	5	7		40
	3~5세	0.6	0.7		400	600		2500	390	500		3000	1.0	5	7		40
남자	6세	0.7	0.9		550	700		2500	550	700		3000	1.2	7	9		40
여자	6세	0.6	0.7		550	700		2500	450	600		3000	1.2	7	9		40

EAR(Estimated Average Requirements : 평균필요량), RDA(Recommended Dietary Allowances : 권장섭취량)

AI(Adequated Intake : 충분섭취량), UL(Tolerable Intake Level : 상한섭취량)

출처 : 한국영양학회(2005), 한국인 영양섭취권장량

위의 표에서 유의하여 살펴보아야 할 점은 열량의 경우 성인 여성의 1일 필요열량이 2,000kcal 임과 비교하여 볼 때(한국영양학회, 2005) 1~2세가 1,000kcal, 3~5세 유아가 1,400kcal, 6세 남아는 1,600kcal, 6세 여아는 1,300kcal 정도가 필요하다는 것이다. 또한 유아기의 에너지대사량이 높으므로 영유아의 신체와 소화기관을 고려한 식품의 선택과 정규식사이외의 간식을 통한 열량공급이 반드시 필요하다고 이야기할 수 있고 단백질의 필요량은 신체조직의 유지와 합성을 위하여 필요하므로 유아기에는 전체 체중의 18~19%를 유지하게 하고 이중 동물성단백질의 섭취가 영아기는 2/3~4/5 정도, 유아기는 1/2~2/3을 유지하도록 해야 함을 알고 영유아의 식단구성에 참고하여 영양부족외의 과잉의 조건을 충족시키지 않도록 한다.

유아의 영양문제로 영양불량과 비만, 식품에 대한 거부반응(알레르기), 충치, 질병, 특수아동을 위한 영양관리를 신경 써서 진행하고, 최근 들어 관심을 보이고 있는 당류의 섭취문제, 간식과 트랜스지방, 패스트푸드와 어린이 건강문제에 대해서도 깊은 관심과 고려가 필요하다(정미라 외, 2007).

2. 영유아의 영양교육

1) 의의

영양교육이란 영양과 식생활에 대한 지식 · 태도 · 행동의 변화를 가져오기 위한 교육을 의미한다. 현명하고 적절하게 음식을 섭취하도록 유아를 가르치는 것은 장래의 건강에 대한 의미 있는 투자이다(조경자 외, 1998). 유아들이 어떤 음식을 섭취하느냐는 그 아이의 건강에 직접적인 영향을 미친다. 특히 현대의 재앙이라고 불리는 아토피와 같은 현대병들은

우리가 먹는 먹거리에 의해 큰 영향을 받고 있으므로 바른 먹거리를 찾아 아이들을 교육하는 것은 무엇보다도 중요하다고 할 수 있다. 또한 현재는 영양결핍뿐만 아닌 영양과잉의 문제로 유아비만이 늘어나고 있으므로 아이들에게 건강하게 생활하기 위한 영양조절의 문제도 함께 교육이 되어야 한다.

영양교육에서는 성장과 영양에 대한 개념의 정의와 식생활습관에 대한 교육을 할 수 있다(Marotz 등, 재인용). 그 자세한 세부내용은 아래와 같다.

성장하고 건강한 신체를 형성하기 위해서는 음식을 먹어야 하고 모든 생물은 음식을 필요로 하고 음식은 우리의 성장을 돕고 많은 유익한 음식과 몸에 좋지 않은 음식도 있음을 알게 한다.

영양소들은 음식을 통해 섭취되는 데 이러한 영양소는 우리 몸에서 여러 가지 일을 하고 음식마다 다른 영양소를 제고하여 주므로 음식을 골고루 먹어야 한다.

음식은 문화마다 다르므로 각 나라의 음식을 알고 특별한 날에 먹는 음식을 알고 음식은 건강과 안전을 고려하여 조심스럽게 다루어져야 하므로 청결하게 음식을 만들어야 함을 알게 하고 식생활습관에서는 음식에 대한 태도, 식사예절, 위생에 대하여 교육할 수 있다.

그리고 효과적인 영양조절의 방법에 대하여도 교육한다.

2) 영양교육의 접근법

유아들이 자연스럽게 매일의 활동과 경험을 통하여 자연스럽게 익힐 수 있도록 기본생활습관교육을 실시하면서 교육하고 아이들과 영양에 관련된 주제를 선정하여 연관되는 통합 활동으로 실시될 수 있고 하루에도 지속적인 반복을 갖는 1회 이상의 간식시간과 점심시간을 통하여 지속적인 일과활동 안에서 이루어질 수 있다.

또한 영유아에게 흥미로운 요리활동을 통하여 통합 활동을 하면 자연스럽게 교육시킬 수 있다.

아이들의 삶과 직접적인 연관이 있는 영양교육에 있어서는 가정과의 연계가 매우 중요하므로 부모님과의 연계활동을 통하여 영양교육을 실시할 수 있다.

최근에는 올바른 먹거리 교육에 대한 의식이 확산되면서 우리나라의 전통식습관에서 바른 음식의 섭취를 하자는 의견이 지배적이다. 그래서 부모와 조부모가 연계되어 고추장·된장·간장 등의 장류 담그기와 우리나라의 세기와 절기에 맞춘 다양한 먹거리를 찾아 요리하고 섭취함으로써 단순히 끼니에 영양섭취를 하는 의미를 넘어서 좋은 음식의 생각을 함께 공유하고 스스로 음식을 만들고 먹는 것을 하나의 활동과정 속에서 의미를 찾는 교육을 하고자 한다.

이것을 생명밥상이란 부르며 밥 한 그릇을 먹는 것은 천지자연과 세상만사를 다 아는 것과 같다는 동학의 가르침에서도 알 수 있듯이 밥상에 대한 중요성의 인식을 하고 있다. 이러한 활동의 예는 생태유아공동체 산하 유치원과 어린이집, 미국버클리 푸드프로젝트, 교실에 부엌이 있는 발도로프유치원, 정부가 손 걷고 나선 일본의 식육기본법, 선생님이 농사짓고 밥하는 태양의 아이어린이집, 직접 요리를 해서 동생에게 먹이는 일본 쿠마다 어린이집 등을 들 수 있다(하정연 외, 2006).

3. 영유아의 급식관리

보육기관은 하루 1회의 점심식사와 오전, 오후 2회의 간식을 제공하고 있다. 점심은 하루 영양권장량의 1/3 이상을 공급하고 간식도 성인의 간식의 의미와 같지 않으므로 하루 영양이 골고루 들어갈 수 있도록 작성하여야 한다.

위에서 알아본 좋은 음식을 아이들의 성장과 발달에 맞게 아이들에게 제공하기 위하여서는 바른 급식을 위한 제반여건 시설의 완비와 바른 식단의 작성과 실제 급간식지도에서의 바른 지도가 필요하다. 보육시설에 종사하는 대부분의 교사들은 급식지도에 어려움을 호소하고 있다.

2007년 개정판 보육사업안내에는 영유아보육법 제33조에 의거하여 영양관리 항목에 급식관리와 영양사와 취사원의 대한 조항과 급식사고에 대한 규정을 두어 철저하게 관리감독하고 있다.

우선 바른 급식을 위한 제반 여건에 대한 부분에서는 보육시설에서 직접 조리하여 공급하는 것을 원칙으로 함을 명시하고 있고 영유아 50인 이상을 보육하는 시설은 식품위생법에 의거 시 · 군 · 구청 위생관련 부서에 집단급식소로 신고 · 운영하고 조리사를 배치하여야 한다고 규정하여 여건을 갖추도록 하고 있고 시설 내에서 조리가 불가능할 경우 그 사유와 대안을 마련하여 시 · 군 · 구청장의 승인을 얻어야 한다는 추가 항목을 넣어 아이들의 안전한 급식관리를 하도록 근거를 마련하였다.

식단의 계획의 측면에서는 급식은 정상적인 발달에 필요한 영양을 섭취할 수 있도록 영양사가 작성한 식단에 의하여 공급하는 것을 원칙으로 하여 영유아 100인 이상을 보육하는 시설은 영양사 1인을 두어 전담하게 원칙을 세우고 5개 이내 보육시설이 공동으로 영양사를 둘 수 있으나, 이 경우 시설장은 영양사 1인이 복수 개의 시설을 담당함으로 인해 영유아 영양관리가 소홀히 되지 않도록 철저히 관리하여야 한다. 영유아 100인 미만을 보육하는 시설의 경우에는 인근 보육정보센터, 보건소 등의 영양사의 지도를 받아 식단을 작성하여야 한다. 이때 식단은 식품교환표에 의해 대체하도록 권장하고 있다. 그리고 1세 미만의 영아의 경우에 필요에 따라 그 부모나 보호자의 의사를 반영하여 음식을 제공하여함을 명시하고 있다.

그리고 **실제 급간식의 조리시**에는 보육시설 내 조리실은 항상 청결을 유지하고 정기적으로 식기 및 조리기구를 소독하고『급식위생관리체크리스트』를 참고하여 매일 위생점검을 실시하는 등 위생관리를 철저히 하여야 한다. 영양사와 취사부는 위생화 · 위생모 · 앞치마 등 위생복을 착용하고, 조리 전 · 후 식재료 및 음식 상태를 점검하며, 작업 전 건강상태를 확인하는 등 위생관리를 철저히 하고 안전사고가 발생하지 않도록 화기 및 조리기구 사용에 유의하여야 한다.

마지막으로 **급식사고가 있는 경우**의 시 · 군 · 구청장은 부실급식 관련 집단민원제기, 식중독 등 급식관련 사고, 집단 전염병이 발생하였을 경우에는 시설현황, 사고내역 및 조치사항 등을 즉시 시 · 도지사를 경유하여 여성가족부장관에게 보고하여야 함을 명시하고 있다(보육사업안내, 2007).

4. 위생관리(시행규칙 제23조 별표8)

여성가족부는 보육사업안내에서 위생관리에 대하여 아래와 같이 지침을 만들어 관리하도록 하고 있다.

(1) 위생관리 일반

◇ 조리실 · 화장실 · 침구 · 놀잇감 등에 대하여 정기적으로 소독을 실시하여야 한다.
◇ 부패되기 쉬운 음식물은 관리를 철저하게 하여야 한다.
※ 냉장고 확보 및 음식물류 사전검사, 유통기한 경과 등 유의
◇ 보육시설의 종사자는 영유아의 위생에 영향을 미치는 다음 사항들에 대해 수시로 점검하여야 한다.
- 영유아의 감기, 독감, 홍역 등 유행성 질환감염 여부
- 영유아의 피부, 머리, 손톱 · 발톱, 치아상태

- 종사자의 의복 청결상태 및 피부상처 여부 등 업무 전후 위생상태
- 보육실, 교재교구실, 조리실, 놀이터 등 보육시설 청소상태
- 침구 및 기저귀 등의 위생상태
- 욕실, 화장실, 세면도구 등의 청결 및 위생상태

(2) 음용수 관리

◇ 상수도, 간이상수도를 사용하는 경우에는 물을 끓여서 사용하여야 한다.
◇ 정수장치를 사용하는 경우에는 정기적인 필터교환 등으로 수질을 관리하여야 한다.
◇ 지하수를 사용할 경우에는 먹는물관리법이 정하는 바에 의하여 수질검사를 실시하고 수질검사성적서를 비치하여야 한다.

(3) 동물 관리

◇ 보육시설에는 원칙적으로 동물(애완동물, 곤충 등)을 두어서는 안 된다.
◇ 동물을 둘 경우에는 사전에 부모에게 고지하여야 하며, 영유아의 알레르기, 질병, 상해 등을 방지하기 위해 정기적으로 수의사를 통해 면역조치 등을 받아야 한다.

제6부 가족 및 지역사회협력

제20장 부모교육론

제21장 가족복지와 가족관계론

제22장 지역사회복지와 자원봉사

제23장 보육정책론

제24장 보육교사론

제25장 보육시설운영과 관리

제 20 장 부모교육론

1. 부모교육의 이해

1) 부모교육의 개념

가족과 부모는 분리될 수 없으며 부모의 문제가 해결되어야 가족의 문제도 해결될 수 있기 때문에 부모의 역할을 조성하는 사회적 조직을 유지하고 부모가 가지는 환경적 긴장을 완화시킴으로써 가족문제의 발생을 예방하는 가정복지의 측면, 즉 부모교육적 측면에서 접근하는 것이 바람직하다.

즉, 부모역할은 인간의 어떤 역할보다 중요하지만 부모들은 체계적인 부모교육을 받지 못하고 부모가 된다. 현대사회에 들어오면서 가족의 구조와 기능에서 급격한 변화가 일어나고, 맞벌이 부부가 증가하면서 젊은 부부들은 자녀를 양육하는데 어른들의 도움을 받을 수 없게 되었다. 또한 현대사회의 가족의 변화로 부모역할도 변화되어 부모역할수행을 어렵게 하는 중요한 요인이 되었다. 따라서 부모나 예비부모들은 자녀를 양육하는데 좀 더 효과적인 방법과 어떻게 자녀를 양육할 것인가에 관심을 가질 수밖에 없게 되었다(이숙 외, 2005).

2) 부모교육의 접근방법

부모교육의 개념을 정의하는 데 부모훈련 · 부모참여 · 부모개입 · 부모지지 · 부모역할하기 등의 용어를 특별히 분류하지 않고 혼합하여 사용하고 있는 실정이므로 이에 대한 개념적 정의가 필요하다(이숙 외, 2005).

(1) 부모참여

부모참여란 교사 중심의 영유아보육현장 내지는 영유아보육프로그램에 부모가 참여하는 것을 의미한다. 즉, 영유아의 양육과 보육활동에 관여하고 이들 부모들이 영유아보육기관과의 동반자로서 동등한 입장에서 상호유대관계와 연결을 유지하여 보다 효율적인 영유아 보육 및 발달을 위해 적극적으로 노력하는 모든 과정을 의미한다.

가. 가정방문

가정방문은 여러 가지 긍정적인 측면을 갖고 있다. 교사는 영유아를 이해하는 데 필요한 기본적인 자료를 제공받을 수 있다. 부모와 자녀의 상호작용이 가장 편안하게 일어나는 현장이 가정이므로 이들의 상호작용을 관찰함으로써 영유아의 행동패턴을 이해할 수 있다. 또한 가정환경의 특성을 파악하게 되므로 영유아행동과 학습을 위한 지도 자료도 얻을 수 있다.

나. 가정통신문

가정통신문은 부모를 위해 작성되어 용유아를 통해 가정으로 전달된다. 이는 자녀교육에 있어서 부모참여의 중요성을 일깨워 주며, 영유아보육기관과 가정의 연결매체가 되는 것이다.

다. 수업참관

수업참관은 부모참여의 주목적을 부모의 역할이나 자질향상에 국한시키지 않고 보육기관에 참여 내지는 정책결정자나, 보육과정의 계획자로 생각할 때에 특히 선행된다.

라. 집단모임

집단모임은 기관의 철학과 운영방법 등과 영유아의 발달과 성장, 보육에 관한 지식과 정보 등을 부모에게 제공하고 가르치며, 여러 부모들의 생각을 서로 나누고, 서로간에 집단의식과 소속감을 길러줄 수 있다.

마. 부모면담

부모면담은 교사와 부모가 서로 대면하여 영유아에 대한 정보를 교환함으로써 영유아에 대한 이해를 증진시키고, 올바른 지도방안을 모색하는 데 도움을 주는 활동이다. 공식적인 면담은 부모－자녀 모두가 편리한 시간과 장소에서 계획되어야 한다.

바. 보조교사로서의 참여

부모가 보육의 현장에서 교사의 보조자로서 참여하는 경우이다. 예를 들면 간식준비와 소집단 지도현장에서, 자유놀이시간에, 소집단학습의 보조자로서 환경정리와 교재제작의 현장에서, 현장견학이나 소풍 등의 특별한 행사의 보조자로서 참여할 수 있다.

(2) 부모개입

부모개입이란 부모참여와 유사하게 사용되기도 하는데, 부모가 영유아의 보육기관과 긴밀한 유대를 유지하면서 영유아를 바르게 이해하고, 교육의 질을 높이기 위하여 자신이 영유아의 학습현장에 직접 개입하는 것을 의미한다. 부모개입의 유형은 프로그램 정책수립자로서의 개입, 교사로서의 개입, 학교나 영유아관련시설의 지원자로서의 개입 등으로 분류된다.

(3) 부모지지

부모지지란 친척의 도움을 비롯하여 지역사회 내의 각종 학부모회, 아동복지시설, 교육기관, 사회사업기관, 교회 등의 지원과 지지를 포함한다.

(4) 부모역할하기

부모역할하기는 자녀를 양육하고 보호하며 지도하는 과정이다. 이 과정은 부모와 자녀 사이의 계속적인 상호작용이자 부모와 자녀를 변화시키는 것이기도 하다.

3) 부모교육의 목적

부모교육의 목적에 대해서 Fine(1988)은 부모가 자녀를 이해하고 돕고 지도하는 데 필요한 정보 나누기, 기술훈련, 자기인식, 문제해결 등을 익혀서 부모들이 자녀를 잘 교육할 수 있도록 도와주는 것과 훌륭한 부모를 목표로 하여 자녀를 이해하고 돕고 지도하는 데 필요한 지식·능력·태도 등을 익힐 수 있도록 부모들을 도와주는 데 그 목적이 있다고 하였다. 부모교육프로그램 중 대표적인 Florida 프로그램이 제시한 부모교육의 목적은 아동의 인지적 발달을 향상시키고 보다 높은 수준의 지적 수행을 이루도록 하며, 부모로 하여금 풍부한 언어적 자극을 줄 수 있는 환경을 제공하도록 하여 유아의 언어를 증진시키는 것이다(이숙 외, 2002).

2. 부모의 양육태도

부모의 양육태도는 부모가 자녀를 양육할 때 보편적으로 나타나는 태도로서, 부모의 양육태도는 자녀의 인지적 · 사회적 발달, 자아개념, 도덕성, 정서적 안정감과 성격 등 자녀발달의 광범위한 영역에 중요한 영향을 미친다. 일반적으로 사용되고 있는 Baumrind의 세 가지 양육태도인 권위주의적 태도, 민주적 태도, 허용적인 태도와 현재 우리나라에서 많이 나타나고 있는 과잉보호적 태도를 살펴보면 다음과 같다(이숙 외, 2005).

1) 권위주의적 태도

권위주의적 부모는 자녀에게 무조건 복종을 하도록 요구하며, 요구는 많이 하지만 자녀에 대한 반응은 거의 하지 않는다. 자녀가 복종하도록 하기 위하여 신체적 체벌도 사용하는데, 부모가 정한 규칙이나 규율에 대한 설명은 거의 하지 않고 그 규칙을 절대적으로 지켜야 한다고 강요한다.

2) 민주적 태도

민주적인 부모는 자녀에 대한 요구와 반응성이 모두 높은 경향이 있다. 자녀의 발달을 이해하고, 자녀의 관점에서 사물을 보며 자녀의 신호에 적절하게 빨리 반응한다. 권위가 있으면서도 애정적으로 자녀를 대하며, 합리적인 방법으로 자녀의 자율성의 한계를 정한다.

3) 허용적인 태도

허용적인 부모는 자녀를 하나의 인격체로 대해야 한다고 믿으며, 부모란 권위를 지닌 존재가 아니기 때문에 자녀의 자율성을 전적으로 존중해야 한다고 생각한다.

4) 과잉보호적 태도

현재 우리나라는 가정경제의 윤택함과 자녀수의 감소 및 잘못된 자녀교육 개념으로 인하여 과잉보호적 양육태도가 늘고 있다. 과잉보호적 태도는 부모가 자녀에게 편애, 과잉간섭, 밀어 붙이기, 어리광을 받아 주는 것 등과 자녀의 연령이나 발달 정도에 맞지 않게 보호하거나 도와주는 태도를 말한다.

3. 부모교육의 이론

부모교육의 대표적인 이론으로 알려져 있는 민주적 이론, 인본주의적 이론, 부모효율성 이론, 교류분석이론, 행동수정이론의 원리 및 부모-자녀와의 관계, 부모교육운영에 대해 살펴보면 다음과 같다(최외선 외, 2006).

1) 드라이커스의 민주적 부모교육이론

민주적 부모교육이론은 Adler의 개인심리학이론을 부모교육에 적용하여 발전시킨 이론으로 효율적인 부모의 양육방식과 인간관계의 평등성을 강조한다. 이러한 원리는 그의 제자이자 동료였던 Dreikurs에 의해 발전되었다.

(1) 부모자녀관계에 대한 견해

민주적 부모교육이론에서는 가족 내에서 일어나는 사회화과정을 중요시하였다. 특히 부모가 사회화를 담당하는 중요한 역할을 한다고 본다. 부모의 태도, 가치, 가족분위기와 가족 간의 관계는 자녀의 인성을 형성하는 데 결정적인 역할을 한다.

드라이커스의 민주적 양육방식이론은 다음과 같은 가정을 두고 있다(김명희, 1996).

① 적절한 권위와 허용을 통해 민주적인 태도를 증진시켜야 한다.
② 자녀와 동등한 입장에서 이해하고 격려하여 자신감이 생기도록 동기유발을 해주어야 한다.
③ 민주적 가정 분위기에서 자기 조절과 통제를 할 수 있도록 해야 한다.
④ 부모와 자녀 간의 평등주의를 강조한다.

(2) 부모교육의 원리

가. 생활양식

생활양식이란 사회화 과정을 통하여 인성·태도·신념·능력 등을 의미한다. 자녀는 부모와의 상호작용을 통하여 자신의 행동을 조절하고 경계해 나가면서 생활양식을 형성하는데 Adler는 4~5세경에 거의 형성된다고 본다.

나. 직접목표와 행동전략

민주적 부모교육이론은 아동의 행동에는 목적이 있음을 이해하고 자녀와 평등한 관계를 형성하는 데 있다. 아동의 행동목적을 인식하기 위해서는 아동의 잘못된 행동의 원인으로 관심 끌기, 자신의 힘 행사하기, 보복하기, 부적절할 행동하기 등의 직접적인 목표가 있음을 알아야만 한다고 하였다.

① 관심 끌기 : 모든 인간의 욕구는 소속하는 것이다. 아동은 가족이나 집단에 소속되고 안정감을 느끼기 위하여 관심의 중심대상이 되어야 한다고 생각한다. 긍정적인 방법으로 타인의 관심이나 주의집중을 받고 싶어 하지만 그렇지 못할 경우에는 부정적인 방법을 사용해서라도 관심을 끌려고 한다. 그러므로 자녀들이 잘못된 행동으로 관심을 끌려고 할 경우에는 무관심한 태도를 보일 필요가 있으며 건설적인 행동에만 관심을 보여야 한다.

② 힘 행사하기 : 아동은 관심 끌기를 통해 주의집중을 받으려고 노력하지만 이 목표가 달성되지 못하면 두 번째 형태의 행동목표로 전략을 바꾸게 된다. 자기가 하고 싶은 대로 해버리거나 자기의 힘을 최대한 활용하여 반항하는 것이다. 이때 부모가 더 강한 힘을 발휘하여 자녀의 고집을 꺾으려 하면 자녀와 갈등이 더 심화되고 상처를 받게 된다.

③ 보복하기 : 아동들이 관심을 끌거나 힘겨루기의 방법으로 소속감을 얻지 못한 경우 자신이 상처받은 만큼 다른 사람도 상처를 받아야 한다고 생각하여 앙갚음이나 복수의 방법을 계획한다.

④ 부적절한 행동하기 : 위의 3가지 방법을 모두 사용해도 집단에서 소속감을 가지지 못하고 자신의 행동목표를 달성하지 못했다는 느낌을 받으면 아동은 좌절되어 모든 것을 포기하고 무엇인가 하고자 하는 의욕이 상실되어 무능함과 부적절하게 행동한다.

아동의 행동을 비난하지 말고 아동의 장점에 관심을 가져야 한다. 그리고 자신을 개선시키기 위해 노력하는 경우는 작은 것이라도 격려하는 태도가 필요하다.

다. 자연적 · 논리적 결과

어떤 행동을 하고 나서 그 결과로 나타난 상황을 보게 하는 것이 매우 강력한 교훈적 기능을 가지고 있다. 자연적 결과는 어린이가 어떤 행동을 취하였을 때 부모의 개입이 없이도 자연적으로 일어나는 결과이다.

아동에게 자연적 결과를 적용할 수 없거나 이를 적용하기 어려운 경우는 논리적 결과를 사용한다. 아동의 그릇된 행동과 관련되어 나타나는 결과에 대하여 논리적으로 수반되는 대가를 받도록 하는 것이다.

(3) 부모교육의 운영

Dreikurs의 부모연구회는 보통 8~12명이 한 팀으로 부부참석을 권장하며 1주 1회 모임에 2시간 정도이고, 지도자는 지침서를 사용하게 된다. 부모연구회에서는 부모의 상황, 아동의 상황, 훈련방법과 구체적인 기술 익히기, 그리고 문제 있는 아동의 이해와 적용할 수 있는 교육을 8~12주 정도 실시하고 있다.

2) 기노트의 인본주의 부모교육

기노트는 정상적인 어린이가 정서장애나 행동장애를 일으키는 원인은 부모의 성격 때문이라기보다는 부모가 자녀양육에 대한 경험이나 정보가 부족하거나 효율적으로 자녀를 양육하는 방식을 모르기 때문이라고 보고 부모교육의 필요성을 강조하였으며, 가정 내에서 일어나는 일상적인 문제를 해결하는 것에 중점을 두었다.

(1) 부모자녀관계에 대한 견해

기노트(Ginott)는 아동 중심의 부모교육이론을 기본 가정으로 하고 있으며 '아동은 자기 자신을 이해하고 자신의 행동을 조정하며 적절히 통제할 수 있는 능력의 소유자'라 보고 있다. 그러므로 부모는 자녀의 인성, 신체적 특성, 성격에 관계없이 자녀를 있는 그대로 수용하여야 한다고 하였다.

(2) 부모교육의 원리

인본주의 부모교육의 원리는 부모와 자녀 사이의 상호작용을 촉진시키고 의사소통을 용이하게 하는 데 있다. 부모와 자녀 사이의 상호작용과 대화를 촉진시키기 위한 기본원리는 다음과 같다.

① 자녀와의 대화는 인격을 존중하는 태도를 가지고 해야 하며 대화하는 기술이 필요하다.
② 부모는 자녀의 감정을 이해하고 행동 그 자체보다는 자녀의 감정을 먼저 생각하고 반응한다.
③ 지나친 칭찬이나 보상보다는 객관적인 평가와 함께 적절한 칭찬과 보상이 바람직하다.
④ 자녀가 실수를 할 경우에는 거친 말씨나 빈정대기, 위협을 하지 않는다.
⑤ 자녀의 질문이나 이야기에 반응할 때에는 그 사건이나 상황 자체보다는 이면의 숨은 의미를 파악하고 사건과 관련된 자녀의 감정에 알맞은 반응을 해야 한다.
⑥ 부모는 자녀를 격려하고 긍정적인 면을 지지해 줌으로써 긍정적인 자아개념을 형성하도록 해야 하는데, 자녀의 바람직한 행동에 대한 칭찬은 실제적인 노력과 성취에 근거하여 주어져야 한다.
⑦ 자녀의 잘못을 지적할 때에는 잘못된 행동 자체에만 한정을 하여 지적해야 하며 자녀의 성격까지 비난하지 않도록 한다.
⑧ 자녀를 교육할 때 부모도 화낼 권리가 있다. 자녀에 대한 부모의 이해에도 한계가 있음을 보여줄 때가 있다. 따라서 부모는 자신의 감정 상태를 언어로 표현하는 것이 필요하나 자녀 앞에서 분노를 억누르는 지혜를 가져야 한다.

(3) 부모교육의 운영

부모교육의 운영은 부모자녀관계를 향상시키는 데 목적을 두고, 한 집단을 보통 10~ 20명으로 구성하여 1주에 90분 정도로 15주간 계속적으로 실시한다. 부모교육프로그램은 불평 늘어놓기 단계, 감수성 향상단계, 개념형성단계, 기술습득단계로 구성되며 참여한 부모들이 각 단계를 거치면서 훈련과 교육을 받게 된다.

3) 고든의 부모효율성 훈련(PET)

Thomas Gordon은 오랜 기간 정서적·지적 어려움이 있는 아동을 치료하면서 아동의 문제는 의학적인 문제라기보다는 부모자녀관계의 문제라고 확신하였다. 그리하여 아동의 문제해결을 위하여 부모자녀 관계개선이 필요하다고 주장하면서 이에 부모효율성훈련이라는 프로그램을 개발하였다.

(1) 부모자녀관계에 대한 견해

Gordon은 부모들의 양육태도에 있어서 자녀를 수용하는 폭을 넓히고 자녀행동에 대한 구체적인 의사소통기술들을 습득하여 갈등해결을 하는 것을 강조하였다.

부모와 자녀 간에 지켜야 할 기본적인 의사소통과정에서 피해야 할 12가지 형태, 명령이나 지시, 주의·협박, 훈계·설교, 충고·해결책의 제안, 강의·이론의 전개, 비판·비난, 칭찬·동의, 욕설·조소·수치감, 분석·진단, 격려·동정, 질문·탐문, 화제 바꾸기·빈정거림·후퇴 등을 제시하였다.

(2) 부모교육의 원리

부모와 자녀관계는 모든 인간관계에 관한 원리로서 부모나 자녀의 한 쪽의 노력으로만 이루어지는 것이 아니라 상호작용에 의해 결정되는 것이므로 부모－자녀 사이가 원만해지려면 효율적인 의사소통기술이 필요하다고 본다. 부모가 자녀와 조력관계를 형성하고 유지하기 위해서 수용성 수준 파악하기, 문제 소유자 가리기, 적극적 경청, 나－전달법, 무승부법을 사용해야 한다.

(3) 부모교육의 운영

부모교육의 운영은 부모들을 가르칠 수 있는 강사교육과 부모를 대상으로 하는 일반 교육으로 나누어진다. 부모교육은 이론교육과 실제교육으로 구성되어 있으며, 효율적인 부모역할을 위해 부모역할훈련에 목적을 두고, 한 집단을 보통 10명 정도로 구성하여 1주에 1회씩 90분 정도 8주간 계속적으로 실시한다.

4) 에릭 번의 교류분석적 부모교육이론

교류분석은 인간행동에 관한 하나의 이론체계로 상호반응하고 있는 인간 사이에서 이루어지고 있는 교류를 분석하는 것이다. Berne이 창시한 심리분석 이론을 부모교육에 적용한 것이 교류분석적 부모교육이론으로, 부모자녀관계의 의사소통과 상호교류방법을 향상시킨 것이다.

(1) 부모자녀관계에 대한 견해

사람들은 상호교류를 통해 자기 자신, 타인, 사물이나 문제에 대해서 특수한 자세를 가지는데 이와 같은 생활자세, 즉 '나는 옳다', '너는 옳다'의 조합형태에 따라 네 가지로 구분하였다.

(2) 인성구조

Berne에 의하면 개인의 인성은 세 종류의 자아상태로 구성되어 있다. 자아상태란 개인이 가지고 있는 외부 세계에 대한 느낌, 반응하는 행동과 감정체계로서 아동자아상태, 성인자아상태, 부모자아상태로 구성된다. Berne은 자아상태를 정상적 · 생리학적 현상으로 설명하며, 인간의 뇌는 유기체이며 심리적 삶의 조직체이고 이 뇌의 작용으로 생겨나고 형성 축적된 심리적 상태로 설명한다.

(3) 상호교류의 원리

상호교류의 원리는 쓰다듬기에 의해 인간교류가 이루어지고, 이는 사회적 자극을 원하는 기본적 욕구와 이를 충족하고자 하는 노력, 상대방의 응답에 따라 세 가지 형태로 구성된다.

가. 상보적 교류

상보적 상호교류는 두 가지 자아상태만이 관계하므로 서로간의 정신적인 갈등이 없이 의사소통이 원활하게 이루어지는 경우이다. 두 사람의 자극과 반응의 방향이 서로 바라는 방향으로 채워져 평행을 이루는 교류의 형태를 말한다.

나. 교차적 교류

교차적 상호교류는 메시지에 반응하는 자아상태가 다른 사람이 의도하는 자아상태와 일치되지 않아 의사소통이 분열되거나 중단되는 경우를 말한다.

다. 이면적 교류

이면적 상호교류는 다른 사람과의 상호교류가 다양한 관계로 이루어지는 동시에 복합적인 자아상태가 작용한다. 즉, 표면적으로는 상보적 교류나 교차적 교류의 형태를 보이나 내부에서는 다른 심리적 메시지를 보내는 경우를 말한다.

(4) 부모교육의 운영

교류분석 부모교육프로그램은 표준화된 교육과정이 있는 것이 아니라 교류분석이론을 바탕으로 부모 자신의 위치와 문제를 평가하는 것과 자녀의 건전한 성장을 도울 수 있는 양육방법을 제공하는 내용으로 되어 있다. 부모교육의 주요 내용은 자아상태와 그에 따른 생활태도의 분석, 인성구조의 분석, 인간관계의 교류분석 및 게임의 분석 등이다.

5) 행동수정이론

행동수정이론은 행동주의 심리학에 근거한 학습원리라 할 수 있다. Watson과 Skinner의 이론이 인간행동을 이해하는 데 많은 기여를 하였으며, 행동주의 이론을 구체화하는 데 공헌을 하였다. 1948년 Skinner가 『*Walden two*』를 발표한 후 아동발달이론과 부모자녀관계에 행동주의 이론을 적용시키는 활력소가 되었다. 이 저서에는 인간들이 행해야 할 바람직한 행동, 아동발달에 대한 이해, 부모－자녀관계의 이상적 발달, 그리고 부모를 훈련시킬 수 있는 기술이 수록되어 있다.

(1) 부모자녀관계에 대한 견해

행동수정이론의 기본 가정은 인간의 행동은 학습의 결과라는 것이다. 따라서 바람직한 행동을 위해서는 학습한 과정을 잊게 하거나 수정을 통해 행동을 변화시켜야 한다는 것이다.

(2) 행동수정원리

행동수정원리에서는 아동의 문제행동에 대해 우선 행동목표를 설정하고 아동의 행동목표에 관한 행동을 정확히 관찰하고 분석할 것을 요구한다. 행동분석에서 아동의 행동이 발생하는 장소와 행동을 유발하는 선행자극과 또 행동이 발생한 후에 뒤따르는 후속자극에 대한 분석을 정확하게 한 후에 행동수정계획을 세운다. 그리하여 객관적이고 과학적인 방법을 사용하여 자녀의 행동과 환경자극 간의 조작적 조건형성을 함으로써 자녀행동을 변화시킬 수 있다고 본다.

(3) 부모교육의 운영

부모교육의 운영은 집단형태를 활용하며, 부모들이 구체적인 행동기법을 익혀서 적용하는 초점을 두기 때문에 거의 항상 강사 중심이다. 행동기술을 적용하기 위해서는 워크북 활동, 짧은 퀴즈, 행동기법을 적용한 경험교환을 포함한다. 강사가 정보의 주 원천일 경우도 있고, 자습교재 또는 프로그램 자습자료가 널리 활용되고 있다. 행동수정 부모교육의 대표적인 프로그램으로는 부모교육계획, 부모는 교사이다, 반응적 부모훈련프로그램, 어린이와 함께 살기, 어린이에 대한 애정을 위하여, 자녀관리 등이 있다.

4. 부모교육의 활성화 방안

효율적인 부모교육은 이상에서 지적된 여러 문제점들과 부모의 개별적인 욕구를 모두를 충족시킬 때 비로소 가능하다. 이를 위한 지침을 제시해 보면 다음과 같다(정옥분, 2006).

1) 자녀양육에 대한 올바른 가치관의 확립

올바른 자녀양육관을 확립하기 위해서는 먼저 부모교육의 목표에 충실한 방향정립이 우선되어야 한다. 우리나라의 부모교육이 제대로 방향설정을 하지 못한 것은 여러 가지 원인과 결부시켜 설명할 수 있다(김재은, 1993).

2) 부모교육의 대상확대

종전의 부모교육의 대상이 주로 어머니라면 앞으로의 부모교육의 대상은 직업을 가진 어머니나 하류계층의 어머니를 포함하여 아버지 · 자녀 · 조부모 · 교사 등으로 그 대상을 확대해 나가야 한다.

(1) 어머니의 참여확대

부모자녀관계에서 더 많은 문제점을 가진 저소득층의 어머니는 부모교육의 기회를 충분히 제공받지 못하며 방치되고 있으므로 이들을 위한 교육기회의 확대가 시급하다. 강의 ·

토론 · 읽기 등의 방법은 저소득층 부모에게는 적절하지 않으며 모델제시나 역할놀이가 보다 효과적인 방법이다.

(2) 아버지의 참여확대

최근 자녀들의 성장과 발달의 미치는 아버지의 영향력이 강조되고 있고 효율적인 자녀지도와 부모역할을 수행하기 위한 아버지의 참여가 요청되고 있는 현실을 감안해 볼 때, 아버지 교육은 더 이상 주변적인 것으로 생각될 수 없으며 아버지의 참여를 극대화시킬 수 있는 방법이 모색되어야 한다. 그런 의미에서 '좋은 아버지가 되려는 사람들의 모임'과 같은 단체들의 결성은 상당히 고무적인 것으로 평가할 수 있다. 그러므로 아버지의 생활무대가 직장인 점을 감안하여 공공기관 · 대기업 등에 협조공문을 발송하여 직장연수시 아버지 교육을 강화하도록 요청하고 필요한 경우 홍보자료를 우송하는 등 정부 차원에서의 직접적인 지원이 필요하다.

(3) 조부모의 참여확대

여성의 취업률 증가로 조부모들이 손자녀를 돌보는 경향이 증가하고 이들에 대한 교육의 필요성이 대두되고 있으므로, 부모교육의 대상이 조부모에게까지 확대되어야 한다.

(4) 자녀의 참여확대

또한 부모교육의 대상은 반드시 부모에게만 한정된 것은 아니다. 지금까지의 부모교육의 대상은 자녀가 있는 부모가 대상이 되었으므로 부모교육은 예방보다는 치료적인 측면이 강조되고 있다. 그러나 자녀를 대상으로 하는 것도 필요하다. 부모역할의 어려움, 부모 자신의 발달과정에서 경험하는 어려움 등에 대한 교육을 시킴으로써 자녀로 하여금 부모에 대한 이해를 돕고 부모자녀관계의 개선에도 도움이 될 수 있다.

3) 부모교육의 내용

부모교육의 내용은 매우 다양하다. 부모가 자녀의 사회성 지도를 위해 고려해야 할 일반적인 원리와 함께 문제상황별 실제 사례를 통해 적절한 대처방식을 습득할 수 있도록 구성되어 있다는 점에서 부모에게 실제적인 도움이 된다. 특히 최근 자녀를 둔 부모들이 가장 걱정하는 문제 중의 하나가 이른바 '왕따'현상으로 대변되는 교우관계의 어려움, 혹은 사회성 부족에 기인한다는 점에서 많은 도움이 될 수 있으며 이러한 형태의 프로그램개발, 보급이 계속적으로 이루어질 필요가 있다. 그 이외에도 아동의 문제행동이나 청소년 흡연, 가출, 음주, 음란물 시청 등 여러 가지 행동에 대한 구체적인 지침이 필요하다. 아울러 서구에서 개발된 프로그램이라 할지라도 이를 우리 문화에 맞게 변형시키고 접목하는 방법도 계속 시도되어야 한다.

4) 부모교육의 운영

부모교육의 운영방법 면에서 볼 때 우리나라의 교육기관에서 가정통신 · 부모회 · 면담 · 수업참관은 대부분 실시하고 있다. 그 가운데서도 강연회 등의 소극적인 방법이 주를 이루고 있다. 그러나 부모교육이 효과를 높이기 위해서는 부모와 아동이 함께하는 수업참여나 워크숍 같이 실제적이고 구체적인 방식, 부모가 교육현장에 보조교사로 참여하거나 가정방문을 통해 교사가 각 가정에 직접 참여함으로써 부모의 의식변화가 선행되어야 한다.

5) 사회지원체계의 확립

부모교육을 효과적으로 실시하기 위해서는 다양한 사회지원체계가 이루어져야 한다. 예를 들어 아버지의 부모교육의 참여율을 높이려면 아버지가 다니는 직장의 지원이 있어야 한다. 즉, 부모의 교육참여를 위해 휴가를 인정하든지, 회사 내에서 정기적으로 부모교육을 실시하는 방법도 가능하다. 그리고 범국가적인 차원에서 부모교육기관에 대한 재정적 지원을 통해 부모교육의 전문성을 높여야 한다. 또한 전문적인 부모교육기관을 지정하고, 대학을 비롯한 전문교육단체에서도 부모교육을 위탁하여 실시할 수 있는 체계를 구성해야 한다 (김익균, 2008).

6) 부모교육 전문가의 양성

앞으로 발생되는 다양한 가족문제로 인하여 부모교육의 분야는 확대될 것이다. 그럼으로 부모교육을 담당해야 할 전문가도 다양하게 구성해야 할 것이다. 학계, 의학계, 사회단체인사, 공무원, 가족복지 관련 종사자 등에서 부모교육 전문가를 확보하여 지원해주어야 한다.

부모들이 부모교육에 잘 참여하지 않는 이유 중에 하나가 전문가로부터의 전문적인 부모교육이 잘 이루어지지 않는 이유도 있다. 따라서 장기적으로 다양한 부모교육 전문가를 양성해야 한다.

제 21 장 가족복지와 가족관계론

1. 가족복지

1) 가족의 변화와 특징

(1) 가족의 변화

가. 가족형태의 변화

근대사회에 있어서 사회변동의 주요한 추진력을 공업화에서 구하는 것은 이론이 없는 것이며, 또한 근대에 있어서 가족형태상의 추세적 변화가 핵가족에 있다는 것도 경험적인 사실이다. 이 점에 관하여 기술의 변화가 경제시스템의 변화를 야기하며, 이것이 '가족형태의 변화=핵가족의 우월'을 초래하였다. 그 후 이와 같은 기술 · 경제적 요인 외에 핵가족제 이념이나 이데올로기, 그리고 인구학적 요인 등이 가족의 변화와 깊이 관련되어 있다는 관점이 덧붙여져 오고 있다. 그런데 가족의 변동은 그 형태상의 변화만으로 파악되는 것은 아니다. 그것 이외에 권위구조 · 역할구조 · 가족주기 · 정서구조 · 가족기능 · 가족의식 · 생활구조 등 가족의 구조변동을 파악하는 측면은 다양하다.

나. 가족기능의 변화

가족형태의 변화는 이전에 가족이 수행해 온 기능의 변화를 초래한다. 특히 가족규모의 축소는 다양한 능력을 갖는 활동 주체를 가족의 내부로부터 배출해 가는 것을 의미하며, 그 활동주체능력의 상실이 가족기능의 축소 · 약체화, 위기대응능력의 저하 등에 이어진다. 가족이 상실한 기능은 외부의 기관(행정, 기업, 지역사회 등)이 가족을 대신하여 유상 · 무상으로 인수하게 되는 것이다. 이런 의미에 있어 그와 같은 것을 가족기능의 외부화(사회화)라고 일컫는다.

공업화의 진전은 먼저 가족이 보유해 온 경제기능 중에서 생산기능을 분리시켜 가정과 직장의 분리가 진행되었다. 이와 같은 외부화된 기능은 경제기능 · 생산기능에 그치지 않는다. 영유아의 보육, 자녀의 교육, 환자와 신체장애자의 보호, 고령자의 부양 등 이전에는 가족의 내부에서 가족의 직접적 접촉과 협업을 통해 행해졌던 것이 각각 전문적인 서비스 기관(영리적 · 비영리적임을 불문하고)에 위양되는 경향이 강해지게 되었다. 그 밖에 종교, 오락이나 교제기능의 일부도 외부화되고 있다.

요컨대 핵가족화의 원인으로는 사회구조 전체의 근대화 · 도시화를 들 수 있지만, 그 중 중요한 구체적인 요인으로는 자본주의경제가 발달하여 고용노동자가 증가하며 도시에 집중해 있기 때문에 핵가족이 증가하고 있으며, 근대적(민주주의적 · 개인적)인 결혼관 · 가족관이 보급되고 있다는 것 등을 지적할 수 있다.

다. 가족해체

현대의 핵가족의 특징은 출산율의 저하와 수명의 연장에 의한 가족규모의 축소와 자녀들의 독립 후의 중 · 고령기 부부만의 기간연장, 가족의 생활보장기능의 실질적 평등화, 맞벌이에 의한 부부의 역할교체, 부부관계의 실질적 평등화, 가족해체의 진전, 이혼과 재혼의 증가, 이와 같은 여러 문제의 사회적 해결을 위한 사회보장 · 사회복지에 대한 요구의 증대 등이다.

현대사회에 있어 산업화 · 도시화 · 핵가족화는 전통적인 가족을 민주적 가족으로 바꾸는 데 크게 기여한 것은 사실이다. 그러나 이전에는 없었던 많은 문제들을 야기하고 있다. 즉, 유아학대 · 유기, 가정 내 폭력, 가출, 부모로서의 역할포기, 세대간의 단절, 이혼 등 가족의 병리 · 해체라고 하는 현상이 곳곳에 나타나고 있다. 그러나 그 중에서도 특히 중요한 것은 노후의 가정생활의 문제, 이혼률의 증가, 주부의 맞벌이에 따른 문제, 자녀의 가정 내 폭력, 자살, 비행문제 등으로 요약될 수가 있다.

(2) 특징

현대사회 가족변화의 특징을 살펴보면 다음과 같다.

가. 가족개념의 변화

가족개념은 역사적이고 전통적인 사상에 기반을 둔 가족개념에서 새로운 사상에 가족개념으로 변하하고 있다. 그래서 선진국에서는 레즈비언 · 게이 등을 가족개념에 포함시키는 경향이 늘고 있다. 즉, 자연과 문화적인 가족질서에서 현실적인 가족질서의 개념을 강조하기 시작하였다.

나. 이성역할의 변화

가족해체와 핵가족화가 되면서 이성역할이 변화하기 시작하여 가족기능과 구조에 많은 영향을 미치기 시작하였다. 이러한 이성역할의 변화에 의해 새로운 가족문화가 발생하고 있다.

다. 결혼의 변화

결혼의 개념과 형태가 변화하여 이혼과 재혼이 증가하고, 한부모가족 및 미혼모가족의 증가로 인하여 새로운 결혼문화가 발생하고 있다. 그래서 계약결혼 · 동거 등 새로운 가족형태가 발생하기 시작하였다.

라. 부모자녀관계의 변화

과거 부모자녀관계의 변화로 인하여 각국의 문화에 따라 새로운 부모자녀관계가 형성되고 있다.

마. 사회와 가족관계의 변화

사회와 가족은 공통적인 역할이 있는데 그 역할이 변화하고 있다. 그리하여 결혼 후 자녀를 출생하지 않아 사회적으로 인구문제가 발생하고 있다.

바. 가족 연령과 구성원의 변화

평균수명의 연장으로 가족에서의 노인세대가 많이 늘어나고, 산업화와 공업화 환경오염 등으로 인하여 장애가족이 늘어나고 있다.

2) 가족문제의 출현

(1) 가족문제의 증가

급변하는 사회변화가 가족에게 미치는 영향은 다양하며 그에 따라 가족도 여러 면으로 변화를 겪고 있다. 사회변화가 가족에게 미치는 영향은 현대사회가 직업을 중심으로 이동이 잦음에 따라 이동이 유리한 핵가족이 일반적인 가족형태를 이루게 되고, 개인의 능력만을 요구하는 고도의 산업화 · 전문화된 사회로 개인의 능력과 업적에 따라 승진할 수 있으므로 친족조직의 붕괴를 가져오게 되었으며, 인간관계가 직업적 · 부분적이 되고 전인격적인 접촉이 거의 불가능해짐에 따라 가족의 기능 역시 전문화된 사회조직으로 분화되었다.

원래 다른 사회제도와 비교해서 가족제도는 빨리 변화하는 제도가 아닌 데도 요즈음 가족의 변화는 근대화의 속도만큼이나 급진적이어서 가족구조와 기능 면에 있어서 그리고 그 내용 면에 있어서도 많은 변화를 초래하였다. 즉, 가족은 소규모화되고 핵가족화되는 경향을 보이고 비전통적인 가구형태가 증가하고 있고, 그에 따라 가족에 대한 가치관도 변화하고 있다. 즉, 한국 가족원의 수는 현저히 줄어들고 있어 2000년 현재 3.34명으로 가족구성원이 감소하였으며, 가족세대의 단순화로 대가족 가구가 감소하고, 단독가구의 증가, 가족형태의 다양화 등 가족구조가 변화되었으며, 이러한 변화는 아동, 노인, 장애인 등 앞으로 가족이 보호하는 데 어려움을 갖게 될 것이다.

가족구조와 가족가치관의 변화는 자연스럽게 가족의 기능을 변화시켜 왔으며, 현대사회에서 가족기능의 변화문제는 사회의 산업구조가 바뀌면서 제기되는 문제 중의 하나로 전통적 요소와 서구적 요소의 충돌, 사회구조적 변화속도와 가족의 변화속도 간의 괴리 등으로 인해 서구의 가족과는 다른 양상으로 변화되어 왔으며, 그 과정에서 한국 가족의 특수기능이 부각되고 있기도 하다.

또한 개인의 자유와 권리를 중요시하는 개인주의적 사회윤리가 가족윤리에도 그대로 반영되어 가족을 중시했던 가족가치관도 개인주의 가치관으로 변화되어 부부관계에, 혈연관계인 형제관계에도 개인주의적인 경향이 강하게 나타나고 있다. 부부관계에 있어서의 배우자를 위한 희생은 보다 약화되었으며 가정생활에서 부딪히는 문제들을 공동의 노력으로 해결하기보다는 배우자나 자녀보다도 나 자신이 중요하다는 생각으로 이혼하기도 한다. 즉, 이러한 변화는 가족이기주의와 가족편의주의를 증폭시킴으로써 가족문제와 사회문제를 심화시키는 동인으로 작용하고 있다.

가족의 안정성은 급격히 약화되어 결혼의 비율은 낮아지고 이혼률은 급증하고 있으며, 이에 따라 결혼의 당위성을 수용하는 사람들이 줄어들고 가족의 불안정성과 해체는 점차 더욱 증가할 것으로 생각된다. 이에 이혼가족 · 재혼가족이 증가하고 있으며 이러한 문제들은 부도덕가정 · 애정결여가정 · 빈곤가정 · 갈등가정 · 해체가정 등의 문제가정을 양산하게 될 것이다.

가족문제는 가족원들이 가족 내에서 욕구가 충족되지 못하고, 자신의 역할을 적절히 수행할 수 없게 됨으로써 가족기능, 가족관계가 원만하지 못하고 가족해체현상이 나타나게 되는 모든 현상이라고 볼 수 있으며, 이는 가족의 전체성과 관련되는 가족성원의 역할장애와 가족의 사회적 역할장애로 볼 수 있다. 그리고 이러한 역할장애를 유발하는 요인으로 가족 외부요인과 가족 내부요인으로 나누어볼 수 있다(최경석 외, 2001).

가. 가족 외부요인

가족 외부요인으로는 가족과 관련되는 사회경제적 문제로서 가족 전체성에 영향을 주는 경제적 불안정, 불평등, 실업, 무주택, 교육기회의 박탈, 의료기회의 박탈, 이사 등이 있다. 이러한 사회환경적인 문제는 가족 내부 문제와 더불어 현대사회에서 중요한 문제로 등장하고 있다.

나. 가족 내부요인

가족 내부요인으로는 가족구성원간의 관계문제와 가족구성원간의 내적 문제로 구분해 볼 수 있다.

첫째, 가족구성원간의 관계문제로는 가족의 전체성에 영향을 주는 가족성원 역할의 불이행, 갈등, 가족성원의 증가나 감소, 별거, 이혼 등이 있다.

둘째, 가족구성원의 내적 문제로는 가족의 전체성에 영향을 주는 가족성원의 적응능력, 상호작용, 행동의 장애 등이 있다.

우리나라 가족문제의 성향을 보면 가족의 경제적 부양문제, 가족보호기능이 약화되어 오는 문제, 가족의 통제능력과 통제기능이 약화되며 가족공동체로서의 사회화, 정서적 지지의 기능수행이 약화되어 가고 있는 문제, 결손가정의 증가에 따른 문제 등이 나타나고 있다. 또한 가족문제는 의 · 식 · 주의 가장 기본적인 문제에서 가족구성원의 비경제적인 문제도 점차 가족문제에서 차지하는 비중이 높아지고 있다.

(2) 가족문제의 유형

가. 저소득가족

빈곤한 가정의 아동들은 가정에서의 보건 · 교육 · 복지문제 등에서 소홀히 다루어지며 가정에서 유기 · 이탈하거나 비행 또는 범죄에 이르는 근본원인이 되는 것이다.

나. 결손가족

결손가족이란 보통 부부 중 어느 한편이나 또는 쌍방이 사망 · 이혼 · 유기 · 별거 등의 원인으로 인해 일반 가족에 비해 물질적 · 정신적 안정을 상실하였거나 또는 가족의 기본적 기능의 상실을 초래하는 가족이라고 말하고 있다. 결손가족에서 문제되는 가족은 모자가족 · 부자가족 · 아동가족 · 고령자가족을 들 수 있다.

① 모자가족 : 배우자가 사별 · 이별 · 행방불명 등의 이유로 동거하지 않는 18세 이상 60세 미만의 여자와 18세 미만의 자녀만으로 구성된 가족을 말한다. 모친이 생업에 종사할 경우가 많으며, 수입은 적고, 취업은 불안정하며, 노동조건도 좋지 않아 낮은 생활수준이다. 더욱이 부친의 결손, 모친 부재는 가족의 교육기능을 저해하고 아동들의 사회화 기능이 저하되어 부랑, 비행 등에 빠지기 쉽다.

② 부자가족 : 부자가족의 경우는 경제적 곤란이 모자가족보다 적지만, 가족원의 정서적 안정의 기둥인 모친이 없으므로 아동의 정서적 불안정은 보다 심하다.

③ 아동가족 : 18세 미만의 자만으로 구성되는 가구를 말하는데 이들 형태의 가구 아동들에게는 극심한 빈곤이나 정서 불안정이 수반된다.

④ 고령가족 : 의학의 발달과 생활수준의 향상으로 평균수명이 점점 연장되고 있다. 노령인구율은 해마다 증가하고 있으며, 변화가 빠른 현대사회 속에서 노령층은 그들의 역할과 지위를 상실하고 있을 뿐 아니라 핵가족 제도에서 오는 생활변화로 소외당하고 있다.

⑤ 이주가족 : 많은 농촌인구가 도시지역으로 이주하고 있는데 이들은 숙련된 기술을 갖고 있지 않으므로 적절한 직업을 구하기 힘들다. 따라서 빈곤하게 되고 빈민지역에 정착할 수밖에 없게 된다. 특히 이러한 빈민지역 가정에서는 노동을 심하게 하고 영양을 제대로 섭취하지 못하여 전염병이나 질병에 걸리기 쉽다.

다. 다자녀가족

다자녀가족은 비경제활동 연령층에 속하면서 부양자의 부양부담을 가중시키는 요인으로서 경제적 압박요인이 된다. 더욱이 자녀들의 성장과정에서 갈등과 욕구불만, 부모로부터 애정결핍 등의 문제가 생기기 쉽다.

라. 다문제가족

다문제가족은 항상 사회적 · 개인적 · 경제적 문제를 복합적으로 지니지만 그렇다고 복합적인 문제를 가진 가족이 반드시 문제가족은 아니다.

문제가족의 생활은 외면적으로는 빈곤 · 불결 · 무질서 · 무계획 등이지만 중요한 것은 이들의 외부환경적 조건과 내면적인 생활태도가 같이 관련되어 있는 점이다.

마. 비정형적 가족

비정형적 가족이란 과거에 우리가 인식해 온 정형적인 가족의 반대되는 용어이다. 즉, 정상적인 결혼을 통하지 않고 자녀를 출산하든지, 계약결혼 등의 현대사회에서 발생되는 가족유형이다. 앞으로 비정형적인 가족의 유형은 많이 발생될 것이고, 이로 인한 사회문제도 많아질 것이다.

3) 가족복지의 개념

가족복지(family welfare)는 한마디로 가족의 행복을 유지시키는 것을 말한다. 모든 국민은 인간다운 생활을 할 권리로 가진다는 헌법(제32조)의 기본이념에 입각하여 가족생활을 보장하는 사회적 제 노력(제도적, 정책적, 기술적 서비스)을 총칭하는 말이다.

가족복지의 개념을 협의로 해석할 때에는 보통 가족복지사업(family social work, family social welfare, family service)이라고 하는데 현실적으로 가족이 처한 생활상의 곤란, 즉 빈곤, 질병, 실업, 가족관계의 붕괴 등으로 가족원 개개의 존엄성이 상실되고 가족생활이 중대한 위기에 직면한 데 대해서 가족의 문제를 해결하고 가족생활을 강화시키기 위한 사회적 조직활동을 의미한다.

이러한 가족복지사업이 다른 사회복지 분야와의 차이점은 아동복지, 노인복지, 부녀복지 등은 그 대상으로 특정인을 취급하는 데 비하여 가족복지는 '가족을 전체(family as a whole)'로서 취급하는 것이다. 또한 가족복지란 가족생활을 보호 · 강화하며 가족원으로 하여금 사회인으로서의 기능을 다할 수 있도록 도와주는 서비스 활동을 말한다. 가족복지에 대해 가족들이 생활해나가는 데 있어서의 어려운 문제(역할수행 능력)를 취급한다. 즉, 일시적 빈곤의 압력이나 자원의 결핍 및 가족 내의 인간관계의 결합을 도와주는 활동을 가족복지라고 한다고 말한다. 미국 사회사업가협회(사회사업사전)에서 정의한 가족복지의 주된 목적은 가족구성원의 대인관계능력을 향상시키고 가정생활의 적극적인 가치를 더욱 살려 가족원 각자의 건전한 인품을 형성 · 발달시키고 나아가서 사회적 기능을 만족스럽게 성취하도록 기여함에 있다고 한다.

결론적으로 가정복지란 가족생활의 강화와 가족관계의 조화를 성취시키려는 것이라고 할 수 있다.

가족복지의 정의나 개념은 문화적 양상에 따라 다양한 의미를 가질 수 있는 데보다 일반적인 가족복지에 대한 정의를 내리기 위해 여러 학자들의 정의를 살펴보면 다음 〈표 21-1〉와 같다(고수현 외, 2002).

〈표 21-1〉 학자별 가족복지의 정의

학자	정의
Feldman & Scherz (1968)	전체로서의 가족은 물론 그 구성원들의 사회적 기능수행을 효과적으로 증진시킴으로써 가족구성원 모두에게 행복을 도모하도록 하기 위한 사회복지의 한 분야
김만두 (1982)	가족의 집단성을 확립하고 개개 가족구성원의 인격성장과 발달을 도우며 항상 변화하는 사회에 대응하여 적극적인 적응 능력을 가질 수 있는 가족, 즉 대사회적으로 적응하는 가족으로서의 확립이란 목표하에 전개하는 활동
김상규 (1983)	가족의 행복을 유지시키는 것으로 국민의 생활권의 기본이념에 입각하여 가족생활을 보장하는 사회적 제노력(제도적, 정책적, 기술적 서비스)의 총칭
일본현대복지학총람 (1995)	개인생활상의 모든 요구충족이 그 삶의 가족생활의 양태에 의하여 규정됨에 착안하여 가족원으로서의 개인의 가족집단에의 적응이나 가족생활 그 자체의 유지 및 질적 향상을 도모함을 목적으로 하는 사회복지의 한 분야
조흥식 외 (2001)	① 목적면 : 국민의 생활권의 기본이념에 입각하여 가족의 행복유지 ② 주체면 : 가족을 포함한 사회구성원 전체 ③ 대상면 : 가족구성원 개개인을 포함한 한 단위로서의 가족 전체 ④ 수단면 : 제도적 정책적 기술적 서비스 등 조직적인 제반활동 ⑤ 범위면 : 사회복지의 한 분야

이러한 가족복지가 다른 사회복지분야와의 차이점은 아동복지 · 노인복지 · 여성복지 등은 그 대상으로 특정인을 취급하는데 가족복지는 '가족을 전체'로서 취급하는 것이다. 즉, 가족복지는 가족성원 개개인의 요구와 문제에 초점을 두기보다 '한 단위로서 가족의 전체성'에 주목하면서 가족과 가족성원이 경험하는 문제를 예방하고 해결하여 가족이 건강하고 행복한 상태로 유지될 수 있도록 하는 제반 국가제도와 사회적 서비스인 것이다.

4) 가족복지의 필요성과 대상

(1) 필요성

산업화 이전의 가족은 많은 기능을 수행하여 인간의 욕구와 문제가 가족을 통하여 해결될 수 있었으나 산업화 이후의 가족은 여러 상황적 변화로 급격히 변화하면서 가족이 수행하던 많은 기능이 축소되고 변화함으로써 가족은 전통적인 기능에 어려움과 혼란을 겪게 되어 이를 보완하는 측면에서 가족복지의 필요성이 더욱 강조되고 있다. 가족복지의 필요성을 살펴보면(최경석 외, 2001) 다음과 같다.

가. 가족과 사회관계의 변화

가족과 사회관계에 대한 시각의 변화로 필요하게 되었다. 현대사회는 개인과 사회의 존속을 위해 없어서는 안 될 중요한 기능적 과업을 수행하는 가족과 사회의 관계성이 더욱 긴밀해지고 있다. 현대가족은 과거 가족이 지닌 주요 기능이 전반적으로 약화되어 스스로의 힘으로는 해결할 수 없는 많은 문제를 안고 있고, 한편으로는 취업모의 증가, 소가족화, 탈시설화 정책, 사회복지서비스를 제한하는 비용절약정책 때문에 가족구성원의 보호와 복지에 대한 가족의 책임이 예전보다 강조되고 있다. 따라서 가족기능은 약화되면서 책임은 오히려 증가되는 가족의 책임을 잘 수행할 수 있도록 다양한 가족복지서비스가 제공되어야 한다.

나. 가족개입의 필요성의 증가

가족에 대한 개입의 관점변화이다. 1980년대 이전까지 자유주의 국가에서 가족구성원의 보호는 가족의 책임으로 간주하여 국가가 개입하는 것이 오히려 문제를 일으킨다는 입장이었지만 이제는 사회문제해결에 국가가 개입하는 것을 바람직하지 않게 여기는 신자유주의자들조차도 사회복지제도의 개혁을 추진하면서 사회복지의 축소를 위하여 가족제도를 강화하는 가족복지프로그램을 집중지원하는 경향으로 국가가 가족에 대해 개입하는 쪽으로 관점이 변화되었다.

다. 가족욕구의 다양화

현대사회에서 발생되는 다양한 가족형태의 등장과 욕구의 다양화로 이러한 다양한 가족들의 욕구를 충족시켜 주는 가족복지서비스가 필요하게 되었다. 맞벌이가족, 재혼가족, 한부모가족과 소년소녀가장가족, 독신가족과 노인단독가족, 동성부부가족, 공동체가족 등 다양한 형태의 가족이 보편화되면서 이러한 가족을 문제가족으로 보고 접근하던 기존의 가족복지정책으로는 가족의 욕구를 충족시키기 어렵게 되었다.

라. 가족 전체의 중요성

인간과 사회문제를 해결하는데 가족이 효율적인 단위라는 사실이 강조되고 있다. 인간의 문제를 해결하고자 하는 접근방법으로 개인을 대상으로 한 개별적인 접근보다 가족을 단위로 한 가족치료(상담)가 문제해결에 보다 효과적이라는 결과가 나온 것도 한 예라고 볼 수 있다.

(2) 대상

가족복지의 대상은 광의로 볼 때는 모든 유형의 가족들로 이들이 앞으로 당면할 가능성이 있거나 현재 당면하고 있는 모든 가족의 문제이며, 협의로 보면 가족생활상의 문제에 봉착하고 있는 위기의 가족으로 결손가족, 해체가족, 그리고 가족생활주기에 따라 발생되는 발달적·상황적 스트레스를 특별히 겪고 있는 가족들이다. 가족복지의 대상을 협의로 접근할 경우 가족문제의 예방적 측면이 간과되고 일반 가족이 흔히 경험하는 가족문제가 간과되므로 가족문제와 함께 건강한 가족생활을 가족복지의 대상으로 삼아야 할 것이다. 이상에서 살펴본 바와 같이 현대사회의 가족복지의 대상은 문제가족을 포함한 모든 가족이라고 할 수 있다.

5) 가족복지의 기능

(1) 의의

가족복지기능은 그 범위에 따라 지지적 기능, 보완적 기능, 대체적 기능 등 다양하게 분류해 볼 수 있다. 그리고 가족복지의 기능은 각 가족이 처한 상황에 따라 다른 기능을 요구하게 되어 그 상황에 적합한 가족복지적 기능이 요구된다. 가족복지의 기능에 있어 가족문제를 일으키는 장애요인에 대한 대책이라는 측면에서 가족 외적인 요인에 대응하는 것으로 거시적인 기능과 가족 내적인 원인에 대응하는 미시적인 기능을 제시하였다.

또한 가족복지는 가족이 사회로부터 기대되는 고유의 기능을 그 가족이 실현할 수 있도록 하는 원조의 기능, 구체적으로 생활자원을 연결하고 조정하는 기능, 일반 주민의 연대성을 강화하는 정보적 기능, 가족문제 해결능력을 보강하는 서비스 기능, 새로운 생활자원을 창조하는 개발적 기능으로 세분하였다(이소희 외, 1998).

(2) 가족기능의 유형

가족복지의 기능을 예방적 기능과 치료적 기능 등을 포괄적으로 포함하여 구체적으로 분류해 보면 다음과 같다(최경석 외, 2001).

가. 가족개발기능

가족개발기능은 건전가정육성을 위한 가족교육, 역할개발, 생활개선 및 가족보건과 같이 가족기능을 효과적으로 개발시키는 것이다. 또한 가족개발기능은 가족문제예방과 밀접한 관계를 지니고 있다. 현대사회에서는 가족치료와 함께 건전한 가족구성을 위한 가족개발프로그램이 다양하게 개발되고 있다.

나. 가족복지기능

가족복지기능은 가족결손과 예방과 치료를 위한 가족상담과 가족치료, 역할지원, 재활지원 등으로 가족문제해결을 위하여 전문적으로 접근하는 기능이다. 가족복지사업의 주류를 이루는 있는 기능으로서 가족복지의 중요한 부분이다.

다. 가족보호기능

가족보호기능은 독립적으로 가족생활이 어려운 가족에게 생활보호, 건강보호와 시설보호를 실시하는 것이다. 이 기능은 가족복지의 출발로서 빈곤가족, 비정형적인 가족 등의 문제에 효과적으로 개입하는 기능이다.

라. 자원개발기능

자원개발기능은 지역사회 내의 가족복지 여건조성을 위한 기금조성과 조직개발을 하고 자원봉사자를 비롯한 인력개발을 하는 기능이다. 최근에 가족복지에서도 재가복지의 기능이 강조되면서 자원개발기능의 중요성이 증가하고 있다.

2. 가족관계론

1) 가족관계의 의의

(1) 개념

일반적으로 가족관계란 가족구성원간의 다양한 인간관계로서 모든 인간은 출생과 더불어 가족관계가 시작된다. 인간은 사회화과정으로 가족관계는 인간관계의 출발인 동시에 인격형성의 중요한 관계망이다. 그러므로 가족관계를 어떻게 구성하고 유지하는 것은 가족문제의 예방과 치료에 많은 영향을 미친다. 즉, 가족관계란 가족에서의 가족간의 인간관계를 기초로 하여 나타나는 가족권력, 가족구조, 가족기능과 같은 사회구조적 관계를 포함한 가족의 신체적 · 심리적 · 정서적 모든 관계를 의미한다. 또한 이러한 관계는 일시적인 관계부터 반복적이고 역동적이며 지속적인 상호과정을 통하여 형성된다.

이러한 측면에서 가족관계를 보다 구체적으로 접근해 보면 결혼으로 결합된 부부관계, 혈연으로 연결된 부모자녀관계, 혈연을 서로 공유하는 형제자매관계로 구성된다. 즉, 부부관계 · 부모자녀관계 · 형제자매관계가 가족관계의 가장 기본적인 관계이다. 여기에다 부모자녀관계로서의 고부관계로 중요한 부분을 차지하고 있다.

또한 가족관계는 그 나라의 역사적 · 문화적 차이에 따라 다르게 접근할 수 있고 개념도 달라진다. 그러므로 현대사회에서 가족문제를 체계적으로 접근하여 해결하기 위해서는 다양한 가족관계를 이해하고, 지속적으로 연구해야 할 것이다.

(2) 가족관계에서 필수적으로 다루어져야 할 가족관계지표

가족관계는 가족형태와 구조에 따라 매우 다양하게 나타난다. 그리고 가족관계는 그 나라의 사회문화적 배경, 가족의 변천과정, 가족구조는 특징 · 종교 · 가치관 등 다양한 요인에 따라 달라진다. 그러므로 가족관계를 획일적으로 접근하기에는 문제점이 많다. 그러나 이러한 가족관계의 다양성에도 불구하고 공통적으로 다루어야 할 가족관계의 지표는 다음과 같다.

부모태도지표	:	아동과의 갈등
어머니에 대한 아동의 태도	:	어머니와의 갈등
아버지에 대한 아동의 태도	:	아버지와의 갈등
형제관계지표	:	형제와의 갈등
자매관계지표	:	자매와의 갈등
가족관계지표	:	가족 내 스트레스
아동행동척도	:	행동장애

(3) 가족관계의 법적 변화

2008년부터 호주제가 폐지됨에 따라 출생 · 혼인 · 입양 등 개인의 신분에 대한 증명서 발급 내용 및 절차가 크게 달라질 예정이다. 예전에 호적등본에는 본인의 인적사항뿐 아니라 가족 모두의 인적 사항이 나타났지만 앞으로 발급되는 개인별 가족관계증명서에는 본인의 부모 · 배우자 · 자녀 등 3대에 한해서 이름과 생년월일 등 가족관계에 꼭 필요한 사항만 기재된다. 아버지의 성을 따를 필요가 없고 본적 개념이 없어짐에 따라 아버지를 중심으로 이뤄지던 가족관계개념에도 변화가 예상된다.

2) 가족관계의 접근방향

(1) 가족관계의 구성요소

가족은 두 명 이상이 모인 집합체로서 공통의 가족문화를 가지고 있다. 또한 가족은 전체로서의 가족으로 인식하며, 다른 가족과 구분되는 특징을 지니고 가족구성원들이 상호작용을 하면서 각자의 행동에 영향을 미친다는 특성을 가지고 있다. 이러한 가족의 특성은 가족관계를 구성하는 데 중요한 요소이다. 구체적으로 가족관계를 구성하는 주요 요소를 살펴보면 다음과 같다(김익균, 2008).

가. 가족규모

가족규모의 크기가 최대한 어느 정도인가에 대해서는 한정되어 있지 않지만, 최소한 두 명 이상의 구성원으로 이루어진다. 그렇지 않으면 가족관계를 구성하지 못한다. 그러나 가족의 범위가 확대되면서 단독가족세대 등의 1인 가구의 가족형태가 늘어나면서 가족규모의 중요성이 약해지고 있다. 그러나 가족관계의 유지를 위해서는 최소한의 가족규모를 구성해야 할 것이다. 그러나 핵가족화의 진행으로 가족구성원들 간의 상호작용에 의해 제한을 받으며, 대부분 가족규모가 작아지고 있어 가족관계의 저하를 가져오고 있다. 그리고 기족구성원들 간에 직접적인 상호작용이 줄어들기 시작하면 가족관계의 활성화는 기대할 수 없을 것이다. 그러므로 적절한 가족관계의 유지를 위해서는 적절한 가족규모를 유지해야 한다.

나. 공통목표

가족은 구성원들 간의 역할 차이가 최소화되어 있으며, 직접적인 가족구성원간의 상호작용을 통해서 전체적인 성격에 따라 움직인다. 그러므로 가족은 최소한의 공통적인 목표를 가지고 있으며, 목표는 명백하기보다는 오히려 암시적이다. 또한 가족의 목표는 집단구성원들의 소속감이나 사랑과 같은 욕구로부터 나타나며, 비공식적이고 개인적인 관계의 본질에서 유래한다. 이러한 공동목표가 있어야 만이 가족관계의 필요성이 증가할 것이다.

다. 가족의 정체성의 강화와 배타성의 저하

가족구성원들은 공통의 집단정체성을 공유하며 전체적으로 가족문화를 인식해야 한다. 가족에 대한 정체성은 가족생활을 통해서 가족의식이 나타날 때 더욱 명백해진다. 가족구성원들이 상대적으로 구별되지 않으며 서로 인간적인 측면에 의해 관련되어 있기 때문에, 가족이 유지되고 발달하며 자기본위의식의 증진에 기여한다. 또한 가족은 모든 사회체계 중에서 가장 배타적인 성격이 약하다. 배타성의 관념은 가족구성원들의 자기본위의식에 의해 나타나지만 가족관계의 강화를 위해서는 가족 내의 배타성을 줄여야 한다. 가족구성원들의 관계가 개인적인 차원에서 이루어지는 것이 아니며, 가족의 내부에서 우러나오는 감정에 의해 이루어지기 때문에 배타성을 줄여야 한다.

라. 가족사회화의 기능

가족은 가족구성원들에게 사회화와 사회통제의 기능을 수행한다. 모든 가족은 독특한 가족문화를 소유하며, 이것은 가족구성원들의 행동에 영향을 미치는 규범을 포함하고 있다. 이러한 가족규범은 부분적으로 가족구성원들에 의해 내면화의 형태로 채택되며, 개인의 가치체계의 일부분이 된다. 그러므로 가족 내의 사회화 기능이 강화될 때 가족관계의 필요성이 증가할 것이다.

3) 가족생활주기와 가족관계의 발달과정

(1) 가족생활주기

개인이 자신의 생활주기가 있는 것과 같이 가족단위에서도 가족생활주기가 존재한다. 개인들의 개성과 같이 가족들도 다양한 특성을 지니고 있다. 그리고 가족생활주기는 가족구조 · 기족기능 · 가족형태 등의 요소에 의해 달라진다. 그러나 개인의 생활주기에 나름대로의 단계가 있듯이 가족생활주기도 일정한 단계를 지니고 있다. 즉, 새로운 가족구성원의 탄생 · 결혼 · 이별 · 죽음 등을 통하여 가족생활주기의 단계를 구분할 수 있다.

(2) 가족생활주기의 단계

가족생활주기의 단계에 관한 유형은 시대와 학자에 따라 매우 다양하게 분류할 수 있다. 가족규모의 변화에 따른 분류로서 가족확대기와 가족축소기 등으로 접근할 수 있고, 가족

〈표 21-2〉 가족생활주기별 가족관계의 변화과정

가족생활주기단계	정서적 과정과 주요원리	발달과정에 따른 2차적 변화
1. 가족과의 이별	정서적, 재정적 책임의 수용	-원가족에 대한 자아의 분화 -새로운 관계의 개발 -직업과 재정적 독립
2. 결혼	새로운 체계에 대한 적응	-부부체계의 형성 -확대가족, 배우자를 포함한 새로운 가족관계 재조정 -결혼에 따른 심리적 변화의 적응
3. 아동이 있는 가족	새로운 성원을 체계 내에 수용하기	-부부체계를 아동을 위한 공간을 확보하는 데 적응 -아동양육, 재정, 가사적인 과제수행을 함께 하기 -새로운 구성원에 대한 배려
4. 청소년이 있는 가족	아동의 독립과 조부모의 취약성 등의 가족의 경계상의 융통성의 증진	-청소년이 체계내부와 외부로 이동할 수 있도록 부모관계의 전환 -부부의 직업상의 문제에 재초점 -청소년의 변화에 따른 가족체계의 변화
5. 생활후기가족(노인)	세대간 역할변화의 수용	-신체, 심리사회적 변화에 적응 -새로운 가족과 사회적 역할선택의 탐색 -노년기에 적당한 공간체계의 재구성과 생의 마무리의 준비 -배우자, 형제, 그리고 동료들의 죽음에 대한 상실의 준비

출처 : Betty Carter, and Monica McGoldrick, 1989에서 재구성.

국성원의 변화에 따라 분류할 수도 있다. 또한 자녀의 성장발달과 교육제도를 중심으로 분류하는 경우도 많다. 이런 다양한 가족생활 주기의 유형은 가족관계와 밀접한 관련을 가진다. 가족생활주기의 유형에 따라 가족관계가 달라지기 때문이다. 일반적인 가족생활주기와 가족관계의 변화를 가족생활주기별 가족관계의 변화를 살펴보면 〈표 21-2〉과 같다. 본서에서는 가장 보편적으로 영유아기와 가족관계(0~6세), 아동기와 가족관계(7~12세), 청소년기와 가족관계(13~24세), 중장년기와 가족관계(25~64세), 노년기와 가족관계(65세 이상)로 분류하여 고찰하고자 한다.

(2) 가족관계의 발달과정

가. 영유아기의 가족관계

영아기(嬰兒期)는 0~2세 사이의 시기로서 제1성장급등기라고 할 만큼 출생하면서부터 급격한 신체발달이 이루어지며, 보행을 학습하게 되고, 감각발달이 이루어진다. 인지발달로 인하여 목적지향행동과 대상영속성이 확립되며 언어발달이 활발하게 진행되는 시기이다. 이 시기에는 성격발달의 기초가 되는 정서발달이 이루어져 성인에게서 볼 수 있는 대부분의 정서가 나타나게 된다. 또한 사회성 발달과정에서 표현행동과 애착행동을 보이며 격리불안이 나타나게 된다.

유아기(幼兒期)는 3~6세 사이의 시기로서 신체가 전체적으로 균형을 잡아가면서 운동기술이 발달하여 독립된 개체로 활동하게 되며, 대소변 가리기 훈련이 가능해진다. 인지발달이 이루어져 주의집중력과 지각변별력이 발달하지만, 자아중심성, 직관적 사고, 물활론, 상징적 기능, 꿈의 실재론 등과 같은 특징을 지니는 시기이다. 이 시기에는 언어발달이 급속히 이루어져 기본적인 의사소통이 가능해지며 정서의 분화가 두드러지게 나타나고 성적인 관심을 나타낸다. 또한 자율성과 자아개념이 발달하며 여러 가지 놀이를 배우게 되고 환경에 대한 호기심이 발달하여 환경을 탐색하게 된다.

유아가 최초로 맺게 되는 사회적 관계는 부모와의 관계이다. 유아는 부모와의 관계에서 성격과 사회성 발달에 중요한 영향을 받게 되며, 이러한 부모자녀관계에 중심이 되는 것은 자녀에 대한 부모의 양육태도와 유아의 성격형성과의 관계이다. 부모의 양육태도가 수용적이면서도 권위 있는 태도를 가질 경우에는 유아가 자신을 수용할 수 있고 자신감을 갖게 되며, 자신의 감정을 보다 자유롭게 표현할 수 있고 다른 사람과의 관계에서 개방적이다. 또한 유아는 다른 사람을 사랑할 수 있는 능력을 갖게 되며 사회적으로 책임감이 있고 독립적이며 성취지향적이고 다른 사람들과 협조적이 된다(최경숙, 2001).

유아기 동안 어머니와 장기간 격리되어 있거나 어머니가 없을 경우에는 신체적 · 인지적 · 정서적 · 사회적 발달에 지체현상을 갖게 되어 성장하여 대인관계를 원활히 맺을 수 없으며 건전한 자아형성이 어렵게 된다는 것이다. 유아기 동안 아버지가 없는 경우에 남아는 인지발달에 장애를 갖게 되고 성역할의 학습에도 좋지 않은 영향을 받게 되며, 여아는 의존성이 강해지고 정서적인 문제와 부적응의 문제를 갖게 된다는 것이다.

유아의 성격과 사회성 발달에 영향을 미치는 또 다른 중요한 사회적 관계로는 형제자매관계와 또래와의 관계가 있다. 형제자매관계는 유아에게 행동 · 갈등 · 협동 · 경쟁 등을 배우게 하는 원천이 되며, 이것은 출생순위 · 성별 · 연령차에 따라 다르게 나타난다. 또래는 유아에게 인지적 · 정서적 · 사회적 발달에 영향을 미치게 되며, 유아의 사회화 과정에서 강화제공자 · 모델 · 표준(criterion) 등의 역할을 수행한다. 2세 이후가 되면 유아는 그들끼리 보다 우호적 · 협동적인 반응이 많아지게 되며, 집단생활과 놀이에 민감해진다.

나. 아동기의 가족관계

아동기(兒童期)는 7~12세 사이의 시기로서 학교교육을 통해 필요한 지식과 기술을 습득하게 된다. 인지발달이 이루어져 보존개념 · 분류화 · 서열화 · 탈중심화 등이 발달하며, 기억전략과 변형기억이 현저하게 발달하는 시기이다. 이 시기에는 분노 · 질투 · 애정 · 불안 · 좌절감 등의 감정을 조절할 수 있게 되며, 또래집단과의 대인관계가 발달하고 적절한 성역할을 학습한다. 또한 자기의 존재를 자각하고 독자성을 가지게 되면서 자아개념 · 자존심 · 근면성 · 도덕성 등이 더욱 발달하게 된다.

아동기에는 학교생활을 하면서부터 부모에 대한 의존이 줄어들고 교사와 또래집단과의 관계가 빈번해지기 때문에, 부모는 아동의 행동을 보다 잘 이해하고 너무 간섭하거나 금지하는 태도를 지양해야 한다. 또한 부모는 아동의 자유시간과 의사를 존중하고 아동의 행동에 적응할 필요가 있다. 그리고 아동기부터는 점차 가족관계를 떠나 사회활동을 통하여 인간관계를 확대해 나간다.

다. 청소년의 가족관계

청소년기(青少年期)는 13~24세 사이의 시기로서 제2성장급등기라고 할 만큼 급속한 신체변화가 일어나며 성적으로 성숙해진다. 인지발달이 이루어져 형식적 조작사고를 할 수 있게 되며, 질풍노도의 시기라고 할 만큼 정서적으로 변화가 심한 시기이다. 이 시기에는 자아정체감이 확립되며 동년배와 이성과의 새로운 관계를 형성하게 되고 성역할 정체감이 발달한다. 또한 부모로부터 독립된 인격체로서 대우받기를 원하며 정서적으로 독립하고자 한다.

청소년은 자기 자신과 친구에게 의존하기 시작하면서 부모와 가족으로부터 점차 멀어지기 시작한다. 부모는 청소년의 성장하는 모습을 보면서 자신의 역할을 다하고 있다는 기쁨과 함께 자녀들로부터 거부당하는 느낌을 동시에 갖게 된다. 특히 아버지보다는 어머니가 그에게서 멀어져가는 자녀의 행동을 수용하지 못한다.

청소년은 독립된 인격체로서 부모에게 대우받기를 원하며, 자율성을 추구하고자 하는 욕구가 강해진다. 그와 더불어 청소년이 신체적으로 성장하면서 부모의 물리적인 처벌이나 통제가 어려워지며, 인지발달로 인하여 부모가 제시하는 규칙이나 가치관에 대해 의문을 제기하기도 한다. 따라서 청소년을 가진 부모는 아동기와는 달리 보호자로서의 역할을 재정립할 필요가 있다.

청소년은 자율성과 부모와의 애착이나 통제 사이의 균형을 유지해야 하는 새로운 과제에 직면하게 된다. 이러한 과정에서 부모와 청소년자녀 사이에 갈등이 존재하며, 이것은 청소년의 독립성과 자아의 확립을 위해 필요하다는 것이다. 갈등은 청소년에게 도덕적 규칙 · 태도 · 관념 · 가치관 등에 대한 의문을 제기하게 하며, 그 결과 자신과 세계에 대한 보다 나은 이해를 획득하도록 한다는 것이다(김태련 · 장휘숙, 1996). 청소년기 부모자녀관계에서 가장 중요한 것은 행복하고 안정된 가정생활을 영위하면서 부모와 자녀의 의사소통의 기회를 확대하고 서로간의 차이를 발견하고 해결해 나가는 것이다. 한편 청소년기에는 형제자매간의 경쟁이 점차 감소되고 형제자매를 인생에서 중요한 타자들로 생각하는 경향이 증대된다.

라. 장중년기의 가족관계

장년기(壯年期)는 25~39세 사이의 시기로서 신체적 · 심리적 · 사회적으로 성숙해지며, 일생에서 가장 활력이 넘치고 활동적인 시기이다. 이 시기에는 배우자를 선택하여 가정을 이루고, 배우자와 원만한 인간관계를 맺으며, 자녀를 양육하고 부모로서의 역할을 수행하면서 가정생활을 관리해 나간다. 또한 경제적으로 독립의 필요성을 느끼고 직업생활을 시작하며, 직장에서 자기 일을 만족스럽게 수행하고, 사회인으로서의 책임과 의무를 다하는 시기이다.

중년기(中年期)는 40~64세 사이의 시기로서 인생의 목표를 성취해 가는 인생의 절정기이다. 이 시기에는 노화가 시작되는 자신의 신체적 · 생리적 변화를 인정하고 적응하며, 사회에 공헌하고 생산성을 획득해 나가면서 중년의 위기에 대처한다. 성숙한 부모의 태도를 소유하고 자녀를 지도하며, 부부간의 동반자의식을 신장시키고 노부모를 부양한다. 또한 직업안정을 통하여 경제적 안정을 누리고 여가를 활용하며 은퇴에 대비해 나간다.

마. 노년기의 가족관계

노년기(老年期)는 65세 이상으로서 신체적 노화현상이 나타나고 감각기능이 쇠퇴하는 시기이다. 이 시기에는 기억력이 감퇴하고 학습과 문제해결에 느린 반응으로 보이며, 성격이 다소 변화되어 노인들만의 어떤 독특한 성격특성을 보이기도 한다. 배우자 · 부모자녀 · 친구 등과 친밀감을 나누고 유대관계를 강화해야 하며 배우자의 죽음에 적응해야 한다. 또한 은퇴 이후의 생활에 적응해야 하며, 자아통합을 성취하고 죽음을 수용해야 하는 시기이다.

제 22 장 지역사회복지와 자원봉사

1. 지역사회복지

1) 지역사회복지의 의의

지역사회복지란 바람직하다고 할 수 있는 표준적 생활수준에서 볼 때 좋지 않은 상태에 놓여 있는 지역주민과 지역사회에 대해 개선 또는 향상을 목적으로 주민주체의 원칙에 입각하여 국가・지방자치단체와 주민조직, 민간단체가 협동하여 소득보장정책, 주거환경정책, 보건의료정책, 교육・문화정책, 노동정책, 교통통신정책 등 일반 공공정책과 함께 상호보완적으로 보충하여 개별적・종합적・조직적으로 원조를 해주는 지역정책과 지역활동을 의미한다.

우리나라에서의 지역사회복지 또는 지역복지라는 분야는 미국의 사회사업의 영향으로 인하여 지역사회조직의 원리와 방법에 익숙해져 있으며, 지역사회개발의 일환으로 새마을운동 등에 관심을 가져왔다.

그리고 지역사회복지는 최근에 이념과 정책분야에서 급속하게 발전해 온 사회복지의 중요한 분야 중의 하나다. 그것은 다른 사회복지분야와는 현저하게 다르며, 접근방향이 생활권별 또는 문제별로 계통적인 복지가 아니고 지역사회라는 장에서 주민절차를 원칙으로 민간과 국가가 협동으로 형성된다는 점에서 그 의미가 있다. 그러나 지역사회복지의 사상과 실천에 관한 학문적 위치나 접근방법은 매우 어려운 문제이다.

이러한 문제점에 의하여 지역사회복지의 범위와 영역은 광범위하고 여러 분야와 밀접하게 연결되어 있어서 연구방법과 전개방향도 범위・영역설정에 따라 달라진다. 그리고 대인복지서비스를 중심으로 하는 지역사회복지가 시작된 것은 근래에 와서 이루어졌다고 볼 수 있다.

결론적으로 말한다면 지역사회복지는 전문적인 분야 또는 비전문적인 분야, 공식적인 분야 또는 비공식적인 분야 등이 지역사회 차원에서 지역사회의 문제를 해결하기 위해서 지역사회 내의 사회자원을 동원하여 주민의 자율적인 노력에 의하여 문제를 해결하는 과정이라고 할 수 있다.

2) 지역사회복지의 이념과 특징

(1) 이념

가. 정상화

지역사회복지의 이념 중에서 중요한 부분 중의 하나가 정상화의 이념이다. 원래 정상화의 이념은 정신지체자가 다른 사람과 동등한 생활을 지역사회에서 함께 하는 것을 지향하는 것이다. 즉, 장애인의 인권 · 가치 · 존엄성이 일반 시민과 같은 것이며, 장애를 가진 자가 장애를 가지지 않은 자와 함께 생활할 수 있는 사회야말로 정상적인 사회라는 이념이다(大僑謙策, 1995).

그리고 지역사회복지에서 추구하는 탈시설화, 주민의 참가 등에 의한 재가복지의 구체적인 목적이 정상화의 이념과 밀접한 관계를 가지고 있다. 다시 말해 보호대상자가 생애를 통하여 될 수 있는 한 가족생활을 기반으로 각 생활주기에 대응하는 정상의 발달과제로서 인간으로서 욕구를 충족시키며 이웃관계 · 교육 · 고용 · 문화 등을 포함한 그 이외의 사회적 교류의 기회가 정상적으로 확보될 수 있는 지역사회의 체제를 만들어 내는 것을 목적으로 하는 것이 정상화의 이념이다.

나. 통합화

통합화의 이념이란 장애인이나 노인 등의 보호대상자가 자신들이 성장한 지역사회에서 일반 주민들과 함께 생활해야 한다는 것이다. 역사적으로 볼 때 보호대상자들이 지역사회에서 격리된 수용시설에서 특별히 보호하는 것이 일반적이었으나, 최근에는 인간의 기본적 인권중시의 입장에서 복지적 처우는 격리적 보호에서 통합적 처우를 중시하는 방향 또는 시설보호에서 재가복지와 지역사회복지를 중시하는 방향으로 전환되었다.

또한 통합화는 정상화의 이념을 달성하기 위한 주요한 원칙으로 그 목적은 지역사회의 보호대상자들이 가능한 한 지역주민들과 생활하고 일하는 것을 원칙으로 한다. 즉, 보호대상자가 생애를 통하여 지역사회와 가정생활을 기반으로 인생주기에 대응하는 정상적인 발달과제, 인간관계의 사회적 교류 등을 정상적으로 확보될 수 있는 지역사회체제를 만들어 내는 통합적인 처우의 이념이다.

다. 주민참가

주민참가의 이념은 지역사회복지의 전문적 전개방향에 있어 그 중요성이 증가하고 있다. 특히 우리나라는 지방자치의 실시로 인하여 다양한 주민참여가 이루어질 것이다. 지역사회복지에서 주민참가의 의의(意義)는 사회복지의 정책 · 계획, 운영 · 실시에 주민이 참가하여 사회복지의 민주화를 통하여 지역사회의 복지분야뿐만 아니라 정치 · 경제 · 문화 등의 모든 분야가 발전할 것이다. 그리고 1970년부터 시작된 고도경제성장에 의하여 발생된 각종 지역사회문제의 해결도 주민운동 · 주민참가에 의하여 해결하여야 할 것이다.

한편 지역사회복지에서의 주민참가의 이념은 주민들의 자원봉사활동과도 밀접한 관계를 유지하고 있다. 그리고 주민참가는 그 본질적 표현인 주민주체의 이념은 주민자치, 주민복지로서의 주민참가와 분권화의 이념으로서 현대 복지국가에서 공통적으로 추구하는 과제이다(김익균 외, 2006).

(2) 특징

일반적으로 다른 사회복지의 분야에 비하여 나타나는 지역사회복지의 특징을 살펴보면 다음과 같다. 지역사회복지는 사회복지서비스의 한 분야를 구성한다는 것보다는 지역사회주민의 복지향상을 도모한다는 목적적인 개념으로 생각할 수 있다. 즉, 목적 개념으로서의 지역사회복지가 구체적으로 생활상의 과제를 해결하려는 실천서비스를 제공하는 실천개념의 성격도 강하다.

그리고 지역사회복지는 지역주민이나 지역사회의 공동이익에 초점을 두고 지역사회의 공동체적인 문제에 관심을 가지고 접근하고, 지역사회복지의 실천을 위해서는 지방자치단체의 역할이 어떠한 사회복지의 분야보다도 중요한 부분을 차지하고 있다. 또한 문제해결의 과정에서도 전문가의 직접적인 원조도 중요하겠지만 지역사회주민들이 주도적인 역할을 하여야 한다.

3) 지역사회복지의 구성요건

지역사회복지의 구성요건은 일반적으로 서비스체계의 요건, 재원 · 재정의 관리요건, 법제화 · 제도의 여건, 공급조직, 인적 자원의 정비요건 등으로 나누어 볼 수 있는데 구체적인 내용을 살펴보면 다음과 같다.

(1) 지역사회욕구의 파악

지역사회에 대한 욕구는 개인과 지역사회의 가치관, 문화와 경험에 따라 상대적이고 역동적으로 변한다. 그러므로 사회복지욕구를 지역사회복지사업으로 전환하는 과정에서 인적 자원, 적절한 기술의 입수가능성, 재정상태 등을 파악하기 위해서 지역사회의 욕구를 정확히 알아야 한다. 또한 사회복지의 욕구는 지역적 상황에 따라 다르다. 그것은 지역사회의 인구구성, 핵가족화, 지역사회환경 등이 커다란 차이를 보이기 때문이다.

(2) 서비스의 체계화

지역사회복지에서 말하는 서비스의 체계화는 시설서비스와 재가복지서비스를 일원화(一元化)한 지역사회보호사업과 소득보장, 고용, 교육, 보건의료, 주거환경, 교통통신 등의 생활관련 공공정책 및 모든 정책과의 연계서비스를 전담해야 한다. 그리고 서비스 전체와 관련하여 조직화・체계화하는 주민참가와 주민조직화가 필요하다.

(3) 지역사회조직화

지역사회복지에 있어서 지역사회의 존재방식이 기본이 되는데 지역의 조직화・통합화를 꾀하고 지역사회 형성과정에서도 복지공동체의 조성을 추진하여 지역사회복지의 성립기반으로서 바람직스러운 지역사회형성을 행하는 일정한 과정의 방법이 지역사회조직화이다.

이러한 지역사회조직화는 지역사회에서 주민이 주체가 되어 지역의 실정에 따라 주민의 복지를 증진시키고, 지역사회의 욕구충족을 위하여 조직활동을 통해서 지역사회의 단결 및 통합을 꾀하는 과정이다.

(4) 지역사회복지를 위한 실천전략

지역사회복지를 실천하기 위한 전략으로서 지역사회복지와 관련하여 방법론과 기술론의 조직화, 서비스의 체계화, 조직화와 연결조정하기 위한 방법론 및 기술론뿐만 아니라 개인・가족・집단에 대한 개별사회사업과 집단사회사업 등의 조직적인 활용을 필요로 한다. 그리고 지금까지의 지역사회복지는 기술적인 측면에서 조직론에 접근했으나 앞으로는 기술론을 행동이론의 영역까지 전개시킬 필요성이 있을 것이다.

4) 지역사회복지의 접근방향

사회복지의 목적인 자립생활을 지역사회에서 보장하기 위해서는 지역사회복지의 전개과정에 있어서 바람직한 이념적 또는 목적적 접근방향이 있어야 한다. 이러한 측면에서 지역사회복지의 접근방향을 살펴보면 다음과 같다(大橋謙策, 1995).

(1) 전체성의 존중

지역에서 생활할 수 있도록 원조하는 것은 주민의 생활에서 개별적인 부분에 대응하는 것이 아니라 주민생활의 전체에서 필요한 서비스를 총체적으로 제공하는 것이 필요하다. 그러므로 사회복지와 보건 등을 포함한 모든 서비스를 제공할 수 있는 행정조직을 구축해야 한다.

(2) 지역성의 존중

지역사회마다 주민의 문화, 생활양식 등이 다양하게 다르므로 지역성에 적합한 서비스를 제공할 필요가 있다. 특히 지방자치의 실시에 따른 지역복지서비스의 지역화는 중요한 과제일 것이다.

(3) 근접성의 존중

지역사회복지의 주요한 대상자인 고령자나 장애인을 위하여 교통수단을 확보하거나 서비스를 용이하게 받을 수 있도록 지리적 조건에 관심을 가질 필요가 있다.

(4) 사회성의 존중

인간은 사회적으로 고립하여 생활할 수 없으므로 고령자나 장애인들이 사회적으로 교류(交流)를 하면서 적극적으로 사회참가를 할 수 있어야 하고 여러 가지 신체적 장애를 가진 자들도 사회적으로 정상적인 생활을 할 수 있도록 하여야 한다.

(5) 주체성의 존중

사회복지는 개개인의 자립생활에의 원조를 목적으로 하기 때문에 개개인의 주체적인 역량을 발전시켜야 한다. 그러므로 지역복지서비스를 제도 그 자체에만 책임지는 것은 불충분하므로 직접적인 대인(對人)서비스의 기능을 강화하고, 이러한 기능을 할 수 있는 전문인력을 확보해야 한다.

(6) 문화성의 존중

과거의 사회복지는 단지 최저한의 의 · 식 · 주의 보장이 중요한 문제였지만, 현대의 사회복지는 생활의 질적 향상이라는 측면에서 서비스를 제공해야 한다. 그러므로 지역사회차원에서의 새로운 복지문화를 창조하고 제공할 필요성이 있다.

(7) 참여와 협동성의 존중

지역사회복지의 전개에 있어서 공적으로 행정책임이 명확한 제도적 재가복지서비스의 제공으로는 불충분하고 지역주민 등과의 유기적인 협동이 필요하다. 그러므로 주민의 참가에 의한 자원봉사활동이 중요시된다.

5) 지역사회복지의 단계별 전개과정

지역사회복지는 재가복지 · 조직화활동 등을 주요 내용으로 하고, 그 방법으로서 많이 사용되고 있는 것이 지역사회조직이며 전개과정도 지역사회조직을 주요 내용으로 하고 있다. 그리고 지역사회복지의 방법에 의한 구체적인 전개과정을 ① 욕구의 파악, ② 욕구의 공유, ③ 조직구성, ④ 지역사회복지계획, ⑤ 주민참가와 협동, ⑥ 사회자원의 동원 · 개발 · 조정, ⑦ 사회행동, ⑧ 복지서비스 실시, ⑨ 서비스 이용자와 가족의 조직화, ⑩ 효과의 측정과 평가로 나누어 살펴 볼 수 있다.

(1) 욕구의 파악

지역사회복지의 전개과정은 우선 지역사회의 욕구의 파악부터 시작된다. 욕구의 파악은 정책이나 프로그램을 결정할 때 기초가 되는 것으로 파악해야 할 내용은 다음과 같다.

① 사회적 원조를 필요로 하는 대상자와 가족의 욕구
② 지역주민이 관심을 가지는 욕구
③ 인적, 물질적인 지역사회자원
④ 지역사회의 특성

이러한 욕구는 개별적 또는 총합적으로 파악해야 하고, 서비스의 내용이나 지역주민의 자립의식, 협력관계, 사회자원에 관한 이해 등도 파악하는 것이 필요하다. 그리고 욕구의 파악방법으로서는 사회복지종사자나 상담기관, 복지센터 등을 통하거나 사회조사에 의하여 파악할 수 있다.

(2) 욕구의 공유화

지역사회복지의 전개의 제2의 단계는 파악된 욕구를 주민들에 알리고, 주민들의 문제로 지각(知覺)·인식하며 구체적인 해결방안을 위한 광고홍보와 복지교육을 실시하는 것이다.

(3) 조직구성

이 단계에서는 활동의 핵이 되고 기초적인 작업을 하기 위한 조직구성이다. 지역사회복지를 구체적으로 전개하기 위한 중심적인 조직구성은 활동과제의 결정, 지역사회복지의 계획, 주민의 참가와 역할분담, 자원조달, 광고홍보, 서비스 전달, 효과측정 등이 중요한 문제이다. 그리고 조직의 운영과 추진방법은 지역사회의 실정에 따라 판단할 문제이다.

(4) 지역사회복지계획의 수립

지역사회복지의 구체적인 전개는 구체적으로 파악된 욕구를 기본으로 어떠한 서비스로 지역사회자원과 조정을 통하여 문제를 해결할 것인가에 대한 목표를 설정하는 것이다. 이러한 측면에서 지역사회복지의 계획은 주민의 합의형성과 서비스를 총합적으로 실시하기 위한 계획의 수립이다. 특히 최근에는 지방자치의 활성화로 인하여 지역사회복지의 계획 중에서 민간단체나 주민에의 역할 등에 관심을 많이 가지고 계획을 수립하는 경우가 많아지고 있다.

(5) 주민참가와 협동

이 단계에서는 주민참가와 협동을 촉진하는 것으로 지역사회복지의 기본적인 성격인 지역주민의 참가와 지역사회자원의 동원을 촉진하는 것이다. 그리고 이러한 참가는 다양한 형태로 참가하고, 참가의 활성화와 참가촉진을 위한 홍보와 교육을 통하여 그들의 기능과 능력을 고려하여 참가시켜야 할 것이다.

(6) 사회자원의 동원・개발・조정

이 단계는 사회자원을 유용하게 활용하기 위하여 동원・조정・개발을 도모하는 것으로 주민들의 구체적인 생활상의 욕구를 사회자원의 조정을 통하여 문제를 해결하는 것을 목적으로 하고 있다. 따라서 사회자원의 동원・개발 없이는 지역사회복지의 진정한 발전은 어렵다고 할 수 있다.

특히 현대사회와 같이 다양하고 복잡한 욕구를 해결하기 위해서는 사회자원도 다양하게 요구되며, 사회자원의 질과 양, 그리고 사회자원의 현실화와 그 사회자원이 욕구를 가진 대상자의 지역사회에 위치하여 이용하기 용이한가도 중요한 문제이다.

가. 자원의 동원

욕구해결을 위해서는 우선 자원을 동원해야 하는데, 자원의 동원이란 욕구해결을 위해 필요한 자원을 지역사회 내에서 유효하게 활용하는 것이다. 즉, 광범위한 정보의 수집과 지역사회자원을 이용하고자 하는 것은 자발적인 주민의식 없이는 어려운 일이다. 그리고 사회자원을 동원하기 위하여 주의해야 할 것은 사회복지시설이나 사회복지단체와 관련된 곳 이외에도 사회복지와 직접적으로 관련되지 않은 민간기업이나 단체의 기능도 중요하다는 것이다.

나. 자원의 조성과 개발

일반적으로 지금까지는 지역사회복지의 자원과 개발이 공적 기관에 의하여 주도적으로 실시되었으나, 최근에는 복지단체기관뿐만 아니라 비영리단체나 기업의 분야에서도 독자적으로 복지서비스를 개발하고 연구되어지고 있다.

다. 자원의 조정과 관계구조 조성

사회자원에 있어서 중요한 것은 동원・개발된 자원이 문제해결과정과 직접적으로 연결될 수 있는 조정과 관계구조를 조직해야 한다는 것이다. 자원의 성격과 기능에 대해 이해를 하여야 하고, 그 자원이 유용하게 사용될 수 있도록 조정하고 보완해주어야 한다.

(7) 사회행동

이 단계는 사회행동의 단계로서 전개방법의 명확화를 위해서 자원의 동원과 사회행동을 구분하고 있으나 유사한 점을 많이 지니고 있다. 주민과 복지관련자의 노력이 있고, 복지서비스의 필요성이 존재하더라도 지방자치단체의 예산문제, 인식차이 등에 의하여 해결할 수 없는 경우가 많다. 이러한 경우 주민들과 복지관계자들이 조직적 · 계획적으로 단결하고 여론을 조직화함으로써 지역사회자원의 동원이나 실현을 도모할 수 있다. 이와 같이 국가나 지방자치단체 등에 대해서 특정의 목적을 가지고 단기간에 그 실현을 도모하고자 하는 조직적인 행동을 사회행동이라고 부르고, 이것은 복지문제를 사회적 · 정치적으로 해결을 촉진하는 한 방법이다.

그리고 사회행동의 전개과정은 사회운동을 할 수 있는 조직을 구성하고 문제인식에 대한 공유와 학습, 그리고 사회운동의 구체적인 방법을 제시한다. 그 다음으로 사회적인 지원과 지지를 확산하고 압력을 가하는 구체적 단계로 이루어진다.

(8) 복지서비스 실시

이 단계에서는 지금까지의 단계가 기본정비의 단계라면 복지서비스를 구체적으로 실시하는 단계이다. 일반적으로 지역사회복지와 관련된 복지서비스로서는 전문케어서비스, 재가복지서비스, 예방서비스, 복지증진서비스, 환경의 정비의 개선활동 등이 있다. 그리고 구체적인 복지서비스의 전개과정은 다음과 같다.

가. 실시계획과 예산의 입안

첫 번째의 단계는 제4단계에서 책정한 지역복지계획에 기본을 두고, 그것을 구체화하는 하는 형태로 진행된다. 지역사회복지계획이 몇 년 동안 실시된다 하더라도 서비스를 실시할 때에는 계획을 구체화한다는 의미에서 예산계획을 세우지 않으면 안 된다. 그러므로 새로운 서비스의 대상자, 재가복지서비스에 대해서 서비스 이용자의 조사를 행하는 것이 필요하다.

나. 서비스의 공급체계의 구성

이 단계는 서비스의 공급체계를 구성하는 것으로 서비스 체계의 구체적인 구상은 실제로 동원되는 사회자원에 적합한 공급체계를 구성해야 한다. 즉, 복지서비스의 내용과 성격에 의해 서비스를 어떠한 형태로 구분할 것인가 등에 따라 서비스 체계가 달라진다.

다. 교육과 훈련

이 단계는 서비스의 전달자의 교육과 학습을 실시하는 것으로 단순한 전달자 이상으로 대상자들의 생활의 발달을 원조하는 동시에 지역계몽의 역할도 하여야 한다. 그러므로 이러한 역할을 수행하기 위해 필요한 지식과 기술, 사회복지의 이념 및 가족과 지역주민에 대한 이해까지 다양한 교육을 필요로 한다.

라. 전문가에 의한 조정작업

지금까지 실시된 사업에 대해서 서비스가 효과적으로 실시되도록 조정이 필요한 단계이다. 이러한 역할을 수행하는 전문가를 일반적으로 커뮤니티워커(community worker)라고 부르는데, 우리나라의 경우에는 일반화되어 있지 않은 실정이다. 그리고 이 단계에서는 지역사회정보의 정확한 수집여부에 대한 조정, 계획수립과 서비스의 관계 등에 대한 조정이 이루어진다.

마. 서비스의 구체적인 제공

서비스의 구체적 제공에서 중요한 것은 대상자의 자립을 목적으로 원조해야 한다는 것이다.

바. 서비스의 개선과 새로운 욕구의 발견

서비스의 실시의 마지막 단계는 서비스의 개선 · 보완과 새로운 욕구의 파악이다. 서비스의 실천과정에 있어서 일반적으로 서비스를 실시하기 전에는 예측할 수 없었던 문제들이 발생하기도 하고 서비스의 효과성에 대해서도 문제들이 생긴다. 그리고 새로운 욕구들이 지속적으로 발생한다. 그러므로 새로운 욕구의 발생에 관하여 항상 관심을 가져야 할 것이다.

(9) 서비스 이용자와 가족의 조직화

이 단계에서는 복지서비스 이용자와 가족의 조직화과정이다. 이러한 활동을 명확히 하기 위해서는 다음과 같은 사항에 유의해야 한다.

첫째 서비스의 이용자의 자립의사를 향상시킬 것, 둘째 문제를 함께 공유하고 자립에 도움을 줄 수 있는 가족이 서비스의 목적을 바로 이해하고 그것을 원조할 것, 셋째 서비스의 실시를 통하여 파악된 욕구의 개선점과 새로운 자원의 필요성 등을 지각할 것, 넷째 서비스의 효과성의 명확화나 가족간에 공유하고 있는 욕구를 서로 이해하거나 정보교환하는 것이 필요하다.

즉, 서비스의 이용자, 가족에 대한 복지교육, 정보제공, 상담활동, 욕구조사, 서비스의 효과와 측정, 상호학습 등이 전제되어 활동을 효과적 효율적으로 추진하기 위해서는 서비스의 이용자, 가족의 조직화가 요구된다. 그리고 앞으로는 서비스의 운영의 주체가 다양화해지므로 서비스의 운영 주체의 지원을 받아 운영 주체와 밀접한 관련을 갖는 서비스 이용자의 조직도 많아질 것이다.

(10) 효과의 측정과 평가

지역사회복지의 전개과정의 마지막 단계인 효과의 측정과 평가는 일반적으로 다음과 같은 목표를 가지고 행해진다.

첫째, 활동의 목적 또는 목표달성의 정도를 측정하여 평가하는 것으로 복지서비스의 실시에 의하여 초기의 목적이 어느 정도 달성되고 진전되었는가를 확인하는 것이다.

둘째, 계획의 부족한 사항이 있다면 보완하고, 예측하지 못한 일이 발생하면 장애를 제거하는 것으로 계획의 변경, 보완, 부족한 자원의 동원 등 서비스의 질을 높여서 욕구와의 적합성을 강하게 하는 것이다.

셋째, 하나의 과정을 통하여 새로운 지역사회복지의 전개에 있어서 중요한 교훈과 자료를 획득하는 것이다.

그러므로 효과와 측정의 평가는 편의상 마지막 단계에 일반적으로 위치하지만 효과의 측정과 평가는 지역사회복지 전체의 전 과정에서 행해져야 할 활동이라는 것에 주의해야 할 것이다.

그리고 효과의 측정과 평가에 있어서 유의해야 할 사항은 다음과 같다.

① 본래의 목적 또는 목표를 어느 정도 달성했는가.

◇ 욕구충족은 어느 정도 충족되었는가.

◇ 이용자와 가족의 생활과 의식은 어느 정도 변화했는가.

◇ 인적 · 물적 환경은 어느 정도 조정 · 개선되었는가.

② 활동의 진행방법은 잘 되고 있는가.
◇ 욕구의 파악과 공유화는 충분한가.
◇ 지역사회복지계획은 적절한가.
◇ 활동 주체의 역할은 적절한가.
◇ 지역주민의 이해와 관심 및 활동의 참가와 협동은 충분한가.
◇ 동원된 자원은 충분한 기능을 하였는가.
◇ 복지서비스의 실시상 장애가 된 것은 무엇인가.

③ 지속적인 활동을 위한 기초는 준비되었는가.
◇ 욕구파악시스템은 확립되었는가.
◇ 서비스의 공급체계(활동본부, 관계기관, 단체의 조직망 등)는 확립되었는가.
◇ 주민의식의 변화에 의하여 복지제도 등에 관한 이해가 어느 정도 진행되었는가.
◇ 앞으로 활동을 진행하는 데 참고되는 것은 무엇인가.

2. 자원봉사

1) 자원봉사의 의의

일반적으로 자원봉사의 특징으로는 사회적 연대감을 바탕으로 한 자발성 · 공익성 · 무보수성을 들 수 있다. 이 중 자발성은 평등한 인간관계를 기반으로 누구에 의한 명령을 받거나 강요되어서는 안 되며, 오직 자신의 의지와 판단에 의해서 하는 것을 의미한다. 그리고 공익성은 어느 한 사람만을 위한 활동이 아니라 사회 전체의 이익을 위해서 이루어지는 것을 뜻하며, 무보수성은 보수에 대한 기대가 없어야 한다는 뜻이다.

자원봉사는 완전한 자유의지에 따라 타인과 사회를 위하여 무보수로 일한다는 기본정신 위에 계획성과 지속성이 있어야 한다. 우연히 한 행동이 아니라 의도되고 계획된 활동으로 지속적으로 이루어져야 한다.

즉 자원봉사활동이란 사회문제의 예방 및 해결 또는 국가의 공익사업을 수행하고 있는 공사조직에 자발적으로 참여하여 무급여성의 반대급부를 받지 않고 인간존중의 정신과 민주주의 원칙에 입각해 필요한 서비스를 제공하여 이타심의 실현과 자기실현을 성취하고자 하는 활동이라고 할 수 있다.

<자료> NGO와 NPO

NGO(Non-Governmental Organization)와 자원봉사
현대사회는 NGO의 시대라고 부르고 있다. 자원봉사활동이란 개별적인 자원봉사활동에서 단체나 기관에 참여하는 광범위한 활동을 의미한다. 그러나 NGO란 공식적 또는 비공식적으로 조직된 국내외에서 활동하고 있는 민간의 비정부기구로서 국경을 초월하여 활동을 하는 것을 말한다(김범수, 2004).

NGO와 NPO(Non Profit Organization)
이 두 용어는 자원봉사활동과 관련되어 많이 활용되고 있다. 그리고 두 용어는 비슷한 의미를 가지고 있지만 다소 차이를 가지고 있다. NPO는 자원봉사단체를 포함하고 있지만 자원봉사단체로서만 활동하는 것은 아니고 다양한 사업을 할 수 있다. 우리나라에서 NGO로는 한국이웃사랑회, 월드비전, 국제기아대책기구 등 다양한 단체들이 활동하고 있다. 그리고 NPO는 다양한 시민단체를 의미한다.

시민사회단체는 시민에 의해 자발적으로 결성되어 집합적으로 행동하는 결사체로 시민사회로부터 자원을 공급받아 시민사회를 활성화시키는 역할을 수행할 뿐 아니라 국가나 기업에 대한 견제와 협력의 역할을 수행한다.
제1섹터(국가)를 기준으로 할 때는 NGO라 하며, 제2섹터(기업)를 기준으로 할 때는 NPO으로 하나 양자의 구분이 분명치 않아 CSO(Civil Society Organization)라고 통칭하기도 한다.

2) 등장배경

현대사회에서는 자원봉사의 유급화와 전문화에 대한 접근이 지속적으로 이어지고 있어서 자원봉사의 개념이 변하고 있다. 그리고 현대 사회복지에서 이러한 자원봉사의 성격의 변화와 함께 그 등장배경을 간단히 살펴보면 다음과 같다.

(1) 대인적 복지서비스의 증대

자원봉사활동을 필요로 하는 사회적 배경은 핵가족화의 경향에 따라 가족 내에 있어서 노인 · 아동 · 장애인 등의 보호능력의 감퇴가 늘어나고 있다. 이러한 측면에서 대인적 복지

서비스의 요구의 증대를 예측할 수 있는 고령화사회 등과 같은 변화에서 자원봉사활동에의 기대가 커지고 있는 것이다. 즉, 화폐나 물질로 모든 것을 해결할 수 없는 대인적 복지서비스에 대한 자원봉사활동이 증가하게 될 것이다. 그리고 정부에서도 이러한 대인복지서비스를 실시하기 위해서는 다양한 자원봉사자를 개발하지 않으면 안 될 것이다.

(2) 공적 사회복지서비스의 한계

복지적 욕구의 증대를 배경으로 하여 시설복지, 보호대상자 지원 등의 공적 사회복지서비스가 여러 가지 보호대상자의 욕구의 증대로 인하여 한계를 가져오고 있다.

(3) 탈시설화의 영향

지역사회보호를 발전시켜 시설에서 지역사회로 보호대상자를 점차 복귀시키면서 지역사회에 통합된 생활을 강조하고 재가복지서비스가 증가하였다. 이로 인하여 지역사회의 사회자원의 새로운 역할을 강조되고 자원봉사의 역할이 상대적으로 증가하였다.

(4) 예방적 사회복지의 강화

예방적 사회복지가 성립하는 사상이나 배경은 최근 들어 강조되고 있는데, 이것은 인간의 존엄성에 어울리는 생활의 실질적인 추구에 부합하여 지역사회에서 가능한 한 자립을 달성시켜서 쾌적한 생활의 확보를 지향하는 정상화 개념과 일정한 관계를 가지고 있다.

한편, 과거 우리나라의 사회복지사업은 응급적인 시설수용사업을 중심으로 하는 사후 치료적이고 구호적인 복지정책의 기조를 유지해 왔으나 최근에는 사회환경의 변화에 의하여 예방적인 복지정책으로 기본 틀을 수정함으로써 자원봉사활동의 증가를 가속시켰다.

(5) 지방자치제에 의한 주민참가

일반적으로 지방자치제에 의한 주민참가는 지역·자치제단계에서 정치행정에 지역주민이 직접·간접으로 참가하여 정책결정이나 실시에 대하여 민의를 반영하여 사회복지의 민주화와 지방자치제의 복지수요를 해결하는 것이다. 또한 지방자치제의 발전으로 복지수요가 지역화 등으로 인하여 지역단위에서의 주민의 다양하고 고도화되는 복지수요를 만족시킬 수 있기 위해서는 자원봉사활동이 활성화되어야 한다.

3) 자원봉사의 활용 확대추세

(1) 자원봉사 분야의 확대

현대사회가 급변하면서 자원봉사에 대한 가치와 실천도 변화하고 있다. 이러한 변화는 자원봉사활동이 특정한 분야에서만 한정되는 것이 아니고 다양한 분야에서 활용되고 있다는 것이다. 현대사회에서는 자원봉사의 분야는 정치, 사회복지기관과 시설, 스포츠, 환경, 소비자운동 등으로 확대되어 가고 있다.

(2) 자원봉사 필요성의 증가

자원봉사를 필요로 하는 시설이나 기관이 많아지고 자원봉사활동의 가치를 존중하고 있다는 것이다. 이런 현상은 자원봉사의 주요 대상인 시설과 기관에 근무하고 있는 직원들이 자원봉사활동을 많아 요청하고 있는 것에서 알 수 있다. 그리고 기업에서도 기업이미지나 홍보 및 사회적 책임을 수행한다는 면에서 자원봉사활동을 권유하고 유도하고 있다. 그리고 많은 분야에서 자원봉사자들이 없으면 운영이 되지 않을 정도로 자원봉사의 필요성이 증가되고 있다. 최근에 와서는 미국의 일부 지역에서는 시민들의 자원봉사참여의 권리를 주법으로 정해서 모든 사회기관으로 하여금 시민들의 자원봉사참여를 무조건 허락하도록 규정하고 있다(김범수, 2002).

(3) 역할의 변화

이제까지의 단순한 자원봉사활동에서 전문적 분야까지 자원봉사의 역할이 변화하고 있다. 최근의 자원봉사활동은 준전문가의 역할을 요구하고 있다. 그러므로 준전문가의 역할을 수행하려면 전문적인 교육과 훈련을 요구하고 있다. 또한 각국의 자원봉사의 전문성을 알려면 그 국가의 자원봉사 교육과 훈련의 수준을 보면 알 수 있을 것이다. 또한 자원봉사의 역할이 일회성이나 단시간에 그치지 않고 장기간 지속적으로 이루어지는 경향이 증가하고 있다. 민간단체 직원의 60% 정도가 무급직원인 미국에서는 자원봉사자를 동반자(partner)라고 부를 만큼 단순한 보조자의 역할이 아니고 새로운 자원봉사자의 역할이 요구되고 있다.

<자료> 나비효과(Butterfly Effective)

나비효과란 자원봉사를 통하여 자원봉사자들이 얻는 일종의 효과를 비유하는 것이다. 이 효과는 기상학의 카오스(Chaos)이론에서 유래된 용어로서 시작은 작지만 결과는 크게 나타날 수 있다는 의미이다. 자원봉사 한사람 한사람의 작은 힘이 합쳐져서 큰 효과를 얻을 수 있다는 것이다. 그럼으로 한 사람의 자원봉사의 힘은 미력하지만 우리 사회를 변화시킬 수 있는 힘을 가지고 있다(김범수 외, 2004).

4) 자원봉사의 필요성

(1) 사회적 필요성

자원봉사활동이 가지는 사회적 필요성은 다음의 세 가지를 들 수 있다.

첫째, 현대사회는 도움이 필요한 사람 · 집단 · 기관들의 증가로 적절한 욕구충족이 이루어지지 못하고 있는 실정이다. 재정과 인력의 부족이 그 원인 중의 하나인데, 자원봉사는 이러한 복지제도의 불완전성을 보완 · 강화하는 의의를 갖는다. 복지서비스의 욕구는 점점 늘어만 가는데, 재정확보가 어려운 상황에서 자원봉사활동을 효율적으로 활용하여 다양한 욕구를 충족시키는 일은 매우 중요하다.

둘째, 자원봉사활동은 자발성에서 우러나온 민간활동이고 활동과정을 통해서 공동체의식을 높이는 것이므로 시민참여의 한 형태로서 중요한 의의가 있다.

셋째, 우리 사회도 국민소득의 증대와 기술문명에 의한 노동력의 대치로 많은 여가를 누리게 되었다. 여가는 그 사용에 따라서 건설적이고 긍정적일 수 있는 한편 파괴적이고 부정적인 결과를 초래할 수도 있다. 여가를 자원봉사활동에 활용하는 것은 개인적 차원에서 긍정적일 뿐 아니라 사회적으로도 사회복지에 기여하게 되며 여가를 활용하여 발생할 수 있는 파괴적 요소를 예방하는 것이라 볼 수 있다.

(2) 경제적 필요성

일반적으로 자원봉사에서 경제적 의의를 소홀하게 생각하는 경우가 많다. 그러나 자원봉사에서 차지하고 있는 경제적 의의는 매우 크다. 즉, 자원봉사는 실질적으로 경제적인 거래는 하지 않지만 보이지 않는 경제적 가치는 무시할 수 없다. 즉, 직장인들의 자원봉사를 통한 홍보 등도 보이지 않는 경제적 의의라고 할 수 있다. 그러므로 자원봉사가 발달한 국가에서의 자원봉사활동은 경제적으로 계산할 수 없는 가치를 가질 것이다.

(3) 자원봉사의 현대적 필요성

자원봉사라는 말은 이제 낯선 용어가 아니다. 특히 88올림픽이나 2002년 월드컵 등 국가적인 대형행사가 있을 때마다 자원봉사자들이 큰 역할을 담당해 왔으며, 국내·외적인 대형 재난사고현장에서 사고의 복구와 이재민의 구호를 위해 헌신적으로 일하는 자원봉사자들의 활약상이 소개됨으로써 자원봉사는 아주 긍정적이고 꼭 필요한 일이라는 인식을 주고 있다.

이처럼 다른 사람들의 활동을 통해 자원봉사를 접할 수도 있지만 개인적으로 자원봉사를 경험하게 되는 기회도 많아졌다. 중·고등학생과 대학생들에게는 자원봉사활동이 성적과 관련된 제도로 도입되어 대부분의 학생들이 거의 필수적으로 거쳐야 할 과정이 되었으며, 자원봉사를 장려하는 직장도 있으며 노인들의 사회참여방안으로 자원봉사가 권장되고 있기도 하다. 이와 함께 민주주의와 지방자치의 발전이 진전됨에 따라 지역사회의 문제해결을 위한 시민들의 자발적인 참여가 활성화되고 있기 때문에 자원봉사를 경험하는 성인들도 늘어나고 있다. 특히 주5일 근무제가 정착되어 여가시간이 늘어나게 되면 자원봉사활동은 더욱 활성화될 것으로 전망하기도 한다. 바야흐로 자원봉사는 우리에게 이미 일상적인 일로 다가와 있다고 보아도 좋을 정도이다.

제 23 장

보육정책론

1. 보육정책의 이해

1) 보육정책의 개념

보육정책은 나라와 시대적 배경 그리고 학자들의 관점에 따라 다양하게 규정할 수 있다. 보육정책이란 용어가 우리나라에서 보편적으로 사용된 것은 그리 오래되지 않았다. 그러므로 보육정책은 그 범위로 보아 사회정책 혹은 사회복지정책, 교육정책 등과 관련하여 고찰해야 할 것이다.

보육정책에 대한 의의는 시대와 상황에 따라 보육사업의 개념은 다소 다르게 정의를 내리고 있듯이 달라진다. 그러나 산업화에 따른 여성의 사회참여의 증가, 그리고 가족구조의 핵가족으로 인하여 보육사업에 대한 욕구가 급증하면서 보육사업의 의의는 그 중요성이 증가하기 시작하여 보육정책의 중요성도 나타났다.

즉, 영유아는 가족의 한 구성원으로서 가정 내에서 부모의 보호와 양육의 대상이 된다. 또한 가족은 미래의 시민이 될 아동을 양육하고 사회화시켜서 사회구성원으로 준비시키는 역할을 담당한다. 그러나 현대 산업구조의 변화에 따라 핵가족화와 결함가정의 증가, 전통적인 가족기능인 자녀양육기능의 약화, 취업여성의 증가 등으로 영유아의 보육문제가 사회적인 관심사로 등장하게 되었다. 아동을 양육하는 가정에 대한 지원체계로서의 보육사업은 취업모의 자녀양육의 대안적인 역할을 수행함으로써 부모의 경제적 · 사회적 욕구를 충족시키면서 아동의 사회 · 정서 · 인지적 발달을 촉진하는 좋은 환경의 제공으로 잠재적 역할을 개발시킬 수 있다.

또한 보육정책의 기본적 역할은 사회구조의 변화에 따라 약화된 가정에서의 부모의 역할과 가족의 기능을 대행하는 것으로 보육사업을 영유아들에게 가정 밖에서 낮 동안 부모의 보호와 지도를 보충해주는 발전적인 기회와 조직적인 보호 등으로 영유아의 건전한 성장을 위하여 행하는 사회적 서비스 혹은 아동이 가정에서 정상적인 보호를 보충해야 할 상황에 처하였을 경우 하루에 몇 시간씩 가정 밖에서 보호하기 위해 조직된 서비스라고 할 수 있다. 그리고 보육사업은 부모의 책임인 동시에 사회적 책임이고 여러 가지 다양한 역할을 기대하면서 보육사업에 대한 인식의 변화가 있다.

결론적으로 보육정책이란 영유아와 가정이 도움을 필요로 할 때 국가가 조직적으로 개입하는 것으로 보호와 교육을 합리적으로 조화시켜 영유아가 건전한 사회성원으로 성장할 수 있도록 돕는 데 그 의의가 있다.

2) 보육정책의 기능

사회변화에 따른 가족구조의 변화는 보육사업을 필요로 하는 상황과 새로운 보육수요의 문제를 초래하여 취업모의 증가, 가족구조의 핵가족화와 결손가족의 증가, 자녀양육에 대한 가족기능이 약화되어 보육사업의 기능과 필요성을 증가시켰다. 구체적으로 보육정책의 기능을 살펴보면 다음과 같다.

(1) 예방적 기능

사회발전이나 경제개발의 역기능현상으로 나타나는 부정적 요소들에 대처하는 예방적 기능을 갖는다. 즉, 아동에게 지육 · 체육 · 덕육이 겸비된 보다 나은 인격형성을 위해 심신발달에 위험을 주는 경제적 · 사회적 · 심리적, 기타 환경적인 장애로부터 보호하고 그들의 건전한 발육을 위하여 모든 가능한 시설과 기회를 제공한다.

(2) 광범위한 아동복지의 기능

낮 동안 보호자가 가정에서 아동을 양육할 수 없거나, 아동이 장애를 가지고 있을 때, 가정환경에 결함이 있을 때, 혹은 거주지역의 환경이 아동의 건강한 성장에 부적절한 요인을 가지고 있을 때에 가정을 대신하여 보호하는 기능을 수행함으로써 아동복지의 증진을 촉진한다. 보호의 내용은 가정에서 제공되는 기본적인 안정감, 위험물에서의 보호, 건강관리, 영양관리, 적당한 성장기회의 제공 등이며, 이는 보육시설 종사자와의 따뜻한 인간관계에서 행하여지고 육체적인 보호뿐만 아니라 정서적 · 사회적 발달에 중추적인 역할을 하게 된다.

(3) 조기교육의 기능

보육사업과 아동복지의 보편주의 이념에 따라 의도적이며, 조직적으로 아동의 지적 · 정신적 · 신체적 발달을 촉진시켜 줄 수 있는 바람직한 경험이나 활동이 포함된 교육적 프로그램의 제공을 통하여 아동 조기교육효과를 도모한다.

(4) 가족복지의 기능

부모의 역할수행에 어려움이 있는 가정에 대해 자녀교육, 일반 교양, 육아상담서비스와 지역사회자원의 적절한 활용방법을 제공해 줌으로써, 부모의 기능회복촉진과 아동의 원만한 성장을 도모하여 가족복지를 증진시킨다.

(5) 장애아동 및 특수아동의 위한 기능

정상아동뿐만 아니라 정서 · 심신 · 행동장애 등 특수한 문제를 지닌 아동들에게도 그들의 욕구에 맞는 다양하고 개별적인 프로그램을 개발 지원해 줌으로써 결핍환경의 아동을 위한 보상적 조기교육기능과 특수문제아동의 건전한 신체적 · 정서적 성장발달을 돕는 좋은 집단경험 장으로써 서비스 기능을 담당한다.

(6) 지역사회연계의 기능

아동을 매개로 하여 지역주민들이 협동 단결할 수 있는 장으로 보육시설을 개방하여 지역사회주민의 조직력을 강화하고, 나아가 지역사회의 경제적 · 사회적 발달을 위한 제반사업추진을 원활하게 함으로써 복지증진을 도모할 수 있다.

2. 보육정책과 국가개입

1) 법적인 측면

영유아보육법에서는 국가와 지방자치단체는 보호자와 더불어 영유아를 건전하게 보육할 책임을 진다고 하여 보육에 대한 국가와 지방자치단체의 책임을 명시하고 있다. 그리고 모든 국민은 영유아를 건전하게 보육할 책임을 진다고 하여 보육의 문제를 보호자, 국가와 지방자치단체뿐만 아니라 모든 국민이 함께 관심을 가져야 한다고 규정하고 있다. 또한 개정영유아보육법에서는 공보육과 보편주의적 입장에서 보육을 강조하기 때문에 보육정책에 대한 국가의 책임은 더욱더 높아질 것이다.

영유아보육법 제4조(책임)
① 모든 국민은 영유아를 건전하게 보육할 책임을 진다.
② 국가와 지방자치단체는 보호자와 더불어 영유아를 건전하게 보육할 책임을 진다.
③ 시장 · 군수 · 구청장은 영유아의 보육을 위한 보육시설을 확보해야 한다.

그런데 보육정책은 지역주민과 가장 가까운 곳에서 제공되는 서비스이다. 그래서 국가에 의한 국민최저기준의 확보와 아울러 지방자치단체가 주도적으로 보육의 양과 질을 확보해 가는 방법도 모색할 필요가 있다. 스웨덴의 아동복지법에서는 각 지방자치단체는 자치단체에 등록된 아동 및 여기에 거주하고 있는 아동을 대상으로 해서 취학 전 시설활동, 아동관련활동을 행할 의무가 있다고 규정하고 있다.

2) 공보육과 보육정책

공보육에 대한 학문적인 구체적인 개념정의는 되어 있지 않고 있다. 일반적으로 교육적인 측면에서 공교육이란 공공목적을 달성하기 위한 봉사와 공통가치의 추구 및 일반적 복지에 기여하고, 공공으로부터 통제와 간섭을 받고, 국가의 공비에 의해 설립되거나 유지되는 형태로 모든 대상들에게 개방하는 것으로 설명하고 있다. 그러므로 공교육이란 헌법에서 보장하고 있는 교육기회의 평등과 심리학적인 측면에서는 성장과 발달을 목표로 하고 있는 것이다. 이러한 측면에서 공보육도 같은 맥락에서 접근해 볼 수 있을 것이다. 즉, 공보육이란 정책으로 정부가 보육시설을 설립하고 운영하는 보육이라 할 것이다. 현재 우리나라의 경우 국공립보육시설이 여기에 어느 정도 접근해 있다고 할 것이다.

3. 보육정책의 기본 방향

1) 아동 중심적 정책

아동복지적 관점에서 보육이 필요한 모든 아동에게 균등한 보육기회를 제공하기 위해서는 보호자의 경제적 · 사회적 활동의 지원도모와 병행하여 아동 중심적 관점에서 아동의 건전한 육성에 보다 중점을 두고 정책을 수립추진해 나가야 할 것이다.

이는 성인들의 필요에 의해서 아동을 보육하는 것이 아니라 아동 중심의 관점에서 창의력을 개발하고 미래 자아실현을 위해 양질의 보육서비스를 제공하는 것을 의미한다. 이것은 세대간의 분배정의를 고려한 것으로 현재의 아동은 미래의 공동체를 이끌어갈 주역으로 인식하여 공동체가 관심을 갖고 모든 아동들에게 보육수준향상을 위해 노력해야 함을 시사하는 것이다.

지금까지의 보육정책은 주로 보육서비스의 공급능력확충에 초점을 두면서, 주로 보육시설에 대한 재정적 지원 등 보육시설(공급자) 중심의 지원정책을 추진하여 왔으나, 향후에는 보육서비스의 수요자인 보호자와 아동의 입장에서 시설이용의 편의성, 접근용이성, 서비스에 대한 만족도 등을 제고시킬 수 있도록 수요자 중심의 정책을 발굴 · 추진하여야 한다.

2) 보편주의적 보육정책

보편주의적 보육정책은 이번 개정영유아보육법에서 법적 사항으로 규정하고 있다. 즉, 모든 아동에게 바람직한 성장환경을 기본적으로 보장해주어야 한다는 아동권리사상에 기초하여 보육의 책임은 보호자뿐만 아니라 정부와 사회 전체에 있다는 인식의 전환이 필요하다. 따라서 단순히 구빈적 차원이나 계층 및 성별 차별해소의 차원보다는 사회적 연대를 중시하고 모든 아동에게 평등한 보육받을 권리를 보장하기 위해서는 부모의 취업여부나 소득수준 등이 아동의 보육받을 권리에 전혀 차별적 요소로 작용하여서는 안 된다. 이러한 제도의 정착은 보육선진국에서와 같이 모든 아동의 양육은 국가의 몫이라는 보편주의 공동양육이념에 의하여 가능하다. 따라서 공보육이 확대되어야 한다.

3) 질적 확충 중심의 보육정책

보육시설의 양적 확충에 치중하여 왔던 기존의 보육정책방향에서 보육인력의 전문성 제고, 보육시설의 기준 강화, 보육과정의 내실화 등을 통한 보육의 전반적인 질적 제고 중심으로 정책방향을 전환하여야 한다. 그리고 앞으로 정부에서도 보육정책의 방향을 질적 확충을 위하여 접근할 것이다.

4) 국가 중심의 통합적인 보육정책

보육사업의 공공성과 보육에 대한 국가적·사회적 책임과 의무에 대한 확고한 사회적 합의도출과 법·제도적 장치를 강구하여야 하며 보육재정이 확대되어야 한다. 즉, 민간에게 지나치게 의존하고 있는 현행 보육사업의 구조변화를 위해 국가의 재정지원을 확대하여 공공의 비율을 높여 나가야 한다. 이를 위해서는 먼저 지역사회의 보육여건을 감안하여 취약지역 위주로 국공립보육시설의 단계적인 확충이 필요하다. 아울러 보육사업이 사회복지사업법에 의한 복지사업임을 감안하여 민간보육시설에 대한 재정적 지원을 강화하여야 하며, 현재 일부 지역이나 계층에게만 실시되고 있는 영유아에 대한 무상보육을 단계적으로 확대하여 보육이 필요한 모든 아동을 대상으로 완전 무상보육체계의 구축을 지향하여야 한다.

4. 보육정책의 관점

현행 개정영유아보육법 제1조(목적)에서는 보육의 목적을 '영유아를 심신의 보호와 건전한 교육을 통하여 건강한 사회성원으로 육성함과 아울러 보호자의 경제적, 사회적 활동을 원활하게 하여 가정복지증진에 기여하는 것'으로 규정하고 있어 과거의 일종의 긴급구제복지서비스 또는 보충적 서비스로 개념화에서 보편적 개념으로 발전시켰다. 보육을 보는 관점은 그 나라의 보육발전 정도, 보육재정, 보육이념 등에 따라 달라진다.

1) 기본적 보육관점(저소득층 복지모델)

이 관점은 보육서비스를 계층간 불평등을 해소하는 방안 중 하나로 파악한다. 보육서비스는 저소득층 아동의 방치상태를 예방하기 위해서 필요하며, 재정적인 부담은 국가가 맡게 된다. 이러한 관점에서 보육수요를 파악하는 경우 보육서비스가 구빈 차원의 선별적 특성을 갖게 되며 중산층 이상의 보육수요는 전적으로 사적인 지원망에 의존하게 하는 문제가 발생할 수 있다.

2) 대리적 보육관점(여성복지모델)

이 관점에서는 보육수요를 여성의 사회참여로 인해 가정보육이 사실상 불가능해진 결과로 발생하는 것이다. 취업주부들이나 취업을 원하는 기혼여성들의 욕구는 충족되어야 하며, 이를 위해서는 보육서비스의 제공이 선결조건인 것으로 파악하고 있다. 따라서 보육서비스는 여성의 선택을 가능케 하는 여성복지의 증진을 위한 도구적인 성격을 갖게 된다.

3) 보편적 보육관점(아동복지모델)

보육의 목적이 궁극적으로는 아동복지의 실현에 있다는 아동복지적인 관점에 따라 모든 아동은 그들의 보호자의 취업 유무와는 상관없이 자아의 개성을 발달시키고 자아실현을 위해 고르게 보호받고 교육을 받을 수 있는 기회를 누려야 한다. 이러한 측면에서 볼 때 아동은 보육의 기회를 공평하게 가져야 할 뿐만 아니라 각자의 개성에 따라 다양한 유형의 보육을 받아야 한다. 이를 위해서는 사회양육을 하는 것이 가정양육보다 바람직하다고 하는 주장을 담고 있다.

이상에서 살펴본 보육을 파악하는 세 가지 관점은 서로 강조점이 다르지만 서로 배타적이라기보다는 보완적인 관계를 가진다고 할 수 있다. 즉, 보육서비스는 저소득층만의 욕구는 아니며 여성의 자아실현을 위한 도구적인 측면보다는 아동의 기본권 보장이라는 아동복지적인 측면이 강조되어야 한다.

5. 보육정책의 대두배경

1) 사회변동에 따른 핵가족화와 산업화

농업사회로부터 상공업사회로의 전환은 혈연에 기초한 가족구조의 변화를 가져왔다. 왜냐하면 토지에 의존하여 가족의 공동노력이 요구되는 농업사회와는 달리 산업사회에서는 핵가족의 독립적인 생활기반을 요구하기 때문이다. 따라서 자연적으로 주거와 직장이 분리되고, 조부모－보모－자녀의 대가족의 형태에서 부모－자녀 중심의 핵가족형태로 변화하게 되었다.

이러한 현상은 가족간의 상호영향력을 감소시켰을 뿐만 아니라 자녀양육에도 영향을 미쳐 부모 이외의 조부모나 그 이외의 가족구성원의 도움은 어렵게 되었다. 이런 문제를 해결하기 위한 대책으로 보육정책이 대두되기 시작했다.

2) 가치관의 변화

산업사회는 가족구조를 변화시키는 데 그치지 않고 가치관의 변화도 가져왔다. 즉, 자녀양육에 대한 기본적인 시각이 변화하여 자녀를 꼭 가정에서 부모가 양육해야 한다든지, 자녀양육을 위해 직업을 포기해야 한다든지 등의 경향은 줄어들었다. 이런 측면에서 이런 문제를 해결하고 보완해주기 위한 정책으로 부모교육 · 가족상담과 같은 보육정책이 필요하게 되었다.

3) 취업모의 증가와 가족역할의 변화

과거에는 취업모의 주요 유형은 저소득층, 별거가족, 실직가정 등에서 주로 이루어졌으나, 현대사회에서는 모든 여성들이 사회참여를 하고 있는 실정이다. 따라서 취업모를 위한 대책으로 보육욕구가 늘어나게 되었다. 그러므로 국가는 국민의 보육욕구를 충족시켜 줄 수 있는 다양한 보육정책을 개발해야 한다.

4) 보편적 아동복지의 강화

과거에는 주로 아동에 대한 복지정책은 주로 선별적으로 이루어져 왔다. 특히 아동복지정책은 다른 사회복지정책보다도 보편주의에 입각하여 정책을 실시해야 한다. 그러나 아직까지 우리나라는 다른 선진국에 비하여 보편주의적 아동복지정책이 잘 이루어지지 않고 있는 실정이다. 그러므로 보육과 같은 보편주의적 아동복지서비스가 늘어날 경우 필연적으로 보육정책도 하나의 정책분야로 자리잡아야 한다는 인식에서 그 필요성이 발생하게 되었다.

5) 아동의 보충적 · 지지적 서비스의 증가

아동에 대한 서비스는 지지적 서비스, 보충적 서비스, 대리적 서비스로 분류할 수 있다. 이 중에서 상대적으로 지지적 서비스와 보충적 서비스가 증가하고 있다. 보충적 서비스는 아동이 가정에서 생활하는 것과 같은 역할을 사회가 책임지고 지원하는 서비스이다. 지지적 서비스는 아동의 요구를 해결하기 위하여 가정에서 부모의 능력을 지원해주기 위한 서비스이다. 그러므로 국가는 이런 서비스를 효과적으로 실천하기 위하여 보육정책의 필요성이 증가하고 있다.

6. 보육정책과 관련정책

보육정책은 사회복지정책도 아니고 교육정책도 아니고 여성정책도 아닌 보육정책으로 정착되어야 할 것이다. 현재 우리나라에서 보육정책에 대한 혼란이 지속적으로 발생하는 것도 보육정책에 대한 정확한 개념정리가 안 되었기 때문이다. 그럼으로 보육정책과 관련정책을 살펴보면 다음과 같다.

1) 아동정책과 보육정책

아동정책은 사회정책의 일부분으로 사회정책과 개념을 거의 공유하면서 단지 사회정책의 여러 대상 중에서 아동에 대한 정책이라고 볼 수 있다. 그리고 아동정책은 아동복지정책으로 볼 수 있으며, 가장 기본적으로는 입양 · 위탁보호 · 시설보호 · 아동학대예방서비스를 포함하여 가족생활을 보충하거나 지지하는 보육사업, 가정봉사원서비스, 아동양육상의 문제에 대한 상담서비스와 기타 여러 가지 서비스가 포함되고 있다.

그리고 아동은 권리로서 가족의 존재형태나 소속계층, 부모의 취업여부에 관계없이 아동기라는 중요한 삶의 한 부분으로서 보육에의 접근성을 확보할 수 있어야 한다. 또한 아동은 사회성원의 일원으로서 미래세대의 인적 자본일 뿐 아니라 다음 세대를 부양할 주체이기에 보호받아야 할 시기에 제대로 보호받을 권리를 가지며 어린 시절의 삶의 질을 일정수준 이상으로 유지시켜 줄 것을 요구할 권리가 있다. 이는 결과적으로 개인의 인적 자본이 삶의 질을 결정하는 빈부격차심화를 예방하는 근본적인 접근이 될 것이다.

보육정책과 아동정책은 그 범위에 있어서는 아동정책의 범위가 넓다고 볼 수 있다. 그러나 우리나라의 경우는 예산이나 행정규모, 사업량에서 본다면 다른 나라와는 다른 특색을 나타나고 있다. 현재 우리의 아동정책이 시설아동에서 재가아동으로 초점이 변화해 나가고 있다. 이런 변화에서 아동정책은 보육정책과 통합적으로 접근한다면 예산절감 · 시설이용 등에서 많은 도움을 받을 수 있을 것이다.

2) 가족정책과 보육정책

가정은 그 자체가 하나의 체계인 동시에 전체 사회체계의 한 하위체계를 이루고 있다. 그러므로 사회체계의 구조적 변화는 가족체계의 구조에도 영향을 미치게 된다. 가족은 개인들의 육체적 복지와 함께 가장 깊은 정서적 욕구를 충족시키며 자녀들의 사회화를 위한 생활교육과 훈련, 그리고 가계의 공동운영을 담당하는 중요한 기능을 해왔다. 그러나 현대 가족은 산업화, 도시화, 그리고 가치관의 변화로 가족구조 및 가족형태의 변화를 가져왔다.

핵가족화는 전통사회의 확대가족의 많은 의무로부터 해방시켜 주었으나 동시에 확대가족의 경제적 보장과 사회적 지원을 상실하게 하였다. 따라서 전통가족의 가족간의 상부상조하는 복지적 기능의 상실로 일어나는 가족문제를 해결하기 위한 조치로서 가족복지정책이 제기된다.

즉, 가족복지는 과거 가족이 수행하였던 전통적 기능을 유지 · 보완 · 대치하기 위한 노력이다. 부모교육과 상담은 부모의 역할의무를 수행하기 위하여 자기의 능력을 강화시키는 노력이고 탁아와 가사조력서비스는 어머니가 수행한 자녀양육과 가정관리의 기능을 보완하기 위한 것이며 가족정책은 가족문제를 예방하고 해결하기 위한 것이다.

예를 들어 유럽의 가족정책은, 첫째로 대가족을 위한 소득 재분배정책의 일환으로 가족수당 · 소득세정책 등이 실시되었고, 둘째로 인구정책과 장기적 인구계획에 대한 관심에서 실시되었으며, 셋째로 고아 · 장애자 · 노인 · 빈곤자 · 무주택자와 같은 피부양자와 부적절한 가족성원의 지원적 · 대리적 보호를 위한 공공정책으로 나타났다.

이러한 가족정책은 산업사회에 있어서 의존성과 다른 사회문제를 예방하기 위한 개념인데 특히 영국 · 미국 · 캐나다에서 볼 수 있다는 보완적 가족정책이다. 그러나 최근에는 가족정책의 관심이 아동 · 부녀 · 노인에게 확대되고 있다. 가족을 도와준다는 것이 아동의 생활조건을 개선시키는 가장 효과적인 방법이 되고 이것은 아동에 영향을 미치는 공동정책을 중요시하는 것이 되었다.

가족복지정책은 가족복지를 실천하는 거시적 · 제도적 방안으로 정부가 가족을 위해 시행하는 모든 활동을 의미한다고 할 수 있다. 즉, 가족 외적 요인인 산업화 · 현대화에 따른 사회경제적 조건의 변화로 인하여 문제가족이 야기되었다고 보고 가족이 처한 사회적 조건과 환경을 개선하려고 하는 국가적 제노력을 말한다(송성자, 1995). 따라서 가족복지서비스 접근방법이 문제가족에 대하여 개별적 · 심리적 · 미시적으로 치료하는 서비스인 데 비해, 가족정책은 문제가족에 대해 예방적 처우라는 관점을 가지고 사회의 구조적인 문제에 대하여 제도적 · 환경적 · 거시적으로 접근하는 것이라고 볼 수 있다.

3) 노동정책과 보육정책

노동정책은 근로능력이 있으면서 빈곤층을 비롯하여 여성들이 노동시장에서 부딪치는 각종의 불이익을 해소하여 정상적인 근로자들과 같은 입장에서 노동할 수 있도록 지원해주는 정책이다. 그리고 지속적인 균형성장을 위해서는 노동정책과 보육정책 사이의 조화가 필수적이고 여성의 능동화를 위해서는 노동시장에서의 차별을 극복하기 위한 양성평등정책과 더불어 가정과 직장의 양립을 지원하는 정책은 노동시장에서 이루어지는 여성의 취업노동에 대한 사회적 지원인 동시에 가사활동을 사회적으로 재분배하거나, 또는 그에 대해 보상하는 성격을 띠어야 한다.

4) 교육정책과 보육정책

교육에 대한 국가의 사회책임적 개입은 현대사회에서 보편적인 것이다. 국가가 교육에 관여하는 이유는 첫째, 교육이 질 높은 노동력을 창조해내는 중요한 수단이 되므로 이를 통해 경제성장에 추구할 수 있기 때문이다. 둘째, 국민 개인의 지적 수준을 보편적으로 증진시켜 사회의 일체감과 통합을 추구하는 데 도움을 주기 때문이다. 셋째, 가장 중요한 것으로 교육은 계층적 수직이동을 가능케 하여 장치로서 사회적 평등화에 기여하는 제도와 정책이라 할 수 있다.

또한 개인의 입장에서 본다면 교육정책은 사회적 생존에 필요한 지식과 정보를 제공해주는 중요한 통로이며, 교육적 성취를 통하여 사회에 참여하고 사회적 지위를 확보할 수 있는 필수불가결한 제도이다. 그러므로 교육정책은 현대사회에서 인간의 기본적 욕구에 해당되는 중요한 정책이다. 따라서 교육정책이 가지고 있는 보육정책적인 의미는 인간생존에 필수적인 요구대상의 하나이며 국가는 이를 보장할 책임이 있다는 것이다. 따라서 완전한 교육보장이 이루어지려면 교육 불평등현상을 해결하여 교육평등을 달성해야 한다.

이러한 측면에서 보육정책과 교육정책은 매우 밀접한 관계를 지니고 있음을 알 수 있다. 이석은 공보육의 이념과 공교육(의무교육)은 여러 가지 관점에서 비슷하게 접근해야 할 것이다. 그럼으로 보육정책을 발전시키려면 교육정책과 상호 협조·연계해야 한다. 그러나 현재 우리나라는 유아교육과 보육이 서로 협조하기보다는 서로 대립하는 입장을 취하고 있어 문제점들이 발생하고 있다. 그럼으로 미래지향적으로는 보육정책과 교육정책이 상호통합될 수 있는 정책이 되도록 유도해야 할 것이다.

제 24 장

보육교사론

영유아보육의 개념은 영아기와 유아기에 제공되는 돌봄과 교육이다. 보육이 보호와 교육의 합성어임에서도 알 수 있듯이 보육교사는 예전에는 가정에서 책임져 왔던 문제인 인간의 초기발달과 양육이 부모가 직장을 가지고 핵가족화가 되어 가정에서 양육을 할 대체인력이 없는 사회구조 속에서 부모를 대신해 대리부모의 역할을 하는 것이다. 이러한 개념에서도 알 수 있듯이 보육교사가 해야 할 역할은 다양하며 쉽지 않은 것이 현실이다. 1991년 '영유아보육법'의 제정으로 최근 15년 간 엄청난 성장을 거듭한 보육사업은 양적으로는 많은 발전을 했으나 보육의 질적 발전을 위해서는 아직 많은 과제가 있다. 그 중에서도 우수한 보육교사를 배출하고 전문성을 유지시키는 것이 가장 중요한 과제 중 하나이다. 그리고 보육현장에는 보육교사 외에 함께 일하는 보육종사자가 있다. 그러므로 본서에서는 보육교사를 보육종사자로 확대하여 살펴보고자 한다. 이번 장에서는 보육교사의 자격기준과 보육교사의 역할과 자질, 보육교사의 교육을 알아보고자 한다.

1. 보육교사의 배치기준

영유아보육법에는 보육시설종사자를 '보육시설에서 보육, 건강관리 및 보호자와의 상담, 기타 업무를 담당하는 자'로 규정하고 있다. 보육시설은 시설장 · 보육교사 · 간호사 · 영양사 · 취사부를 두어야 하며 그 외 개별시설의 재량으로 사무원 · 운전기사 등을 둘 수 있다. 보육시설에 두어야 할 종사자와 그 수에 대해서는 영유아보육법 시행규칙 제8조 제1항 별표3에 규정되어 있으며 구체적인 내용은 다음과 같다.

구 분	배 치 기 준	자격기준	비 고
시 설 장	전 보육시설별 1인 ※ 다만, 영유아 20인 이하를 보육하는 시설은 보육시설의 장이 보육교사를 겸임할 수 있음	영유아보육법 시행규칙 제10조 [별표2]	정원기준

보육교사	· 만 1세 미만 ⇒ 영아 3인당 1인 · 만 1세 이상 만 2세 미만 ⇒ 영아 5인당 1인 · 만 2세 이상 만 3세 미만 ⇒ 영아 7인당 1인 · 만 3세 이상 만 4세 미만 ⇒ 유아 15인당 1인 · 만 4세 이상 미취학 유아 ⇒ 유아 20인당 1인 ※ 유아 40인당 1인은 보육교사 1급 자격자여야 함 · 취학아동 ⇒ 20인당 1인 · 장애아 3인당 1인 ※ 장애아 9인당 보육교사 1인은 특수교사 자격소지자여야 함	영유아보육법 시행규칙 제10조 [별표2]	현원기준
간호사[1]	· 영유아 100인 이상을 보육하는 시설	–	현원기준
영양사[2]	· 영유아 100인 이상을 보육하는 시설	–	현원기준
취사부[3]	· 영유아 40인 이상을 보육하는 시설	–	현원기준 (방과 후 제외)

주 1) 간호조무사도 가능함.
2) 보육시설 단독으로 영양사를 두는 것이 곤란한 때에는 동일 시 · 군 · 구의 5개 이내 보육시설이 공동으로 영양사를 둘 수 있으며, 영양사 채용시 현원을 기준으로 함.
3) 영유아 40인 이상 80인 이하를 보육하는 시설의 경우 취사부 1인을 두며, 영유아 매 80인을 초과할 때마다 1인씩 증원한다. 영유아 현원은 방과 후 아동을 제외한 영유아를 기준으로 한다.

〈취사부 채용기준 (예시)〉

취사부 수	1인	2인	3인	4인	5인
영유아 수	40~80인	81~160인	161~240인	241~320인	320인 이상

※ 300인 이상의 시설은 2005. 1.29 이전에 한해 설치 가능하였음

4) 시설장은 시설의 규모와 특성에 따라 의사(또는 촉탁의사), 사회복지사, 사무원, 관리인, 위생원, 운전기사, 특수교사(치료사) 등의 종사자를 둘 수 있으며, 시설장이 간호사 또는 영양사 자격이 있는 경우에는 겸직이 가능하며, 시설장은 정원을 기준으로 함.

2. 보육교사의 자격기준(법 제21조 및 시행령 제21조)

보육교사의 질적 관리를 위하여 2006년부터 보육자격관리사무국이 생겨 보육교사와 시설장에 관련된 업무를 일괄 처리하고 있다. 아래 자격기준에 관련된 사항은 보육자격관리사무국(www.ctcm.or.kr)에서 일괄적으로 관리하여 발급하게 된다.

1) 보육시설장 자격 요건

(1) 일반 기준

보육시설장은 시설장자격증을 발급받아야 하며 시설장 자격증 도입(2006.12.30) 이전에 시설장자격이 인정된 자는 2007년 12월 29일까지 자격증을 발급받아야 한다. 그에 따라 시

설장자격의 일반 기준은 아래의 기준(시행령 제21조 [별표 1])에 따른다.

◇ 보육교사 1급 자격을 취득한 후 2년 이상의 보육 등 아동복지업무 경력이 있는 자
◇「유아교육법」에 의한 유치원정교사 2급 자격을 취득한 후 5년 이상의 보육 등 아동복지업무 경력이 있는 자
◇ 유치원 원장의 자격을 가진 자
◇「초 · 중등교육법」에 의한 초등학교 정교사 자격을 취득한 후 5년 이상의 보육 등 아동복지업무 경력이 있는 자
◇「사회복지사업법」에 의한 사회복지사 1급 자격을 취득한 후 5년 이상의 보육 등 아동복지업무 경력이 있는 자
◇「의료법」에 의한 간호사 자격을 취득한 후 7년 이상의 보육 등 아동복지업무 경력이 있는 자
◇ 국가 또는 지방자치단체에서 7급 이상의 공무원으로 보육 등 아동복지업무에 5년 이상의 근무한 경력이 있는 자

그러나 가정보육시설과 영아전담보육시설, 장애아전담보육시설의 경우에는 다음의 사항을 확인하여야 한다.

(2) 가정보육시설

◇ 일반 기준에서 정한 자격을 갖춘 자
◇ 보육교사 2급 이상 자격을 취득한 후 2년 이상의 보육업무 경력이 있는 자

(3) 영아전담보육시설

◇ 일반 기준에서 정한 자격을 갖춘 자
◇ 간호사 자격증을 취득한 후 5년 이상의 아동간호업무 경력이 있는 자
※ 영아전담보육시설이라 함은 만 3세 미만의 영아만을 20인 이상 보육하는 시설

(4) 장애아전담보육시설

◇ 일반 기준에서 정한 자격을 갖춘 자로서 다음의 어느 하나에 해당하는 자

－대학(전문대학을 포함)에서 장애인복지 및 재활관련학과를 전공한 자
－장애아 보육시설에서 2년 이상의 보육업무 경력이 있는 자
－여성가족부령이 정하는 장애아보육에 관한 직무교육을 받은 자
※ 장애아전담보육시설이라 함은 「장애인복지법」 제29조의 규정에 의하여 장애인으로 등록된 영유아만을 20인 이상 보육하는 시설

2) 보육교사 자격기준

보육교사는 보육교사로 근무하기 위하여 원칙적으로 여성가족부 장관이 수여하는 보육교사 자격증을 발급받아야 하며 아래의 자격기준(시행령 제21조 [별표1])에 해당하는 자로서 여성가족부장관이 검정·수여하는 자격증을 받은 자이어야 한다(법 제21조).

등 급	자 격 기 준
보육교사 1급	1. 보육교사 2급 자격을 취득한 이후 3년 이상의 보육업무 경력과 여성가족부장관이 정하는 승급교육을 받은 자
	2. 보육교사 2급 자격과 보육관련 대학원에서 석사학위를 취득한 자로서 1년 이상 보육업무 경력과 여성가족부장관이 정하는 승급교육을 받은 자
보육교사 2급	1. 전문대학 또는 이와 동등 이상의 학교에서 여성가족부령이 정하는 보육관련 교과목 및 학점을 이수하고 졸업한 자
	2. 보육교사 3급 자격을 취득한 이후 1년 이상의 보육업무 경력과 여성가족부장관이 정하는 승급교육을 받은 자
보육교사 3급	1. 고등학교 또는 이와 동등 이상의 학교를 졸업한 자로서 여성가족부령이 정하는 교육훈련시설에서 소정의 교육과정을 수료한 자

3. 보육교사의 역할과 자질

1) 시설장의 역할과 자질

시설장은 보육시설을 총체적으로 관리감독하는 한 기관의 책임자이다. 시설장은 보육시설의 기본적인 운영목표인 보육철학의 게시, 보육운영계획의 수립 및 평가, 예산계획 및 집행, 영유아의 보호와 교육, 종사자의 임용, 보육종사자의 전문성증진을 위한 교육, 부모교육, 가정과 지역사회 간의 연계 및 교류, 보육종사자와 기타 관련인사와의 인사교환 및

회의 참여 등의 영역과 관련된 역할을 수행하면서 시설을 운영하기 때문에 시설장의 전문성은 영유아와 가족을 위한 보육서비스의 질을 향상시키는 기초가 된다. 이런 총체적인 업무를 잘 하기 위해서는 영유아발달에 대한 기술, 유아보육에 대한 열정과 중요성에 대한 확신, 타인에 대한 이해, 통찰력, 감정이입능력, 화함, 겸손함 등 원만하고 합리적인 개인적 특성과 리더십이 요구된다(김익균 외, 2002). 또한 보육사업을 수요자 중심의 보육에 대한 서비스 마인드의 구축은 보육사업의 질적 발전을 가져 오는 계기가 된다.

시설장의 자질은 올바른 아동관과 보육에 대한 철학, 시설운영에 대한 행정적 능력과 관리기술, 원만한 대인관계, 민주적 의사결정을 들 수 있다(이순형 외, 2005). 이 자질들은 어떤 것이 우선순위라고 정할 수 없이 모두 중요하다. 특히 시설장은 보육의 질은 교사의 질을 넘지 못하는 것처럼 교사의 질을 높이기 위한 다양한 교육활동에 최선을 다하여야 할 것이다. 하지만 현실적으로 하루 종일 아이들과 함께 생활하여야 하는 경우 교사가 내일의 발전을 고려하기는 어렵다. 그러므로 시설장은 체계적인 교사교육안과 합리적인 행정관리안과 그것을 뒷받침할 예산을 마련하여 교사의 능력개발에 관심을 가져야 한다. 또한 교사의 처우에 관한 부분에 대한 노력은 이직률이 많은 우리 보육현장에 시설장이 갖추어야 할 자질중의 하나가 되고 있다.

2) 보육교사의 역할과 자질

보육교사의 역할은 영유아를 보육하는 것이다. 선행연구자들(Katz, 1970)은 교사역할에 대해 다양하게 구분하고 있지만 연구자들의 교사역할을 정리하여 보면 양육자 · 교수자 · 교류자의 역할로 나누어 볼 수 있다(이순형 외, 2005).

보육교사는 첫째, **대리양육자로서의 역할을 한다.** 부모를 대신하여 영유아를 시설에서 부모와 같이 돌봐준다. 이때 영유아가 정서적으로 안정감을 느끼게 해주고 기본적인 욕구를 적절하게 충족시켜 주며 건강하게 성장 · 발달하도록 양육자의 역할을 수행한다(보건복지부, 1996).

둘째, **교수자로서의 역할을 한다.** 보육교사는 환경제공자로서, 상호작용을 하는 자로서, 일상생활의 모델이 되는 자로서, 관찰자과 평가자로서의 역할을 한다. 보육교사는 영유아의 발달과 안전을 고려한 적절한 환경을 구성하는 역할을 한다. 영유아의 발달적 요구에 맞게 적절한 변화를 주면서 교재나 교구, 교실이나 놀이터의 환경을 조직해야 한다. 영유아가 자유롭게 뛰어 놀며 자연을 충분히 맛보며 건강하게 성장할 수 있는 환경을 구성하도록 한다. 또한 영유아 · 자연 · 사물과의 상호작용이 충분히 일어나도록 도와주며 영유아의 기본적인 양육자로서 영유아가 모방하더라도 부끄럽지 않게 행동하여야 하며 영유아의 발달과 환경, 활동 전반에 걸쳐 항상 관찰하고 평가하는 역할을 수행하여야 한다(보건복지부, 1996).

셋째, **교류자로서의 역할을 한다.** 보육교사는 공동육아를 위하여 부모 및 지역사회와의 교류자로서의 역할을 수행하여야 한다. 보육교사는 부모와의 원활한 의사소통을 통해 영유아의 가정과 그 부모의 요구 등을 이해하고 부모를 지원해주고 부모와 보육시설 사이의 신뢰감을 형성하기 위하여 노력해야 한다. 또한 지역사회의 자연 · 자원 · 인사 등을 활용하고 영유아들이 지역사회에 대해 긍정적으로 수용할 수 있도록 해주어야 하며, 다양한 자원봉사자와 함께 일하며 지역공동체로부터 지원을 받는 역할도 해야 한다(보건복지부, 1996).

아마 이 영역의 역할이 보육의 질을 높이는 중요한 지점이 된다. 대부분의 보육교사는 양육자와 교수자의 사이에서 갈등을 보이며 교류자의 임무를 본인의 역할이기보다는 시설장이나 기타 다른 종사자의 업무로 넘겨 버리게 된다. 보육교사의 역할 중 부모와의 교류가 우수하고 지역과의 교류가 우수한 교사가 되면 아이들과의 상호작용의 폭이 넓어지고 가정과의 연계, 지역간의 연계가 잘 되어 영유아발달에 최상의 조건을 만들어 줄 수 있다.

보육교사의 자질은 개인적인 자질과 전문적인 자질이 있다. 개인적 자질이란 교사 개개인의 사람됨과 관계되는 특성으로 주로 인성적 측면의 자질을 말한다. 교사의 개인적 자질에는 신체적 · 정신적 건강, 온화한 마음, 원만한 대인관계, 성실하고 열정적인 태도 등을 들 수 있다. 전문적 자질은 영유아에 대한 전문지식, 교육과정 및 교수에 대한 전문적인 지식과 운영기술, 교직에 대한 건전한 태도, 윤리의식 등의 교사의 전문성과 관련된 자질을 말한다(이순형 외, 2005). 이런 전문적인 능력에는 영유아에 대한 지식과 영유아의 개별적인 특성과 흥미 · 요구 · 관심을 존중하는 능력, 보살핌과 협력, 현장성과 정보기술의 이해, 개방성과 의사소통능력, 의사결정능력, 지속적인 자기 갱신, 삶에 대한 비전이 있다(양옥승, 2003; 이순형 외, 2005 재인용).

최근에는 교사의 전문적 자질이 더 많이 강조되고 있는 경향이 있지만 21세기의 대안교육으로 주목받고 있는 발도로프 교육에서는 영유아는 주변 인물과 환경에 끊임없이 모방과 본보기를 통해 배우므로 이론적으로 전문가인 교사보다는 자기 수양이나 자기 교육을 실천하는 것을 중요한 교사의 자질로 보고 있다(홍지연, 2002; 이순형 외, 2005 재인용). 이는 유치원 교원이 갖는 자질과 보육교사가 갖는 자질을 같지만 다른 각도로 해석해야 함을 의미한다. 보육현장에서는 보육교사에게 어떤 활동의 결과를 보이도록 강조하는 경향이 있다. 그것은 우리가 영유아와 상호교류하며 가정적인 안정감을 갖도록 하는 보육의 원래 취지와는 맞지 않다. 그래서 교사는 자신의 삶에 대한 인식과 태도가 우리가 보육하는 영유아를 바꾼다는 것을 명심하며 보육에 임하여야 한다. 보육교사는 스스로 자질을 개발하는 노력을 게을리해서는 안 된다.

또한 변화하는 사회의 변화에 민감하게 변화할 수 있는 교사가 되어야 하는데 21세기 지식과 정보기반사회에서 바람직한 교사상은 탈산업화 이후 한층 더 발달된 사회가 되어 교육과 보육은 한층 더 혁신적인 변화를 요구할 것이고 지식과 정보기반산업이 많아지면서 많은 정보를 효율적으로 취할 수 있는 능력을 요구하게 되고 국제화와 세계화가 되면서 다양한 가치와 사고방식을 요구함으로 그에 적극적으로 대처할 수 있어야 한다. 이런 사회변화 속에서 보육과 교육의 방향은 인성교육의 강화, 창의성 교육의 강화, 효교육의 강화, 친사회적 행동교육의 강화, 자아존중교육의 강화, 유아교육시스템의 유비쿼터스 체계의 구축화, 세대간의 갭을 좁히는 교육, 다문화적 가치의 인정, 영재아 교육과 외국어 교육에 강조점에 빠르게 대처할 수 있어야 한다(권건일 외, 2006). 이런 유아교육의 방향은 보육과 교육이 함께 일원화되어 가는 현 시점에서 보육교사가 강하게 인식하고 있어야 하는 자질 중의 하나이다.

4. 보육교사의 교육

보육교사의 현직교육이 필요한 이유는 자격취득교육의 보완, 사회문화적 변화에 따라 새로이 요구되는 지식과 기술의 습득, 새로운 가치추구, 부단한 수양과 연구를 위해서이다(이순형 외, 2005). 보육교사의 교육을 정부 주도, 보육시설 주도, 교사 개인 주도의 교육으로 나누어 살펴보고 능력 있는 교사가 되는 방법을 알아본다.

1) 정부 주도의 현직교육(보수교육)

보수교육에는 직무교육과 승급교육이 있다. 직무교육에는 일반직무교육 · 특별직무교육이 있고 승급교육에는 1급 승급교육, 2급 승급교육이 있다.

보수교육은 매해 시 · 도지사가 관내 시 · 군 · 구의 보수교육 대상자가 당해 연도 보수교육훈련기관, 교육훈련기관별 일정을 자체 홈페이지나 중앙 및 각 시 · 도 보육정보센터 등을 활용하여 교육대상자가 당해 연도 교육계획을 인지할 수 있도록 연중 안내하여 신청하도록 하고 보수교육 이수방법과 과정은 아래와 같다.

◇ 직무교육 : 직무교육을 이수하여야 하는 연도에 직무교육을 이수하지 못한 경우에는 다음 연도에 이수하게 하여야 하며, 특별직무교육 의무적 이수 대상(영아 · 장애아 · 방과

후 전담교사)이 특별직무교육을 이수한 경우에는 일반직무교육을 이수한 것으로 한다.

◇ 승급교육 : 직무교육과 승급교육을 같은 해에 받아야 하는 경우에는 승급교육을 받은 자는 직무교육을 생략할 수 있다.

〈보수교육과정〉

<table>
<tr><th colspan="3">과 정 명</th><th>교 육 대 상</th><th>교육훈련 기간</th><th>비 고</th></tr>
<tr><td rowspan="5">보수 교육 과정</td><td rowspan="2">일반 직무 교육</td><td>보육 교사</td><td>현직에 종사하고 있는 보육교사로서 보육업무 경력이 만 2년을 경과한 자와 보육교사 직무교육(승급교육 포함)받은 해부터 만 2년이 경과한 자</td><td>40시간</td><td>매 3년마다</td></tr>
<tr><td>시설장</td><td>현직에 종사하고 있는 시설장으로서 보육시설의 장의 직무를 담당하는 첫 해에 해당하는 자와 보육시설의 장 직무교육을 받은 해부터 만 2년을 경과한 자</td><td>40시간</td><td>시설장 첫해 및 매 3년마다</td></tr>
<tr><td rowspan="3">특별 직무 교육</td><td>영아 보육</td><td>영아보육을 담당하고 있는 일반직무교육 대상자와 영아보육을 담당하고자 하는 보육교사 및 보육시설의 장</td><td>40시간</td><td>이수하고자 하는 자</td></tr>
<tr><td>장애아보육</td><td>장애아보육을 담당하고 있는 일반직무교육 대상자와 장애아보육을 담당하고자 하는 보육교사 및 보육시설의 장</td><td>40시간</td><td>이수하고자 하는 자</td></tr>
<tr><td>방과 후 보육</td><td>방과 후 보육을 담당하고 있는 일반직무교육 대상자와 방과 후 보육을 담당하고자 하는 보육교사 및 보육시설의 장</td><td>40시간</td><td>이수하고자 하는 자</td></tr>
<tr><td rowspan="2">승급 교육</td><td colspan="2">2급 승급 교육</td><td>보육교사 3급의 자격을 취득한 후 보육경력이 만 6개월이 경과한 자</td><td>80시간</td><td>이수하고자 하는 자</td></tr>
<tr><td colspan="2">1급 승급 교육</td><td>보육교사 2급의 자격을 취득한 후 보육경력이 만 2년이 경과한 자 및 석사학위소지자로서 보육교사 2급의 자격을 취득한 경우 보육경력이 만 6개월이 경과한 자</td><td>80시간</td><td>이수하고자 하는 자</td></tr>
</table>

※ 시 · 도지사는 영아 · 장애아 · 방과 후 보육교사가 특별직무교육과정을 이수하지 아니하고 영아전담, 장애아전담, 방과 후 전담 교사로 근무하는 사례가 없도록 하여야 한다. (단, 채용 이전 보수교육을 선행하기 어려운 경우, 채용 후 6개월 이내 보수교육을 이행하여야 한다.)

※ 특수교사, 치료사도 일반 · 특별직무교육대상으로서 보수교육을 이수하여야 한다. (일반직무교육이나 특별직무교육 중 선택적으로 이수할 수 있음)

보수교육의 비용 및 부담 주체는 국가 또는 지방자치단체가 부담하되, 특별한 경우에는 교육생이 부담할 수 있다.

2) 보육시설 주도의 현직교육

교사공개수업이나 연구수업을 사전에 계획하여 실시하는 것과 연초에 교사 교육일정을 잡아 함께 강사를 초빙하거나 함께 공부하는 등의 방법과 필요한 강좌를 찾아 가서 교육을 받는 경우에 해당한다.

3) 교사 개인 주도의 현직교육

Katz는 보육교사의 발달단계와 교사의 관심사를 연구하였는데 교사의 발달단계는 생존단계(survival stage), 강화단계(consolidation stage), 갱신단계(renewal stage), 성숙단계(maturity stage)를 걸쳐 변화 발전한다.

생존단계는 최초 교직의 1년 간이며 교사로서 현장에서 부딪치는 문제를 잘 처리할 수 있을지를 걱정하면서 적응을 위해 고민하는 단계이며, 이때는 선배교사의 지원 · 이해 · 격려 · 확신이 필요하다.

강화단계는 교직경력 1~3년 정도 되는 시기로 이 시기에 이르면 교사로서 안정감과 자신감을 갖고 지금까지의 경험을 다지며 강화 관심사를 보인다.

갱신단계는 교직경력 2~5년 정도가 되는 시기이며, 교사로서 자신감을 확고히 하고 새로운 변화를 모색하는 시기이다. 이 시기는 확장된 관심사를 충족하기 위해 보육에 관련된 협회에 가입하거나 상위의 학위를 취득하거나 폭넓은 독서를 하거나 다양한 분야의 전문가를 접촉하는 과정을 거친다.

그 후에 교사는 자신감이 확고해진 후 교직에 권태감을 느끼고 떠나기도 하지만 교직을 지키는 교사 중 발전적인 경우는 성숙단계로 나아가 영유아, 보육시설, 교사 자신에 대한 가장 완벽한 기능을 하는 시기에 이른다(이순형 외, 2005).

이러한 보육교사의 발달단계에 맞추어 스스로 서적이나 정기간행물, 인터넷에서 정보를 찾고 교사들 간의 소모임을 통하여 토론을 하고 관련협회나 기관에 등록을 하고 스스로 상급학교에 진학하는 방법이 있다. 이런 개인 주도의 현직교육은 스스로를 전문가가 되려고 격려하고 있으나 동료교사와 시설장과의 교류를 통한 실제 업무로 적용될 때 그 효과를 발휘하게 된다.

제 25 장

보육시설운영과 관리

1. 보육시설운영과 보육행정

보육시설운영과 관리도 앞으로는 전문적이고 체계적으로 이루어져야 한다. 그리고 앞으로 평가인증으로 인하여 보육시설의 운영과 평가는 더욱 더 중요한 분야로 등장할 것이다. 그러므로 본 장에서는 보육시설의 운영과 관리를 보육행정을 중심으로 살펴보고자 한다.

1) 행정의 개념

보육행정의 특징에 대한 논의에 앞서 다양한 행정 또는 보육행정의 개념에 있어서의 공통요소를 검토해 보고자 한다. 먼저 행정이란 개념의 공통요소를 살펴보건대 행정은 협동적 집단이 공동목표를 향하여 행동하는 과정이라고 정의할 수 있다. 일반적으로 행정에 대한 정의의 공통요소로서 다음의 네 가지를 들고 있는데 구체적인 내용은 다음과 같다(김익균 외, 2003).

① 공동의 목적을 달성하려는 모든 조직은 행정을 요구한다.
② 행정은 목표지향적이다.
③ 행정은 협동적인 활동이다.
④ 행정은 과업지향적이다.

2) 보육행정의 특징

이상과 같은 행정 개념의 공통의 요소를 감안하여 보육행정의 특징을 다음과 같이 규정할 수가 있다(김익균 외, 2005).

① 보육행정은 서비스 행정이기 때문에 서비스가 최종적으로 직접 개인에게 전달됨으로써 비로소 그 효과가 나타나는 것이다. 따라서 전문직을 포함하여 다수의 직접적 처우에 종사하는 전문가를 필요로 하는 것이다.

② 보육행정에 의한 서비스는 궁극적으로는 개별화되지 않으면 안 되는 것이다.
③ 보육행정은 보육사업에 대한 국가의 책임에 따라 국민의 보육욕구의 충족을 목적으로 보육정책에서 설정된 목표를 이용 가능한 자원을 동원함으로써 충족하기 위한 수단과 방법인 것이다.

3) 보육행정의 필요성

모든 분야와 사업에는 행정이 필수적이다. 인간사회에는 행정이 어느 정도 갖추어져 있는가에 따라 전문성과 책임성이 밀접한 관계를 지니고 있다. 그러므로 보육사업의 확대와 전문성·책임성의 확보라는 측면에서 보육조직의 전문적인 업무를 처리하는 데 있어 보육행정의 필요성은 말할 나위가 없다. 앞으로 보육행정은 필요불가결한 것이고 보육조직은 보육사업을 합리적으로 운영하는 과정으로 중요한 역할을 차지할 것이다. 특히 보육행정에 의해 제공되는 서비스는 보육조직에서 행정이 어떻게 이루어지느냐에 따라 영향을 많이 받기 때문에 보육행정이 어떻게 구축되느냐에 따라 보육서비스의 질이 많이 달라질 수 있다.

4) 보육행정과 일반 행정의 비교

보육행정과 일반 행정의 차이점과 공통점을 비교하여 보다 구체적으로 보육행정의 특징이나 속성을 알아보고자 한다.

(1) 공통점

① 보육행정과 일반 행정은 모두 문제해결과정으로 문제의 확인, 해결 가능한 계획의 개발과 집행 등을 포함하고 있다.
② 가치판단적 요소를 포함하고 있다.
③ 미래지향적인 요소를 포함하고 있다.
④ 효율성과 효과성을 높이기 위하여 프로그램 및 직원들을 조직화한다.

(2) 차이점

① 보육행정은 일반 행정에 비해 투입과 산출이 명확하지 않다.

② 보육행정은 일반 행정에 비하여 환경적인 요소가 영향을 많이 미친다.
③ 보육행정은 지역사회와 밀접한 관계를 유지한다.
④ 보육행정은 수평적인 특성과 비공식적인 조직이 중요하다.
⑤ 보육행정의 출발은 보육욕구의 변화에 따라 달라진다.
⑥ 보육행정은 양보다 질 그리고 비영리성에 기초한다.
⑦ 보육행정은 불완전성을 지니고 있다.

2. 보육시설운영과 관리의 가치

1) 존엄성과 독특성에 대한 존중

보육교사에게는 광범위하게는 사회사업가의 역할이 강조되고 있기 때문에 전문직으로 일관성 있게 갖추어야 할 가치로서 가장 중요한 것이 인간은 존중해야 할 본래적인 존엄성을 지닌 독특한 개인이라는 점이다.

존엄성을 존중하기 위해서는 문제를 가진 사람의 참여를 존중하고 의사결정에 적극적으로 참여시켜야 하며, 문제를 가진 사람을 고정화시키지 말아야 한다.

2) 자기 결정에 대한 신념

자기 결정의 원리는 인간의 타고난 존엄성에 대한 신념으로부터 나오며, 자기 결정에 대한 신념은 문제를 가진 사람이 문제의 해결에 있어 자기 스스로 결정을 하도록 허용되어야 한다는 점이다. 이러한 과정에서 보육교사가 유의해야 할 점은 다음과 같다.

첫째, 자기 스스로 문제를 결정할 수 있도록 여러 가지 대안을 도출하여 자기 결정의 기회를 많이 주어야 한다.

둘째, 보육교사는 자기 결정을 하기 위한 과정에서 전문성과 책임성이란 측면에서 문제를 가진 사람의 이익과 기회를 극대화할 수 있는 행동과 책임을 가지고 있어야 한다.

그러므로 개인이나 집단을 도와서 그들 자신과 환경 간에 불균형에서 발생하는 문제를 파악하여 해결하거나 극소화한다. 또한 불균형의 발생을 예방하기 위하여 개인과 집단 그리고 환경 간에 잠재적인 불균형의 영역을 파악한다.

그리하여 위와 같은 치료적 · 예방적인 목적에 추가하여 개인 · 집단 · 지역사회 내에서 최대한의 잠재능력을 찾아내어 강화한다.

3. 보육시설운영과 관리의 접근방향

1) 계획(Planning)

진정한 의미에 있어 계획은 행정의 주요 부분이다. 행정이란 정책과 사회변화 간의 연결이라고 설명할 수가 있다. 계획이란 행정가에 의해 수행되는 첫 번째 단계 또는 기능이라는 점에서 그 연결의 중추가 되는 것이다. 정책이 조직 전반에 걸쳐 의사결정의 지침으로 작용하는 것이라고 한다면, 계획이란 행정가가 보육정책에서 밝혀진 '전략적(戰略的) 계획'과 '운영적(運營的) 계획'이라는 넓은 범주로 분리될 수 있다.

전략적 계획이란 조직의 주요목표를 결정함으로써 시작되며 그 주제의 예로는 ① 제공되는 서비스 유형, ② 서비스의 수행에 필요한 인원수와 형태, ③ 자본지출과 행동에 관련된 비용 등과 같은 문제이다.

한편 운영적 계획은 목표진술과 정책지침을 행동진술로 전환하는 것으로서, 기술된 정책을 수행함에 있어 필요한 구체적인 프로그램의 방향을 제공한다. 이러한 형태의 계획의 예는 ① 운영지침, ② 규칙, ③ 단위조직의 예산 등과 같은 것이다.

2) 조직(Organizing)

계획이 보육정책에 의하여 수립된 목표를 향해 기관을 인도하는 '길잡이 지도(road map)'라고 한다면, 조직구조는 그 기관을 이끌고 가는 수레라 할 수 있다. 공식적 조직구조를 통하여 각 개인에게 ① 책임, ② 권위, ③ 책무를 할당한다. 조직구조를 통하여 각 개인은 업무를 구성하는 과업집단에 책임을 진다.

또한 그 구조는 각 개인과 권한을 갖는 자들이 책임의 한계 내에서 결정을 내리도록 확대된다. 그러므로 마침내 그 구조는 업무수행에 있어 성취된 결과에 대하여 개인이 보다 많은 권한을 가지도록 하는 것이다. 이것으로부터 조직의 과업은 기본업무를 구성할 활동은 기관을 위하여 설정된 기본목표로부터 도출되어야 한다고 말할 수 있다.

업무라고 설명한 활동이나 과업의 집합은 조직의 기초가 되는 것이다. 어떠한 구조의 유형을 택하든 간에 조직과업의 성취에 각 개인의 책무를 보증하는 한편 조직 내의 각 개인을 위하여 권위와 책임의 흐름을 명백히 확립해야 하는 것이다.

우리나라 보육행정의 조직기구는 국무회의의 통괄하에 계통적으로 구성된 일반 행정기관으로서의 중앙부처의 기능에 의존한다. 물론 정부조직법에 따라 각기 소요사무의 범위와 권한을 규정하고 있으며, 그것이 하향화하여 각 지방행정기관인 시, 도, 군 단위로 조직화된다. 그 행정조직의 계열성과 일체성은 보육행정의 특별한 성격에 의한 것이 아니라 국가행정조직법과 지방자치법시행령에 근거를 두게 된다. 그러나 보육행정의 조직구조가 국민생활과 사실상의 관계를 맺고 법률적 효과를 나타내는 실질적 기관으로 기능을 발휘하려면 지방공공단체와 밀접한 관계를 가져야 하는 것이다.

3) 지도와 관리(Leading and Directing)

계획과 조직은 계획이 조직에게 조직목표의 설명도(說明圖)를 제공하고, 조직구조는 목표에 도달하는 수단을 제공한다. 그런데 조직의 목표달성에 활력을 주는 리더십인 것이다. 행정가는 관리자이며, 리더로서의 능력을 발휘하여 고도의 성취를 이룩하도록 피용인에게 동기를 부여할 책임을 진다. 그러므로 관리자이며 동시에 리더인 자는 인간 작업의 형태에 영향을 미치는 요인들을 이해하여야 한다. 이때 관리적 리더십이란 '주어진 상황에서 목표성취를 향한 노력에 있어 집단의 모든 활동에 영향을 미치는 과정으로 정의될 수 있다. 이 정의에 있어 중심요소는 ① 지도자, ② 추종자, ③ 상황이다. 이 세 가지 변수는 리더의 행위에 상호작용하여 영향을 미치고, 다양한 형태의 리더십을 낳을 수 있을 것이다.

4) 평가와 통제

모든 행정가가 직면하는 1차적인 문제는 그 조직단위가 성취하고자 수립한 것을 어느 정도 달성할 것인가 하는 정도를 결정하는 것이다. 훌륭한 프로그램의 평가체제는 적절한 관리적 통제와 함께 행정체제의 필수불가결한 요소이다. 그러한 체계는 ① 성취 기준의 수립, ② 정보수립, ③ 정보분석, ④ 오차수정 등의 네 가지 중요한 요소를 포함한다. 구체적으로 살펴보면 다음과 같다.

첫째, 성취 기준의 수립은 프로그램의 목표나 목표들을 측정가능한 성공의 지표를 전환시키는 것을 포함한다. 둘째, 평가에 필요한 정보의 수집이다. 셋째, 분석·비교는 보통 사용되는 대부분의 조사방법을 통합한다. 분석을 위한 정보는 예산, 공표된 통계, 보육아동 및 부모의 기록과 면접을 포함하는 넓고 다양한 정보원에서 수집될 수가 있다. 넷째, 평가과정에 있어 최종적이며, 핵심적인 요소는 수정이란 요소이다. 평가는 관리통계의 수단이어서 프로그램 행정의 개선을 가져와야 한다는 것을 명심해야 한다. 평가는 목표를 향한 계획된 진행과정으로부터 이탈되었을 때 그 과정을 교정하기 위해 정보를 제공함으로써 목표를 향하여 조직을 올바르게 나가도록 통제하는 것이다.

4. 보육시설운영과 관리의 과정

보육시설의 운영과 관리를 일반적인 행정관리에 비교하여 접근해 보면 다음과 같다.

행정이란 ① 기관의 목적과 정책의 설정, ② 조직의 편성과 유지, ③ 계획의 작성, ④ 계획의 수행, ⑤ 결과의 평가 등에 관한 것으로서, 그 주요 기능은 ① 계획(Planning), ② 조직(Organization), ③ 인사(Staffing), ④ 지도 · 관리, ⑤ 조정(Coordinating), ⑥ 기록(Reporting), ⑦ 예산(Budgeting), ⑧ 평가(Evaluating) 등 'POSDCORBE'으로 표현되는 여덟 가지로 요약된다. 보육행정의 특징으로서는 공적 또는 사적 보육시설의 주된 기능을 다음의 아홉 가지로 구분하고 있다.

① 보육욕구의 발견
② 사회적 상황과 인간의 욕구충족을 위한 서비스의 분석
③ 목적 달성을 위한 최선의 방법과 결정
④ 보육계획과 자원의 할당
⑤ 조직구조의 설정과 업무의 할당
⑥ 기관의 직원 충원
⑦ 인사와 재무의 감독과 통합
⑧ 기록과 회계
⑨ 재정적 재원의 공급

이러한 측면에서 보육행정의 기능과 과정, 그리고 그 속에 있어 기능과 과정이 시행되는 환경 등과의 상호작용적인 측면은 보육행정의 과정은 하나 하나의 기능으로서 작용하는 것으로 이해된다.

그리하여 보육행정가는 인사(충원)의 기능이나 지도관리의 기능 그리고 평가의 기능 등을 수행하는 한편, ① 지휘자의 임무, ② 예측, ③ 프로그램의 작성, ④ 정보의 조사분석, ⑤ 의사의 결정, ⑥ 문제해결의 과정 등에 종사하게 되는 것이다.

요컨대 보육행정이란 목표달성을 위하여 인적 · 물적 자원을 활용하여 구체적으로 전개되는 과정인 것이다. 이와 같은 보육 기능은 달성해야 할 목표의 실행해야 할 과제를 결정하는 일과 요구된 과제의 실행이나 기술된 목표의 달성에 필요한 자원을 찾아내는 일, 능률적이며 효율적인 서비스가 달성되도록 자원을 관리 · 운영하는 일을 포함하고 있다.

이상과 같은 보육행정의 기능은 두 가지 기능적 측면, 즉 목표설정(정책형성)과 그것을 달성하기 위한 운영(정책의 실시) 등으로 나누어 생각할 수가 있다. 정책형성에 포함되는 주요 요소는 ① 의사결정, ② 계획, ③ 조직화 등이며, 조정되어야 할 자원에는 ① 시설, ② 인력, ③ 재원, ④ 서비스, ⑤ 정보 등이다. 한편 정책의 실시에 있어서는 위에서 언급한 제자원의 통제와 리더십, 그리고 지도(directing) 등이 포함되어 이른바 경영(management)이라고 생각해도 좋을 것이다.

이것을 실시하는 수단으로서의 전술결정(戰術決定)은 경영관리자가 그 책임을 지는 것이 된다. 즉, 경영관리자는 ① 기관운영의 집행방침, ② 프로그램의 책정, ③ 직원(staff)의 배치, ④ 통솔, ⑤ 재무관리 등을 구체적으로 행하지 않으면 안 된다. 이것이 제어로서 투입(input) 및 과정(process)을 통제하는 것이다. 투입에는 자원으로서의 시설 · 인력 · 재원 · 서비스 · 정보 등이 포함되지만 그 질과 양을 결정하며, 또한 스태프에 의한 사회사업실천으로서의 과정을 규정하고 있는 것이다. 그러나 실제에 있어 정책의 결정 및 그 실시에 있어 큰 역할을 하는 것은 경영관리자이다. 그리고 결과로서의 결과(output)는 기관의 목적과 부합되어 투입(input), 그리고 과정(process)에로 환류(feedback)되게 되는 것이다.

이와 같은 보육시설운영 및 관리에 있어 그 원활한 운영을 기하기 위해서는 지역사회 주민의 적극적인 참여가 필요하다. 그것은 지역사회의 주민은 보육사업의 수익자인 동시에 보육사업의 이른바 촉진주체이기 때문이다.

5. 보육시설운영 및 관리자의 역할

1) 의의

보육사업의 중심적인 기능은 인적 · 물적 자원을 능률적으로 관리하고 직원들의 협동적인 행위를 효율적으로 조성하여 교육목표를 효과적으로 달성하는 데 있다. 이러한 업무는 교사 · 학부모 · 원아 · 사회의 요구를 수렴하여 이루어져야 하며 특히 원장은 조직에서 효과적인 보육사업활동을 이끌어 가는 중심적인 역할을 해야 한다.

따라서 보육시설의 보육시설운영 및 관리자는 보육행정관계 전문가, 교직원, 원아, 지역사회인사 및 학부모 등 관계인사들과 밀접한 관계를 유지하고 합리적이고 효율적인 자질을 갖추어야 한다.

특히 우리의 경우에는 보육사업의 특수성에 비추어 특별한 자질이 요구된다고 본다. 이것은 아직까지 보육사업이 전문분야로 정착되지 못하고 있는 실정이고 국민들도 보육사업에 대한 정확한 인식이 부족한 상태이기 때문이다.

또한 현재의 보육시설운영 및 관리자는 열악한 보육정책으로 본인의 업무를 정확히 수행하지도 못하고 수행할 수 있는 형편도 아니다. 이러한 측면에서 보편적으로 보육시설운영 및 관리자가 전문직으로 갖추어야 할 내용은 다음과 같다.

2) 유형

(1) 일반 행정관리의 역할

행정관리의 역할이란 어린이집이 원활한 운영이 되도록 여러 가지 지원을 위한 자원관리를 말하고 수업 자체를 다루기도 한다. 구체적인 역할은 다음과 같다.

① 행정기관에 대한 보고와 보고서 준비
② 재정적인 업무의 역할
③ 인사행정의 역할
④ 시설관리의 역할
⑤ 보육프로그램과 수업과정 감독의 역할
⑥ 홍보활동 및 환경조성의 역할
⑦ 시설운영을 위한 지역사회 참여활동의 역할
⑧ 학부모의 참여활동의 역할
⑨ 사무적 역할과 인간관계 역할의 상호절충의 기능의 역할

(2) 교육행정관리의 역할

교육적 역할이란 보육사업의 전문성을 확보하기 위한 역할을 의미한다. 구체적인 역할은 다음과 같다.

① 교사들의 동기유발역할

② 학습과정관리의 역할
③ 교사평가 및 개발의 역할
④ 전문적인 학습자료준비의 역할
⑤ 교사들과 협동적인 수업방법개발의 역할
⑥ 평가자로서의 역할
⑦ 보육교사를 위한 자격연수기회의 확대 및 재교육의 강조의 역할

(3) 인간관리의 역할

인간관리의 역할이란 보육사업에서 특히 강조되는 역할이다. 구체적인 역할은 다음과 같다.
① 봉사자로서의 역할
② 올바른 보육관 확립의 역할
③ 원장과 교사 및 학부모 간의 인간관계 형성의 역할
④ 대변인의 역할
⑤ 보육욕구의 정확한 파악의 역할

3) 직무의 특성

보육시설의 운영 및 관리자의 직무에 있어 그 특성을 열거하면 다음과 같다.
① 보육시설운영 및 관리자는 업무가 다른 사람들에 의하여 수행된다는 것을 주지할 책임이 있다.
② 보육시설운영 및 관리자는 결정을 내려야 한다.
③ 보육시설운영 및 관리자는 다른 사람들을 통하여 일을 한다. 즉, 그는 책임을 위임하는 것이다.
④ 보육시설운영 및 관리자는 권한을 행사한다.
⑤ 보육시설운영 및 관리자는 자신보다 높은 권한을 갖은 자와 직원 간의 사이를 잇는 통로이다.
⑥ 보육시설운영 및 관리자는 업무의 촉진자이다.
⑦ 보육시설운영 및 관리자는 분쟁의 해결자이다.
⑧ 보육시설운영 및 관리자는 보육사업의 계속적인 운영에 대하여 책임을 진다.
⑨ 보육시설운영 및 관리자는 리더가 될 책임이 있다.

6. 보육시설운영 및 관리의 평가

1) 평가의 의의

개정영유아보육법에 의해 보육시설에 대한 평가가 본격적으로 이루어지고 있다. 그러나 평가과정에 많은 문제점이 나타나고 있는 것도 사실이다. 이러한 평가는 현대사회의 특징으로 나타나는 보육수요의 증가는 보육시설의 양적 확충과 양질의 보육서비스 제공이라는 과제를 제시하고 있다. 양질의 보육서비스 제공이라는 측면에 대해서는 아직도 많은 사람들이 염려하고 있다. 보육효과에 관한 연구들을 조사해 보면 보육의 영향에 대한 상반되는 연구 결과들이 나타나는데, 이것은 보육환경과 보육프로그램에서의 차이에서 발생하는 경우가 많다.

보육사업에서의 이러한 현실적인 문제를 해결하기 위해서는 무엇보다도 현재 제공되고 있는 보육환경과 보육프로그램에 대한 객관적인 평가가 이루어져야 하며, 이를 통해 영유아의 발달에 적합하고 사회문화적으로 적절한 보육프로그램을 개발해야 할 것이다.

그리고 이러한 보육프로그램은 평가가 이루어져야 어느 정도의 결과를 알 수 있다. 보육프로그램에 대한 평가는 영유아들을 비교평가하거나 우수한 영유아와 열등한 영유아로 구분하는 것이 아니라 보육프로그램 운영, 보육아동의 생활변화, 교사 또는 보육아동 자체에 대한 평가 등의 전반적인 내용을 다양한 방법으로 평가해야 하며, 평가자료는 폭 넓게 활용되어 영유아의 전인적인 발달이라는 보육의 목적을 달성할 수 있도록 도와주어야 할 것이다. 결론적으로 보육사업의 평가는 계획된 목표가 달성되었는가를 알아보기 위한 과정으로서 시행하고 있는 보육프로그램의 가치와 의의를 판단하는 사회적 과정이라 할 수 있다.

2) 평가의 목적과 성격

(1) 목적

보육시설에 대한 평가의 목적은 다양하다. 그러나 보육시설에 대한 평가는 현재의 보육시설의 운영과 관리의 측면에서 접근하여야 한다. 구체적인 평가의 목적을 살펴보면 다음과 같다.

첫째, 정기적으로 보육시설이 목표하는 일이 어느 정도 달성되었는지에 대한 점검이다.

둘째, 프로그램의 실시과정에 나타나는 보육서비스 전달과정의 문제점을 파악한다.

셋째, 보육시설에서 실시하고 있는 보육프로그램의 형평성 · 효과성 · 효율성을 검토하기 위함이다.

넷째, 보육프로그램의 성취와 관리에 관련된 보육서비스의 전체적인 포괄성, 보육프로그램 실시의 일치성, 보육서비스의 지속성이나 공간적 접근성 등을 검토하기 위함이다.

다섯째, 보육프로그램이 사회적 요구나 부모욕구 및 법적 기준에 어느 정도 부응하는가를 알아보기 위함이다.

여섯째, 평가과정과 평가결과를 통하여 인접한 국가나 전문분야로부터 인증받기 위함이다.

(2) 성격

현재 실시하고 있는 평가의 성격에 대한 논란이 많다. 보육시설의 발전을 위한 것인가, 지도감독을 위한 것인가, 또한 통제를 위한 것인가 등이다. 보육시설의 평가는 우리의 보육현실의 실정에 알맞는 보육프로그램을 편성 · 운영하기 위해 계획하고 있거나 실행하고 있는 프로그램을 적절한 시기에 평가하는 것은 보육사업의 필수적인 과정이라 할 수 있다. 즉, 보육프로그램을 평가한다는 의미는 보육사업과 보육프로그램의 분야에서 여러 측면을 평가하는 일이다. 따라서 평가의 시기, 내용 및 범위, 방법, 횟수, 보고서 양식, 활용방안 등은 평가를 시행하는 목적에 따라 달라진다. 그러므로 앞으로 평가의 성격과 목적을 어떻게 정하느냐는 매우 중요한 문제이다. 정부는 보육현실의 어려움을 이해하고 점진적이고 체계적인 평가인증제도를 실시해 나가야 할 것이다.

제7부 부 록

영유아보육법

참고문헌

찾아보기

APPENDIX

영유아보육법

제1장 영유아보육법

제1조 (목적) 이 법은 영유아(嬰幼兒)의 심신을 보호하고 건전하게 교육하여 건강한 사회 구성원으로 육성함과 아울러 보호자의 경제적 · 사회적 활동이 원활하게 이루어지도록 함으로써 가정복지증진에 이바지함을 목적으로 한다.

제2조 (정의) 이 법에서 사용하는 용어의 뜻은 다음과 같다.

1. "영유아"란 6세 미만의 취학 전 아동을 말한다.
2. "보육"이란 영유아를 건강하고 안전하게 보호 · 양육하고 영유아의 발달특성에 맞는 교육을 제공하는 사회복지서비스를 말한다.
3. "보육시설"이란 보호자의 위탁을 받아 영유아를 보육하는 시설을 말한다.
4. "보호자"란 친권자 · 후견인, 그 밖의 자로서 영유아를 사실상 보호하고 있는 자를 말한다.
5. "보육시설종사자"란 보육시설에서 영유아의 보육, 건강관리 및 보호자와의 상담, 그 밖에 보육시설의 관리 · 운영 등의 업무를 담당하는 자로서 보육시설의 장 및 보육교사와 그 밖의 종사자를 말한다.

제3조 (보육 이념) ① 보육은 영유아의 이익을 최우선적으로 고려하여 제공되어야 한다.

② 보육은 영유아가 안전하고 쾌적한 환경에서 건강하게 성장할 수 있도록 하여야 한다.

③ 영유아는 자신이나 보호자의 성, 연령, 종교, 사회적 신분, 재산, 장애 및 출생지역 등에 따른 어떠한 종류의 차별도 받지 아니하고 보육되어야 한다.

제4조 (책임) ① 모든 국민은 영유아를 건전하게 보육할 책임을 진다.

② 국가와 지방자치단체는 보호자와 더불어 영유아를 건전하게 보육할 책임을 진다.

③ 시장 · 군수 · 구청장(자치구의 구청장을 말한다. 이하 같다)은 영유아의 보육을 위한 적절한 보육시설을 확보하여야 한다.

제5조 (보육정책조정위원회) ① 보육정책에 관한 관계부처간의 의견을 조정하기 위하여 국무총리 소속으로 보육정책조정위원회(이하 "보육정책조정위원회"라 한다)를 둔다.

② 보육정책조정위원회는 다음 각 호의 사항을 심의 · 조정한다.

1. 보육정책의 기본 방향에 관한 사항
2. 보육 관련 제도개선과 예산지원에 관한 사항
3. 보육에 관한 관계부처간 협조 사항
4. 그 밖에 위원장이 회의에 부치는 사항

③ 보육정책조정위원회는 위원장을 포함한 12명 이내의 위원으로 구성하되, 위원장은 국무조정실장이 되고 위원은 다음 각 호의 자가 된다.

1. 교육인적자원부차관 · 보건복지부차관 · 노동부차관 · 여성가족부차관 및 기획예산처차관
2. 제1호의 위원이 추천하여 위원장이 위촉하는 보육계 · 유아교육계 · 여성계 · 사회복지계 · 시민단체 및 보호자를 대표하는 자 각 1명

④ 보육정책조정위원회의 구성과 운영 등에 필요한 사항은 대통령령으로 정한다.

제6조 (보육정책위원회) ① 보육에 관한 각종 정책 · 사업 · 보육지도 및 시설평가사항 등을 심의하기 위하여 여성가족부에 중앙보육정책위원회를, 특별시 · 광역시 · 도 · 특별자치도(이하 "시 · 도"라 한다) 및 시 · 군 · 구(자치구를 말한다. 이하 같다)에 지방보육정책위원회를 둔다. 다만, 지방보육정책위원회는 그 기능을 담당하기에 적합한 다른 위원회가 있고 그 위원회의 위원이 제2항에 따른 자격을 갖춘 경우에는 시 · 도 또는 시 · 군 · 구의 조례로 정하는 바에 따라 그 위원회가 지방보육정책위원회의 기능을 대신할 수 있다.

② 제1항에 따른 중앙보육정책위원회와 지방보육정책위원회(이하 "보육정책위원회"라 한다)의 위원은 보육전문가, 보육시설의 장 및 보육교사 대표, 보호자 대표 또는 공익을 대표하는 자, 관계 공무원 등으로 구성한다.

③ 보육정책위원회의 구성 · 기능 및 운영 등에 필요한 사항은 대통령령으로 정한다.

제7조 (보육정보센터) ① 보육에 관한 정보의 수집 · 제공 및 상담을 위하여 여성가족부장관은 중앙보육정보센터를, 특별시장 · 광역시장 · 도지사 · 특별자치도지사(이하 "시 · 도지사"라 한다) 및 시장 · 군수 · 구청장은 지방보육정보센터를 설치 · 운영하여야 한다. 이 경

우 필요하다고 인정하는 경우에는 영아 · 장애아 보육 등에 관한 보육정보센터를 별도로 설치 · 운영할 수 있다.

② 제1항에 따른 중앙보육정보센터와 지방보육정보센터(이하 "보육정보센터"라 한다)에는 보육정보센터의 장과 보육에 관한 정보 제공 및 상담 업무 등을 담당하는 보육전문요원 등을 둔다.

③ 여성가족부장관, 시 · 도지사 및 시장 · 군수 · 구청장은 보육정보센터를 보육 관련 법인 · 단체 등에 위탁하여 운영할 수 있다.

④ 보육정보센터의 설치 · 운영 및 기능, 보육정보센터의 장과 보육전문요원의 자격 및 직무, 보육정보센터의 위탁 및 위탁 취소 등에 필요한 사항은 대통령령으로 정한다.

제8조 (보육개발원) ① 여성가족부장관은 보육에 관한 연구와 정보 제공, 프로그램 및 교재개발, 평가척도 개발 및 종사자 연수 등의 업무를 위하여 보육개발원을 설치하거나 그 업무를 관련연구기관 등에 위탁할 수 있다.

② 제1항에 따른 보육개발원의 설치 · 운영 및 위탁 등에 필요한 사항은 대통령령으로 정한다.

제9조 (보육 실태 조사) ① 여성가족부장관은 이 법의 적절한 시행을 위하여 보육 실태 조사를 5년마다 하여야 한다.

② 제1항에 따른 보육 실태 조사의 방법과 내용 등에 필요한 사항은 여성가족부령으로 정한다.

제2장 보육시설의 설치

제10조 (보육시설의 종류) 보육시설의 종류는 다음 각 호와 같다.

1. 국공립보육시설 : 국가나 지방자치단체가 설치 · 운영하는 보육시설
2. 법인보육시설 : 「사회복지사업법」에 따른 사회복지법인(이하 "사회복지법인"이라 한다)이 설치 · 운영하는 보육시설
3. 직장보육시설 : 사업주가 사업장의 근로자를 위하여 설치 · 운영하는 보육시설(국가나 지방자치단체의 장이 소속 공무원을 위하여 설치 · 운영하는 시설을 포함한다)
4. 가정보육시설 : 개인이 가정이나 그에 준하는 곳에 설치 · 운영하는 보육시설

5. 부모협동보육시설 : 보호자들이 조합을 결성하여 설치 · 운영하는 보육시설
6. 민간보육시설 : 제1호부터 제5호까지의 규정에 해당하지 아니하는 보육시설

제11조 (보육계획의 수립 및 시행) ① 여성가족부장관, 시 · 도지사 및 시장 · 군수 · 구청장은 보육사업을 원활하게 추진하기 위하여 여성가족부장관의 경우에는 중앙보육정책위원회, 그 밖의 경우에는 각 지방보육정책위원회의 심의를 거쳐 보육시설 수급계획 등을 포함한 보육계획을 수립 · 시행하여야 한다.

② 여성가족부장관, 시 · 도지사 및 시장 · 군수 · 구청장은 제1항에 따른 보육계획의 수립 · 시행을 위하여 필요하면 보육시설, 보육 관련 법인 · 단체 등에 대하여 자료 제공 등의 협조를 요청할 수 있으며, 그 요청을 받은 보육시설과 보육 관련 법인 · 단체 등은 정당한 사유가 없으면 요청에 따라야 한다.

③ 제1항에 따른 보육계획의 내용, 수립 시기 및 절차 등에 필요한 사항은 대통령령으로 정한다.

제12조 (국공립보육시설의 설치 등) 국가나 지방자치단체는 국공립보육시설을 설치 · 운영하여야 한다. 이 경우 국공립보육시설은 제11조의 보육계획에 따라 도시 저소득주민 밀집 주거지역 및 농어촌지역 등 취약지역에 우선적으로 설치하여야 한다.

제13조 (국공립보육시설 외의 보육시설의 설치) ① 국공립보육시설 외의 보육시설을 설치 · 운영하려는 자는 시장 · 군수 · 구청장의 인가를 받아야 한다. 인가받은 사항 중 중요 사항을 변경하려는 경우에도 또한 같다.

② 제1항에 따른 인가에 필요한 사항은 여성가족부령으로 정한다.

제14조 (직장보육시설의 설치 등) ① 대통령령으로 정하는 일정 규모 이상의 사업장의 사업주는 직장보육시설을 설치하여야 한다. 다만, 사업장의 사업주가 직장보육시설을 단독으로 설치할 수 없을 때에는 사업주 공동으로 직장보육시설을 설치 · 운영하거나, 지역의 보육시설과 위탁계약을 맺어 근로자 자녀의 보육을 지원하거나, 근로자에게 보육수당을 지급하여야 한다.

② 제1항에 따른 보육시설의 설치 · 위탁계약 및 보육수당의 지급에 필요한 사항은 여성가족부령으로 정한다.

제15조 (보육시설 설치기준) 보육시설을 설치 · 운영하려는 자는 여성가족부령으로 정하는 설치기준을 갖추어야 한다.

제16조 (결격사유) 다음 각 호의 어느 하나에 해당하는 자는 보육시설을 설치 · 운영할 수 없다.

1. 미성년자 · 금치산자 또는 한정치산자
2. 정신질환자
3. 마약 · 대마 또는 향정신성의약품 중독자
4. 파산선고를 받고 복권되지 아니한 자
5. 금고 이상의 실형을 선고받고 그 집행이 종료(집행이 종료된 것으로 보는 경우를 포함한다)되거나 집행이 면제된 날부터 3년이 경과되지 아니한 자
6. 금고 이상의 형의 집행유예를 선고받고 그 유예기간 중에 있는 자
7. 제45조에 따라 보육시설의 폐쇄명령을 받고 1년이 경과되지 아니한 자

제3장 보육시설종사자

제17조 (보육시설종사자의 배치) ① 보육시설에는 보육시설종사자를 두어야 한다.

② 보육시설종사자의 배치기준 등에 필요한 사항은 여성가족부령으로 정한다.

제18조 (보육시설종사자의 직무) ① 보육시설의 장은 보육시설을 총괄하고 보육교사와 그 밖의 종사자를 지도 · 감독하며 영유아를 보육한다.

② 보육교사는 영유아를 보육하고 보육시설의 장이 불가피한 사유로 직무를 수행할 수 없을 때에는 그 직무를 대행한다.

제19조 (보육시설종사자의 임면 등) ① 시장 · 군수 · 구청장은 보육시설종사자의 권익 보장과 근로여건 개선을 위하여 보육시설종사자의 임면(任免)과 경력 등에 관한 사항을 관리하여야 한다.

② 보육시설의 장은 여성가족부령으로 정하는 바에 따라 보육시설종사자의 임면에 관한 사항을 시장 · 군수 · 구청장에게 보고하여야 한다.

제20조 (결격사유) 다음 각 호의 어느 하나에 해당하는 자는 보육시설에 근무할 수 없다.

1. 제16조 각 호의 어느 하나에 해당하는 자
2. 제46조나 제47조에 따라 자격정지 중인 자
3. 제48조에 따라 자격이 취소된 후 1년이 경과되지 아니한 자

제21조 (보육시설의 장 또는 보육교사의 자격) ① 보육시설의 장은 대통령령으로 정하는 자격을 가진 자로서 여성가족부장관이 검정·수여하는 자격증을 받은 자이어야 한다.

② 보육교사는 다음 각 호의 어느 하나에 해당하는 자로서 여성가족부장관이 검정·수여하는 자격증을 받은 자이어야 한다.

1. 대학(전문대학을 포함한다) 또는 이와 같은 수준 이상의 학교에서 여성가족부령으로 정하는 보육 관련 교과목과 학점을 이수하고 졸업한 자
2. 고등학교 또는 이와 같은 수준 이상의 학교를 졸업한 자로서 여성가족부령으로 정하는 교육훈련시설에서 소정의 교육과정을 이수한 자

③ 제2항에 따른 보육교사의 등급은 1·2·3급으로 하고, 등급별 자격기준은 대통령령으로 정한다.

제22조 (보육시설의 장 또는 보육교사 자격증의 교부 등) ① 여성가족부장관은 제21조 제1항 및 제2항에 따라 보육시설의 장 또는 보육교사의 자격을 검정하고 자격증을 교부하여야 한다.

② 여성가족부장관은 제1항에 따른 보육시설의 장 또는 보육교사의 자격증을 교부받거나 재교부받으려는 자에게 여성가족부령으로 정하는 바에 따라 수수료를 받을 수 있다.

③ 제1항에 따른 자격 검정과 자격증 교부 등에 필요한 사항은 여성가족부령으로 정한다.

제22조의2 (명의대여 등의 금지) 보육시설의 장 또는 보육교사는 다른 사람에게 자기의 성명이나 보육시설의 명칭을 사용하여 보육시설의 장 또는 보육교사의 업무를 수행하게 하거나 자격증을 대여하여서는 아니 된다.

제23조 (보수교육) ① 여성가족부장관은 보육시설종사자의 자질 향상을 위한 보수교육(補修敎育)을 실시하여야 한다.

② 제1항에 따른 보수교육은 직무교육과 승급교육으로 구분한다.

③ 여성가족부장관은 제1항에 따른 보수교육을 대학(전문대학을 포함한다)이나 여성가족

부령으로 정하는 전문기관에 위탁하여 실시할 수 있다.

④ 제1항에 따른 보수교육의 기간 · 방법 · 내용, 보수교육 실시기관의 위탁 및 위탁취소 등에 필요한 사항은 여성가족부령으로 정한다.

제4장 보육시설의 운영

제24조 (보육시설의 운영기준 등) ① 보육시설을 설치 · 운영하는 자는 여성가족부령으로 정하는 운영기준에 따라 보육시설을 운영하여야 한다.

② 국가나 지방자치단체는 제12조에 따라 설치된 국공립보육시설을 법인 · 단체 또는 개인에게 위탁하여 운영할 수 있다. 이 경우 최초 위탁은 공개경쟁의 방법에 따른다.

③ 제14조에 따라 직장보육시설을 설치한 사업주는 이를 법인 · 단체 또는 개인에게 위탁하여 운영할 수 있다.

④ 제2항과 제3항에 따른 보육시설 위탁 등에 필요한 사항은 여성가족부령으로 정한다.

제25조 (보육시설운영위원회) ① 보육시설의 장은 보육시설운영의 자율성과 투명성을 높이고 지역사회와의 연계를 강화하여 지역 실정과 특성에 맞는 보육을 실시하기 위하여 보육시설에 보육시설운영위원회를 설치 · 운영할 수 있다. 다만, 제26조에 따른 취약보육(脆弱保育)을 우선적으로 실시하여야 하는 보육시설과 대통령령으로 정하는 보육시설은 보육시설운영위원회를 설치 · 운영하여야 한다.

② 보육시설운영위원회는 그 보육시설의 장, 보육교사 대표, 학부모 대표 및 지역사회 인사(직장보육시설의 경우에는 그 직장의 보육시설 업무 담당자로 한다)로 구성한다.

③ 보육시설의 장은 보육시설운영위원회의 위원 정수를 5명 이상 10명 이내의 범위에서 보육시설의 규모 등을 고려하여 정할 수 있다.

④ 보육시설운영위원회는 다음 각 호의 사항을 심의한다.

1. 보육시설운영 규정의 제정이나 개정에 관한 사항
2. 보육시설 예산 및 결산의 보고에 관한 사항
3. 영유아의 건강 · 영양 및 안전에 관한 사항
4. 보육 시간, 보육과정의 운영 방법 등 보육시설의 운영에 관한 사항
5. 그 밖에 보육시설운영에 대한 제안 및 건의사항

⑤ 그 밖에 보육시설운영위원회의 설치 · 운영에 필요한 사항은 여성가족부령으로 정한다.

제26조 (취약보육의 우선 실시 등) ① 국가나 지방자치단체, 사회복지법인, 그 밖의 비영리법인이 설치한 보육시설과 대통령령으로 정하는 보육시설의 장은 영아 · 장애아 등에 대한 보육(이하 "취약보육"이라 한다)을 우선적으로 실시하여야 한다.

② 여성가족부장관, 시 · 도지사 및 시장 · 군수 · 구청장은 취약보육을 활성화하는 데에 필요한 각종 시책을 수립 · 시행하여야 한다.

③ 취약보육의 종류와 실시 등에 필요한 사항은 여성가족부령으로 정한다.

제27조 (보육시설 이용대상) 보육시설의 이용대상은 보육이 필요한 영유아를 원칙으로 한다. 다만, 필요한 경우 보육시설의 장은 만 12세까지 연장하여 보육할 수 있다.

제28조 (보육의 우선 제공) ① 국가나 지방자치단체, 사회복지법인, 그 밖의 비영리법인이 설치한 보육시설과 대통령령으로 정하는 보육시설의 장은 다음 각 호의 어느 하나에 해당하는 자가 우선적으로 보육시설을 이용할 수 있도록 하여야 한다. 다만, 「고용정책기본법」 제21조 제2항에 따라 고용촉진시설의 설치 · 운영을 위탁받은 공공단체 또는 비영리법인이 설치 · 운영하는 시설의 장은 근로자의 자녀가 우선적으로 보육시설을 이용하게 할 수 있다. 〈개정 2007.10.17〉

1. 「국민기초생활 보장법」에 따른 수급자
2. 「한부모가족지원법」 제5조에 따른 보호대상자의 자녀
3. 「국민기초생활 보장법」 제24조에 따른 차상위계층의 자녀
4. 「장애인복지법」 제2조에 따른 장애인 중 여성가족부령으로 정하는 장애등급 이상에 해당하는 자의 자녀
5. 그 밖에 소득수준 등을 고려하여 여성가족부령으로 정하는 자의 자녀

② 사업주는 사업장 근로자의 자녀가 우선적으로 직장보육시설을 이용할 수 있도록 하여야 한다.

제29조 (보육과정) ① 보육과정은 영유아의 신체 · 정서 · 언어 · 사회성 및 인지적 발달을 도모할 수 있는 내용을 포함하여야 한다.

② 여성가족부장관은 표준보육과정을 개발 · 보급하여야 하며 필요하면 그 내용을 검토하여 수정 · 보완하여야 한다.

③ 보육시설의 장은 제2항의 표준보육과정에 따라 영유아를 보육하도록 노력하여야 한다.

④ 제1항에 따른 보육과정의 구체적인 내용은 여성가족부령으로 정한다.

제29조의2 (보육시설 생활기록) 보육시설의 장은 영유아 생활지도 및 초등학교 교육과의 연계 지도에 활용할 수 있도록 영유아의 발달상황 등을 종합적으로 관찰 · 평가하여 여성가족부장관이 정하는 기준에 따라 생활기록부를 작성 · 관리하여야 한다.

제30조 (보육시설 평가인증) ① 여성가족부장관은 보육서비스의 질적 수준을 향상시키기 위하여 보육시설에 대한 평가인증을 실시할 수 있다.

② 여성가족부장관은 제1항에 따른 보육시설 평가인증에 관한 업무를 공공 또는 민간 기관 · 단체 등에 위탁하여 실시할 수 있다.

③ 제1항에 따른 보육시설 평가인증의 실시 등에 필요한 사항은 여성가족부령으로 정한다.

④ 여성가족부장관은 제1항에 따른 평가인증을 받으려는 보육시설 설치 · 운영자에게 여성가족부령으로 정하는 바에 따라 평가인증에 필요한 비용을 받을 수 있다.

⑤ 여성가족부장관은 제1항에 따른 평가인증의 결과에 따라 보육사업 실시에 필요한 지원을 할 수 있다.

제5장 건강 · 영양 및 안전

제31조 (건강관리 및 응급조치) ① 보육시설의 장은 영유아와 보육시설종사자에 대하여 정기적으로 건강진단을 실시하는 등 건강관리를 하여야 한다.

② 보육시설의 장은 영유아에게 질병 · 사고 또는 재해 등으로 인하여 위급 상태가 발생한 경우 즉시 응급의료기관에 이송하여야 한다.

③ 제1항에 따른 건강진단 등에 필요한 사항은 여성가족부령으로 정한다.

제32조 (치료 및 예방조치) ① 보육시설의 장은 제31조에 따른 건강진단 결과 질병에 감염되었거나 감염될 우려가 있는 영유아에 대하여 그 보호자와 협의하여 질병의 치료와 예방에 필요한 조치를 하여야 한다.

② 보육시설의 장은 제1항의 조치를 위하여 필요하면 「지역보건법」 제7조와 제10조에 따른 보건소 및 보건지소, 「의료법」 제3조에 따른 의료기관에 협조를 구할 수 있다.

③ 제2항에 따라 협조를 요청받은 보건소 · 보건지소 및 의료기관의 장은 적절한 조치를 취하여야 한다.

제33조 (급식관리) 보육시설의 장은 영유아에게 여성가족부령으로 정하는 바에 따라 균형 있고 위생적이며 안전한 급식을 하여야 한다.

제6장 비용

제34조 (비용의 부담) ① 국가나 지방자치단체는 「국민기초생활 보장법」에 따른 수급자와 여성가족부령으로 정하는 일정소득 이하 가구의 자녀 등의 보육에 필요한 비용의 전부 또는 일부를 부담하여야 한다.

② 제1항에 따른 보육에 필요한 비용은 가구의 소득수준과 거주 지역 등을 고려하여 차등 지원할 수 있다.

제35조 (무상보육의 특례) ① 초등학교 취학 직전 1년의 유아(幼兒)와 장애아에 대한 보육은 무상으로 하되, 대통령령으로 정하는 바에 따라 순차적으로 실시한다.

② 제1항에 따른 무상보육 실시에 드는 비용은 대통령령으로 정하는 바에 따라 국가나 지방자치단체가 부담하거나 보조하여야 한다.

③ 제12조 후단에도 불구하고 국가와 지방자치단체는 제1항에 따른 무상보육을 받으려는 유아와 장애아를 보육하기 위하여 필요한 보육시설을 설치 · 운영하여야 한다.

제36조 (비용의 보조 등) 국가나 지방자치단체는 대통령령으로 정하는 바에 따라 제10조에 따른 보육시설의 설치, 보육교사(대체교사를 포함한다)의 인건비, 초과보육(超過保育)에 드는 비용 등 운영 경비 또는 보육정보센터의 설치 · 운영, 보육시설종사자의 복지증진, 취약보육의 실시 등 보육사업에 드는 비용의 전부 또는 일부를 보조한다.

제37조 (사업주의 비용 부담) 제14조에 따라 보육시설을 설치한 사업주는 대통령령으로 정하는 바에 따라 그 보육시설의 운영과 보육에 필요한 비용의 전부 또는 일부를 부담하여야 한다.

제38조 (보육료 등의 수납) 제12조부터 제14조까지의 규정에 따라 보육시설을 설치 · 운영하는 자는 그 보육시설의 소재지를 관할하는 시 · 도지사가 정하는 범위에서 그 시설을 이용하는 자로부터 보육료와 그 밖의 필요경비 등을 받을 수 있다. 다만, 시 · 도지사는 필요

시 보육시설유형과 지역적 여건을 고려하여 그 기준을 다르게 정할 수 있다.

제39조 (세제 지원) ① 제14조와 제37조에 따라 사업주가 직장보육시설을 설치 · 운영하거나 보육수당을 지급하는 데에 드는 비용과 보호자가 영유아의 보육을 위하여 지출한 보육료와 그 밖에 보육에 드는 비용에 관하여는 「조세특례제한법」에서 정하는 바에 따라 조세를 감면한다.

② 제10조 제3호의 직장보육시설을 제외한 보육시설의 운영비에 대하여도 「조세특례제한법」에서 정하는 바에 따라 조세를 감면한다.

제40조 (비용 및 보조금의 반환명령) 국가나 지방자치단체는 보육시설의 설치 · 운영자, 보육정보센터의 장, 교육훈련 위탁실시자 등이 다음 각 호의 어느 하나에 해당하는 경우에는 이미 교부한 비용과 보조금의 전부 또는 일부의 반환을 명할 수 있다.

1. 시설운영이 정지 · 폐쇄 또는 취소된 경우
2. 사업 목적 외의 용도에 보조금을 사용한 경우
3. 거짓이나 그 밖의 부정한 방법으로 보조금을 교부받은 경우
4. 이 법 또는 이 법에 따른 명령을 위반한 경우

제7장 지도 및 감독

제41조 (지도와 명령) 여성가족부장관, 시 · 도지사 및 시장 · 군수 · 구청장은 보육사업의 원활한 수행을 위하여 보육시설 설치 · 운영자 및 보육시설종사자에 대하여 필요한 지도와 명령을 할 수 있다.

제42조 (보고와 검사) ① 여성가족부장관, 시 · 도지사 또는 시장 · 군수 · 구청장은 보육시설을 설치 · 운영하는 자로 하여금 그 시설에 관하여 필요한 보고를 하게 하거나 관계 공무원으로 하여금 그 시설의 운영상황을 조사하게 하거나 장부와 그 밖의 서류를 검사하게 할 수 있다.

② 제1항에 따라 관계 공무원이 그 직무를 수행할 때에는 그 권한을 표시하는 증표를 지니고 이를 관계인에게 내보여야 한다.

제43조 (보육시설의 폐지 · 휴지 및 재개 등의 신고) ① 제13조 제1항에 따라 인가된 보육시설을 폐지하거나 일정기간 운영을 중단하거나 운영을 재개하려는 자는 여성가족부령으로 정하는 바에 따라 미리 시장 · 군수 · 구청장에게 신고하여야 한다.

② 보육시설의 장은 보육시설이 폐지되거나 일정기간 운영이 중단되는 경우에는 여성가족부령으로 정하는 바에 따라 그 보육시설에서 보육 중인 영유아가 다른 보육시설로 옮길 수 있도록 하는 등 영유아의 권익을 보호하기 위한 조치를 취하여야 한다.

제44조 (시정 또는 변경 명령) 여성가족부장관, 시 · 도지사 또는 시장 · 군수 · 구청장은 보육시설이 다음 각 호의 어느 하나에 해당하면 보육시설의 장 또는 그 설치 · 운영자에게 기간을 정하여 그 시정 또는 변경을 명할 수 있다.

1. 제13조 제1항에 따른 변경인가를 받지 아니하고 보육시설을 운영하는 경우
2. 제15조에 따른 보육시설의 설치기준을 위반한 경우
3. 제17조 제2항에 따른 보육시설종사자의 배치기준을 위반한 경우
4. 제24조 제1항에 따른 보육시설의 운영기준을 위반한 경우
5. 제38조에 따른 보육료 등을 한도액을 초과하여 받은 경우
6. 제42조에 따른 보고를 하지 아니하거나 거짓으로 보고한 경우 또는 조사 · 검사를 거부하거나 기피한 경우
7. 제43조 제1항에 따른 신고를 하지 아니하고 보육시설을 폐지하거나 일정기간 운영을 중단하거나 운영을 재개한 경우
8. 그 밖에 이 법 또는 이 법에 따른 명령을 위반한 경우

제45조 (보육시설의 폐쇄 등) ① 여성가족부장관, 시 · 도지사 및 시장 · 군수 · 구청장은 보육시설을 설치 · 운영하는 자가 다음 각 호의 어느 하나에 해당하면 1년 이내의 시설운영정지를 명하거나 시설의 폐쇄를 명할 수 있다.

1. 거짓이나 그 밖의 부정한 방법으로 보조금을 교부받거나 보조금을 유용(流用)한 경우
2. 제40조에 따른 비용 또는 보조금의 반환명령을 받고 반환하지 아니한 경우
3. 제44조에 따른 시정 또는 변경 명령을 위반한 경우

② 여성가족부장관, 시 · 도지사 및 시장 · 군수 · 구청장은 영아 또는 장애아가 주로 이용하는 보육시설로서 여성가족부령으로 정하는 보육시설이 제1항 각 호의 어느 하나에 해당하여 시설운영정지를 명하여야 하는 경우로서 그 운영정지가 보육시설을 이용하는 영아 또는 장애아에게 심한 불편을 줄 우려가 있는 때에는 시설운영정지 처분에 갈음하여 보육시

설 정원의 감축 또는 아동모집의 정지 조치를 취할 수 있다.

③ 제1항 및 제2항에 따른 행정처분의 세부기준은 여성가족부령으로 정한다.

제46조 (보육시설의 장의 자격정지) 여성가족부장관은 보육시설의 장이 다음 각 호의 어느 하나에 해당하면 1년 이내의 범위에서 여성가족부령으로 정하는 바에 따라 그 자격을 정지시킬 수 있다.

1. 보육시설의 장이 업무 수행 중 고의나 중대한 과실로 손해를 입힌 경우
2. 해당 업무 수행에 필요한 자격이 없는 자를 채용하여 보육교사 · 간호사 또는 영양사 등의 업무를 수행하게 한 경우
3. 제23조에 따른 보수교육을 연속하여 3회 이상 받지 아니한 경우
4. 거짓이나 그 밖의 부정한 방법으로 보조금을 교부받거나 보조금을 유용한 경우

제47조 (보육교사의 자격정지) 여성가족부장관은 보육교사가 다음 각 호의 어느 하나에 해당하면 1년 이내의 범위에서 여성가족부령으로 정하는 바에 따라 그 자격을 정지시킬 수 있다.

1. 보육교사가 업무 수행 중 그 자격과 관련하여 고의나 중대한 과실로 손해를 입힌 경우
2. 제23조에 따른 보수교육을 연속하여 3회 이상 받지 아니한 경우

제48조 (보육시설의 장 또는 보육교사의 자격취소) 여성가족부장관은 보육시설의 장 또는 보육교사가 다음 각 호의 어느 하나에 해당하면 그 자격을 취소할 수 있다.

1. 거짓이나 그 밖의 부정한 방법으로 자격증을 취득한 경우
2. 자격 취득자가 업무 수행 중 그 자격과 관련하여 고의나 중대한 과실로 손해를 입히고 금고 이상의 형을 선고받은 경우
3. 「아동복지법」 제29조의 금지행위를 하여 같은 법 제40조에 따른 처벌을 받은 경우
4. 제22조의2에 따른 명의대여 금지 등의 의무를 위반한 경우
5. 자격정지처분기간 종료 후 3년 이내에 자격정지처분에 해당하는 행위를 한 경우
6. 자격정지처분을 받고도 자격정지처분기간 이내에 자격증을 사용하여 자격 관련 업무를 수행한 경우
7. 자격정지처분을 3회 이상 받은 경우
8. 제46조 제4호에 해당하여 금고 이상의 형을 선고받은 경우

제49조 (청문) 여성가족부장관, 시 · 도지사 및 시장 · 군수 · 구청장은 제45조부터 제48조까지의 행정처분을 하려면 청문을 하여야 한다.

제8장 보칙

제50조 (경력의 인정) ① 보육시설에 근무하는 자 중 「유아교육법」에 따른 유치원교원의 자격을 가진 자에 대하여는 보육시설에서의 근무경력을 「유아교육법」에 따른 교육경력으로 인정한다.

② 유치원(「유아교육법」 제2조 제6호에 따른 종일제 수업과정을 운영하고 있는 유치원을 말한다)에 근무하는 자 중 이 법에 따른 보육교사의 자격을 가진 자에 대하여는 유치원에서의 근무경력을 이 법에 따른 보육경력으로 인정한다.

제51조 (권한의 위임 및 위탁) ① 여성가족부장관 또는 시 · 도지사는 이 법에 따른 권한의 일부를 대통령령으로 정하는 바에 따라 시 · 도지사 또는 시장 · 군수 · 구청장에게 위임할 수 있다.

② 여성가족부장관은 이 법에 따른 업무의 일부를 대통령령으로 정하는 바에 따라 법인이나 단체에 위탁할 수 있다.

제52조 (도서 · 벽지 · 농어촌지역 등의 보육시설) ① 시장 · 군수 · 구청장은 도서 · 벽지 · 농어촌지역 등에 있는 보육시설로서 제15조에 따른 보육시설의 설치기준 및 제17조 제2항에 따른 보육시설종사자의 배치기준을 적용하기 어렵다고 인정하는 경우에는 제6조에 따른 지방보육정책위원회의 심의를 거쳐 관할 시 · 도지사의 승인을 받아 이를 달리 적용할 수 있다.

② 제1항에 따른 도서 · 벽지 · 농어촌지역 등의 구체적인 범위, 보육시설의 설치기준 및 보육시설종사자의 배치기준은 여성가족부령으로 정한다.

제53조 (보육시설연합회) ① 보육사업의 원활한 추진과 보육시설의 균형적인 발전, 보육시설 간의 정보 교류 및 상호 협조 증진을 위하여 보육시설연합회(이하 "연합회"라 한다)를 설립할 수 있다.

② 연합회의 조직과 운영, 기능 등에 필요한 사항은 여성가족부령으로 정한다.

제9장 벌칙

제54조 (벌칙) ① 거짓이나 그 밖의 부정한 방법으로 보조금을 교부받거나 보조금을 유용한 자는 3년 이하의 징역 또는 1천만 원 이하의 벌금에 처한다.

② 다음 각 호의 어느 하나에 해당하는 자는 1년 이하의 징역 또는 500만 원 이하의 벌금에 처한다.

1. 제13조 제1항에 따른 설치인가를 받지 아니하고 보육시설의 명칭을 사용하거나 사실상 보육시설의 형태로 운영한 자
2. 거짓이나 그 밖의 부정한 방법으로 제13조 제1항에 따른 보육시설의 설치인가 또는 변경인가를 받은 자
3. 제22조의2를 위반하여 자기의 성명이나 보육시설의 명칭을 사용하여 보육시설의 장 또는 보육교사의 업무를 수행하게 하거나 자격증을 대여한 자 및 그 상대방
4. 제45조 제1항에 따른 시설운영정지명령 또는 시설의 폐쇄명령을 위반하여 사업을 계속한 자
5. 제45조 제2항에 따른 보육시설 정원의 감축 또는 아동모집의 정지 조치를 위반하여 보육시설을 운영한 자

제55조 (양벌규정) ① 법인의 대표자, 대리인, 사용인, 그 밖의 종업원이 그 법인의 업무에 관하여 제54조의 위반행위를 하면 그 행위자를 벌할 뿐만 아니라 그 법인에도 해당 조문의 벌금형을 과(科)한다.

② 개인의 대리인, 사용인, 그 밖의 종업원이 그 개인의 업무에 관하여 제54조의 위반행위를 하면 그 행위자를 벌할 뿐만 아니라 그 개인에게도 해당 조문의 벌금형을 과한다.

제56조 (과태료) ① 제43조 제1항에 따른 신고를 하지 아니하고 보육시설을 폐지하거나 일정기간 운영을 중단하거나 운영을 재개한 자에게는 500만 원 이하의 과태료를 부과한다.

② 다음 각 호의 어느 하나에 해당하는 자에게는 300만 원 이하의 과태료를 부과한다.

1. 제26조 제1항에 따른 취약보육을 우선적으로 실시하지 아니한 자
2. 제28조 제1항 각 호에 해당하는 자를 우선적으로 보육하지 아니한 자
3. 제31조에 따른 건강진단 또는 응급조치 등을 이행하지 아니한 자

③ 제1항과 제2항에 따른 과태료는 대통령령으로 정하는 바에 따라 여성가족부장관, 시 · 도지사 또는 시장 · 군수 · 구청장(이하 "부과권자"라 한다)이 부과 · 징수한다.

④ 제3항에 따른 과태료 처분에 불복하는 자는 그 처분을 고지받은 날부터 30일 이내에 해당 부과권자에게 이의를 제기할 수 있다.

⑤ 제3항에 따른 과태료 처분을 받은 자가 제4항에 따른 이의를 제기하면 해당 부과권자는 지체 없이 관할 법원에 그 사실을 통보하여야 하며, 그 통보를 받은 관할 법원은 「비송사건절차법」에 따른 과태료 재판을 한다.

⑥ 제4항에 따른 기간에 이의를 제기하지 아니하고 과태료를 내지 아니하면 국세 또는 지방세 체납처분의 예에 따라 징수한다.

APPENDIX

참고문헌

강숙현(2002), 『발달에 적합한 영유아평가 포커스 인 포트폴리오』, 교육과학사.

강윤구 외(1993), 『보육시설운영관리』, 우등불.

고문숙 · 임영심 · 유향선 · 황정숙 · 김은심(2002), 『유아교과교육론』, 창지사.

고수현 외(2002), 『사회복지개론』, 대학출판사.

곽노의 · 이명환 역(2004), 『프뢰벨과 몬테소리』, 밝은누리

곽동경(1992), 『유아를 위한 식단』, 양서원.

곽동경 · 이영미 · 이경은(2005), 『효율적인 유치원 급식운영시스템 구축방안 연구』, 경기도 교육청 연구보고서.

교육부(1998), 『유치원 교육과정』, 교육부 고시 제1998-10호.

교육부(2000), 『유치원교유과정』.

권건일 · 신재흡(2006), 『유아교사론』, 양서원.

권기옥(2005), 『유아교사론』, 문음사.

권영례(1997), 『수학 · 과학 통합 직접 활동 프로그램 개발에 관한 연구』(한국방송통신대학교 논문집 23).

권영례(1999), 『유아를 위한 교수－학습방법의 이해』, 양서원.

권영례(2002), 『유아를 위한 교수－학습방법의 이해』, 양서원.

今田 拓(1981), 『障碍者の原因の變遷, 障害人の人權 生活保障』, 東京 : 有斐閣.

기순신 · 김경중(2006), 『보육학개론』, 형설출판사.

김광웅 외 역(2004), 『아동상담』, 중앙적성출판사.

김길권 · 오치영(2007), 『아동미술의 이해와 지도』, 양서원.

김동일 외(2003), 『특수아동상담』, 학지사.

김명희(1996), 『현대사회와 부모교육』, 교육아카데미.

김범수(2000), 『21세기 지역사회복지론』, 홍익제.

김범수 외(2004), 『자원봉사의 이해』, 학지사.

김세희(2000), 『유아문학교육』, 양서원.
김수영 · 김수임 · 김현아 · 정금자(2002), 『유아놀이의 이론과 실제』, 양서원.
김숙자(2002), 『수학과 과학 관련 수업 분석에 터한 실천적 접근으로서의 수학과 과학 통합교육 활동』, 미래 유아교육학회.
김숙자 · 홍희주(2001), 『수 · 과학 통합활동이 유아의 수학과 과학 탐구능력에 미치는 영향』(미래유아교육학회지 8(1)).
김순혜(2004), 『현대 아동상담』, 학지사.
김윤옥(2003), 『특수아동상담 입문』, 문음사.
김은심(2004), 『유아동작교육의 이론과 실제』, 창지사.
김익균(2002), 『보육행정론』, 창지사.
김익균(2008), 『가족관계학』, 교육과학사.
김익균(2008), 『건강가정론』, 파워북.
김익균 외(2001), 『아동복지론』, 대학출판사.
김익균 외(2002), 『보육학개론』, 교문사.
김익균 외(2003), 『사회복지행정론』, 교문사
김익균 외(2004), 『보육시설의 운영관리』, 교문사.
김익균 외(2004), 『아동발달』, 교문사.
김익균 외(2004), 『아동복지론』, 교문사.
김익균 외(2004), 『장애인복지론』, 교문사.
김익균 외(2005), 『보육정책론』, 교문사.
김익균 외(2005), 『사회복지법제』, 교문사
김익균 외(2005), 『사회복지실천론』, 교문사.
김익균 외(2005), 『아동복지론』, 교문사.
김익균 외(2006), 『지역사회복지론』, 교문사.
김익균 외(2007), 『아동상담』, 교문사.
김익균 · 현정환(2006), 『인간행동과 사회환경』, 창지사.
김재은(1993), 『한국적 부모교육의 탐색, 21세기를 준비하는 부모교육』, 한국지역사회 교육중앙협의회 제11차 사회교육 심포지엄.
김정임(2006), 『발도로프 유아교육에 대한 이해』, 학지사.
김정화 · 전영애(2007), 『아동음악과 동작』, 공동체.
김제한(2001), 『발달심리학』, 양서원.

김종인(1998), 「중증 장애아 보육을 위한 교육적 접근 방법」, 『함께 해냄』 통권 제4호, 전국장애아보육시설협의회.
김주성(1990), 『아동의 건강과 영양』, 학문사.
김진영 · 백혜리 · 최윤정(2004), 『유아를 위한 교수－학습방법론』, 양서원.
김진호 외역(2001), 『특수교육학개론』, 시그마프레스.
김춘경(2004), 『아동상담』, 학지사.
김태련 · 장휘숙(1996), 『발달심리학』, 박영사.
김혜금(2006), 『영유아미술교육』, 교육아카데미.
다음을 지키는 엄마모임(2000), 『차라리 아이를 굶겨라』(1, 2), 시공사.
大橋謙策(1995), 『地域福祉論』, 東京 : 放送大學教育振興會.
류경화(2006), 『유아음률활동』, 동문사.
류지후 외(2001), 『유아를 위한 조형활동의 통합적 접근』, 창지사.
류진희(2000), 『유아 교사를 위한 교육실습과 교육활동』, 양서원.
문연심 · 이화영 공저(2006), 『통합적 접근에 기초한 영유아 수 · 과학 교육』, 양서원.
박성연 · 박응임 · 서소정 · 안지영 · 이주연 · 임희수 · 장혜성 · 한세영(2007), 『영유아교수법』, 교문사.
박아청(1998), 「과보호의 발달심리학적 의미에 대한 일 고찰」, 『인간발달연구』 5(1), 한국인간발달학회.
박은혜 외(2002), 『유아교사교육의 최근 연구동향』, 이화여대 출판부.
박현선(1993), 「통합적 탁아서비스의 적용에 관한 연구」, 서울대 석사논문.
백선희(1998), 『아동보육서비스 프로그램의 기본모형』(『한국영유아보육학』 13).
백선희(1999), 「아동보육 사회서비스 프로그램의 개발과 평가」, 중앙대 박사논문.
백선희 · 김교성(2001), "아동보육사업 재정에 대한 평가와 합리적 지원방안", 『21C 보육사업 선진화를 위한 보육제도 개선안』, 한국보건사회연구원.
변영계 · 이상수(2003), 『수업설계』, 학지사.
보건복지부(1996), 『영유아보육프로그램』.
보건복지부(2003), 『장애인복지사업안내』.
서문희(2000), 『보육서비스 질 향상』, 한국보건사회연구원.
서영숙 · 서지영(2004), 『레지오 에밀리아 접근법』, 학지사.
서화자(1999), "장애영유아의 발달권리를 보장하기 위한 보육제도와 실천", 『함께 해냄』 통권 제1호, 전국장애아보육시설협의회.

송명희(1990), 「미술감상표현교육 실태조사 연구」, 이화여대 석사논문.
신섭중(1991), 『한국사회복지정책론』, 대학출판사.
신섭중 외(1993), 『한국사회복지정책론』, 대학출판사.
신섭중 외(1995), 『현대복지학총람』, 대학출판사.
신용주 · 김혜수(2002), 「디지털 시대의 사이버 페어런팅 : 적극적 부모역할 훈련 프로그램에 기초 한 효율적 부보교육모형의 모색」, 『한국교육』 29(1).
신화식 · 이희경 · 오은순 · 곽노의 · 김명희 · 이성희 · Judy Cochran(2006), 『영유아 놀이지도』, 교문사.
아산사회복지사업재단(1997), 『아동복지편람』.
안경숙 · 김소향(2006), 『총체적 유아 수 · 과학 통합교육 프로그램』, 양서원.
안영진 외(2001), 『아동상담』, 동문사.
양옥승(1991), 『영유아를 위한 탁아프로그램의 방향, 우리 아이들의 육아현실과 미래』, 한울.
양옥승(1994), 「한국의 영유아 보육현황과 발전방안」, 한국여성개발원 : 여성연구.
양옥승 외(1999), 『유아교육개론』, 학지사.
양옥승 외(2001), 『영유아보육학개론』, 학지사.
양옥승 · 이원영 · 이영자 · 이기숙(2003), 『21세기 바람직한 유아교육에 대한 한국유아교육학회의 입장』, 정민사.
여성가족부, 『2005년 보육통계』.
여성가족부, 『보육사업안내』, 해당연도.
여성가족부, 『보육사업지침』, 해당연도
여성가족부, 『새싹플랜 2006~2010』.
여성가족부(2005), 『평가인증 지침서(21인 이상 보육시설)』.
여성가족부(2005), 『표준보육과정』.
여성가족부(2007), 『2007 보육사업 안내』.
여성가족부(2007), 『보육사업안내』.
여성부, 『보육사업안내』, 해당연도
여성부(2003), 『보육사업의 공공화 및 다양화 실행방안』.
염숙경(2002), 『아동상담과 놀이치료』, 상조사.
오혜경(1999), 『장애인과 사회복지실천』, 아시아미디어리서치.
유가효 외(1991), 『보육학개론』, 동문사.
유안진(1999), 『아동발달의 이해』, 문음사.

유안진 · 김연진(2000), 『부모교육』, 동문사.
유안진 · 김혜선(1996), 『인간발달』, 한국방송대학교 출판부.
유영주(1990), 『신가족관계론』, 교문사.
유영주 외(2000), 『가족관계학』, 교문사.
유태종(2000), 『아이들 두뇌는 식탁이 결정한다』, 아카데미 북.
윤혜미 · 김혜래 · 신영화(2006), 『아동복지론』, 청록출판사.
윤희경 · 임미혜 · 김애옥 · 이분려 · 장미아 · 고영희(2003), 『현장중심 유아교수－학습방법』, 창지사.
이 영(1996), 『유아를 위한 창의적 동작교육』, 교문사.
이경우(2001), 『총체적 언어』, 창지사.
이경화 · 고진화(2001), 『아동발달과 아동상담』, 학문사.
이계윤(2001), 『장애아동의 보육, 장애우복지개론』, 장애우권익문제연구소.
이계윤(2003), 「무상보육이 이루어지기까지」, 『함께 해냄』 통권 제8호, 전국장애아보육시설협의회.
이근홍(2003), 『인간행동과 사회환경』, 대학출판사.
이기숙(1993), 『유아교육과정』, 교문사.
이기숙(2000), 『유아교육과정』(개정 2판), 교문사.
이난희 · 정효지 · 조상희 · 최영선(2000), 『영유아보육시설 어린이의 식습관 및 기호도 조사 연구』(대한지역사회영양학회지 5(4)).
이명재 · 전길양(2005), 『인간행동과 사회환경』, 대영문화사.
이미화(2007), 『전문성 측면에서 본 유치원교사와 보육교사의 과제와 전망』, 육아정책세미나.
이상욱(2004), 『가베 핸드북』, SFM연구소 출판부.
이성호(1999), 『교수방법론』, 학지사.
이소희 외(1998), 『현대가족복지론』, 양서원.
이숙 외(2004), 『아동상담』, 양서원.
이숙 · 우희정 · 최진아 · 이춘아(2005), 『훈련중심 부모교육』, 학지사.
이순형 외(2003), 『아동복지 : 이론과 실천』, 창지사.
이순형 외(2004), 『영유아 보육 · 교육프로그램의 이해』, 학지사.
이순형 외(2005), 『보육학개론』, 학지사.
이순형 외(2007), 『영유아 교수방법』, 학지사.
이영미(2006), 『어린이의 먹거리 현실과 영양문제』(대한지역사회영양학회지 11(6)).

이영석 · 김숙자 · 이항재 · 최민수(2002), 『현대부모교육론』, 형설출판사.
이영석 · 박재환 · 김경중(1985), 『유아교육개론』, 형설출판사.
이영자 · 이기숙 · 이정옥(1999), 『유아교수학습방법』, 창지사.
이옥형(2002), 『아동 · 청년발달』, 집문당.
이은해(1995), 『아동발달의 평가 및 측정』, 교문사.
이은화 · 김영옥(2000), 『유아사회교육』, 양서원.
이은화 · 이순례(1996), 『유아를 위한 음률활동 자료집』, 교문사.
이인태(1990), 『유아미술활동』, 동문사.
이장희(2000), 「구성주의 학습경험이 유아의 문제해결과 창의적 표상에 미치는 영향」, 동국대 석사논문.
이재연 외 역(2002), 『아동상담과 치료』, 양서원.
이정환(1999), 『유아교육교수학습방법』(개정판), 교문사.
이차숙(2005), 『유아언어교육의 이론과 실제』, 학지사.
이화여자대학교 교육공학과(2005), 『21세기 교육방법 및 교육공학』, 교육과학사.
一番ヶ瀬康子 · 佐藤 進 編著(1987), 『障害者の福祉と人權』, 東京 : 光生館.
일본청년봉사회(1995), 『자원봉사란 무엇인가』.
임갑빈 · 김순녀 · 박영한 · 이진수(2004), 『자연친화 생태유아교육프로그램』, 양서원.
임경순(2006), 『총체적 언어교육으로서의 언어교육과 문학교육의 중요성』, 한국문학교육학회.
장동일(2005), 『사회복지법제』, 학문사.
저출산고령사회위원회, 『새로마지플랜2010』.
전인옥 · 이영(2002), 『유아동작교육』, 한국방송통신대 출판부.
정갑순(1998), 『부모교육론』, 창지사.
정미라 · 배소연 · 이영미(2007), 『영유아를 위한 건강 및 영양교육』, 양서원.
정옥분(2000), 『성인발달의 이해－성인 · 노인심리학』, 학지사.
정옥분(2003), 『아동발달의 이론』, 학지사.
정옥분 · 정순화(2006), 『부모교육－부모역할의 이해』, 양서원.
조경자 · 이현숙(1998), 『유아건강교육』, 학지사.
조복희 외(2007), 『보육과정』, 교육과학사.
조복희 · 정옥분 · 유가효(1997), 『인간발달』, 교문사.
조성연 · 이정희 · 김온기 · 황혜정 · 나유미 · 박진재 · 송혜린 · 임연진 · 나종혜 · 권연희(2004), 『영유아보육론』, 학지사.

303

조옥희 · 김수영 · 문성숙(2006), 『놀이지도』, 형설출판사.
조홍식 외(2002), 『가족복지학』, 학지사.
佐藤久夫(1991), 『障害者福祉論』, 東京 : 誠信書房.
주정일(1991), 「한국탁아사업의 어제, 오늘, 내일」, 전국탁아세미나.
주정일(2004), 「우리나라 보육과 아동복지의 어제와 오늘」(2004 춘계학술대회 : 영유아보육과 아동복지, 기조강연), 대한아동복지학회.
천성문 외 역(2003), 『아동상담의 이론과 실제』, 시그마프레스.
최경석 외(2001), 『한국 가족복지의 이해』, 인간과복지.
최미현 외(2000), 『영유아보육의 이해』, 창지사.
최미희(2006), 『유아교사의 교육신념, 언어 교수 효능감 및 독서습관과 문해교육의 관계』, 한국아동교육학회.
최석란(2006), 『놀이와 유아발달』, 양서원.
최석란 · 이경희 · 이상화 · 서원경(2006), 『놀이지도』, 공동체.
최성심 외(2003), 『아동복지론』, 창지사.
최외선 · 박충선 · 김갑숙 · 도미향 · 최선남 · 김영희(2006), 『부모교육』, 양서원
최일섭(1995), 『지역사회복지론』, 서울대 출판부.
최종옥(1999), 「장애아동의 부모지원정책 개발에 관한 연구」, 계명대 정책대학원.
최종인(1998), 『유아미술지도』, 형설출판사.
표갑수(2000), 『아동청소년복지론』, 나남출판사.
하정연 외(2006), 『아이들이 차리는 생명밥상』, 공동체.
하정연 · 김은주(2000), 『나도 멋진 선생님이 될 수 있다－새내기 유아교사를 위한 매너와 상식』, 양서원.
한국여성개발원(1998), 『보육서비스의 질적 수준 향상에 관한 연구』.
한국여성연구소(2003), 『보육정책의 새로운 관점 정립 및 개선 방안 연구』.
한국영양학회(2005), 『한국인영양섭취기준 제8차 개정』.
한국유아교육학회편(2003), 『유아교육 사전』, 한국사전연구사.
한국음악교재연구회 역(1992), 『음악교육실리학』, 세광음악출판사.
한국장애인재활협회(1990), 『국제장애인정책선언집』.
한성심 외(2003), 『아동복지론』, 서울.
한혜경 외(1996), 『보육정책의 현황과 개선방향』, 한국보건사회연구원.
홍혜경(2004), 『유아 수학 능력발달과 교육』, 양서원.

황해익(2004), 『유아교육평가』, 교육과학사.

厚生省 監修(1982), 『社會福祉六法(昭和 57年)』, 東京 : 新日本法規出版株式會社.

『부암 어린이집 부모교육자료』, 해당연도.

Katz, L. G., 이차숙 역(1989), 『유아교사를 위한 제언』, 양서원.

Rhoda Kellige, 이인태 역(1996), 『유아미술』, 보육사.

Sue Y. Gober, 김희태 역(2003), 『유아를 평가하는 6가지 간단한 방법』, 시그마프레스.

Berk, L. E. & Winsler, A.(1995), *Scaffolding Children's Learning : Vygotsky and early Childhood Education*, Washington, DC : National Association for the Education of Young Children.

Bigge, M. L.(1964), *Learning theories for teachers*, N.Y. : Harper & Row.

Billman, J. & Sherman, J. A.(1997), *Observation and Participation in Early Childhood Setting*, Needham Heights : Allyn and Bacom.

Clarke Stewart Perlmutter & Friedman(1988), *Lifelong Human*.

Craig, G. J.(1999), *Human Development*, 8th ed., Englewood Cliffs, N.J. : Prentice-Hall.

Decker, C. A. & Decker, J. R.(2001), *Planning and Administering early Childhood Program*, OH : Charles E. Merrill Publishing Company.

Decker, C. & Decker, J.(2001), *Planning and Administering Early Childhood Programs*, 7th ed., New Jersey : Upper Saddle.

Dichtelmiller, Margo L., Judy R. Jason., Aviva B. Dorfman., Dorothea B. Marsden., Samuel J. Meisels.(1997), *Work Sampling in the Classroom : A Teacher's Manual*, The Work Sampling System, Rebus Plan Association, Inc.

Dodge, Diane(1995), "The Importance of Curriculum in Achieving Quality Child Day Care Programs", *Child Welfare* Vol. LXXIV, No. 6.

Fine, M. J.(1988), *The Second Handbook on Parent Education*, N.Y. : Academic Press.

Gallahue, D. L.(1976), *Moter Development and Movement Experiences for Young Children*, New York : John Wiley & Sons.

Hendrik(1990), *Total Learning : Developmental Curriculum for the Young Child*, Columbus, Ohio : Merill.

Hilgard, E. R.(1966), *Theories of Learning*(2nd ed.), N.Y. : Appleton-Century Crofts.

Johnson, D. W. & R. T.(1991), *Learning together and alone*(3rd ed.), N.J. : Prrentice Hall.

Kadushin, Alfred & Martin, Judith(1988), *Child Welfare Services*, New York : Macmillan.

Kagan, S.(1993), *Integrating and Families Services for Children*, New Heaven & Yale University.

Kamerman,, S. B. and Kahn, A. J.(ed)(1995), *Family Policy : Government and Families in Fourteen Countries*, N. Y : Columbia University Press.

Lowenfeld, V.(1985), *The Nature of Creative Activity*, Low and Bnydone Ltd.

Morgan, C. T. & King, R. A.(1966), *Instruction to Psychology*(3rd ed.), N.Y. : McGraw-Hill.

Papalia, D. E., Olds, Sally W. & Feldman, R. D.(1998), *Human Development*, 7th ed., New York : McGraw-Hill Co., Inc.

Prescott, E.(1984), The Physical setting in day care, in J. T. Greenman and R. W. Fuqua(eds.), *Making Day Care Better : Training, Evolution, and the Process of Change*, New York : Teacher college Press.

Rogers, C. R.(1969), *Freedom to Learn*, Columbus, Ohaio : Merrill.

Rossi, A.(1968), *Transition to Parenthood*, Journal and marriage and the family, 30.

Rubin, K, H., Fein, G. G., & Vandenberg, B.(1983), Play, In E. M. Hetherington(ed.), *Handbook of Child Psychology : Vol. 4. Socialization, personality and social development*, N.Y : Wiley

Santrock, J. W.(1997), *Life-Span Development*, 6th ed., Madison, WI : Brown & Benchmark Publishers.

Seefeldt, C.(eds.)(1991), *Teaching in early Childhood Curriculum*, N.Y. : Teachers College Press.

Sluss. D. J.(2005), *Supporting play : Birth though Age eight*, Thomson Delmar Learning.

Sylva, K., Roy, C., & Painter, M.(1982), *Childwatching at Playground and Nursery School*, Ypsilanti, MI : High / Scope Press, 1982.

Thomas, A. & Chess. S.(1977), *Temperament and Development*, NY : Brunner / Mazel.

Werner, P.(1980), "Where : Spaces & places", In M. L. Riggs(ed.), *Preschool Children*, American Alliance for Health, Physical Education, Recreation and Dance.

Wolf, D., & Grollman, S. H.(1982), Ways of Playing : Individual Difference in Imaginative style. In D. J. Pepler & K. H. Rubin(eds.), *The Play Children : Current Theory Research*, Basel, Switzerland : Karager.

Wood, D., McMahon, L., & Cranstoun, Y.(1980), *Working with Under Fiver*, Ypsilanti, M, I. : High Scope.

Zanden, J. W. V.(1997), *Human Development*, 6th ed., New York : McGraw-Hill Co., Inc.

APPENDIX

찾아보기

(B)

Berne 254

Bruner 142

(N)

NGO와 NPO 291

NGO와 자원봉사 291

(O)

Oberlim목사 24

(P)

Piaget 141

(T)

Thomas Gordon 253

(V)

Vygotsky 142

(W)

Whorf 141

(ㄱ)

가설검증 211

가정방문 247

가정보육 14

가정보육시설 14, 309

가정탁아제도 26

가정통신문 247

가족 내부요인 265

가족 연령과 구성원의 변화 263

가족 외부요인 265

가족 전체의 중요성 269

가족가치관 264

가족개념의 변화 262

가족개발기능 271

가족개입의 필요성의 증가 269

가족과 사회관계의 변화 269

가족관계론 271

가족관계의 구성요소 273

가족관계의 발달과정 275

가족관계의 법적 변화 272

가족관계의 의의 271

가족관계의 접근방향 273

가족구조 264

가족규모 273

가족기능의 변화 261

가족기능의 유형 270

가족문제의 유형 265

가족문제의 증가 263

가족문제의 출현 263

가족보호기능 271

가족복지 261, 305

가족복지기능 271

가족복지의 개념 267

가족복지의 기능 270
가족복지의 필요성과 대상 268
가족복지정책 305
가족상담 107
가족생활주기 274
가족생활주기의 단계 274
가족수당제도 61
가족욕구의 다양화 269
가족윤리 264
가족의 변화 261
가족의 변화와 특징 261
가족정책 29
가족해체 262
가족형태의 변화 261
각성 수준 134
간접경험 141
갈등가정 264
감전사고 231
강화단계(consolidation stage) 315
개발적 기능 106
개별상담 107
개별성의 원리(principle of individualization) 149
개별지도사업 62
개인운영보육 16
개인주의 22
개정영유아보육법 325
갱년기 74
갱신단계(renewal stage) 315
거택보호 58
건강진단 39
결식아 52
결과(output) 322
결손가족 265
결정적 시기(critical period) 12
결혼의 변화 263
경계선 53, 59
경영(management) 322
경험론 76
계획(Planning) 319, 321
고든의 부모효율성 훈련(PET) 253
고령가족 266
고아연금 61
고용정책기본법 46
공공부조 60
공동육아 312
공보관리자(public relation manager) 195
공보육 21, 299
공적 사회복지서비스의 한계 292
공통목표 273
과잉보호적 태도 249
과정(process) 322
관심 끌기 251
관찰법 95
관찰자(observer) 195
교류분석적 부모교육이론 254
교사 개인 주도의 현직교육 315
교수 및 학습방법 193
교실문화의 조성자(contributor to the classroom culture) 195
교우도(Sociogram) 98
교육과 훈련 288
교육과정운영 198
교육인적자원부 84
교육적 기능 106
교육행정관리의 역할 323
교차적 교류 255
구성주의 187
구조주의 187
국·공립보육시설 13
국제연합총회 55
국제장애 분류(ICIDH) 115
권리 54
권위주의적 태도 249
근접발달영역 197
근접성의 존중 283
기노트의 인본주의 부모교육 252

기능적(functional)인 쓰기 지도 150
기록(Reporting) 321
기본동작 165
기본생활 203
기본원리 222
기본적 동작 158
기아 52
기초성 66, 72

(ㄴ)
나비효과(Butterfly Effective) 294
나-전달법 254
낙상사고 231
난화기 172
낭만적 자연주의 76
내면세계 57
노년기의 가족관계 278
농번기 유아원 25
뇌인지 과학이론 190
누적성 66, 73

(ㄷ)
다문제가족 266
다윈 76
다자녀가족 266
다중지능 189
대변적 기능 106
대인적 복지서비스의 증대 291
대중매체 88
독본 읽기(basal reader) 151
동물행동학적 이론 77
동반자(partner) 293
동작교육 154
두뇌발달 교수-학습 190
드라이커스의 민주적 부모교육이론 250
또래와의 관계 276

(ㄹ)
라포(rapport) 112
레지오 에밀리아 접근법 201
로크 76
루소 76

(ㅁ)
메커니즘 68
면접법 96
모자가족 266
모자보건 59
몬테소리 프로그램 200
무상보육의 특례 22
무승부법 254
문제 소유자 가리기 254
문제제기자(problem poser) 195
문학적 교류 152
문화성의 존중 284
미망인연금 61
민간보육시설 14
민주적 태도 249

(ㅂ)
반복발생적 아동심리 77
반사적 동작(Reflexive Movement) 157
반성적 사고 211
반응적 부모훈련프로그램 257
반일제 보육 18
반편견프로그램 202
발견학습 211
발도로프 프로그램 201
발생적 교육과정(emergent curriculum)운영 198
방임 54
백악관아동회의 54, 55
범죄 55
법인보육시설 14
보복하기 251
보육개발원 31

보육계획의 수립 44
보육과 유아교육 18
보육과정 46
보육과정에 대한 평가 204
보육관련 교과목 및 학점 20
보육관련법의 연혁 34
보육교사 자격기준 310
보육교사론 307
보육교사의 교육 313
보육교사의 배치기준 307
보육교사의 역할과 자질 310, 311
보육교사의 자격기준 19
보육대상에 따른 보육 17
보육료 특별소득공제 29
보육료의 수납 23
보육법규 33
보육비용의 법적 규정 22
보육사업의 역사 24
보육사업의 이해 12
보육사업의 정비 및 발전기(1988~1990년) 25
보육수당 47
보육시간에 따른 보육 17
보육시설 수급계획 44
보육시설 종사자 45
보육시설 주도의 현직교육 315
보육시설 평가인증 31
보육시설운영 및 관리의 평가 325
보육시설운영 및 관리자의 역할 322
보육시설운영과 관리 316
보육시설운영과 관리의 가치 318
보육시설운영과 관리의 과정 321
보육시설운영과 관리의 접근방향 319
보육시설운영과 보육행정 316
보육시설운영위원회 30
보육시설의 설치 44
보육시설의 운영 45
보육시설의 유형 13
보육시설의 이용대상 46
보육시설장 자격 요건 308
보육실태조사 43
보육예산 30
보육의 공공성 확보 29
보육의 의의 12
보육인력 18
보육인력 자격제도의 변화 32
보육인력의 이해 18
보육장소에 따른 유형 14
보육재정 21
보육재정의 개념 21
보육재정의 유형 21
보육재정의 이해 21
보육재정의 접근방향 22
보육전문요원 43
보육정책 296
보육정책위원회 31
보육정책조정위원회 31
보육종사자 307
보육프로그램 325
보육학 81
보육행정과 일반 행정의 비교 317
보육행정의 특징 316
보육행정의 필요성 317
보육환경 30, 325
보조교사로서의 참여 247
보충적 · 개별적 서비스 12
보편주의 21
복지권 57
복지서비스 실시 287
복지증진 56
본능적 행동 132
부도덕가정 264
부모개입 248
부모교육계획 257
부모교육의 개념 246
부모교육의 목적 248
부모교육의 운영 252, 259

부모교육의 원리 250
부모교육의 이론 250
부모교육의 이해 246
부모교육의 접근방법 246
부모교육의 활성화 방안 257
부모면담 247
부모역할 246
부모역할하기 248
부모의 양육태도 249
부모자녀관계의 변화 263
부모지지 248
부모참여 246
부모협동보육 17
부모협동보육시설 14
부자가족 266
부적응아동 52
부적절한 행동하기 251
분류방식 82
분화와 통합 66, 71
불가역성 66, 73
비연속성(discontinuity) 90
비영리단체운영보육 16
비영리법인 46
비용의 보조 22
비용의 부담 22
비접근성(inaccessibility) 90
비정형적 가족 267
비행아동 52
빈곤가정 58, 264
빈곤아동 52

(ㅅ)

사법권의 남용 55
사회관계 203
사회문화적 가치관 58
사회보장제도 60
사회보험 60
사회복지기술 104
사회복지법인 39
사회복지사업 26
사회복지서비스 60
사회사상 52
사회성의 존중 283
사회와 가족관계의 변화 263
사회자원의 동원 · 개발 · 조정 286
사회적 필요성 294
사회적 협약 55
사회체계이론 79
사회학습모델 208
사회행동 287
산업화 58
상담 103
상보적 교류 255
상호관련성 70
상호교류의 원리 255
새마을유아원시기(1982~1987년) 25
생물학적 66
생물학적 진화론 76
생존단계(survival stage) 315
생태유아교육프로그램 202
생태체계적인 관점 90
생태학이론 80
생활기록부 46
생활양식 250
서비스 비용의 사회화 21
서비스 이용자와 가족의 조직화 288
서비스 접근의 형평성 21
서비스의 개선과 새로운 욕구의 발견 288
서비스의 공급체계의 구성 288
서비스의 구체적인 제공 288
서비스의 체계화 282
선별검사 230
선화기 172
설립 주체에 따른 유형 13
성격형성 142
성숙(maturation) 68

성숙단계(maturity stage) 315
성숙이론 77
세계보건기구(WHO) 116
세제지원 23
소극적 서비스 82
수업참관 247
수요자 중심의 보육 311
수용성 수준 파악하기 254
수익자 부담원칙 25
수행평가 205
스캐폴딩(scaffolding) 187, 197
스포츠와 관련된 동작 158
시간제 보육 18
시설보육 15
시설보육의 단점 15
시설보육의 장점 15
시설보호 59
시설아동 57
시설장 및 보육교사 자격기준 20
시설장의 역할과 자질 310
신체운동 203
실시계획과 예산의 입안 287
심리적 기능 57
심층적 평가 196

(ㅇ)

아동 수 · 과학 통합교육의 정의 184
아동 수 · 과학 통합교육의 중요성 185
아동 수 · 과학교육의 목표 185
아동 수 · 과학교육의 이론적 접근 186
아동 수 · 과학교육의 이해 184
아동가족 266
아동건강교육 222
아동기의 가족관계 277
아동문학 144
아동문학의 의의 144
아동미술 168
아동발달 13
아동복지 13
아동복지법시행령 35
아동복지현상 52
아동복지활동 53
아동상담 103
아동수당제도 61
아동안전교육 231
아동양육비용 13
아동정책 29
아동존중사상 89
아리스토텔레스 75
안전교육 227
애정결여가정 264
양성평등정책 29
양적 변화 67
양적인 성장의 보육정책(1995~1997년) 27
어린이에 대한 애정을 위하여 257
어린이와 함께 살기 257
어린이정원(Kindergarten) 199
어린이헌장 55
언어교육의 방법 143
언어교육의 중요성 140
언어기능(language skills) 150
언어습관 147
언어지도 140
언어지도와 아동문학 140
언어지도의 목적 145
언어지도의 목적 및 방법 145
언어지도의 의의 140
에릭 번의 교류분석적 부모교육이론 254
여성가족부 29
역동적 평가(dynamic assessment) 196
역할놀이 225
역할모델 208
연금제도 60
연령에 따른 분류 17
연속성 66, 69
영아전담보육시설 309

영유아기의 가족관계 275
영유아보육법 12, 81
영유아보육법 개정(2004년 이후) 29
영유아보육법 제정(1991~2003년) 26
영유아보육의 개념 307
영유아생활지도 46
영유아에 대한 평가 204
영유아프로그램 개발과 평가 197
영재아프로그램 202
예방적 사회복지의 강화 292
예방접종기록 228
예산(Budgeting) 321
예술경험 203
외국의 영유아프로그램 199
외형적 형상 57
요보호아동 58
요부양 53
욕구의 공유화 285
욕구의 파악 284
운영 주체별 보육유형 16
운영적 계획 319
위탁보호 58
유기체 57
유아교육법 37
유아교육진흥법 26
유전요인 223
유족연금 60
은퇴 74
음률교육의 통합적 접근 155
의사소통 203
이면적 교류 255
이성역할의 변화 263
이원론 75
이주가족 266
익사사고 231
인간관리의 역할 324
인격 주체 56
인본주의이론 78
인사(Staffing) 321
인성구조 255
인성발달 56
인지구조 134
인지능력 57
인지발달이론 79
인지주의(Cognitivism) 189
인지혁명(cognitive revolution) 189
인지활동프로그램 199
일반 행정관리의 역할 323
일원론 75
일치성의 원리(principle of conformity) 149
일화기록관찰법 97
임상 103
임상적 활동 103
입체미술활동 176

(ㅈ)

자격의 분류 19
자기 결정에 대한 신념 318
자기 통제 139
자기세계놀이 133
자기존중감 133
자기중심적 언어 142
자녀관리 257
자립(independence) 119
자연과학탐구 192
자연적 접근(natural approach) 144
자연적 · 논리적 결과 251
자연탐구 203
자원개발기능 271
자원봉사 290
자원봉사의 의의 290
자원봉사의 필요성 294
자원봉사의 활용 확대추세 293
자원의 동원 286
자원의 조성과 개발 286
자원의 조정과 관계구조 조성 286

장애 114
장애아 통합여부에 따른 보육 17
장애아전담보육시설 309
장애아통합프로그램 202
장애연금 60
장애인 114
장애인복지법 114
장중년기의 가족관계 278
재가아동 57
재능(talent) 188
저소득가족 265
적극적 경청 254
적극적 서비스 82
적기교육 190
적기성 66, 73
전략적 계획 319
전문가에 의한 조정작업 288
전문적 기능 105
전인적 성장 94
전체성의 존중 283
정부 주도의 현직교육(보수교육) 313
정부운영보육 16
정상화 280
정상화(normalization) 120
정신역동이론 77
조세특례제한법 47
조정(Coordinating) 321
조정적 기능 106
조직(Organization) 321
조직구성 285
존엄성과 독특성에 대한 존중 318
종사자 배치기준 20
종사자의 법적 기준 19
종일 유아원(Day Nursery) 24
종일제 보육 17
주민참가 281
주민참가와 협동 286
주제중심통합교육 197
주체성의 존중 284
중앙보육정책위원회 39
중추신경 68
지능(intelligence) 188
지도(directing) 322
지도와 관리(leading and directing) 320, 321
지방보육정책위원회 39
지방자치제에 의한 주민참가 292
지역사회복지 279
지역사회복지계획의 수립 285
지역사회복지를 위한 실천전략 282
지역사회복지의 구성요건 281
지역사회복지의 단계별 전개과정 284
지역사회복지의 의의 279
지역사회복지의 이념과 특징 280
지역사회복지의 접근방향 283
지역사회욕구의 파악 282
지역사회조직사업 65
지역사회조직화 282
지역사회탁아소연합회 25
지역성의 존중 283
직장보육시설 14, 44
직장운영보육 16
직장탁아 35
직접목표와 행동전략 251
진정한(authentic) 언어 143
질문자(question asker) 195
질병예방 227
질식사고 231
질적 변화 67
질적인 성장의 보육정책(1998~2003년) 28
집단모임 247
집단상담 107
집단주의 22
집단지도사업 63

(ㅊ)

착취 54, 55

참 평가(authentic assessment) 196
참가(participation) 123
참여와 협동성의 존중 284
철학적 88
청소년의 가족관계 277
초보적 동작(Rudimentary Movement) 157
총체적 언어접근법 143
총체적 언어접근의 개념 143
총체적 언어접근의 특성 143
총체적 평가(holistic assessment) 196
추론을 위한 학습 186
취약보육 46

(ㅋ)
커뮤니티워커(community worker) 288

(ㅌ)
탁아 중심의 보육사업(1961~1981년) 24
탁아시설 35
탈시설화의 영향 292
통합적 건강교육 224
통합화(integration) 121, 280
투입(input) 322

(ㅍ)
파닉스(phonics) 프로그램 152
평가(Evaluating) 321
평가와 통제 320
평가의 목적과 성격 325
평가의 의의 325
평가인증 46
평가척도개발 43
평면미술활동 174
평정척도 100
포괄적 83
포괄적 보육서비스의 실시 29
포트폴리오(portfolio) 101
포트폴리오평가 196, 204
표준보육과정 46, 85, 192, 203
표준보육과정의 평가 204
프로그램의 동향 197
프로젝트 스펙트럼 접근법 201
프로젝트 접근법 197, 200
프뢰벨 프로그램 199
플라톤 75

(ㅎ)
학대 54, 55
학습이론 78
해체가정 264
행동목록(checklist) 100
행동수정이론 256
행정의 개념 316
행함으로써의 학습 186
허용적인 태도 249
협동적 교수 150
협의의 아동복지 53
형제자매관계 276
혼합연령프로그램 202
홀 77
환경 주체 56
환경구성자 195
환경요인 223
환경적 66
환경적 영향 67
환류(feedback) 322
활동소개자(presenter) 194
효과의 측정과 평가 289
휴머니즘 54
힘 행사하기 251

김익균 협성대학교 아동보육학과 교수
한국아동연구소장
김경림 성균관대학교 대학원 유아교육학 석사
수원여자대학, 안산1대학, 대림대학 강사
배종숙 중앙대학교 대학원 유아교육학 석사
(공립) 퇴계원어린이집 원장
동원대학, 경복대학 강사
윤정란 성균관대학교 박사과정
(구립) 숭인어린이집 원장
한성보육교사교육원 강사
이순배 광운대학교 행정학과 박사
부암어린이집 원장
한경대학교 외래교수
이장희 서울여자대학교 아동학과 박사
전 한경대학교 겸임교수
장문규 인하대학교 아동복지 박사과정
한국아동연구소 주임연구원
수원여자대학, 동남보건대학, 세계사이버대학 강사
정혜숙 성균관대학교 박사과정
(구립) 창이어린이집 원장
영안외국어대학 강사

보육학개론

2008년 3월 1일 초판 인쇄
2008년 3월 5일 초판 발행

지은이 | 김익균 외
발행인 | 유제구
발행처 | 파워북
주 소 | 서울 마포구 염리동 161-5 대동빌딩 4층
전 화 | (02) 730-1412
팩 스 | (02) 730-1410
등 록 | 1997. 1. 1 제 300-1997-13

정 가 18,000원
ISBN 978-89-8160-087-7

잘못된 책은 바꿔드립니다.